Inhalt

W0109099

Geschichte, Kultur und Kunst des Wallis
von Ludwig Imesch

Das Rhonetal und die kleinen Seitentäler

Kunst-Reiseführer in der Reihe DuMont Dokumente

Zur schnellen Orientierung – die wichtigsten Orte und Sehenswürdigkeiten des Wallis auf einen Blick:

(Auszug aus dem ausführlichen Ortsregister S. 362 ff.)

In der vorderen Umschlagklappe: Karte des Wallis

In der hinteren Umschlagklappe: Zeittafel zur Geschichte des Wallis

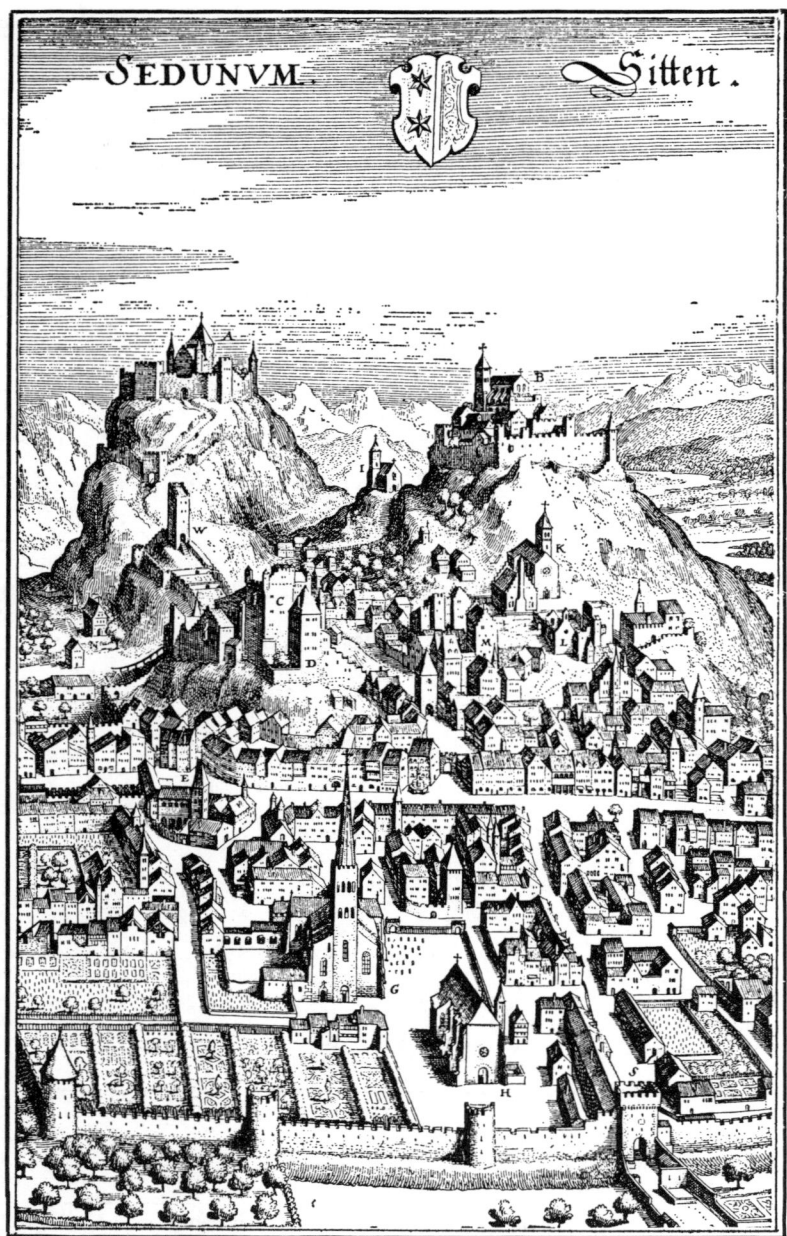

SEDUNVM. SITTEN.

Praktische Reisehinweise

Geschichte, Kultur und Kunst des Wallis

von Ludwig Imesch

Urgeschichte

Während man in den Höhlen des Jura Spuren des Neandertalers (um 50000 v. Chr.) entdeckte, sind im Wallis Zeugnisse menschlicher Tätigkeit erst seit der Mittelsteinzeit (um 6500 v. Chr., Collombey-Muraz) bekannt.

Hingegen fand man aus der Jungsteinzeit (etwa 5000–2000 v. Chr.) an verschiedenen Orten im Wallis, zum Beispiel auf der Planta bei Sion/Sitten, zahlreiche Stein-, Knochen-, Horn- und Holzwerkzeuge, aber auch Feuerstellen und Gräber. Im 4. Jahrtausend v. Chr. war das Wallis besiedelt und wies einen stetigen Verkehr über den Großen St. Bernhard, über Theodul-, Simplon- und Albrunpaß auf. Auch waren die Jungsteinzeitmenschen nicht mehr bloß Jäger und Sammler, sondern betrieben bereits Ackerbau und Viehzucht.

In der Bronzezeit (etwa 2500–800 v. Chr.) nahm die Bevölkerung vor allem in der Region zwischen Leuk und Martigny stark zu. Die damaligen »Walliser« waren Händler und Künstler und wohl auch im Bergbau tätig.

Aus der Älteren Eisenzeit (800–500 v. Chr.) können im Wallis nur wenige Spuren nachgewiesen werden. Wahrscheinlich mußten wegen der Klimaveränderung (andauernde Kälteperiode) viele frühere Höhlensiedlungen aufgegeben werden. Neues Leben erwachte in der Zweiten Eisenzeit, der sogenannten La-Tène-Periode (etwa 500–350 v. Chr.) Handwerkszeug, Gefäße und Schmuck haben nun feinere Formen. Das »Walliser-Ornament« (Kreis mit Punkt in der Mitte) auf bronzenen Schmuckfüßen entstammt dieser Zeit.

Im 6. Jahrhundert v. Chr. siedelten sich von der Quelle der Rhone bis zu deren Einmündung in den Genfer See die Tylinger (auch: Tulinger), Daliterner (Dala), Clahilker und Lémener (Lac Léman) an – Splittergruppen der indogermanischen Völkerwanderungswelle. Zwischen 236 und 222 v. Chr. wurden diese Stämme von eindringenden Römern besiegt und versprengt. Als diese sich später zurückzogen, nahmen vier keltische Völker die verlassenen Wohnsitze ein: von Brig abwärts die Seduner (Sitten), weiter unten die Veragrer und in der Gegend des Genfer Sees die Nantuaten. Das keltische Wort ›Nant‹ für Tal gab dem Land an der Rhone den Namen. Später wurde das Tal von den Römern ›Valis‹ (Wallis) benannt. Das von den Tulingern verlassene Tal oberhalb Brig (Goms) wurde erst um das Jahr 57 v. Chr. wieder besiedelt, diesmal von lepontinischen Überern. Alle vier Völkerschaften waren auf sichere Siedlungsstätten bedacht, daher wurden die Eingänge zu den Pässen stark befestigt.

Spuren der Kelten finden sich vor allem in vielen Orts- und Flurnamen, wie zum Beispiel ›Goms‹ (Mulde), ›Brig‹ (Brücke), ›Leuk‹ (die Weiße), ›Dala‹ (die Trübe) usw. In der Oberwalliser Umgangssprache (Walliserdeutsch), vor allem in der Region zwischen Brig und Leuk, sind neben der vorherrschenden alemannischen auch noch Anklänge an keltische, fränkische und burgundische Sprachschichten zu hören.

Das Wallis unter fremder Herrschaft (25 v. Chr. bis 999 n. Chr.)

Die Römer

Mit Julius Caesars »Kommentaren zum Gallischen Krieg« tritt das Wallis erstmals schriftlich bezeugt in die Geschichte ein, denn was wir über die Urgeschichte des Landes wissen, ist allein aus Grabfunden und Spuren im Fels herauszulesen. Im Auftrag des Konsuls und Oberbefehlshabers Caesar versuchte der römische Feldherr Galba im Jahre 57 v. Chr., das wichtige Paßland Wallis zu erobern. Dabei gelang es ihm jedoch nicht, den zähen Widerstand der Kelten zu brechen. Er ließ den keltischen Ort Octodurus (Martigny) niederbrennen und zog sich ins Land der Allobroger (um Genf) zurück. Erst in der Zeit zwischen 15 und 10 v. Chr. siegte Augustus über das Wallis und vereinigte das eroberte Land mit der Provinz Rätien.

Die unterworfenen Kelten haben wohl die römische Herrschaft nicht als gewaltsamen Druck empfunden, jedoch mußten sie Steuern entrichten und Soldaten zur Verfügung stel-

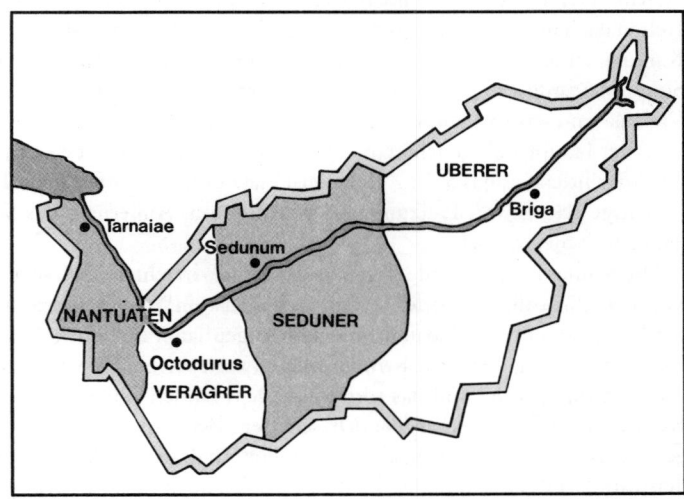

Die Siedlungsgebiete der Walliser Stämme zur Zeit der Römer

9

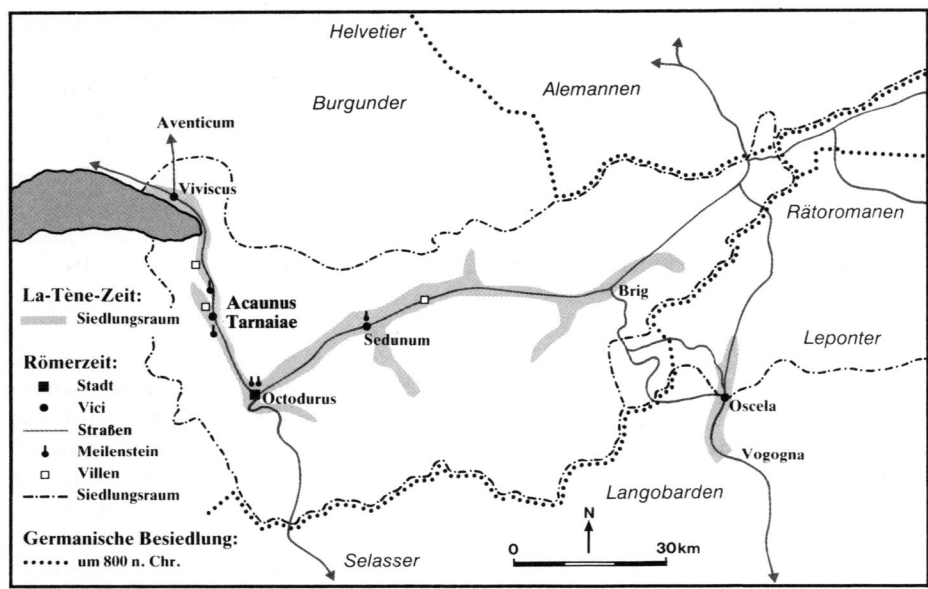

Germanische Besiedlung des Wallis vor dem Hintergrund frühgeschichtlicher und römischer Landnahme

len; ihr Brauchtum, ihre Sprache und Religion durften sie behalten. Sie erhielten sogar das römische Bürgerrecht. Octodurus, die ehemalige keltische Hauptstadt, wurde nun ein bedeutender römischer Marktflecken. Der Paß über den Großen St. Bernhard, von den Kelten nach ihrem Gebirgsgott ›Penn‹ genannt, hieß fortan ›Mons Poeninus‹ und wurde von Kaiser Claudius (47 n. Chr.) zur Heerstraße ausgebaut. Auch der alte Saumweg über den Simplon wurde 196 n. Chr. zur Handelsstraße erweitert. Octodurus, jetzt ›Forum Claudii Vallensium‹, wurde Hauptstadt und das keltische ›Tarnajä‹ römischer Waffenplatz.

In der Hauptstadt errichteten die römischen Präfekten neben einem Forum eine Basilika, ein Amphitheater, das 5000 Zuschauern Platz bot, zwei öffentliche Thermen und zahlreiche prächtige Bauten mit Heizung und Kanalisation. Außerhalb des Stadtkerns standen zwei gallorömische Tempel.

Die Römer förderten alle Bereiche der Landwirtschaft: Viehzucht, Ackerbau, Obst- und Weinbau. Sie sollen auch den ›Heida‹ (Heidenwein!) von Visperterminen, die alten Rebsorten Rësi, Amigne, Arvine und Humagne angepflanzt und die kohlschwarzen Eringerrinder aus dem Süden gebracht haben. Das Handwerk erlebte eine Blütezeit. Römisches Brauchtum, Sitten, Sprache und das römische Recht fanden allmählich Eingang in das Leben der Kelten. Zahlreiche Namen von Ortschaften, Benennungen von Paßübergängen, von Bergen, Fluren und Siedlungen, aber auch Gerätschaften aller Art erinnern, vor allem im Patois, der Mundart des mittleren und unteren Wallis, noch heute an den römischen Einfluß.

10

Das Christentum

Die erste Kunde von der christlichen Religion haben römische Soldaten und Kaufleute ins Wallis gebracht. Im Jahre 286 ließ der Überlieferung nach Maximian, Mitkaiser Diokletians, in Acaunus (St. Maurice) einen Teil der Thebäischen Legion samt ihrem Anführer Mauritius hinrichten, weil sie sich weigerten, dem Christengott abzuschwören und römischen Göttern zu opfern.

Nachdem im Jahre 313 Kaiser Konstantin im Edikt von Mailand den Christen erlaubte, sich öffentlich zu ihrem Glauben zu bekennen, sind möglicherweise auch im Wallis kleine Christengemeinden entstanden. Der erste geschichtlich bekannte Bischof des Wallis ist der Hl. Theodor oder Theodul, später im Volk auch ›Sankt Joder‹ genannt. Er residierte etwa ab 360 in Octodurus. Vornehmlich ihm schreibt man die Christianisierung des Wallis zu, und heute wird er als Landespatron verehrt. Theodul war es auch, der die Gebeine der thebäischen Märtyrer in Acaunus bestatten und über den Gräbern eine Kirche erbauen ließ. Im Jahre 377 ließ der römische Präfekt in Sion/Sitten an einem öffentlichen Gebäude eine Inschriftentafel anbringen, die das Christusmonogramm trägt, sicher ein Zeichen, daß fortan die christliche Religion vom Staat anerkannt war.

Sehr schnell wird sich jedoch die neue Religion in den abgelegenen Tälern kaum ausgebreitet haben, weil die Kelten ein traditionsbewußtes Volk waren und an ihren Sitten festhielten. Heidnisches Brauchtum und christliche Riten haben wohl lange Zeit nebeneinander existiert, ist doch vorchristliches Brauchtum heute noch erkennbar, z. B., wenn zur Fastnachtszeit in Tierfelle gehüllte unheimliche Gestalten mit Gebrüll und Schellengeläute durch die Dorfgassen stürmen (im Lötschental).

Das Frühchristentum hinterließ an vielen Orten, wie in St. Maurice, Martigny und Sion/Sitten zahlreiche Spuren. Grabungen, insbesondere bei Kirchenrenovierungen, bringen Spuren frühromanischer Gotteshäuser zutage und lassen in tieferen Bodenschichten weitere Reste frühchristlicher (vielleicht sogar vorchristlicher!) Kultstätten vermuten. In Glis haben die neuesten Grabungen ergeben, daß unter den Fundamenten der heutigen Kirche wohl das älteste Baptisterium (Taufbecken) nördlich der Alpen gefunden wurde.

Die Burgunder

Der Rückzug der römischen Truppen von der oberrheinischen Staatsgrenze (etwa um 400 n. Chr.) bedeutete das Ende der Römerherrschaft nördlich der Alpen. Es begann eine neue Epoche: das Mittelalter.

Germanische Stämme, darunter die Burgunder, besetzten das schweizerische Mittelland, im Zeitraum zwischen 455 und 457 auch das untere Wallis, nachdem sie sich schon früher in der ›Sapandia‹, dem Hinterland von Genf, und im savoyischen Hochland angesiedelt und dort die lateinische (römische) Sprache angenommen hatten. Burgundische Bauern übernahmen dann auch verlassene römische Gutshöfe im Rhonetal. Prinz Sigismund von Burgund

11

gründete im Jahre 515 die Abtei St. Maurice, deren Mönche nicht nur die Gräber der thebäischen Märtyrer zu bewachen, sondern auch als Missionare in den heidnischen Tälern des Wallis zu wirken hatten.

Im Unterwallis gibt es außer in St. Maurice viele Fundorte, welche auf die Burgunder hinweisen, wie etwa in Conthey, Vouvry, Martigny, Ardon, Saxon, Sion/Sitten und St. Leonhard. Einzelfunde deuten auch in St. Luc, Feschel, Unterems, Leukerbad und Visp auf die Anwesenheit der Burgunder hin. – Im Jahre 534 besiegten die Franken den letzten Burgunderkönig Godomar und rissen sein Reich an sich.

Die Franken

Unter der fränkischen Herrschaft bildete das Wallis von der Furka bis zum Genfer See einen Gau, dem im Namen des Königs jeweils ein Graf vorstand. Der mächtigste Frankenherrscher, Karl der Große, ließ im Wallis im größerem Ausmaß Wälder roden, Sümpfe trockenlegen, Straßen und Brücken erbauen. Er beschenkte auch die Abtei St. Maurice und die Kirche von Sion/Sitten mit reichen Gaben. In einem Gesetz, der ›Karolina‹, sicherte er dem Bischof von Sitten weitreichende Vorrechte zu. Auch sorgte er für bessere schulische Ausbildung. – Nach seinem Tod wurde das riesige Reich in drei Teile aufgeteilt (834): Ost-, Mittel- und Westfranken. Zum fränkischen Mittelreich gehörten u. a. die heutige Westschweiz und das Wallis. Als sich dieses Reich infolge Uneinigkeit der verschiedenen königlichen Erben auflöste, nutzte der welfische Graf Rudolf, Laienabt von St. Maurice, die günstige Gelegenheit und ließ sich im Januar des Jahres 888 von geistlichen und weltlichen Würdenträgern zum König von Neu-Burgund ausrufen. Zu seinem Reich gehörte auch das Wallis, und der Bischof von Sion/Sitten, ein getreuer Vasall des neuen Königs, wurde 937 zum Erzkanzler von Burgund ernannt, ein Titel, den auch die Nachfolger des Kirchenfürsten trugen. Der letzte König von Neu- oder Hochburgund, Rudolf III., schenkte 999 die Grafschaft Wallis mit allen Rechten und Einkünften für immer Bischof Hugo und dessen Nachfolgern auf dem bischöflichen Stuhl von Sion/Sitten. Nunmehr war der Bischof kirchlicher und weltlicher Herr über das Wallis.

Alpengermanen – Langobarden – Sarazenen

Während der fränkischen und burgundischen Herrschaft drangen die Langobarden über die Alpenpässe – 574 über den Großen St. Bernhard, 569 über den Simplon – ins Wallis ein. In Sagen ist auch von einer ›Friesenwanderung‹ ins Wallis die Rede. Historisch läßt sich dies jedoch nicht nachweisen. Mit den ›Friesen‹ sind wahrscheinlich die gegen Ende des 3. Jahrhunderts eingedrungenen Germanen gemeint, welche ums Jahr 260 Aventicum (Avenches), die römische Hauptstadt im schweizerischen Mittelland, angriffen und zerstörten. Überreste der von den Römern besiegten Feindtruppen mögen sich in die schützenden

Alpentäler des Wallis gerettet haben. Im Val d'Anniviers und Val d'Hérens, aber auch an zahlreichen anderen Orten des Mittelwallis, lassen sich germanische (oder frühalemannische?) Orts- und Flurnamen nachweisen, wie: Hérémence (= Aremens, Leute des Harmo), Ayer (= Egerte, schöne Au, Wiese), Suen (= Wasserleitung). Auch den deutschen Namen des Hauptflusses, Rotten, und die Ortsnamen Randa (= Rant, Bergkette) und Täsch (= Tascha, Mulde) schreiben Namensforscher germanischer Herkunft zu; sie sind aber zu altertümlich, als daß sie von den im 8. und 9. Jahrhundert eingewanderten Alemannen abstammen könnten.

Was im Wallis an die Sarazenen oder an sarazenische Abstammung erinnern soll, ist zumeist Vermutung. Tatsache jedoch ist, daß es in gewissen Bergdörfern Leute gibt (zum Beispiel im Val d'Anniviers und im Zermatter- und Saasertal), die ihrem Aussehen, Haarwuchs und der Hautfarbe nach auf sarazenische oder berberische Herkunft schließen lassen. Auch werden die Bewohner von Isérables bis heute ›Bédjuis‹ (= Beduinen) genannt, was ebenfalls ein Hinweis auf ihre Abkunft sein dürfte. Sicher ist, daß die Sarazenen 906 ins Piemont einfielen und sich um 921 auf dem Großen St. Bernhard festsetzten. Pilgerzüge, die nach Rom unterwegs waren, sollen von ihnen überfallen worden sein. Ins Wallis sind die Kriegshorden um 939/940 eingedrungen und haben die Abtei St. Maurice zerstört.

Bischöfliche Macht

Der letzte, kinderlose König von Hochburgund, Rudolf III., schenkte 999 Bischof Hugo von Sion/Sitten die Grafschaft Wallis »mit allen Rechten, Nutzungen und Gewalten« auch für seine Nachfolger, als Anerkennung für treue Dienste. Fortan war der geistliche Würdenträger auch weltlicher Herr des Wallis. Seine Grafschaft erstreckte sich von der Furka bis zum Kreuz von Ottans (bei Vernayaz), die geistliche Oberhoheit jedoch wie heute bis an den Genfer See.

Im Jahre 1034 eroberte Kaiser Konrad II. das Burgunderreich. Der Bischof von Sion/Sitten wurde nunmehr Lehensmann des deutschen Herrschers, erhielt den Titel eines Präfekten und später gar eines Reichsfürsten.

Nutznießer der neuen Ordnung im deutschen Reich wurde auch Graf Humbert Weißhand, der Begründer des Fürstenhauses von Savoyen. Als Landgraf von Chablais wurde er auch Schirmvogt des Klosters St. Maurice und erwarb mit der Zeit viele Besitztümer im Unter- und Mittelwallis. Als es ihm sogar gelang, seinen Sohn Aimo 1037 zum Bischof von Sion/Sitten erheben zu lassen, geriet die Grafschaft Wallis in eine gefährliche Abhängigkeit vom savoyischen Herrengeschlecht, das seinen Machteinfluß im Wallis stetig zu vermehren versuchte. Bis zum Ende des 11. Jahrhunderts war das Land unterhalb der Morge bei Gundis (zwischen Sion/Sitten und Conthey) fast vollständig in savoyischen Besitz gelangt.

Wechselvoll war das Geschick der Grafschaft Wallis Ende des 12. und zu Beginn des 13. Jahrhunderts. Im Jahre 1162 erhielt Herzog Berchtold IV. von Zähringen die Reichsvogtei

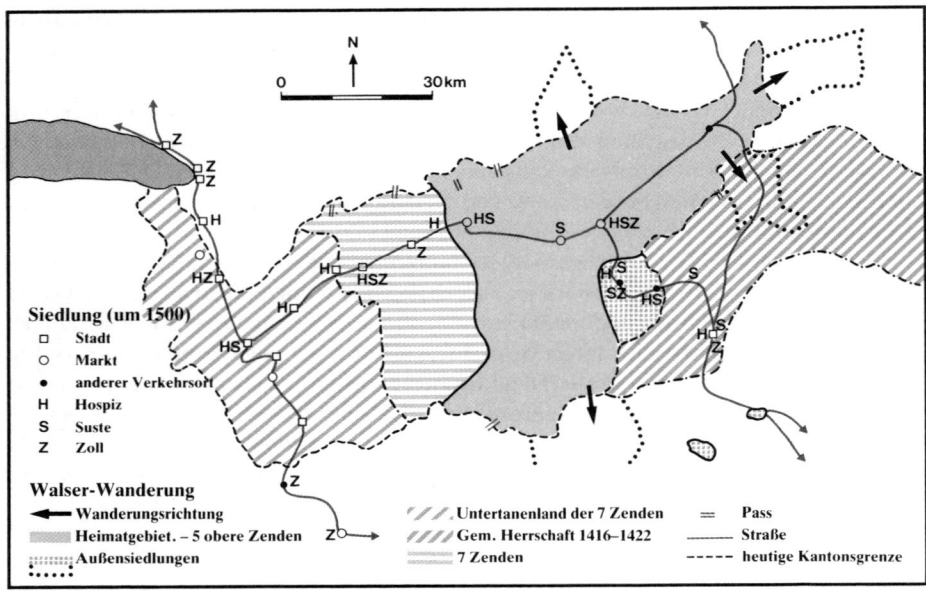

Siedlung (um 1500)
□ Stadt
○ Markt
● anderer Verkehrsort
H Hospiz
S Suste
Z Zoll

Walser-Wanderung
◀— Wanderungsrichtung
▨ Heimatgebiet. – 5 obere Zenden
⁙ Außensiedlungen

▨ Untertanenland der 7 Zenden   = Pass
▨ Gem. Herrschaft 1416–1422   — Straße
▨ 7 Zenden   ---- heutige Kantonsgrenze

Das Wallis im Mittelalter

über das Bistum Wallis. Im Jahre 1189 jedoch verlieh Kaiser Heinrich IV. diese wieder an Bischof Wilhelm. Als ein Jahrzehnt später Thomas I. von Savoyen Reichsvogt wurde, wollte der Zähringer Graf das Wallis mit Waffengewalt erobern. Die endgültige Niederlage 1211 bei Ulrichen zwang Berchtold, seine Eroberungsversuche einzustellen.

Doch bald erstand dem Bischof und dem Land Wallis ein neuer Feind: die Feudalherren von Turn, die auf der Burg zu Niedergesteln ihren Wohnsitz hatten. Sie versuchten mehrmals, dem bischöflichen Oberherrn die Macht zu entreißen. Doch das Oberwalliser Volk stand treu zu seinem Landesherrn und bereitete 1296 auf den Sustmatten bei Leuk einem starken Heer des Burgherrn eine Niederlage. Jahrzehnte später versuchte Freiherr Anton von Turn ebenfalls, die bischöfliche Macht zu brechen und sich selbst zum Herrn über das Wallis zu machen. Als er im Jahre 1375 Bischof Tavelli über die Burgfelsen von Seta (oberhalb Sion/Sitten) hinunterwerfen ließ, rotteten sich die empörten Oberwalliser zusammen, eroberten und zerstörten die Burg und verjagten den Feldherrn.

Nach dem Sturz der Freiherren von Gesteln war es der ehrgeizige Witschard von Raron, der gegen den Bischof von Sion/Sitten aufstand. Er überredete den Kaiser, ihm als Treuelohn den Bischof unter die Oberhoheit des Freiherrn von Raron zu stellen. Mit dem Ruf »Witschard ist ein Landesverräter!« rotteten sich die Walliser zusammen und zogen vor die Burgen in Raron und Leuk, die sie alsbald im Sturm einnahmen und zerstörten. Auch die Burgfeste Beauregard am Eingang des Val d'Anniviers wurde eingeäschert. Damit war die

14

Macht des Hauses von Raron, das in früheren Zeiten dem Lande vier Bischöfe, viele bischöfliche Beamte und Landeshauptmänner geschenkt hatte, gebrochen. Witschard mußte flüch-
ten und fand in Bern, dessen Bürger er war, Schutz und Hilfe.

Das Haus Savoyen versuchte immer wieder, das Wallis in seine Gewalt zu bringen. 1352
belagerte Amadeus VI. Sion/Sitten, nahm die Stadt ein und zerstörte sie teilweise. Die
Walliser mußten harte Friedensbedingungen annehmen. 1384 unternahm der ›Rote Graf‹,
Amadeus VII., wiederum einen Feldzug gegen die Walliser. Als diese sich weigerten, seine
Bedingungen zu erfüllen, zog der ›Rote Graf‹ rhoneaufwärts bis Visp. Am 23. Dezember
1388 erlitt aber sein 8000 Mann starkes Heer infolge einer Kriegslist der Oberwalliser eine
blutige Niederlage. Nach jahrzehntelangen Versuchen, das Wallis zu unterwerfen, mußten
die Savoyer im Friedensvertrag von 1392 endgültig auf alle Besitztümer im oberen Wallis
verzichten und die Morge unterhalb Sions/Sitten als Staatsgrenze anerkennen. Die Walliser
nahmen nun die Zügel fest in die Hand; sie ließen es nicht mehr zu, daß Savoyer den
bischöflichen Thron von Sion/Sitten besetzen durften.

Die Alemannen

Die deutsche Sprache in den heutigen Mundarten verdankt das obere Wallis den Alemannen,
einem germanischen Stamm, der im 3./4. Jahrhundert über den Rhein südwärts zog und sich
im schweizerischen Mittelland ansiedelte. Ins Wallis drangen alemannische Sippen über die
Grimsel, den Lötschenpaß, vielleicht auch über Gemmi und Sanetsch ein. Sie kultivierten
rasch die dünnbesiedelten Seitentäler, wie z. B. das Goms, wo die Dorfnamen mit ›ingen‹-
Endungen eindeutig auf alemannische Herkunft deuten.

Im Haupttal stießen die Alemannen auf stärkeren Widerstand der keltischen Bevölkerung. Keltische Flur- und Ortsnamen und viele Ausdrücke in der Mundart unterhalb Brig
können als Beweis dienen, daß in dieser Region die keltische Sprache sich lange zu behaupten
vermochte. Bis zum Ende des 15. Jahrhunderts war das Oberwallis (bis zum Pfynwald
zwischen Leuk und Siders) germanisiert, und weil sich die Alemannen rasch vermehrten,
waren sie bereits vom 13. Jahrhundert an gezwungen, teilweise wieder weiterzuwandern.
Im Süden (Piemont), Osten (Urseren, verschiedene Täler in Graubünden, Liechtenstein,
Vorarlberg) und im Norden (im Tal der Weißen Lütschine/Berner Oberland) suchten die
Auswanderer neue Siedlungsgebiete, meist in unbewohnten Tälern und ›ruchen Wiltinen‹
(rauhen Höhenlagen). Unter dem Namen ›Walser‹ sind die Nachkommen der ausgewander-
ten Walliser Alemannen in den genannten Siedlungsgebieten heute noch ansässig.

In den Kämpfen gegen die Feudalgeschlechter von Turn und Raron, besonders aber in
den Kriegen gegen die Savoyer, standen die alemannischen Oberwalliser treu zu ihrem
bischöflichen Landesherrn, was er ihnen mit vermehrten Freiheitsrechten lohnte. – Früh
schon bildeten die alemannischen Siedler Alpkorporationen (Alpgenossenschaften). Aus
diesen Vereinigungen entstanden später die ›Communitates‹, d. h. die Gemeinden, und diese

schlossen sich zu ›Zenden‹ (Bezirken) zusammen, welche mit der Zeit immer größere Unabhängigkeit und Selbständigkeit anstrebten.

Den Zenden gelang es sogar, die bischöfliche Oberherrschaft zu unterhöhlen und zu brechen. Im Jahre 1628 wurde die freie ›Republik Wallis‹ ausgerufen. Diese umfaßte die Zenden Goms, Brig, Visp, Raron, Leuk, Sierre und Sitten (Sion). Nachdem 1634 Bischof Hildebrand Jost und das Domkapitel auf alle weltlichen Hoheitsrechte über das Wallis verzichten mußten, leiteten die Zenden unter Führung eines Landeshauptmanns und des Landrats die Politik des Landes. Das Unterwallis (unterhalb der Morge bei Gundis) wurde in Vogteien aufgeteilt und – nicht immer geschickt – als Untertanenland verwaltet.

Drei große Oberwalliser

Matthäus Schiner

Bevor wir die historische Chronologie fortführen, betrachten wir drei bedeutende Walliser, die die Geschichte des Kantons entscheidend prägten. Schiner muß als der größte, schillerndste und politisch bedeutendste Nachfolger des Hl. Theodul auf dem bischöflichen Thron in Sion/Sitten angesehen werden.

Um 1465 in Mühlebach bei Ernen geboren, erhielt der intelligente Bub seinen ersten Lateinunterricht von seinem Onkel Nikolaus, Pfarrer in Ernen und später Bischof von Sion/ Sitten. Matthäus studierte in Sion/Sitten, Bern und Como und wurde 1489 in Rom zum Priester geweiht. Nachdem er als Kaplan und Pfarrer wie auch als beglaubigter Notar in Ernen gewirkt hatte, wurde er 1499 zum Bischof von Sion/Sitten gewählt. Er erwies sich als vortrefflicher Oberhirte seiner Diözese, förderte das Schulwesen, erbaute viele Kirchen (Raron, Niedergesteln, Visp, Grächen, Glis, Ernen, Münster, Naters, Bagnes und Vouvry) und schritt energisch gegen die Mißstände in der Priesterschaft ein. Er war aber auch ein gewandter Politiker und am kaiserlichen Hof ein beliebter Gast.

Im Jahre 1514 schuf er ein neues Landrecht. Mit den eidgenössischen Orten erneuerte er die alten Bündnisse. Seinen großen Plan, dem Unterwallis die Gleichberechtigung zu schenken und das ganze Wallis als eidgenössischen Ort aufnehmen zu lassen, konnte er wegen des Neides und der Mißgunst seines Jugendfreundes Georg Supersaxo nicht verwirklichen. Dieser stachelte das Volk zu offenem Widerstand auf, und der französische König, gegen dessen Eroberungspläne in der Lombardei sich Schiner energisch wehrte, schürte den Haß gegen den Bischof, wo er nur konnte. Im Jahre 1517 mußte der in ganz Europa geachtete Kirchenfürst seine Diözese fluchtartig verlassen. Der Papst, dem er viele Dienste erwiesen hatte, ernannte ihn zum Bischof von Novara und verlieh ihm die Kardinalswürde und den Titel eines Päpstlichen Gesandten. Hätten es nicht die französischen Kardinäle verhindert, wäre Schiner 1521 zum Papst gewählt worden. Am 1. Oktober 1522 erlag er der Pest und wurde in der Krypta der Spitalkirche dell'Anima in Rom beigesetzt.

Georg auf der Flüe (lateinisch: Supersaxo)

Er stammte auch aus Ernen (* 1450) und war lange Jahre Schiners Freund und Gönner. Dem niederen Feudaladel entstammend, wurde der ehrgeizige, tatkräftige und hochgebildete Georg schon in jungen Jahren Landesschreiber und später Zendenhauptmann. Oft wurde er mit wichtigen Missionen an europäische Höfe gesandt. Weil er machtgierig war, nahm er gleichzeitig vom Herzog von Mailand wie auch von dessen Gegner, dem französischen König, Geld. Er verbündete sich mehr und mehr mit den Gegnern des Landesbischofs. Als diesem Georgs Machenschaften bekannt wurden, ließ er ihn vor Gericht bringen. Doch diese Maßnahme vertiefte nur Georgs Haß gegen Schiner. Als der Bischof sich in Rom um ein Bündnis zwischen den Eidgenossen und dem Papst bemühte, durchzogen Georgs Helfer das Wallis und verbreiteten die wildesten Gerüchte; französische Gesandte verteilten große Geldsummen und hetzten zugleich gegen den Bischof.

Die unaufhörliche Wühlarbeit, vielleicht auch der eine oder andere mißratene diplomatische Schachzug Schiners und vor allem die schmähliche Niederlage der eidgenössischen Truppen bei Marignano (1515) – Schiner hatte eidgenössische Söldner geworben – blieben nicht ohne Wirkung. Georg Supersaxo, inzwischen in der Engelsburg in Rom eingekerkert, wurde auf Betreiben des französischen Königs freigelassen, kehrte ins Wallis zurück und nahm den Kampf gegen den Bischof wieder auf. Es gelang ihm nicht nur, immer mehr Anhänger zu finden, sondern sogar Freunde des Bischofs für sich zu gewinnen. Der Bischof mußte schließlich fliehen, und Georg übernahm die Macht im Wallis. Doch sein Ränkespiel brachte ihn 1529 zu Fall. Dem Volksgericht der ›Mazze‹ (= Symbolfigur der Oberwalliser Freiheitskämpfer) entzog er sich am 29. Februar 1529 durch seine Flucht nach Bex. Er starb am 8. April des gleichen Jahres in Vivis (Vevey).

Kaspar Jodok Stockalper vom Turm

Ungefähr 100 Jahre nach dem Ausscheiden Kardinal Schiners und Georg Supersaxos aus der Walliser Geschichte wuchs in Brig ein Mann heran, der ebenfalls zu den größten Söhnen des Wallis zählt: Kaspar Jodok Stockalper vom Turm (geboren am 14. Juli 1609, gestorben 29. April 1691). Sein Tatendrang und seine Unternehmungslust waren schier unbändig; Wagemut, Klugheit, Großzügigkeit und alle weiteren Geistesgaben machten ihn zum prädestinierten Führer des Volkes. Lange Zeit diente er dem Wallis als Landschreiber und von 1670 bis 1679 als umsichtiger Landeshauptmann. In dieser Zeit ließ er auf eigene Kosten (!) einen Kanal zwischen Monthey und dem Genfer See bauen, der die Rhoneebene trockenlegte und dadurch fruchtbar machte. Auf dem Simplon errichtete er eine Herberge und das St. Jakobsspital ›zu Nutz und Fromm‹ der Reisenden. Den Jesuiten und Ursuliner Lehrschwestern, die er zur besseren Ausbildung der Walliser Jugend nach Brig berief, schenkte er Baugrund, auf dem Kloster- und Schulbauten erstellt werden konnten. Stockalper war überall im Lande ein Förderer des Schulwesens. Er selbst hatte in jungen Jahren Lateinisch,

Französisch, Italienisch und Spanisch gelernt, was ihm bei seinen ausgedehnten Handelsbeziehungen sehr dienlich war. Als Offizier diente er im kaiserlichen und päpstlichen Heer, erhielt viele Orden und Auszeichnungen, trug den Titel eines Freiherrn von Duin, eines Ritters vom Heiligen Stuhl und eines kaiserlichen Freiherrn. – Nach dem Dreißigjährigen Krieg entstand in ganz Europa eine mißliche Wirtschaftslage. Stockalper als klugem Geschäftsmann gelang es, von den zuständigen europäischen Königshäusern das Salzmonopol im Wallis und die Aufsicht über sämtliche Warentransporte über den Simplon zu erhalten. Längs der Handelsstraße Lyon-Mailand ließ er an verschiedenen Orten Susten (Warenlager) und Herbergen erstellen, auch betrieb er eigene Bergwerke (Eisen in der Nähe von Brig und Gold bei Gondo). In Frankreich unterhielt er mehrere ›Freikompagnien‹ (eigene Söldnertruppen), die ihm große Pensionen einbrachten. Seine geschäftlichen Erfolge und sein Reichtum erweckten den Neid seiner Landsleute, vor allem einiger einflußreicher Familien. Sie begannen einen argen Verleumdungsfeldzug gegen den ›Großen Stockalper‹ und bezichtigten ihn gar des Landesverrats. Er mußte alle Ämter niederlegen und das Land fluchtartig verlassen. Obwohl er nach Jahren rehabilitiert wurde, kehrte er nunmehr als gebrochener Mann nach Brig zurück. Die Walliser erkannten später die Größe des Freiherrn. In den Schulbüchern wird er mit Recht als einer der einflußreichsten Männer der Walliser Geschichte dargestellt.

Die Reformation im Wallis

Im Jahre 1536 eroberten die reformierten Berner die savoyischen Gebiete im Waadtland und zwangen die Bewohner, den neuen Glauben anzunehmen. Die Region beidseits der Rhone unterhalb St. Maurice fühlte sich bedroht und ersuchte die Walliser um Schutz und Hilfe. Bischof Adrian I. v. Riedmatten (1529–1548) entsandte Truppen, die ein Vordringen der Berner verhinderten.

Luthers Lehre fand trotz aller Abwehrmaßnahmen im Wallis immer mehr Anhänger. Vor allem waren es einige Domherren und angesehene Familien in Sitten/Sion, Leuk und Visp, welche versuchten, der Reformation zum Durchbruch zu verhelfen. Der Nachfolger des Bischofs v. Riedmatten, Johann Jordan (1548–1565), war ein willensschwacher, ängstlicher Mensch, der nicht über die nötige Kraft und Autorität verfügte, um alle Erneuerungsbestrebungen zu verhindern. Die ›Neuerer‹ nutzten diese Situation aus, gründeten an verschiedenen Orten reformierte Gemeinden und erhielten sowohl vom reformierten Bern wie vom calvinischen Genf her große Unterstützung. Landeshauptmann Jossen, ein vehementer Vertreter und Kämpfer der neuen Lehre, ließ an der Theodulskirche in Sion/Sitten gar eine Inschrift anbringen, auf welcher die Worte standen: »Hildabrand v. Riedmatten (Nachfolger des Bischofs Jordan) – der letzte Bischof von Sitten«.

In vielen Gemeinden, insbesondere im Zenden Goms, aber auch in Brig und Raron, wehrte sich das Volk, die neue Kirchenlehre anzunehmen. Unfrieden und Haß breiteten sich aus zwischen ›Alten‹ und ›Neuen‹. Man mußte einen Bürgerkrieg befürchten. In dieser Notlage erließ der Landrat 1551 ein Dekret, in welchem beide Konfessionen als gleichberechtigt erklärt wurden. Insgeheim hatten inzwischen die Zenden Goms und Brig Bündnisse mit den katholischen Orten der Innerschweiz geschlossen. Man versprach sich im Notfall gegenseitige militärische Hilfe. Als dies bekannt wurde, schloß der mehrheitlich der neuen Lehre zuneigende Landrat ein Schutz- und Trutzbündnis mit den reformierten Bündnern. Das Wallis stand vor einem Religionskrieg. Der Druck aus der katholischen Innerschweiz und Luzern wurde immer stärker. Es wurden Jesuiten ins Oberwallis entsandt, welche Schulen in Leuk und Brig gründeten. Priester aus der Innerschweiz übernahmen die Leitung der verwaisten Pfarreien in den verschiedenen Zenden, und Kapuzinermönche zogen als Wanderprediger von Ort zu Ort und mahnten das Volk, am alten Glauben festzuhalten. Bischof Adrian II. v. Riedmatten (1604–1613) förderte alle diese Bestrebungen. Es ging ihm jedoch nicht allein um die Treue zur katholischen Kirche, sondern mehr noch um die Erhaltung und Festigung seiner weltlichen Macht. Erst seinem Nachfolger, Bischof Hildebrand Jost (1613–1634), einem tiefreligiösen Mann, gelang es mit der Unterstützung des Hl. Franz von Sales, Bischof von Genf, das Wallis wieder im Glauben zu einigen. Es war dies umso leichter zu erreichen, als der Landrat 1604 anordnete, das Wallis solle beim alten Glauben bleiben und die Neugläubigen müßten bei Verlust ihrer Ämter und Besitztümer das Land verlassen. Es erging diesen also ähnlich wie jenen Bewohnern reformierter Kantone, die katholisch bleiben wollten und ebenfalls auswandern mußten.

Bischof Hildebrand Jost, der die Gegenreformation im Wallis erfolgreich vorantrieb, hatte jedoch auf politischem Gebiet eine Niederlage nach der andern hinzunehmen. Die erstarkten Gemeinden und Zenden, nach vermehrtem politischem Einfluß strebend, zwangen den Bischof, auf alle Vorrechte zu verzichten, die ihm durch die ›Karolina‹ zugebilligt worden waren. Im Jahre 1634 übernahmen die Vertreter der Zenden im Landrat unter einem Landeshauptmann die weltliche Macht im Wallis.

Das Unterwallis befreit sich

Während gut dreier Jahrhunderte bestimmten die deutschsprachigen Zenden die Geschichte des Landes Wallis und verwalteten das Unterwallis – vielfach mit Härte – als Untertanenland. Jedes Freiheitsstreben der Unterwalliser wurde mit Waffengewalt unterdrückt. Nach dem Ausbruch der Französischen Revolution schürten fremde Agenten die Freiheitsgelüste der Welschwalliser, und als 1798 die Waadtländer erfolgreich gegen die bernische Oberhoheit revoltierten, verjagten die Bürger von Monthey und St. Maurice die Oberwalliser Vögte und errichteten ›Freiheitsbäume‹ auf den öffentlichen Plätzen. Wie eine Flutwelle griff der Freiheitswille von einem Dorf zum anderen über. Daraufhin versuchte man im Oberwallis zu retten, was noch möglich schien. Am 22. Februar 1798 erklärte der Landrat das Unterwallis für gleichberechtigt. Doch – die Geste kam zu spät. Der Freiheitswille der Unterwalliser steigerte sich in einen wahren Unabhängigkeitsrausch. Sie wollten eine eigene Republik ausrufen. Vergeblich versuchten Oberwalliser Truppen, die Revolution zu unterdrücken. Eine starke französische Armee unterstützte die Welschwalliser, und am 16. Mai 1799 kam es zur Schlacht unterhalb Sion/Sitten. Die Oberwalliser wurden in die Flucht gejagt, die Stadt teilweise zerstört und geplündert. Die deutschen Zenden riefen den Landsturm zu den Waffen. Es kam zu erbitterten Gefechten im Pfynwald, bei Visp, an der Massa, auf dem Deischberg. Die Oberwalliser, schlecht ausgerüstet und unter sich uneinig, wurden wiederholt vernichtend geschlagen, viele Dörfer wurden verbrannt, wertvolle Schätze aus Kirchen, Kapellen und Privathäusern geraubt, Frauen geschändet, das Land ausgehungert. Die ehemals stolze Alpenrepublik Wallis wurde nunmehr zum französischen ›Département du Simplon‹.

Das Ende dieser Zeit kam mit dem Sturz Napoleons. Am 13. März 1814 erklärte das jetzt geeinte Wallis seine Unabhängigkeit und gab sich eine provisorische Regierung, welche am 16. Juni 1815 um die Aufnahme in den Bund der Eidgenossen nachsuchte. Am 14. August 1815 wurde das Wallis als zwanzigster Kanton der Eidgenossenschaft bestätigt. Das Land wurde in zehn Bezirke und 170 Gemeinden eingeteilt (später erfolgte eine Aufteilung in 13 Bezirke).

Zeigte sich das Wallis nach außen jetzt als einheitliches politisches Gebilde, in dem zwei Kulturen und zwei Sprachen friedlich Platz fanden, entsprach dieses Bild keineswegs der Wirklichkeit. Die Unterwalliser, allzulange der harten Willkür der Oberwalliser Vögte ausgesetzt, nunmehr eine starke Mehrheit im neuen Kanton, unterdrückten die sprachliche Minderheit, wo und wie sie konnten. Zwischen 1815 und 1874 folgte eine Verfassungsänderung nach der anderen, die auf manchen Gebieten Fortschritte brachten, jedoch immer den Stempel des radikalen Unterwallis trugen. Erst in den Verfassungen von 1874 und 1907 wurde festgelegt, daß alle Bürger gleiche Rechte besäßen und Französisch und Deutsch als gleichwertige Amtssprachen zu gelten hätten. Jedoch diese im Grundgesetz verankerte Zusicherung blieb lange nur leeres Versprechen. Die Zentralverwaltung im Staat, wie auch die Beamtenposten der 1878 eröffneten SBB-Linie der Jura-Simplonbahn und der Post, wurden zumal in den höheren Rängen, durchwegs mit französisch sprechenden Unterwallisern und Welschschweizern besetzt. Zirkulare und Rundschreiben der kantonalen Behörden und Ämter wurden auch ins deutschsprachige Oberwallis nur in französischer Sprache versandt. Stations- und Ortsnamen wurden nicht nur in den zweisprachigen Orten (wie: Sitten und Siders), sondern auch im rein alemannischen Sprachgebiet ›verwelscht‹, wie z. B. Brigue statt Brig, Viège für Visp. Rarogne anstelle von Raron usw. Bedauerlich war, daß viele Oberwalliser, insbesondere Geschäftsleute, einer stetigen Verwelschung noch Vorschub leisteten, indem sie ihre Gaststätten und Kaufläden mit französischen Bezeichnungen anpriesen. Namen wie: Bellevue, Commerce, de la Poste, Soleil, Cheminot, du Rhône, u. a. m. sind heute noch überall im Deutschwallis anzutreffen. – Ende der vierziger Jahre dieses Jahrhunderts begannen sich kultur- und sprachbewußte Kreise im oberen Wallis zu regen und gegen die ›Romanisierung‹ zu wehren – mit Erfolg, denn heute herrscht im Wallis Sprachfrieden.

Das Wallis wird ›entdeckt‹

Jahrhunderte hindurch blieb das Wallis durch mächtige Gebirge von der Umwelt abgeschnitten. Nordwärts gibt es heute noch während des Winters bloß einen einzigen Verbindungsweg: die Lötschbergbahn-Linie. Das Land hinter den Bergen blieb eine Welt für sich, die höchstens zur Zeit des Kardinals Schiner und des Großen Stockalpers Beachtung fand.

Die Abgeschlossenheit brachte es mit sich, daß die Walliser eine eigene Kultur, altertümliche Dialekte, urtümliches Brauchtum religiöser und profaner Art entwickelten und bewahrten. Auch war man auf Selbstversorgung angewiesen. In Dürre- und Notzeiten reichte das Brot der winzigen Äcker nicht für alle hungrigen Mäuler der kinderreichen Walliser Familien. Walliser aller Zeiten waren gezwungen, auszuwandern und sich anderswo ein Auskommen zu suchen. Im 12. und 13. Jahrhundert zogen ungezählte Walsersippen über südliche, östliche und nördliche Pässe und fanden als Roderer, Säumer, später auch als Söldner fern der Heimat ihr tägliches Brot. Naturkatastrophen aller Art haben zu allen Zeiten junge Walliser in die Fremde getrieben. Auf Gutsbetrieben in Preußen und Rußland arbeiteten sie als Melker (auch ›Kuhschweizer‹ oder nur ›Schweizer‹ genannt), in kanadischen Urwäldern als Holzfäller, in Amerika als Tellerwäscher, auf den argentinischen Pampas als Gauchos (Viehtreiber). – In der Mitte des 19. Jahrhunderts dämmte man die Rhone ein. Das Tal wurde entsumpft, wertvolles Kulturland geschaffen. Langsam entwickelte sich, vor allem im unteren Rhonetal, eine blühende Landwirtschaft, die viel zur Selbstversorgung beitrug, Arbeitsplätze bot und ein gutes Einkommen sicherte. In den Seitentälern und an den Berghängen hingegen kann nur ein kleiner Teil der Bevölkerung als Bauern ein genügendes Einkommen finden und muß froh sein, als ›Arbeiter-Bauern‹ (Schichtarbeit in der Industrie, daneben Landwirtschaft) werken zu dürfen.

Die Abgeschlossenheit des Tales und fehlende Verkehrswege waren die Hauptgründe, weshalb das Wallis bis zu Beginn des 20. Jahrhunderts industriell nicht erschlossen wurde. Wohl gab es schon früher Bergbau, viele Handwerker arbeiteten jedoch ausschließlich in Klein- oder Familienbetrieben, die nur wenigen Arbeit und Verdienst boten. 1895 wurde die Schweizerische Sprengstoffabrik in Gamsen eröffnet, und 1899 begann man mit dem Bau des Lonzawerks in Gampel, 1909 mit demjenigen von Visp. In Chippis bei Sierre begann 1905 die Schweizerische Aluminium-AG mit der Produktion; jetzt fanden Bergbauern entlegener Dörfer, denen die Scholle zu wenig einbrachte, in der Schichtarbeit zusätzlichen Verdienst.

Nach dem Ersten und verstärkt nach dem Zweiten Weltkrieg wurde damit begonnen, die ›Weiße Kohle‹ auszubeuten, d. h. man bändigte die wilden Bergwasser in Kraftwerken. Etliche Firmen errichteten daraufhin im Wallis Zweigniederlassungen, was wieder neue Erwerbsmöglichkeiten bot.

Der Bau der Jura-Simplon-Bahnlinie, die 1878 Brig erreichte, die Eröffnung der Bahnstrecken Visp-Zermatt (1898), Furka-Oberalp (1926) und Leuk-Leukerbad (1915) sowie namentlich die Öffnung nach Süden (Simplontunnel, 1906) und Norden (Lötschbergtunnel, 1913) ermöglichten es reiselustigen Naturforschern, Schriftstellern und Bergwanderern, das Wallis zu ›entdecken‹. Einfache Herbergen und Pensionen boten den ersten Touristen Unterkunft.

Bereits in der Mitte des 19. Jahrhunderts wurden größere Raststätten, komfortable, ja, luxuriöse Hotels erbaut. Auch dieser neue Erwerbszweig des Tourismus verhinderte das Abwandern junger Leute aus Bergdörfern und entlegenen Seitentälern.

In den fünfziger und sechziger Jahren unseres Jahrhunderts durchlief das Wallis durch den Massentourismus in 30 Jahren eine Entwicklung, wie sie in 300 Jahren nicht möglich gewesen war. Es kam zu ungünstigen Veränderungen des Dorf- und Landschaftsbildes, zu einseitiger Wirtschaftsstruktur und zu einer Veränderung der Mentalität der Walliser, um nur einige wenige zu nennen. Es wird sich erst erweisen müssen, ob und wie eine veränderte Lebensform und überkommene Traditionen miteinander harmonieren.

Kunst im Wallis

Romanik (ca. 900–1200)

Zahlreiche der herrlichen Bauwerke der Romanik im Wallis fielen kriegerischen Ereignissen zum Opfer, so daß nur noch Überreste (oft nur ein Kirchturm!) an sie erinnern. So sind der mächtige Turm der Kathedrale von Sion/Sitten, derjenige der Basilika von St. Maurice, die Türme der Kirchen von Leuk, Naters, Orsières Zeugen romanischer Kunst. Die einzige unversehrte romanische Kirche des Wallis in St. Pierre-de-Clages läßt erahnen, welch hervorragende Bauten der Romanik auch hier standen. Bewunderswert ist die Kirche von Valeria (Sion/Sitten), die ehemalige Kathedrale des Bistums, welche neben gotischen Stilformen viele romanische Bestandteile aufweist. – Auch profane Bauwerke der Romanik haben nur in einzelnen Exemplaren die Brand- und Zerstörungswut mittelalterlicher Kämpfe überstanden, wie etwa der Turm des Viztums in Raron, der ›Hexenturm‹ in Sion/Sitten, der Ornavassoturm und Teile des Supersaxoschlosses in Naters. Zeugen romanischer Kunst finden sich im Museum von Valeria und vor allem im Kloster St. Maurice. Nirgends jedoch tritt die Langlebigkeit romanischer Tradition so augenfällig in Erscheinung wie im Burgstädtchen Saillon (Rundturm, Ringmauer, Stadttore).

Gotik (ca. 1200–1700)

Die Berge, welche die Täler des Wallis lange von der Außenwelt abschnitten, verzögerten den Kontakt zu den Zentren der Kunst immer wieder. So ist es verständlich, daß sich die Gotik im Wallis noch bis ins 17. Jahrhundert erstreckte und ihre höchste Blüte im 16. Jahrhundert erlebte. Es war Bischof Matthäus Schiner, der den Walliser Architekten Ulrich Ruffiner für sich gewann. Aus dieser Zusammenarbeit erwuchsen viele herrliche und bedeutende Bauwerke. Die Burgkirche von Raron, die St. Theodulskirche in Sion/Sitten, das Beinhaus in Naters, die Kirche von St. Germain/Savièse, die Leuker Pfarrkirche, die Wallfahrtskirche von Glis und viele andere Bauwerke sind Zeugen seiner Kunst. Aber auch in den Gotteshäusern von Münster, St. German/Raron, Ernen, in den Kirchtürmen von Kippel, Muraz, Martigny, Bagnes, Lens, um nur einige zu nennen, sind Teile gotischen Ursprungs erkennbar. – Erwähnenswert sind auch die gotischen Burgen, Schlösser und Herrensitze aus dem 15. und 16. Jahrhundert wie etwa in St. Gingolph, Bouveret, Monthey, St. Maurice, Turm des Viztums auf Majoria, Supersaxohaus und Maison du Diable in Sion/Sitten, Turm des Viztums und Schloß Villa in Sierre, Zentriegen- und Maxenhaus in Raron, Haus Inalbon in Visp, das Tellenhaus in Ernen.

Aber auch in Profanbauten zeigt sich deutlich das Können der Walliser Baumeister; gotische Brücken sind in Schmidigehischer/Binn, bei Stalden, Rumeling und St. Maurice zu bewundern. Das Rathaus von Leuk, ebenfalls ein Werk Ruffiners, spricht für sich. Nicht zu vergessen sind natürlich die gotischen Plastiken und Altäre, wahre Kostbarkeiten, wie z. B. in den Kirchen von Münster, Ernen, Glis und Sion/Sitten, dann auch die Statuen, Figurengruppen, Kruzifixe, von denen viele aus fehlendem Kunstverständnis und manchmal wegen Geldmangels in der ersten Hälfte dieses Jahrhunderts außerhalb des Landes gingen. Viele wertvolle Kirchenschätze, wie etwa die Pietà von Ernen (14. Jh.), wurden geraubt.

Renaissance

Die Gotik, die im Gegensatz zur Renaissance primär als kirchlicher Baustil betrachtet wird, ging vor allem im Sakralbau fast nahtlos in den Barock über. Renaissancewerke trifft man deshalb im Wallis nur selten in reiner Form an. Oftmals treten sie eingestreut in Barockbauten auf; so in der Gliser Kirche, wo Pfeilerarkaden, Kanzel und Taufstein von den Primseller Brüdern, den Baumeistern Peter, Balthasar und Christian Bodmer, im Stil der Renaissance geschaffen wurden. – Der dreigeschossige Renaissancetaufstein in der Kirche von Ernen wurde von den ›Pietà-Räubern‹ beschädigt, die mehrere Figuren herausbrachen und mitnahmen.

Vermehrten Eingang fand die Renaissance in Profanbauten, z. B. im Schloß Villa in Sierre, in den Herrenhäusern der de Preux in Anchettes, in den Schlössern in Monthey und Vouvry und am Ambüelhaus in Sion/Sitten. Ebenfalls von den Gebrüdern Bodmer aus Primsell stammen die Bauelemente im Stil der Renaissance im Stockalperpalast in Brig. Renaissanceportale weisen u. a. der Junkerhof und das Haus Michel-Supersaxo in Naters auf.

Barock

Wer das Wallis mit offenen Augen und wachem Kunstsinn durchwandert, dem müssen die vielen Barockbauten auffallen. Kirchen und Kapellen in Unzahl, aber auch profane Bauten jeder Art und Größe sind in ihrer barocken Pracht zu bewundern. Man mag sich fragen, was wohl die Ursachen sind, daß das Wallis auf seinem engen Raum eine solch reiche Fülle von Bauten, Architekturelementen, Altären, Stein- und Holzplastiken, Malereien, Stukkaturen, Kunstwerken aus Gold und Schmiedeeisen barocken Stils birgt, daß Kunstkenner gar versucht sind, von einem ›Walliser Barock-Rausch‹ zu schreiben.

Nach den Wirren der Religionsstreitigkeiten gegen Ende des 16. und zu Beginn des 17. Jahrhunderts brachte die Gegenreformation eine rasche Erneuerung des religiösen Lebens, die eine vertiefte Volksfrömmigkeit in Andachten, Wallfahrten und nicht zuletzt im Restaurieren und im Erbauen neuer Gotteshäuser demonstrierte. Der damalige wirtschaftliche Wohlstand und eine geradezu überbordende Spendefreudigkeit machten es möglich, daß selbst in abgelegensten Tälchen und an schwer zugänglichen Orten herrliche barocke Gotteshäuser erbaut wurden (in der Zeit von 1600–1800 sollen an die 200 Kapellen und im oberen Wallis an die 20 Kirchen errichtet worden sein).

Es würde den Rahmen dieser Einführung sprengen, eine Aufzählung der barocken Werke des Wallis zu bringen. Stellvertretend für alle Zeugen dieser Stilperiode seien erwähnt: Kirche in Reckingen, Rundkirche von Saas-Balen, Ringackerkapelle bei Leuk, Burgerkirche in Visp, Kapelle Zen Hohen Flühen unterhalb Mörel, Kapelle auf dem Ritzingerfeld (Goms). Diese Kirchen und alle anderen nicht genannten barocken Gotteshäuser bergen einen wahren Schatz an Altären, Kanzeln, Stukkaturen und Malereien, daß der staunende Betrachter es kaum zu fassen vermag. – Aber auch die profanen Barockbauten, wie der Stockalperpalast in Brig, das Maxenhaus in Raron, das Burgenerhaus in Visp, die Abteigebäude von St. Maurice, das Hospiz auf dem Großen St. Bernhard sind bemerkenswert.

Alle sakralen Barockbauten (Kirchen und Kapellen) im Wallis weisen einen rechteckigen gewölbten Saalraum und einen dreiseitig schließenden Chor auf. Dieses Einheitsschema – als ›Walliser Barock‹ gedeutet – weicht nur in Einzelfällen ab, wo ein kreuzförmiger Kirchengrundriß zu entdecken ist.

Kunst im 19. Jahrhundert

Das Oberwallis war während des Franzoseneinfalls (1798/99) und der anschießenden Besetzung arg ausgeplündert worden, so daß im Verlaufe des 19. Jahrhunderts und zu Beginn des 20. Jahrhunderts an die 100 Kirchen und Kapellen renoviert und erbaut werden mußten.

Nach der Hochblüte des Barock fällt das nüchterne Kunstschaffen (in baulicher Hinsicht) auf. Einmal fehlten die finanziellen Mittel, die ein überschwengliches Ausschmücken (wie im Barock) ermöglicht hätten, dann war es das Hinneigen zu älteren Bauweisen und vor allem das sachlich-nüchterne Denken, das sich im Sakralbau vermehrt in neugotischen und neuromanischen Stilarten offenbarte. Kunstgeschichtlich darf diese neue Stilperiode keineswegs als nicht bemerkenswert oder gar minderwertig gedeutet werden. Die Malerei, die sich in den Bauten des 19. Jahrhunderts, zumal in Kirchen und Kapellen findet, ist sogar hervorragende Kunst. Gemälde in der Ringackerkapelle, in der Pfarrkirche von Sierre, in der Kapuzinerkirche in St. Maurice, in der Sebastianskapelle/Brig, in der Kapelle von Wiler bei Blitzingen, in der Muttergotteskapelle der Basilika von St. Maurice, am Hochaltar von Turtmann, u. a. m. zeugen vom großen Talent eines Reinold, Deschwanden und Lorenz. Leider findet sich in kirchlichen Räumen selten ein Werk des wohl berühmtesten Walliser Malers jener Tage, des ›Meisters mit dem Goldenen Pinsel‹ – Raphael Ritz. – Im Kunstmuseum in Sion/Sitten hingegen ist eine bedeutende Sammlung von Skizzen, Zeichnungen und Gemälden dieses Künstlers zu finden.

Die Erneuerung

Es sei hier noch kurz auf den Umbruch der Baustile in der Zeit zwischen den Weltkriegen im Wallis hingewiesen. Den Anstoß zur Erneuerung gab Ferdinand Dumas mit den Kirchen in Finhaut, Randogne und St. Martin. Seinem Beispiel folgten Lucien Praz mit Sakralbauten in Chamoson, Fully und Montana-Dorf, Charles Zimmermann mit den Kirchen von Les Vernays und Prarreyer, u. a. m. – Die Mosaiken von Maurice Denis in der Basilika von St. Maurice (1920) dürften als Beginn der Stilwende zum Expressionismus hin gelten.

Die Erneuerung offenbarte sich anfänglich mehr in der Ausstattung der Innenräume als in der Architektur selbst. – Plastiken, Wandmalereien, Mosaike, Glasmalereien hingegen finden sich in großer Zahl.

Bedeutende Künstler wie Bille, Chavaz, Monnier, Sewald, Bieler, Erni, Menge und andere mehr haben zahlreiche Kirchen und Kapellen mit ihren Werken bereichert.

Volkskunst

Es gab zu allen Zeiten nicht nur Künstler, die unschätzbare Werke schufen und hinterließen. Auch das Alltagsleben verlangte tüchtige Menschen, geschickte Hände, offenen Sinn und guten Geschmack. Die Walliser waren und sind durchwegs begabte Handwerker, die früher alle Werkzeuge selbst anfertigten. Zeugen vielfältigster handwerklicher Volkskunst sind heute noch in vielen Privathäusern oder in Heimatmuseen zu bewundern. Das Walliser Holzhaus und die vielen landwirtschaftlichen Nutzbauten sind beste Beispiele guter, geschmackvoller Bauernkunst. Auf sie wird der Reisende immer wieder stoßen – und die Autoren dieses Buches gehen auf sie ein, so daß hier darüber nichts weiter gesagt werden soll.

25

Moderne Architektur und Kunst

Wie die Schindeldächer der Walliser Holzhäuser verschwanden (hauptsächlich wegen Feuergefahr!), ist man in neuester Zeit auch bei sakralen und profanen Bauten mit neuen Materialien (z. B. Beton, Glas) zu neuen Erkenntnissen und modernen Stilformen gekommen; mit diesen Erzeugnissen unserer Tage ist es möglich geworden, die gewaltigen Staumauern in unseren Tälern zu errichten. Die neuen Materialien dienen einer neuen Generation von Architekten, Hochhäuser und auch moderne Kirchen zu bauen, welche anfänglich die immer noch dem Barock verbundenen Walliser, aber auch Besucher unseres Landes, schockierten.

Die neue Stilform, eigentlich fast eine Stilrevolution, mußte nach geeigneten Formen und Ausdrucksweisen suchen, wollte sie nicht von vornherein auf totale Ablehnung stoßen. Für die Baufachleute im Wallis war es schwieriger, die modernen Materialien und die neue Stilform in unsere enggeschachtelten Dörfer und die eigenwillige Landschaft einzufügen, als dies für ihre städtischen Kollegen der Fall war.

Das Neue mußte zuerst in den Herzen und Köpfen der Architekten reifen, bevor es zu Papier gebracht und dem Volk im Modell vorgeführt, erklärt und ›schmackhaft‹ gemacht werden konnte. Doch – mußten erst die Architekten, welche mit Beton-Glas-Kombinationen arbeiten, gegen Widerspruch und Widerstand kämpfen? Erging es den Vorkämpfern der Gotik und aller nachfolgenden Stilrichtungen nicht ähnlich?

Nicht in jedem Fall kann die neue Bauweise als gelungen bewertet werden, mancherorts ist sie zur Bausünde, ja, Bauschande geworden (z. B. Hochbauten in Crans-Montana, auf Thyon 2000, usw.). Die gute Gliederung und glückhafte Einfügung der Sichtbetonbauten des Fiescher Feriendorfes in den lichten Lärchenwald darf als gelungene Symbiose moderner Technik und ihres von der Natur gebotenen Umfeldes gerühmt werden. Die Herz-Jesu-Kirche in Brig wußte man mit ihrem großräumigen Baukörper gut in die historisch geprägte Umgebung einzugliedern, und das neuzeitliche Gotteshaus in Bürchen, in dem sich Beton, Rohmauerwerk und Holz harmonisch vereinen, darf als Musterbeispiel moderner Baukunst gelten. – Die moderne Kirche von Hohtenn (an der Lötschberg-Südrampe) ist dem Dorfbild hervorragend angepaßt, daß man meinen möchte, sie stehe schon seit alter Zeit inmitten der steinernen Häuser. – Eine weitere rühmenswerte Leistung ist den Baufachleuten auch mit der Kirche in Blatten (Lötschen) gelungen, wo es sicher schwierig war, einen modernen Baustil und neuzeitliche Materialien dem urtümlichen Charakter des Dorf- und Landschaftsbildes harmonisch einzugliedern.

In Albinen hingegen, wo eine neue Kirche mit einem obeliskartigen Turm zwischen dunkel gebeizten Holzhäusern steht, wird wohl mancher Besucher sich fragen, ob hier nicht eine andere Lösung geeigneter gewesen wäre. – Das Dorf Hérémence im Val d'Hérens, zu Füßen der gigantischen Dixence-Staumauer, muß gänzlich der Faszination der neuen Baumaterialien und Baustile verfallen sein, als es seine gewaltige Betonkirche über die Dächer seiner niedrigen Häuser emporwachsen ließ – ein Bauwerk, das in Wort und Schrift auf zwiespältige Resonanz stieß.

Das Rhonetal und die kleinen Seitentäler

Furka und Grimsel oder: Die Geburt eines Tales

Beginnt das Wallis »oben«, bei Furka und Grimsel? Oder »unten«, am Genfer See oder gar am Rhoneknie bei Martigny? Die Frage ist so alt, wie die Besiedelung zurückreicht. Man darf aufgrund der archäologischen Funde annehmen, daß die Besiedelung im Westen begann und sich nach Osten ausbreitete. Liegt also das Tor zum Wallis im Westen?

Betrachtet man das Wallis indessen nicht aus kulturhistorischem Blickwinkel, sondern aus geographischem, dann kommt man zu der Ansicht, das Wallis beginne im Osten – dort nämlich, wo das fast 150 km lange Tal hoch und eng ist, und die Rhone, einer der großen Ströme Europas, ihren Ursprung hat. Für den Geographen ist der Sachverhalt eindeutig: der mächtige Rhonegletscher, der seine Wurzeln nicht im Wallis, sondern in den Urnerbergen hat – in der Dammagruppe –, ist sozusagen der ›Erzeuger‹ des Wallis. Er hat das riesige Trogtal geschaffen und sich zur Zeit seiner größten Ausdehnung bis gegen Lyon in Frankreich und gegen Solothurn ergossen. Er war stellenweise über 1500 m mächtig und reichte bis nah unter die höchsten Bergspitzen, wie sich anhand ausgeprägter Schliffspuren leicht nachweisen läßt. Folgen wir daher auf unserer Wanderung den orohydrographischen Gegebenheiten, also der Fließrichtung von Gletscher und Fluß, und steigen wir vom Berg ins Tal hinunter.

Seit Menschen wandern und Handel treiben, haben lebhafte Nordsüd- und Südnordbewegungen stattgefunden. Vor 5000, ja noch vor 2000 Jahren mußte man sich durch Wälder und Sümpfe quälen, durch Schluchten und reißende Ströme. Kein Hindernis aber hat die Menschen mehr gefordert als der mächtige Alpenkamm, der sich in riesigem, sichelförmigem Halbbogen von Wien bis zur Côte d'Azur erstreckt und Europa in zwei Hälften trennt: eine kühle, strenge, nordische und eine warme, lebhafte, südliche.

Die Nomaden, Händler und Heerscharen mußten sich daher schon früh Wege durch und über die Gebirge suchen; diese entwickelten sich im Laufe der Zeit zu vielbegangenen und bekannten Paßstraßen. Im Gebiet des heutigen Wallis entstand ein gutes Dutzend Pässe, die sich mehr oder weniger großer Beliebtheit erfreuten. Manche von ihnen waren sehr beschwerlich und auch im Sommer nur unter großen Strapazen begehbar, wie der 2842 m hohe Antronapaß, der 3317 m hohe Theodulpaß und der 2797 m hohe Col de la Fenêtre. Andere konnten leichter erschlossen und bezwungen werden. Sie entwickelten sich zu mächtigen Handelsstraßen, wie Grimsel- und Furkapaß, Simplon und Großer St. Bernhard.

Das Wallis war insofern in einer ungünstigen Lage, als es zwischen zwei gewaltigen Gebirgszügen eingebettet ist. Reisende, die ihren Weg nach Süden und Norden über das Wallis nahmen, mußten immer mindestens zwei mühsame Paßan- und -abstiege bewältigen. Der berühmteste aller Alpenpässe blieb deshalb bis zum heutigen Tag der Gotthard – ist er doch das einzige größere Hindernis und der bedeutendste Handelsweg zwischen Norden und Süden.

Von den vier bedeutenden Alpenübergängen, die in das Wallis führen, finden sich zwei im obersten Teil. Sie bilden die Eingangspforte für all jene, die aus der Zentralschweiz und aus dem Gebiet zwischen Thun, Interlaken und Meiringen kommen. Der Furkapaß verbindet das obere Goms mit dem Urserental und demzufolge mit dem Gotthard- und dem Oberalppaß. Der Grimselpaß, 2165 m hoch und 37 km lang, bildet den Übergang ins fruchtbare und dicht besiedelte Mittelland. Furka und Grimsel waren, wie sich anhand vorgeschichtlicher Funde leicht belegen läßt, schon in der Bronzezeit bekannt und wurden von Händlern aus dem Norden und Osten benützt. Strategische Bedeutung erhielten die Pässe zur Zeit der Römer. Vor rund 2000 Jahren marschierten die Legionen Roms das Wallis hinauf, überquerten die Grimsel und gelangten auf kürzestem Wege zu einem ihrer wichtigsten Heerlager nördlich

Die wichtigsten Alpenpässe und Tunnel

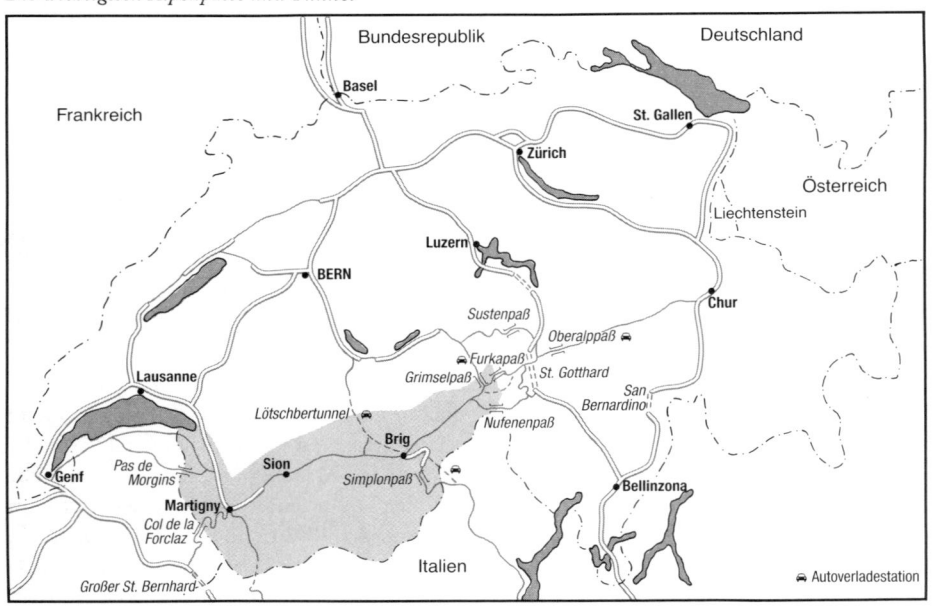

der Alpen, nach Vindonissa, dem heutigen Windisch. Dank der Alpentraversen Furka und Oberalp konnte Caesar die Provinz Rätien (heute: Graubünden) mit dem Wallis zu einem gemeinsam verwalteten Bezirk zusammenfassen.

Im Mittelalter wurden die Pässe immer wichtiger und spielten für den Handel eine überaus bedeutende Rolle, die im späten Mittelalter in zahlreichen Urkunden und Verträgen dokumentiert wird. So gab es zwischen den Urseren und den Wallisern Zollabkommen, die den Warenaustausch zwischen beiden Talschaften gegenüber den Transitgütern fiskalisch stark begünstigten. Eine anerkannt wichtige Bedeutung hatte die Furka bei den Walliser Wallfahrern, die zur berühmten Klosterkirche Einsiedeln im Kanton Schwyz pilgerten. Zahlreiche Innerschweizer wiederum benutzten die Furka im Sommer und Herbst, wenn sie auf Arbeitssuche ins Wallis zogen. Dort hielten sie sich einige Wochen oder Monate auf, arbeiteten in den Wäldern, bei der Heuernte und zogen zur Weinlese bis nach Leuk, Sierre und Sion.

Die Grimsel spielte weniger eine Rolle im inneralpinen Verkehr denn als Transitroute zwischen dem schweizerischen Mittelland und der lombardischen Ebene mit ihrem Hauptort Mailand. An verschiedenen Orten am Fuß der Grimsel und auf der Paßhöhe wurden ›Susten‹ gebaut, Häuser, in denen die Handelsgüter gelagert und umgeschlagen wurden. Im 17. Jahrhundert und bis zur Eröffnung des Gotthardtunnels 1882 gingen endlose Warenströme über die Grimsel, das Goms bis nach Brig hinunter, über den Simplonpaß nach Gondo und Domodossola bis nach Mailand. Chronisten berichteten, daß Tag für Tag 25 bis 30 schwer beladene Saumtiere über die Grimsel zogen. Selbst im Winter wurde der Warentransport nicht eingestellt. Die Säumer mußten sich ihren Weg oft durch meterhohen Schnee suchen; Mensch und Tier erreichten das Hospiz nicht selten völlig erschöpft oder kamen gar in einem wütenden Schneesturm ums Leben. Überfälle durch Wegelagerer und Räuber waren nicht ungewöhnlich, und mancher einsame Wanderer, der sich keinen einheimischen Führer leisten konnte oder wollte, kam vom Weg ab, stürzte in eine Schlucht oder starb an Erschöpfung. Das Pfarrarchiv von Oberwald besitzt zahlreiche Berichte von Verunglückten und Ermordeten – makabre Zeugen einer Zeit, die so lange noch nicht zurückliegt und in den Dokumenten weiterlebt.

Ein interessantes Zeugnis einer Paßüberquerung hat uns Johann Wolfgang von Goethe in einem seiner Briefe an Charlotte von Stein hinterlassen. Gegen Ende Oktober 1779 verließen Goethe und seine Begleiter Genf und zogen das Wallis hinauf. Am 12. November reiste die Gesellschaft in Begleitung zweier Führer von Münster (Obergoms) nach Realp im Urserental, wobei die tief verschneite Furka überquert werden mußte. Goethe schrieb darüber: »Es war ein seltsamer Anblick, wenn man einen Moment seine Aufmerksamkeit von dem Weg ab und auf sich selbst und die Gesellschaft wendete: in der ödesten Gegend der Welt, und in einer ungeheuren einförmigen schneebedeckten Gebirgswüste, wo man rückwärts und vorwärts auf drei Stunden keine lebendige Seele weiß, wo man auf beiden Seiten die weiten Tiefen verschlungener Gebirge hat, eine Reihe Menschen zu sehen, deren einer in des anderen Fußstapfen tritt, und wo in der ganzen glatt überzogenen Weite nichts in die Augen fällt, als die Furche, die man gezogen hat.«

Gut 40 Jahre nach Goethes Wanderung über die Furka entstand in Gletsch eine erste und bescheidene Herberge. Der Gastwirt Josef Anton Zeiter aus Münster baute um 1830 mit Einwilligung der Walliser Regierung ein Gasthaus mit acht Zimmern und zwölf Betten. Vor allem in den Sommermonaten erfreute es sich großen Zulaufes, denn der Rhonegletscher erwies sich schon damals als Besuchermagnet, der jedes Jahr von 5000 bis 6000 Touristen bewundert wurde. Vor 150 Jahren bot der Gletscher allerdings auch einen bedeutend imposanteren Anblick als heute, befand er sich doch am Ende einer gewaltigen Vorstoßphase, die ihn ganz nah an die Herberge des Josef Anton Zeiter gebracht hatte. Die breite Gletscherzunge füllte den ganzen Talboden aus, und den Gästen wehte vor Zeiters Gasthaus eisige Gletscherluft entgegen.

Die touristische Erschließung der Alpen – vor allem durch die Engländer – hatte in der Mitte des 19. Jahrhunderts zum Bau vieler Hotels geführt. So konnten die Gebrüder Seiler von 1858 bis 1860 in Gletsch das Hotel »Glacier du Rhône« bauen, das sich in der Folge, mehrmals erweitert, zum beliebten Treff- und Rastpunkt aller Paßgänger entwickelte. Vor allem Alexander Seilers zielstrebige und geschickte ›Einkaufspolitik‹ ermöglichte es der Familie, umfangreiche Grundstückäufe zu tätigen und Eigentümer der unteren Gletschalpe und des Hotels zu werden. Nach Alexanders Tod führte Joseph, der älteste der drei Brüder, die Hoteltradition in Gletsch weiter. Ab 1818 schmolz der Rhonegletscher langsam ab und verkürzte sich innerhalb von 100 Jahren um 1500 m. Das ließ in vielen Gästen des »Glacier du Rhône« den Wunsch wach werden, näher am Gletscher zu wohnen. Joseph Seiler ließ deshalb um die Jahrhundertwende auf halber Höhe der Furka ein neues Gasthaus, das »Belvédère«, errichten. Vor dessen Haustür türmte sich der steile Abbruch der Gletscherzunge auf, und die Besucher kamen von nah und fern – um so mehr, als die Grimsel- und die Furkapaßstraße in der Zwischenzeit gut ausgebaut worden waren. Seit 1871 befuhr die Pferdepost die Furka und seit 1895 die Grimsel. Joseph Seiler gliederte seinem Hotel eine tüchtige Fuhrhalterei an und besaß bald 150 Pferde sowie Wechselställe in Brig (Simplon), Meiringen (Grimsel), Andermatt (Furka) und Airolo (Gotthard).

Das beginnende Automobilzeitalter war das Ende der Pferdepost. 1915 ließ sich erstmals eine Engländerin im Auto von Interlaken über die Grimsel chauffieren – ein unerhörtes, ja sensationelles Ereignis, das Eingang in alle Zeitungen des Kontinents und der britischen Inseln fand. Schon 1921 wurde ein regelmäßiger Postautoverkehr, den die Schweizerische Reisepost versah, über Grimsel, Furka, St. Bernhard und Oberalp aufgenommen. Ein Jahr später fuhren die sogenannten ›Cars alpins‹, Sonderanfertigungen der einheimischen Fahrzeugindustrie, sogar auch über den Gotthard. Im ersten Betriebsjahr, das lediglich zweieinhalb Monate dauerte, benützten fast 30000 Fahrgäste die neuen Transportmittel – mehr als doppelt soviele wie zu den besten Zeiten der Pferdepost.

Dem Autoverkehr erwuchs, kaum hatte er sich an der Furka etabliert, Konkurrenz in der Furka-Oberalp-Bahn. Es würde an dieser Stelle zu weit führen, die Vor- und Baugeschichte dieser wichtigen Ost-West-Traversale auch nur in groben Umrissen zu skizzieren. Hier wollen wir nur darauf hinweisen, daß seit 1926 die beiden wichtigsten Nord-Südverbindungen der Alpen, die Gotthardlinie im Osten und die Simplonlinie im Westen, durch die

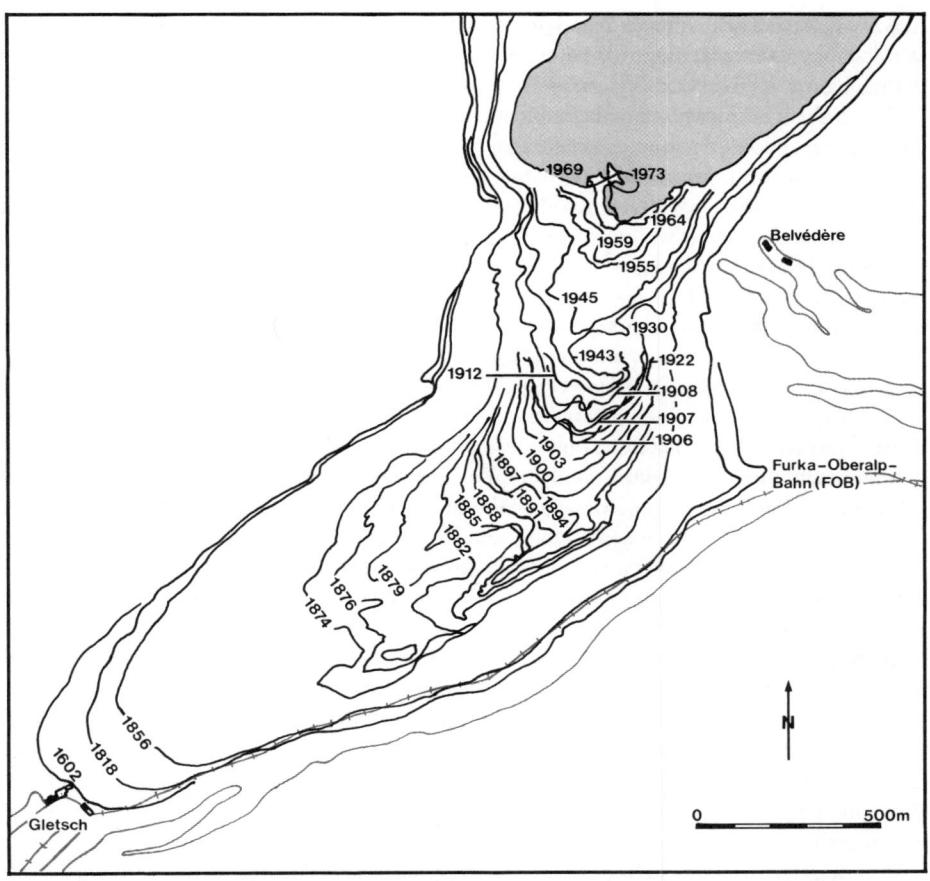

Die Ausdehnung des Rhonegletschers im Zeitraum von 1602 bis 1973

Furka-Oberalp-Bahn verbunden werden, und festhalten, daß seit der Eröffnung des Furka-basistunnels am 25. Juni 1982 erstmals eine ganzjährige Verkehrsverbindung zwischen dem Wallis und der Zentralschweiz besteht. Die alte Bahn verkehrte nämlich nur während vier Sommermonaten, legte dabei aber rund 700 000 km zurück. Der »Glacier-Express« war einer der berühmtesten Züge im Alpengebiet: auf der 290 km langen Strecke Zermatt – St. Moritz bewältigte er 7000 Höhenmeter, fuhr über fast 300 Brücken und durch 91 Tunnel und benötigte dafür siebeneinhalb Stunden. Wer heute diese Strecke fährt, taucht in Ober-wald in den Tunnel ein und kommt 15 400 m weiter östlich bei Realp wieder ans Tageslicht. Von der ganzen Alpenherrlichkeit sieht er nichts. Wer mit dem Auto in das Wallis kommt, sollte entweder über die Grimsel oder über die Furka fahren. Er wird nicht umhin können,

31

unzählige Male anzuhalten und die Schönheit dieses jungen und frischen Tales immer wieder zu bestaunen – so, wie dies früher Reisende getan und in vielen Reisebeschreibungen festgehalten haben.

Viereinhalb bis fünf Monate im Jahr kann der Wallis-Reisende das Rhonetal dort betreten, wo es geographisch beginnt: entweder von Meiringen und Innertkirchen über den Grimselpaß oder von Andermatt und Realp über den Furkapaß. Die Berner Seite der Grimsel ist, zumal bei schlechtem Wetter, bedrohlich, wild und sogar düster, aber sehr imposant und eindrucksvoll (Farbabb. 6) – noch immer vermittelt der Aufstieg zum Hospiz am Grimselsee und zur Paßhöhe am Totensee das Erlebnis einer nicht gebändigten Natur. Das alte Hospiz befindet sich einige Kilometer unterhalb der Paßhöhe. Mit einiger Sicherheit darf angenommen werden, daß bereits im 13. Jahrhundert Herbergen im obersten Teil des Grimselpasses standen, denn bedingt durch seine Wildheit und Länge sowie allfällige Wetterunbill mußten Wanderer und Säumer ein oder gar zwei Nachtlager einkalkulieren, bevor sie ins Wallis gelangten. Die heutigen Rasthäuser auf der Paßhöhe – »Hotel Alpenrösli«, »Tea Room Post«, »Hotel Grimsel Paßhöhe« und »Hotel Restaurant Grimselblick« – bieten dem Reisenden noch immer Unterkunft und Verpflegung. Aber ersteres wird heute seltener als im Mittelalter in Anspruch genommen, denn der starke Wagen in Verbindung mit der gut ausgebauten Straße verlangt keine Übernachtung auf dem Paß mehr.

An der Grimsel wie auch an der Furka finden des öfteren Wehrübungen statt. Interessant ist, daß große Teile des Gotthardmassivs seit bald 100 Jahren zu einer mächtigen Alpenfeste ausgebaut worden sind, in die sich die Schweizer Armee im Notfall zurückziehen will, um von dort aus die Heimat zu verteidigen. Trotz vieler verbaler Angriffe genießt das Militär in der Schweiz eine Unterstützung wie in kaum einem anderen westlichen Land. Bezeichnend für die Einstellung der Schweizer zu ihrer Armee ist nicht zuletzt, daß sie nicht etwa in erster Linie auf kulturelle Errungenschaften der Vergangenheit stolz sind, sondern auf die zumeist gewonnenen Schlachten im Mittelalter. An dieser Stelle sei darauf hingewiesen, daß der Besucher des Wallis Hinweisschildern, die das Fotografieren militärischer Anlagen verbieten, unbedingt Folge leisten sollte.

Auf dem **Grimselpaß** steht die kleine, unscheinbare *St. Christophorus-Kapelle,* die 1961 errichtet und 1971 umgebaut wurde. Das Gotteshaus ist in einfachen Natursteinen gehalten und hat als Grundriß ein abgerundetes Dreieck, das die heilige Dreifaltigkeit versinnbildlicht. Besonders geglückt ist die Gestaltung des Chorraumes, die dem Bibelwort »Baue mir einen Altar aus unbehauenen Steinen« folgte. Rohe Granite, Specksteine und Kalzite aus der jungen Rhone wurden aufgeschichtet und in natürlichem Zustand belassen. Als Altartisch dient ein in der Mitte entzweigesägter Findling mit polierter Schnittfläche. Auch wer nicht für sakrale Baukunst – vor allem neuere – schwärmt, wird vom Zauber der kleinen Kapelle eingefangen und vielleicht einige besinnliche Minuten im Halbdunkel des Schiffes verbringen.

Wir sind jetzt übrigens, nachdem wir unbemerkt die Gemarkungen Berns verlassen haben, bereits auf Walliser Kantonsgebiet und steigen nun zum 1759 m hoch gelegenen Gletsch ab. Auf halber Höhe hat man erstmals Gelegenheit, den Rhonegletscher, einen der berühmte-

32

Das Finsteraarhorn. Aquatinta 19. Jahrhundert

sten Eisströme Europas, zu bewundern. Man sieht auch die Furkapaßstraße, die sich von den Hängen des Furkahornes (3026 m) bis in die unmittelbare Nähe des Rhonegletschers vorwagt, und dort, wo sie dem Eisabbruch am nächsten ist, stehen das Hotel »Belvédère« und daneben das Gebäude »Eisgrotte + Bazaar Rhônegletscher«. Wer den Furkaübergang gewählt hat, wird eine nicht gerade liebliche, aber doch sehr viel freundlichere Landschaft als an der Grimsel antreffen. Von Realp (1538 m) steigt die gut ausgebaute Straße in vielen Kehren bis zum Scheitelpunkt auf 2431 m Höhe. Längst sind Wald- und Baumgrenzen hinter uns geblieben, und lediglich alpiner Rasen, Alpenrosen- und Heidelbeersträucher sorgen für eine farbliche Abwechslung im eintönigen Grau der Fels- und Schuttfluren. Der frühe Herbst, Ende September oder Anfang Oktober, ist vielleicht die schönste Zeit für eine Furkafahrt. Die Matten sind gelbbraun, die Heidel- und Preiselbeersträucher leuchten rostrot, und der Himmel ist von einem unbeschreiblich satten Blau und gläserner Klarheit. Der Paß trennt die Kantone Uri und Wallis. Eindrucksvoll ist der Blick in das Rhonetal hinunter und in die mächtige Gebirgskette des Dammastocks und der verschiedenen Aar-hörner, die sich im Grenzgebiet zwischen Wallis und Bern schneeweiß und gigantisch auftürmen. Zwischen dem Sidelhorn im Westen und dem Gerstenhorn im Osten zwängt

33

Der Rhonegletscher reichte in der Mitte des 19. Jahrhunderts bis nahe an die Schafhütten Gletschs heran. Kolorierte Federzeichnung

sich die Grimselstraße durch und strebt in ungeordnetem Zickzack Gletsch und damit dem Talboden zu (Abb. 2). Jetzt haben die Reisenden über Grimsel- und Furkapaß den gleichen Weg vor sich. Müßten wir uns zwischen einem der beiden Übergänge entscheiden, würden wir eher zur Furka tendieren – nicht zuletzt deshalb, weil man hier Gelegenheit hat, den Rhonegletscher und seine ›Zunge‹ aus allernächster Nähe zu bewundern (Farbabb. 3). Sicher ist er in seinem unteren Teil nicht mehr so imposant wie vor 100 oder gar 150 Jahren, aber das Eismeer ist, rückt man ihm zuleibe, noch immer beeindruckend. Hatte sich früher das lebhafte Treiben der Besucher vor allem um das Panoramahotel »Belvédère« gedreht, so konzentriert es sich heute hauptsächlich um den Rhonegletscher-Kiosk. Im traditionsreichen »Belvédère« befindet sich nur noch ein Restaurant; Übernachtungsmöglichkeiten bietet es nicht mehr.

Bei dem »Bazaar Rhonegletscher« hat man die Möglichkeit, ein kleines Stück ins Innere des Rhonegletschers vorzudringen – was man sich nicht entgehen lassen sollte. Die sogenannte Eisgrotte ist ein gut mannshoher Gang, der rund 100 m weit in die Zunge des

34

Der Rückzug des Rhonegletschers um die Jahrhundertwende. Gut erkennbar sind das wannenförmige Tal, das der Gletscher schuf, und die Furkapaßstraße

Gletschers getrieben wird und in einer Grotte oder Kammer endet. Durch die Gletscherbewegung bedingt, muß der Gang jedes Jahr neu gebohrt werden, was einige Wochen Arbeit erfordert. Bemerkenswert ist das Farbenspiel des Eises. Am Stollenanfang, wo die Eisdecke noch dünn ist, steht der Besucher im tiefblauen Licht, eingeschlossen wie in einem großen Bergkristall. Weiter hinten im Gletscher verschwindet das Tageslicht und weicht dem gelben Schein schwacher Glühbirnen. Man hört irgendwo Wasser gurgeln, und das Eis knackt und ächzt in allen Fugen – unheimlich und schauerlich. Am Ende des Ganges betritt man eine zimmergroße Grotte, deren Wände silbrig glänzen und von deren Decke, dort, wo die Lampen befestigt sind, Eiswasser tropft. Gut sieht man die Schichtung des Eises, Einschlüsse von Steinen und Erde und große Luftblasen.

Fährt man später Gletsch entgegen, lohnt sich ein Blick nach Norden in den Gletscherabbruch hinein. Die Zunge ist nur noch ein kleines, wenig beeindruckendes Dreieck, aber der vom Gletscher früherer Jahrtausende abgeschliffene Mund ist beeindruckend. Die Felsen sind durch die Eisbewegungen und den ungeheuren Druck abgehobelt, poliert und gestaltet

35

worden. Hin und wieder stürzen donnernd Eisabbrüche über das Gestein und zerschellen stiebend. Und mitten in diesem Schlund sieht man mehrmals brausendes Wasser auftauchen und wieder verschwinden: die Rhone oder ›der Rotten‹, wie er im deutschsprachigen Wallis genannt wird. Bei wohl keinem anderen bedeutenden europäischen Strom läßt sich die Geburt so leicht beobachten wie bei der Rhone, die schon Plinius der Ältere als »Rhodanus, oppidum Rhodiorum« bezeichnete. Die französischsprachigen, gallischen Bewohner des Rhonetals nannten den Fluß ›Rosne‹, aus dem im Laufe der Zeit das heutige ›Rhone‹ (›Rhône‹ ist die französische Schreibweise) entstand.

Gletsch

Die erste feste Siedlung im oberen Goms ist Gletsch. Sie entstand aus einigen Schafhütten und entwickelte sich um die Wende zum 20. Jahrhundert zu dem großen Hotel- und Fuhrhalterkomplex der Familie Seiler aus Blitzingen. Wer heute im Sommer nach Gletsch kommt, wird zwar noch viele Zeichen einstiger Bedeutung erkennen können: Stallungen, mächtige Hotelbauten und die Haltestelle der alten Furka-Oberalp-Bahn, aber die Glanzzeit des »Glacier du Rhone« ist vorbei. Eine Renovierung soll den weiteren Verfall des Hotels stoppen, das voraussichtlich im Sommer 1991 neu eröffnet.

Das lange Zeit ungepflegte Äußere des Gebäudes ließ nicht vermuten, daß es bemerkenswerte Schätze beherbergt, die Teil der Seilerschen Privatsammlung sind. Besonders erwähnt werden soll die originale Walliser Stube aus dem 18. Jahrhundert, die im Vestibül des Hotels eingerichtet und mit wertvollen Möbeln ausgestattet wurde. Sie demonstriert die Kunstfertigkeit der Schreiner und Ofenbauer jener Zeit und bezeugt die große Liebe der etwas wohlhabenderen Bürger zum gepflegten Wohnen.

Ein schönes Einzelstück ist auch die reich verzierte geschnitzte Tür mit dem Familienwappen derer von Riedmatten. Von Johann Ritz, dem führenden Oberwalliser Bildhauer des ausgehenden 17. Jahrhunderts, stammt ein wertvoller Giltsteinofen im Stil der Spätrenaissance. Der Ofen hat eine ungewöhnliche, nämlich zylindrische Form, und steht auf drei steinernen Füßen. An der oberen Ofenhälfte ist das volle Wappen der Familie Ritz angebracht.

Beachtenswert sind ebenfalls einige Buffets, Kommoden und Eisenreliefs mit Wappen der einst mächtigsten Walliser Familien der Stockalper und der Schiner. Ein interessantes Detail des Hotels ist das kunstvoll gearbeitete Wirtshausschild, das vom Hotel »Angleterre« in Brig stammt und um 1839 entstanden sein dürfte. Es trägt die Wappen Englands und Schottlands sowie ein unbekanntes Wappen – vielleicht jenes des früheren Hotelbesitzers in Brig. Der Wahlspruch des Hosenbandordens »Honni soit qui mal y pense« rahmt das Ganze ein.

Nordöstlich des Hotels steht eine kleine neugotische Kapelle, die von Joseph Seiler 1907/8 im Auftrag der Anglikanischen Kirche errichtet worden war, da um die Jahrhundertwende zahlreiche Engländer auch das Gebiet um Gletsch und den Rhonegletscher besucht hatten.

Oberwald und Unterwassern

Oberwald ist talabwärts die erste ganzjährig bewohnte Siedlung, ein typisches Haufendorf mit verschiedenen Haustypen der Gommer Stilrichtung. Die ältesten in der Dorfmitte reichen weit ins 17. Jahrhundert zurück. Die Geschichte Oberwalds ist allerdings noch viel älter: 1419 wurde es selbst und das benachbarte Unterwassern von den brandschatzenden Bernern ausgeraubt und in Schutt und Asche gelegt. Der Rotten brachte ebenfalls mehrmals Verderben und Verwüstungen über die beiden Dörfer, die nur vom Fluß getrennt sind. Große Überschwemmungen werden aus den Jahren 1706 und 1834 berichtet. Die Dorfbewohner lebten, wie sich aus der großen Zahl der Nutzbauten leicht ablesen läßt, überwiegend von Viehwirtschaft. Nordöstlich und südwestlich des Dorfkernes stehen noch heute zahlreiche Ställe, Scheunen, Speicher und Stadel. Während die Wohnhäuser vor der zweiten Hälfte des 19. Jahrhunderts im typischen Oberwalliser Baustil – ein ein- oder mehrstöckiger Holzaufbau über Steinsockel – errichtet wurden, sind später Steinhäuser häufiger. Der Grund liegt wahrscheinlich im Brand des nahen Obergesteln.

Über ein Jahrhundert lang stand die katholische *Pfarrkirche Hl. Kreuz* etwas östlich von Oberwald. Die in der zweiten Hälfte des letzten Jahrhunderts errichteten Scheunen und Ställe stellten dann eine Verbindung zu dem alten Dorfkern her. Die Kirche Hl. Kreuz in ihrer heutigen Form entstand 1710, und als Stifter wird ein Melcher Belwalder erwähnt. Ein »Johannes Belwalder« seinerseits stiftete, wie eine Inschrift erklärt, den Chor oder zumindest Teile davon. 1834 wurde die Kirche bei der gewaltigen Überschwemmung des Rotten schwer in Mitleidenschaft gezogen. Im Laufe des 19. und 20. Jahrhunderts gab es ein rundes Dutzend Teilrenovierungen, Umbauten und architektonische Änderungen, die zum Glück dem Äußeren der Kirche nicht abträglich waren. Gegen die ins Tal donnernden Lawinen wurde – vermutlich schon nach 1720 – ein großer, bis zum Schiffsdach reichender Steinschutz gebaut, der sich mehrmals bewähren mußte. Das letzte große Ereignis war die Einweihung der neuen Orgel am 19. Dezember 1982.

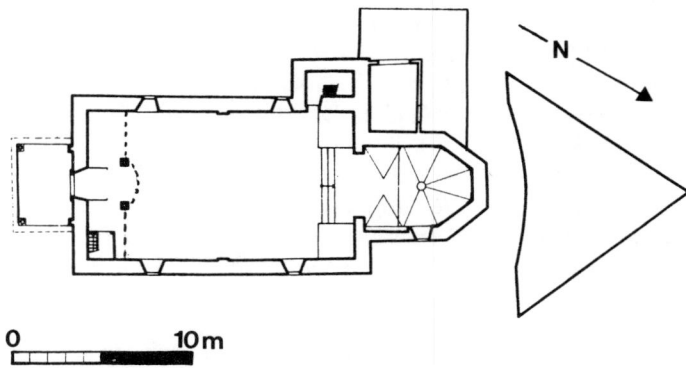

Grundriß der Pfarrkirche Hl. Kreuz in Oberwald. Nördlich der Kirche der steinerne Lawinenschutz

37

Betrachtet man den Grundriß der Pfarrkirche, dann erkennt man auf den ersten Blick seine Ähnlichkeit mit jenem der Kirche in Münster. Das ist nicht verwunderlich, gehörte Oberwald doch lange Zeit zur Großpfarrei Münster, und war das dortige Gotteshaus den kleineren Gemeinden ein erstrebenswertes Vorbild. Wenn man die einschiffige Kirche Oberwalds betritt, fallen zwei Dinge besonders auf: die intime und friedvolle Atmosphäre des engen und hohen Schiffes und der prächtige Hauptaltar, den man in dieser kleinen und sicher nie wohlhabenden Gemeinde kaum erwartet.

Der barocke Hochaltar wird Johann Ritz zugeschrieben und auf 1716 datiert: er gehört also zu den späteren Werken des Obergommer Künstlers. Ritz, ein sehr selbstbewußter Bildhauer, unterließ es nicht, seine Schöpfungen deutlich mit Signatur und Jahreszahl zu kennzeichnen. Hier wurden diese Kennzeichen aber möglicherweise bei einem der zahlreichen Um- und Zubauten entfernt oder überdeckt. Das Kernstück des Altars ist eine ausgewogene Kreuzigungsgruppe. Über dieser Darstellung steht in einer Nische die Figur des Hl. Nikolaus von Myra. Gekrönt wird die Mittelachse vom auferstandenen Christus. Die Flankenstatuen stellen auf der linken Seite die Hll. Bartholomäus (unten) und Franz Xaver dar, auf der rechten Seite Sebastian (unten) und Antonius von Padua.

Der linke Seitenaltar ist ebenfalls ein bildhauerisches Meisterstück des Barock. Der einachsige Aufbau hat als dominierende Figur den Hl. Josef, darüber Katharina und als Abschluß den Erzengel Michael. In der linken Flanke stehen der Evangelist Johannes und darüber Theodor.

Die rechte Flanke zieren Karl der Große und Mauritius, ein im Wallis recht beliebter Heiliger. Es wird vermutet, daß der Josefsaltar aus der Werkstatt der bedeutenden Bildhauer (Vater und Sohn) Sigristen oder der Sigristen-Schule, die weit über das Oberwallis hinaus wirkte, stammt.

Der rechte Seitenaltar gilt als Arbeit aus der Werkstatt von Johann Ritz. Allerdings scheint nicht der Meister selbst Hand angelegt zu haben, sondern sein Nachfolger und Sohn Jodok. Er gestaltete zwar die typischen Ritzschen Figuren, aber es fehlen ihnen einige schöpferische Elemente, wie sie Arbeiten von Ritz sen. immer wieder auszeichneten. Die zentrale Figur stellt die Muttergottes dar, über ihr sieht man die Taufe Christi und in der Altarkrone möglicherweise den Hl. Borromäus. Bevor wir die Kirche verlassen, werfen wir noch einen Blick auf den giltsteinernen Taufstein von 1725, der als Arbeit des Anton Sigristen angesehen wird. Gilt- oder Speckstein wurde übrigens ganz in Oberwalds Nähe, in den Brüchen von Gere (Geren), gewonnen und im Dorf selbst verarbeitet. Oberwald blickt auf eine lange Tradition von Giltstein-Ofenbauern zurück, und die Reihe bekannter Ofner reicht bis in die heutige Zeit hinein. Wir werden im Laufe unserer Wallis-Wanderung immer wieder auf die einzigartigen Giltsteinöfen stoßen, die man noch in zahlreichen Häusern findet und denen man vorzügliche Heizeigenschaften nachsagt. Da Giltstein ein sehr weiches Material ist und sich leicht bearbeiten läßt, war er für künstlerisch und handwerklich begabte Ofner ein überaus dankbares Baumaterial.

Südöstlich von Oberwald, das in früheren Zeiten auch »Wald« hieß, und nur durch den in ein Steinbett gezwängten Rotten getrennt, liegt **Unterwassern.** Es ist ein lockeres Straßendorf, das von Wohn- und Nutzbauten durchsetzt ist. Nur im ursprünglichen Dorfkern rund um die Christophoruskapelle sind die Häuser aus dem 17. und 18. Jahrhundert erhalten geblieben. Die alten Holzbauten waren natürlich nicht so widerstandsfähig wie Steinhäuser und wurden immer wieder ein Raub der Flammen; vor allem deshalb, weil sich früher im Wohnraum und in der Küche eine offene Feuerstelle befand. Stürmische Winde im Winter, Frühjahr und Herbst, eine unbeaufsichtigte Feuerstelle und ein unbemerkter Funkensprung konnten ein Holzhaus in Minutenschnelle in eine lodernde Fackel verwandeln.

Wie schon in Oberwald, so fällt uns auch in Unterwassern auf, daß viele der alten, hölzernen Wohnbauten mit Schnitzereien verziert sind. Diese sogenannten ›Wandfriese‹ werden wir im ganzen Oberwallis mit seinen Seitentälern antreffen. Sie stammen von etwa 1500 bis zur ersten Hälfte des 19. Jahrhunderts. Bemerkenswert sind in Unterwassern die Friese von zwei Häusern: die des Doppelhauses der Geschwister Hischier und der Familie Kämpfen von 1832 sowie das Gemeindehaus von 1638. Beide Bauwerke zeigen Konsolen-friese, die es sonst in keinem anderen Gommer Dorf zu sehen gibt. Die Forschung konnte nicht klären, wie diese Friesart nach Unterwassern kam, da solch inselartiges Auftreten architektonischer Details doch recht ungewöhnlich ist.

Obergesteln

Die talwärts führende Kantonsstraße bringt uns nach Obergesteln, nur wenige Kilometer südwestlich von Oberwald. Es hat eine sehr bewegte Vergangenheit, die oft als »Katastro-phengeschichte« bezeichnet wird, denn kaum eine andere Gemeinde im Goms hat ähnlich viel unter Naturgewalten gelitten. Ursprünglich stand dort, wo sich heute die Pfarrkirche St. Martin befindet, wohl eine Burg, ein ›castellum‹. Das Wort dürfte sich bis heute in dem Ortsnamen ›Gesteln‹ erhalten haben. Ein Bericht aus dem letzten Jahrhundert erwähnt denn auch, daß im 10. Jahrhundert auf dem Kirchhügel ein Kastell gestanden habe. Wahrschein-lich war es ein Vorposten gegen mögliche Eindringlinge aus dem Bernerland und aus der Zentralschweiz. Der alte Grimselweg führte in alten Zeiten nicht nach Gletsch, sondern vom Totensee am Sidelhorn vorbei südwärts über die Oberwalder Grimsel und den Grimselbo-den nach Obergesteln. Hier standen ein Warenlager (›Suste‹) und ein Zollhaus, in dem die Reisenden Weggeld zu entrichten hatten, bevor sie die Pässe benutzen durften.

Die Gemeinden Oberwald, Unterwassern und Obergesteln gründeten bereits im 15. Jahrhundert eine Bauernzunft – also eine Vereinigung der Handwerker zur gegenseitigen Hilfe –, die von der Verbundenheit der damaligen Dorfgemeinschaften zeugt. Obergesteln hatte die Hilfe der Nachbargemeinden öfter nötig: 1417 zerstörte ein großer Felssturz viele Häuser und deckte wertvolles Kulturland zu. 1419 fielen die Berner im Goms ein und zündeten Obergesteln an. Lawinen donnerten fast regelmäßig von den Hängen der Sidelhör-ner und richteten trotz der Bannwälder enorme Verwüstungen an. Die Zerstörungskraft einer Staublawine, die im Februar 1720 den ganzen westlichen Dorfteil vom Erdboden tilgte, zeigt sich im trockenen Bericht eines Chronisten: »Es sind Schier (Scheune), Stadel oder Speicher zugrunde gegangen in diesem Unfall zusammen 56, Häuser 27, alles zusammen 83 Gemächer.« Fünf Jahre später, man hatte eben alles wieder neu aufgebaut, kam die Lawine erneut und zerstörte die Häuser, worauf man sich entschloß, das gefährdete Gebiet in Zukunft zu meiden. In der ersten Hälfte des 19. Jahrhunderts brach mehrmals Feuer aus, aber erst der Brand von 1868 zerstörte Obergesteln so vollständig, daß es nun in Stein und in der bis heute erhalten gebliebenen Form wiederaufgebaut wurde. Die für das Goms ungewöhnliche Steinbauweise dürfte auf den Druck der Walliser Regierung zustande gekommen sein, denn diese machte ihre Unterstützung beim Aufbau des Dorfes davon abhängig, daß nicht mehr in Holz, sondern mit Steinen gebaut wurde – in dem Bestreben, ähnliche Brandfälle zu verhindern. Das Dorf wurde im Lawinenschatten südlich des Kirchhügels in drei bis fünf Zeilen aufgebaut. Südlich und östlich der Wohnhäuser wurden zwei bis drei lange Reihen von Nutzbauten errichtet, also Viehställe, Scheunen und Speicher (Abb. 4). Diese Nutzbauten bestanden ebenfalls zu einem großen Teil aus Stein, aufgelockert durch hölzerne Frontwände. Der Kunsthistoriker Walter Ruppen bemerkt dazu treffend: »So fremd sich die Siedlung mitten im reinen Blockbaugebiet des obersten Goms auch ausnimmt, ist ihr doch ein eigentümlicher Reiz nicht abzusprechen.«

Das beherrschende Bauwerk Obergestelns ist seit vielen Jahrhunderten die *Pfarrkirche Hl. Martin von Tours.* Erstmals wurde sie 1309 schriftlich erwähnt; sie hat ihre Gestalt aber im Laufe von über 650 Jahren mehrfach verändert – was angesichts der oben beschriebenen Katastrophengeschichte Obergestelns nicht wundert. Mehrmals wurde sie ein Raub der Flammen und von Lawinen beschädigt. Die heutige Kirche geht auf den Neubau von 1693 zurück; keine 30 Jahre später wurde sie teilweise von einer Lawine zerstört, und wenige Jahre danach trug ein Sturm große Teile des Daches samt Dachstock weg. Bei dem Brand von 1868 blieben nur die Außenmauern stehen, und es dauerte elf Jahre, bis die wiederhergestellte Kirche geweiht werden konnte. Das Schiff ist nach Osten gerichtet, und seine beiden Seitenkapellen sind unmittelbar an den rechteckigen Chor gefügt. An der Nordseite des Chors liegt die Sakristei, im Süden, leicht vom Schiff abgesetzt, der mit einer achtseitigen Kuppel gekrönte Turm. Das Innere der Kirche wirkt weit und hoch, da es von einer tonnenförmigen Gipsdecke überwölbt und von Hochfenstern erhellt wird. Die Gemälde (von 1911) an Chorwangen und -bogen stammen von Joseph Heimgartner. Nachdem die Hochaltäre des 16. und des 17. Jahrhunderts verbrannt waren – letzterer 1868 –, schnitzte der Italiener Dephabiani einen Hochaltar klassizistischer Stilrichtung (1875 beendet; Abb. 8). Von ihm sind auch der hölzerne polychrome Taufstein mit Szenen der Taufe Christi sowie die neubarocke Kanzel. Den Hochaltar schmücken Holzstatuen, von denen der Namenspatron der Kirche, Martin von Tours, eine Arbeit aus der Werkstätte des Bildhauers Jörg Keller (siehe auch unter Münster) sein dürfte und aus der ersten Hälfte des 16. Jahrhunderts stammt. Von einem Altar Johann Sigristens ist die 112 m hohe, aus Arvenholz geschnitzte Figur des Hl. Paulus, die durch ein faltenreiches, kunstvoll gearbeitetes Gewand besticht. Ebenfalls Sigristen oder seiner Werkstatt wird eine 170 cm große Muttergottesstatue zugeschrieben, die beim Brand von 1868 aus dem Rosenkranzaltar gerettet wurde. Einige klei-

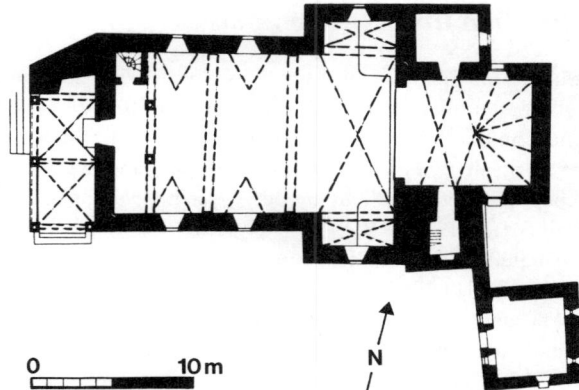

Grundriß der Pfarrkirche Hl. Martin von Tours in Obergesteln. Beinhaus im Südosten der Kirche

0   10 m   N

nere bis mittelgroße Gemälde stammen aus dem 18. Jahrhundert und sind, den Inschriften zufolge, zum Teil Stiftungen von Kirchenmitgliedern, wie zum Beispiel die Pietà von 1703 und die beiden Motive »Tod des Gerechten und des Verdammten« (1782). Erwähnenswert sind noch ein Halbbildnis Christi, das vielleicht älteste Bild (17. Jahrhundert) der Kirche und ein Halbbildnis Marias, das nur wenig jünger ist.

Die Stirnseiten der Kirchenbänke zeigen, als neuere Schnitzarbeiten, die Wappen der in Obergesteln heimatberechtigten Familien und sind ein schönes Zeugnis modernen Kunsthandwerks.

An der südlichen Außenwand der Kirche erinnert ein Giltsteinkreuz an die Lawinenopfer vom 18. Februar 1720: O MENSCH BETRACHT WOLL DISEN FALL/HIER LIGEN 84 PERSONE AN DER ZAHLL/ZSAMEN BEGRABEN DIE VMKOMEN IM SCHNEE/DEN 18. TAG HORNVNG 1720 IAHRS ISTS GESCHE/O GOTT/DIER SEI/ES KLAGT/ERBARMEN/DICH DER/ARMEN/SEELEN/IN DIESEM/GRAB.

Ein Kleinod, das zumindest einen kurzen Besuch erfordert, ist die Friedhofskapelle, das ehemalige Beinhaus der Kirche, noch früher der Chor der alten Kirche, dessen älteste Reste auf den Bau von 1309 zurückgehen. Von dem großen Brand 1868 wurde die Kapelle nicht in Mitleidenschaft gezogen. Die Brandspuren im Dachgebälk, die heute noch gut sichtbar sind, zeugen von weiter zurückliegenden Feuersbrünsten. An der Stirnwand der Kapelle sind Freskenfragmente zu sehen, die zu den ältesten im Oberwallis zählen, werden sie doch auf die Zeit um 1430 datiert (1983 restauriert). Noch eindrucksvoller jedoch sind die Fragmente an der Nordwand, die »Anbetung der Hl. Drei Könige«, die wie die »Kreuzigung« im zweiten Viertel des 15. Jahrhunderts angesiedelt wird. Die Malstile hingegen sind völlig verschieden, und es gibt keine Zweifel darüber, daß die Fresken nicht von derselben Meisterhand stammen; die Künstler sind leider nicht bekannt; wahrscheinlich kamen sie aus Oberitalien oder aus Vorarlberg.

41

Ulrichen und Nufenenpaß

Auf den knappen 4 km von Obergesteln nach Ulrichen ändert sich die Landschaft auffallend. Obergesteln liegt zwischen zwei steil ansteigenden Bergzügen, dem Sidelhorn im Norden und dem Blasenhorn bzw. dem Pizzo Gallina im Süden. Es hatte deshalb in der Frühzeit und im Mittelalter eine strategisch wichtige Stellung. Bei Ulrichen dagegen weitet sich die Gletscherwanne beträchtlich; die Berge treten etwas zurück und gegen Südosten öffnet sich das Äginental, das den Weg zum Nufenenpaß freigibt. Ulrichen dürfte eine Gründung der Alemannen sein, und der Name stammt nicht, wie im 18. Jahrhundert vermutet, vom Hl. Ulrich. Er hat sich wahrscheinlich aus den altalemannischen Bezeichnungen ›Vlrighingen‹ (1235) und ›Vlrichen‹ (1354) entwickelt. Das Dorf liegt auf der rechten Talseite des Rotten, ganz knapp unterhalb des ansteigenden Hanges. Diese Lage hängt sicher damit zusammen, daß der Fluß in früheren Zeiten den Talgrund mäandernd durchzog und ausgedehnte Sumpfgebiete schuf. Die ältesten Häuser Ulrichens, nördlich und nordöstlich der Kirche, stammen aus der Zeit zwischen 1530 und 1580, wobei deren Bausubstanz von außen nicht mehr zu erkennen ist. Ulrichen ist noch immer eines der charaktervollsten Obergommer Haufendörfer – daher ist es an dieser Stelle angebracht, die Hausarchitektur des Goms etwas näher zu betrachten und seine Entwicklung zu verfolgen.

Das Gommer Haus alter Prägung wurde in geglückter Mischbauweise errichtet, d. h. auf einen meist niederen, seltener hochgezogenen Mauersockel aus gebrochenen Steinen wurde ein Blockbau gesetzt, der eineinhalb- bis zweieinhalbstöckig war. Die am meisten verarbeitete Holzart war die Lärche; sie ist im oberen Goms am weitesten verbreitet und widerstandsfähiger als andere Hölzer gegen Witterung und Schädlinge. Seltener verwendete man die Bergföhre (Bergkiefer) und ausnahmsweise auch die Fichte. Letztere zeigte sich aber für Außenwände als weniger geeignet und galt nur als Notbehelf.

Die einzelnen Balken wurden mit besonderen, schweren und breitklingigen Beilen behauen und nachher im Blockbau zusammengefügt, was den Wänden hohe Festigkeit verlieh. Die Dachfirste haben eine geringe Neigung, kaum mehr als 20°, was bei der gewaltigen Schneemasse, die im Winter auf den Dächern lastet, einigermaßen erstaunt, um so mehr, als ein eigentlicher Dachstock fehlte. Giebel und First bestanden wie die Wände aus behauenen Kanthölzern und trugen das flache schindelgedeckte Dach, das sogenannte ›Tätschdach‹. Später wurden die hölzernen, bis zu 100 cm langen Schindeln durch Gneis- und Granitplatten ersetzt und in der Neuzeit leider (aus Kostengründen) mit Wellblech. Eine Besonderheit der ältesten Häuser des Oberwallis sind die spätmittelalterlichen ›Heidechriz‹ (Heidenkreuze), Giebelständer, die Firstpfette und waagrecht Giebelbalken miteinander verbanden. Die ›Heidechriz‹ haben keinerlei religiöse Bedeutung, sondern deuten lediglich an, daß es sich bei dem betreffenden Bauwerk um ein altes Haus handelt. Man nennt diese Wohnbauten denn auch ›Heidehüs‹ (›Heidehischer‹ im Plural).

Ein wichtiges Element der ursprünglichen Blockbauten waren die Fenster, die oft in niederen Reihen horizontal, lediglich von Stützbalken unterbrochen, über die ganze Hausfront liefen. Bei dieser Bauart konnten natürlich keine seitlichen Klappläden angebracht

42

1   2   3   4

Wohnhaustypen im Wallis
1 Steinbau: Haus Maxen-Roten in Raron. 16./17. Jahrhundert   2 Typisches Walliser Haus in gemischter Bauweise, aus Stein und Holz (Blockbau). Zermatt   3 Dreistöckiges Holzhaus auf Mauersockel. Goms   4 Turmartiges, oben vorspringendes Haus. Stalden (Visp)

werden. Vielmehr wurden Läden verwendet, die sich entweder unter die Fenster klappen oder sich in hölzernen Gleitschienen und -rahmen hochziehen und absenken ließen. Diese ebenso originellen wie zweckmäßigen Läden sind leider weitgehend verschwunden, und zwar vor allem als Folge der Fenstervergrößerungen. Die oft nur 30 cm hohen Fenster wurden entfernt und durch neue, doppelt und dreifach so große ersetzt, die zwar mehr Licht in die Stuben bringen, die Hausfront jedoch völlig verändern. Mit dem Einsetzen neuer großer Fenster wurden meist auch die geschmackvollen und kunsthandwerklich bedeutsamen Verzierungen, Holzleisten und -bretter, vernichtet. Trotzdem und zum Glück sind die Gommer Häuser nicht schmucklos geworden, denn viele, vor allem jene, deren Erbauer etwas wohlhabender waren, haben ausgesucht schöne Zierfriese. Interessanterweise fehlen diese bei den ›Heidehischer‹ noch völlig; sie sind erst an Bauten aus der ersten Hälfte des 16. Jahrhunderts nachweisbar. Zuerst traten ganz simple Kamm- und Rinnenfriese auf, danach etwas anspruchsvollere Rillenfriese. Das Barock brachte einen Wandel zum aufwendigeren Konsolen- und voluminöseren Würfelfries. Gegen Ende des 17. Jahrhunderts variierte man den Würfel- zum Pfeilschwanzfries: über den zu Rhomboiden gewordenen Würfeln kam ein sogenannter Wolfszahn. Die geradlinigen Formen erfuhren ab 1800 eine Änderung, als mit dem Rankenfries und dem gebrochenen Wellenfries erstmals Bögen, Rundungen und Kreise erschienen. Da die Friese seit Jahrhunderten Wind und Wetter ausgesetzt sind, haben ihre Konturen zum Teil beträchtlich gelitten. Dort aber, wo sie vor den Unbilden der Witterung geschützt sind, kann man ihre Formen und Linien mühelos erkennen.

Vom äußeren Erscheinungsbild her kann man die Gommer Häuser als hochrechteckig bezeichnen, wobei das ›Tätschdach‹ dafür sorgte, daß der Gesamteindruck doch nicht unproportioniert wirkte. Es gibt aber auch Häuser, die ausgesprochen behäbig und breit aussehen, was man beim »Tellenhüs« in Ernen oder beim Haus Hischier/Kämpfen in Unterwassern leicht feststellen kann.

Unter- und Obergommer Hausarchitektur sind sich sehr ähnlich, was fehlender geographischer, sprachlicher und ethnischer Barrieren wegen nicht erstaunt. Dem aufmerksamen

43

Besucher wird aber auffallen, daß im Untergoms ein Haustyp immer wieder auftritt, den man im Obergoms nur ganz vereinzelt findet: das Haus mit gemauerter Vertikalachse. Man nimmt an, daß die Vorliebe für breitere Häuser dem Zeitgeist entsprang und auch mit dem gewachsenen Wohlstand der Bevölkerung zusammenhing. Man baute nicht nur breitere, sondern auch höhere Häuser und fügte zwischen dem Wohn- und dem Dachgeschoß (das in Goms ›Loibe‹ heißt) ein Saalgeschoß ein. Im Obergoms wurde wie bis dahin alles, mit Ausnahme des niederen Kellersockels, in Holz gebaut. Im Untergoms aber gingen reichere Bauherren dazu über, den Steinsockel hochzuziehen und eine Hausseite gar bis unter das Dach in Bruchstein mauern zu lassen. Der Blockbau wurde dann kunstvoll mit dem Mauerwerk verbunden, was einen wirkungsvollen Kontrast ergab. Das vielleicht schönste Haus dieser Art ist das »Jost-Sigristen-Haus« in Ernen.

Kehren wir nun nach Ulrichen zurück und schauen uns nach diesem kleinen Architekturexkurs die Häuser im Dorfkern an. Am *Haus Johann und Katharina Imahorn Erben* sieht man ein Erdgeschoß mit noch originalen Fensteröffnungen – und das, obwohl das Wohnhaus bereits 1595 entstanden ist. Das *Pfarr- und Gemeindehaus* (1596) ist bekannt für seine überaus reich verzierte Giebelfront. Vor knapp 150 Jahren wurde das Dachgeschoß des Hauses zu einem weiteren Wohngeschoß umgebaut und die ›Loibe‹ damit ein Stockwerk höhergesetzt. Das *Fabihüs* (1701) ist ein bemerkenswertes und typisches Obergommer Haus mit angebautem Speicher und charakteristischem Fries.

Im Osten des Dorfes steht, fast als eigene Siedlung, ein halbes Hundert Nutzbauten, Scheunen, Heuställe und Speicher, die sich in Form und Ausführung über Jahrhunderte hinweg fast unverändert erhalten haben. Ein Spaziergang durch die engen Sträßchen gibt einen guten Eindruck davon, wie zweckmäßig die Gebäude angelegt wurden. Das alte und ausgedörrte Holz hat ein ausgesprochenes Eigenleben entwickelt; jeder Betrachter kann hier eine Fülle faszinierender Detailstudien an alten Balken, Treppchen, Türen und Läden, die morgens und abends in sattem Rotbraun leuchten, machen. Auf der anderen Seite des

Stadel- und Scheunentypen im Wallis
1 Scheune mit gemauertem Pfeilerwerk und lockergefügten Bretterwänden. Anniviers 2 Stallscheune aus Balkenwerk. Lötschental 3, 4 Auf Pfosten (»Stadelbei«) gestellte Bauten mit Mäuseplatten aus Gneis zum Schutz gegen Nagetiere: links Stadel mit Dreschtenne in der Mitte. Goms. Rechts Speicher aus dem Lötschental

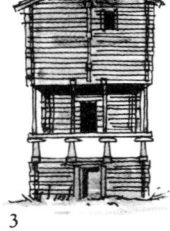

1   2   3   4

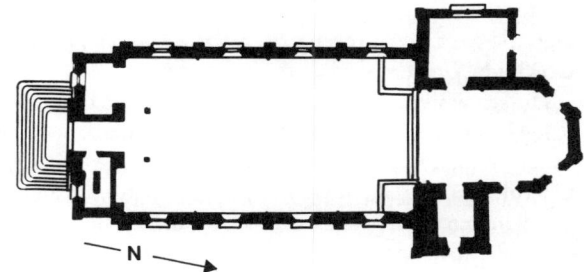

Grundriß der Pfarrkirche
Hl. Nikolaus von Ulrichen

N →

Dorfes, direkt an der Kantonsstraße nach Geschinen und Münster, liegt rechter Hand die Katholische *Pfarrkirche Hl. Nikolaus,* deren Ursprünge weit ins 14. Jahrhundert zurückreichen. Aus der kleinen Wallfahrtskapelle (bereits 1335 urkundlich erwähnt) wurde nach verschiedenen Um- und Neubauten eine neugotische Kirche. Zum einen war die alte Kapelle mit der Zeit zu klein, zum anderen traten immer wieder Schäden in den Mauern auf, weil die Kirche auf sumpfigem Gelände stand und ein ungenügendes Fundament hatte. Die letzte Außenrenovierung fand 1937 statt, Instandsetzung und Umbau des Inneren erfolgten 1921, als Josef Heimgartner (siehe auch Obergestelen) die Wandgemälde schuf und 1942, als die Empore vergrößert wurde.

In dem nach Norden weisenden Kirchenschiff wird der Betrachter von dem stilvollen Chor angezogen, dessen Bogen links und rechts von kleinen Seitenaltären flankiert wird; diese Retabel lieferte August Müller im Jahre 1882. Sie sind Maria von der Immerwährenden Hilfe (links) und dem Hl. Josef gewidmet. Die beiden Altarbilder stammen aus Rom, wobei jenes der Maria eine Kopie des gleichen Motivs in der Alphonskirche am Esquilin in Rom darstellt. Der Hochaltar des Hl. Nikolaus paßt gut in den schmalen, aufwärtsstrebenden Chor und wird von zwei Hoch- und einem Rundfenster wirkungsvoll beleuchtet. Das Nikolausretabel wurde um 1730 von Ernen erstanden und viel später, 1879, mit dem Gemälde des Hl. Nikolaus versehen. Dieser war, wie eine Inschrift beweist, ein Geschenk von Oberst de Courten und den in päpstlichen Diensten stehenden Ulricher Gardisten. Bevor man den Hl. Nikolaus von Myra auf die Reise ins Goms schickte, hat ihn Papst Leo XIII. gesegnet. Der Heiligenmaler Joseph Bolzern, der das Altarbild schuf, stand ebenfalls als Gardist in päpstlichen Diensten. Der Hochaltar wird durch zwei Holzstatuen, den Hll. Christophorus (links) und Mauritius, ergänzt. Wahrscheinlich waren die beiden knapp 100 cm großen Bildnisse aus Arvenholz einst Bestandteile der Seitenaltäre in der Kapelle Hl. Anna in Zum Loch bei Ulrichen. Sie sind um 1828 entstanden.

Wir können unsere Reise nun entweder in westlicher Richtung fortsetzen und der Kantonsstraße nach Geschinen folgen oder von der Kirche Hl. Nikolaus ein kurzes Stück talaufwärts fahren, um dann am östlichen Dorfausgang dem Wegweiser ›Nufenen‹ zu folgen und die Furka-Oberalp-Bahnlinie und das Rhonetal zu überqueren. Von der linken Talseite aus werfen wir einen Blick auf Ulrichen; es scheint fast, als hätte das ganze Dorf auf einer Handfläche Platz – so eng rücken die Häuser zusammen, und so geschlossen wirkt das Dorfbild Ulrichens.

Die seit einigen Jahren gut ausgebaute Straße führt zum höchsten mit dem Wagen befahrbaren Schweizer Paß (2478 m) dem **Nufenenpaß,** der die Kantone Wallis und Tessin miteinander verbindet. Auf gut 1900 m Höhe, mitten im Äginental, stößt man unvermutet auf Überbleibsel des alten Saumweges, der nicht nur zum Nufenen-, sondern auch zum fast gleich hohen Griespaß (2462 m) hochführte. Hier, im Ladsteg, an der Ladstafel, überspannt eine gut erhaltene Steinbrücke die Ägine; nach der im östlichen Felsen eingravierten Jahreszahl wurde die Brücke 1761 gebaut (Abb. 3). Zweifelsohne hatte sie Vorgänger, von denen jedoch nichts erhalten blieb. Nufenen- und Griespaß wurden jahrhundertelang als wichtige Traversalen im Warenverkehr mit dem Tessin und den oberitalienischen Tälern benutzt. Auf der Tessiner Seite des Nufenen, bei All'Acqua (1618 m), zeugt noch ein altes ›Ospizio‹ vom regen Handel zwischen der Südschweiz und dem Wallis.

Wie fast in allen Walliser Tälern wurde auch im Äginental das Wildwasser gestaut. Unterhalb des Griesgletschers liegt heute ein Stausee, der den Äginenbach nur noch spärlich mit Wasser versorgt. Mächtige Hochspannungsmaste und kilometerlange Leitungen beeinträchtigen leider das Bild des einst so schönen Tales. Selbst den Blick gegen den glitzernden Griesgletscher und das fast 3000 m hohe Grieshorn kann man nicht mehr uneingeschränkt genießen.

Am *Restaurant Nufenenpaßhöhe* sollte man unbedingt eine Rast einlegen – nicht der Walliser Weine und Spezialitäten wegen, sondern um die atemberaubende Aussicht ins Rhonetal hinunter und auf die im Nordwesten liegenden Bergriesen zu genießen. Die Kette der eis- und schneegepanzerten Giganten beginnt im Westen mit dem Wannenhorn (3906 m) und dem Schönbühlhorn (3853 m). Es folgen die Galmihörner (3518 m) und das alles überragende Finsteraarhorn (4274 m), Lauteraarhorn (4043 m), Schreckhorn (4078 m) und endet mit dem Hühnerstock (3307 m) – eine Kulisse, die in der ganzen Welt Reklame für die Alpen macht!

Die Walliser ließen sich in ihrem Expansionsdrang nicht hemmen, sondern wanderten seit dem 13. und 14. Jahrhundert u. a. in oberitalienische Täler, nach Vorarlberg, Liechtenstein und Tirol ein, gründeten Siedlungen und gaben ihnen Namen wie Kehrbächli, Zumsteg und Alp Zumställi. Diese tüchtigen Kolonisten wurden überall als ›Walser‹ bezeichnet. Die letzten dieser typischen Bezeichnungen wurden erst auf Betreiben Mussolinis italienisiert. Die Walserkolonien aber bestehen weiter und senden zu den regelmäßig stattfindenden Treffen ihre Vertreter wie eh und je.

Wenn wir vom Nufenenpaß wieder ins Rhonetal hinunterfahren, sehen wir kurz vor dem Verlassen des Äginentals den Blaswald. Aus dieser Gegend soll eine der bis heute lebendig gebliebenen Heldengestalten des Oberwallis stammen: Thomas Riedi in der Bünden, auch Thomas Inderbinen genannt. Während der Rarner Kriege im Jahre 1419 unterstützten die Berner den Herrn von Raron im Kampf gegen die aufsässigen und freiheitsliebenden Oberwalliser. Starke feindliche Truppenverbände kamen vom Haslital über die Grimsel und brandschatzten Oberwald, Unterwassern und Obergesteln. Thomas Inderbinen, ein Mann von riesigem Körperwuchs, versammelte eine Schar kampfeswilliger Männer des oberen Goms um sich und zog den Bernern entgegen. In den Tuetschen, zwischen Ulrichen und Obergesteln, wurde der vordringende Feind, eine große bernische Übermacht, erwartet. Die Sage erzählt, daß Thomas Inderbinen ein gewaltiger Kämpfer war:

»Als Waffen benutzte er in diesem Kampfe sechs Reiseisen, die er, je drei zusammengeschmiedet, mit unwiderstehlicher Gewalt auf die Feinde niedersausen ließ. So erschlug der furchtbare Mann der Hunderte viele, ohne zu ermüden. Nicht vermochten blanke Waffen den Helden zu fällen, aber was offener Tapferkeit nicht gelang, das vermochte schwarzer Verrat. Unverletzt warf sich ein Berner unter die Toten und stöhnenden Verwundeten. Wie der Herrliche über ihn hinweg schritt, ausholend zu neuem Schlag und Tod, schnitt ihm der Verächtliche das Zwerchfell auf. Der tödlich verwundete Kämpfer warf die hervorquellenden Eingeweide über die Schultern und kämpfte weiter.

Thomas Inderbinen merkte, daß es mit ihm zu Ende ging. Er schlug zwar noch reihenweise Feinde zu Boden, aber er litt durch das Kampfgetümmel und den Blutverlust entsetzlichen Durst. ›O Gott, der Du mir bis anhin Kraft gegeben, siehe ich kann Dein Werk nicht mehr vollenden, denn ich verschmachte. O gib mir nur einen Trunk Wasser‹, bat er, ›und getreulich will ich die Sendung vollenden, die Du mir aufgetragen hast.‹ Nach dieser Fürbitte

Ausschnitt aus einer Schweiz-Karte Johann Jakob Scheuchzers (1672–1733). Ihm gebührt der Verdienst, als erster Barometer und Thermometer in die Alpen getragen und die Naturerscheinungen nach physikalischen Gesetzen untersucht zu haben.

47

brach plötzlich ein Quell aus dem Boden, der den todwunden Thomas Inderbinen labte, so daß er noch einmal 40 Berner erschlagen konnte, um dann wund zu Boden zu sinken. Als die Not am größten war und die Berner die übriggebliebenen Walliser endgültig schlagen wollten, nahte Jakob Minichove, der Kaplan von Münster, mit 400 Getreuen. Darauf flohen die Berner in großem Entsetzen über den Grimselpaß zurück. Der kristallklare Quell aber sprudelt bis zum heutigen Tag und heißt im Gedenken an den Helden Riedibrunnen. Solange der Quell fließt, wird das Wallis ein freies Land bleiben.«

Über Geschinen nach Münster

Während der kurzen Fahrt von Ulrichen nach Geschinen sehen wir an den rechten Hängen Felder, die fast ausschließlich mit Kartoffeln und Roggen bepflanzt sind. Diese beiden Grundnahrungsmittel haben für die Oberwalliser über Generationen hinweg ungemein große Bedeutung gehabt. Das Trogtal des oberen Goms, durchschnittlich 1350 m hoch, läßt keine intensive Ackerwirtschaft zu und schon gar nicht den großflächigen Anbau von Gemüse oder Obst. In Krisenzeiten waren die Talbewohner oft isoliert und vom tiefer liegenden unteren Goms abgeschnitten. Dann mußten sie sich mit Milch, Käse und Roggenbrot aus eigener Produktion behelfen, bis es wieder möglich war, über die Pässe zu säumen oder rhoneabwärts zu ziehen. Die Äcker sind auch heute noch klein und zerstückelt, sehen aus wie Flickwerk auf einer je nach Jahreszeit grünen oder gelbbraunen Decke. Sie liegen häufig an steiler Hanglage und müssen noch immer von Hand und mühsam bewirtschaftet werden. Die Erträge sind gering, aber für die Selbstversorgung nicht unwichtig.

Geschinen, das im unteren Drittel von der Kantonsstraße durchschnitten wird, ist ein typisches Obergommer Haufendorf, wie wir es bereits in Ulrichen kennengelernt haben. Sein bauhistorischer Wert liegt einerseits in seinen prachtvollen Barockhäusern, die vor allem am westlichen Dorfeingang sowie nordwestlich der Kapelle zu finden sind, andererseits in der auffallend großen Zahl eindrucksvoller Nutzbauten. Letztere sind unter der Bezeichnung ›Geschener Stadel‹ allen Interessierten ein Begriff. Man wird daher den meist original erhaltenen Speichern und Stadeln zuerst seine Aufmerksamkeit zuwenden und hier wiederum dem sogenannten ›Stadelplatz‹-Quartier auf dem Biel. Als kunstvollsten Stadel des Goms bezeichnet man oft den *Laggerstadel*, genannt nach seinem Erbauer Hilprand Lagger. Er stammt, wie eine Inschrift am Fußbalken verrät, aus dem Jahre 1616. Nur wenige Häuser entfernt, aber nicht mehr direkt an der Straße, steht ein Stadel, der schon 1609 errichtet wurde und dank zweier Untergeschosse der höchste Stadel des Goms ist.

An dieser Stelle sollen kurz die **Nutzbauten des Goms** beschrieben werden, sind sie doch ein unübersehbarer Bestandteil der dörflichen Architektur. Im Gegensatz zu anderen Alpengegenden bewohnten im Goms Mensch und Tier getrennte Bauten; die Viehställe waren also nicht im Untergeschoß der Wohnhäuser, sondern lagen häufig am Dorfrand. Die

48

Stadel, Speicher und Stallscheunen waren immer Bauwerke, die verschiedenen Zwecken dienten. Dem Viehstall im Erdgeschoß wurde zum Beispiel meist eine Scheune aufgesetzt, in dem der Bauer Heu und Stroh unterbrachte. Das Obergeschoß konnte in mehrere Räume unterteilt sein oder aber aus einem einzigen großen Raum bestehen (oft ersichtlich an der Anzahl Türen) und wurde über einfache hölzerne Außentreppen erreicht. Bei schlechtem Wetter und hohem Schnee mußte der Bauer das Heu nicht weit transportieren, und zudem hielten das Heu und Roggenstroh den darunter liegenden Stall warm. Stadel und Speicher unterscheiden sich von den Stallscheunen auf den ersten Blick durch ihre hohe und schlanke Form. Zudem sind sie meist deutlich unterteilt, und ihre Front ist nicht so geschlossen wie jene der Heuställe oder ›Gaden‹. Das oft auf einem Steinsockel stehende Untergeschoß des Stadels diente als Abstellraum für landwirtschaftliches Gerät und in manchen Fällen als Kleintierstall – etwa für Schafe und Ziegen. Dem balken- und bretterbedeckten Untergeschoß wurden sechs bis acht mannsdicke Stadelbeine von 70 bis 100 cm Höhe aufgesetzt. Auf diese ›Stützel‹ kamen von Hand behauene Gneis- oder Granitplatten, die sogenannten ›Mäusesteine‹. Sie verhinderten, daß die an den Stadelbeinen hochkletternden Nagetiere in den Oberbau gelangen konnten. Der Boden des obersten Stockwerks bestand manchmal aus Knüppelrosten, dem ›Brigi‹, wo man Bohnen und Erbsen trocknete. Stadel und Speicher unterscheiden sich vor allem in der Größe. Letzterer ist bedeutend kleiner als der Stadel und war dazu bestimmt, Nahrungsmittel aufzunehmen: Roggenkorn, Trockenfleisch, Käse und Brot, das sich monatelang in der trockenen Alpenluft hielt. Auch nicht benötigte Haushaltsgegenstände und Kleider wurden im Speicher aufbewahrt. Stadel und Speicher gehörten nicht selten mehreren Familien und Sippen gemeinsam, und viele von ihnen setzten ihren ganzen Stolz hinein, die Nutzbauten kunstvoll zu verzieren. Manche haben noch heute dieselben Friese, die zur Zeit ihrer Erbauung auch für die Wohnhäuser verwendet wurden. Stadel und Speicher waren damals, neben Wohnhäusern, Prestigeobjekte wie heute etwa Autos.

Einen Nutzbau – meist recht klein und schmucklos –, den es in jedem Dorf gab, sieht man auch heute noch in mehreren Gommer Siedlungen: das Backhaus. Der Besucher wird es daher auf seinen Streifzügen durch die Dörfer sicher übersehen, es sei denn, er sucht es ganz bewußt. Ein Backhaus besteht aus zwei Räumen, dem Backraum mit Backofen im hinteren und der Backstube im vorderen Teil. Der Backraum war häufig in Stein gehalten, um die Brandgefahr zu vermindern. Gebacken wurde üblicherweise nur zweimal im Jahr, wozu sich mehrere Frauen zusammenschlossen. Das runde und flache Roggenbrot (mancherorts buk man auch armdicke Brotringe) war ebenso nahrhaft wie gesund und hart sowie unwahrscheinlich dauerhaft. Es wurde auf luftigen Gestellen in der Vorratskammer gelagert und mit der Zeit so steinhart, daß man es mit Axt oder Säge zerkleinerte! Die Bergbevölkerung hatte allerdings gute und gesunde Zähne, die sie der natürlichen und zuckerarmen Ernährung verdankte.

Geschinen besitzt einige bemerkenswerte Häuser, das rund 400 Jahre alte Haus Alfred und Franz Werlen, nördlich der Kapelle, oder das ebenso alte Haus der Rosa Lager am westlichen Dorfrand. Bemerkenswert ist, daß sich die Fensteröffnungen des Kammergeschosses im Lagerhaus noch in originalem Zustand befinden. Auf den Konsolen des ›Vorschutzes‹ (jener Holzteil an der Stirnseite des Hauses, der entweder über den Mauersockel oder aber das oberste Holzgeschoß ragt), sieht man ins Holz geschnitzte Familienwappen. Ebenfalls zu den ältesten Häusern Geschinens gehört der 1627 errichtete Bau der Kinder Joseph Müllers, ein mächtiges zweieinhalbgeschossiges Haus mit allen Charakteristiken eines Renaissancehauses: es hat breite, ausladende Formen, die Geborgenheit vermitteln, einen ausgedehnten Fassadenbalkon und sorgfältig geschnitzte Rillen- und Kielbogenfriese sowie einen ausgeprägten ›Vorschutz‹ über dem Kammergeschoß.

Wenden wir uns nun der direkt an der Straße stehenden *Kapelle Hl. Sebastian* zu, die wahrscheinlich im 15. Jahrhundert entstanden ist und ursprünglich den Hll. Sebastian, Fabian und Theodul geweiht war. Später begnügte man sich mit dem Hl. Sebastian. Zwischen 1750 und 1752 entstand ein Neubau, in dem der Geschiner Maler Johann Georg Pfefferle – seine Familie kam ursprünglich aus Tirol – das Deckengewölbe ausschmückte. Äußeres und Inneres der Kapelle wurden in der Folge noch öfter umgestaltet und renoviert, so 1893, als die Kapelle eine neue Kanzel und neue Chorbänke und Beichtstühle erhielt, die ein Schreiner im nahen Lax anfertigte. 1932 renovierte man das Innere, 1965 das Äußere – wobei die Malereien Pfefferles leider sehr unsachgemäß restauriert wurden. Der eher unscheinbare Barockaltar dürfte in seiner ›Urfassung‹ ein Werk Peter Laggers und im Jahre 1756 entstanden sein. Das Hauptbild des einachsigen Altars stellt das Martyrium des Hl. Sebastian dar.

Wer weitere Werke Pfefferles betrachten möchte, kann dies in Münster tun oder, ganz in der Nähe Geschinens, in der *Katharinenkapelle* in **Wiler**, 1 km nördlich des Dorfes. Obwohl sie auf dem Gebiet der Gemeinde Geschinen steht, gehört sie zur Pfarrei Münster, der sie gegen Ende des 16. Jahrhunderts zufiel. Die Katharinenkapelle war lange Zeit ein vielbesuchtes Wallfahrtsziel, verkam aber im 19. Jahrhundert immer mehr und sollte in den dreißiger Jahren unseres Jahrhunderts abgerissen werden. Eine 1936/37 erfolgte Gesamtrestaurierung rettete die Kapelle, und man darf sie heute als kleine Kostbarkeit betrachten. Der Barockaltar stammt von Johann Sigristen und entstand 1697. Das einachsige zweigeschossige Retabel fällt vor allem durch seine klare Gliederung auf, die auch durch den ausgeprägten Akanthus nicht beeinträchtigt wird. Die ausdrucksstarke Hl. Katharina in Verzückung wird mit zu den lebendigsten Werken des Johann Sigristen gezählt, aber auch das Relief »Die Krönung der Maria« darf sich sehen lassen.

Ungewöhnlich und besonders reizvoll sind die beiden handgemalten Seitenaltärchen von 1773: »Mariä Freuden« (links) und »Mariä Schmerzen«. Sie werden Johann Georg Pfefferle zugeschrieben, ebenso wie die Chorbogenmedaillons, die Szenen aus dem Leben der Hll. Johannes von Nepomuk, Sebastian, Katharina, Wendelin sowie Antonius von Padua darstellen.

Zwei wertvolle Holzstatuen wurden leider 1974 aus der Kapelle entwendet. Andere Kunstwerke, etwa eine geschnitzte Pietà aus dem 14. Jahrhundert und eine Anzahl Nothelfer-Bilder, wurden nach Münster gebracht.

50

Münster, das Zentrum der früheren Großpfarrei

Mit Münster erreichen wir nun jenen Ort im Obergoms, der jahrhundertelang eine dominierende Rolle innehatte und ›Geschichte machte‹ wie kaum ein zweiter im Goms. Münsters Geschichte reicht nachweisbar ins frühe 13. Jahrhundert zurück, ist aber, obwohl genaue Überlieferungen fehlen, mit Sicherheit noch bedeutend älter. Schon 1309 gab es zwei Gotteshäuser, die Marien- und die Peterskirche. Letztere war vermutlich – im Gegensatz zu heute – die Pfarreikirche und möglicherweise Teil einer Klosteranlage. In diesem Zusammenhang ist immer wieder von einem Bauwerk die Rede, das ›Grymsla Unserer Lieben Frau‹ genannt wurde, von dem aber heute nicht einmal mehr die Lage bekannt ist. Über die Funktion dieser ›Grymsla‹ ist man sich ebenfalls nicht einig: sie war anscheinend kein Privathaus, stand aber auch mit der Kirche nicht in direktem Zusammenhang, sondern diente öffentlichen Zwecken wie Versammlungen und Zusammenkünften. Sie scheint mit dem Hospiz auf dem Grimselpaß verbunden gewesen zu sein – und jetzt fällt auch die Namensverwandtschaft zwischen Paß und ›Grymsla‹ auf, die noch deutlicher wird, wenn man weiß, daß der Alpenübergang ins Haslital bis heute als ›Grimsla‹ bezeichnet wird!

Der Name Münster hat verschiedene, zum Teil heftig umstrittene Deutungsversuche erlebt. Er entstand aus den frühmittelalterlichen Bezeichnungen ›Musterium‹ und ›Monasterium‹ und wandelte sich später zu ›Monster‹, von dem es dann zu ›Minster‹ und schließlich ›Münster‹ nur noch ein kleiner Schritt war. Einer der ältesten Namen des Dorfes lautete auch ›Conches‹ bzw. ›Comes‹, die gallische Bezeichnung für Talmulde. Im frühen 15. Jahrhundert wurde aus ›Conches/Comes‹ dann ›Goms‹, der uns bekannte Name des Zendenbezirks. Im Französischen heißt das Goms übrigens auch heute noch ›Conches‹.

Der Begriff des Zenden (auch Zehnden), soweit er sich überhaupt erklären läßt, soll hier kurz erläutert werden. Seine Entstehung liegt bis heute im dunkeln. Zur Zeit der savoyischen Herrschaft – vor allem im 13. und 14. Jahrhundert – bezeichnete man das Wallis als Zendenrepublik, denn es war in zehn Bezirke aufgeteilt, von denen sich die Savoyer drei einverleibten. Sieben aber konnten ihre relative Unabhängigkeit bewahren und besaßen eigene Gerichtsbarkeit sowie das Recht, außenpolitische Entscheidungen zu treffen und eigene Banner zu führen. Das Goms war der oberste Zenden, aufgeteilt in die ›Kilchri‹ (Großpfarrei) Münster und Ernen. Ihm folgte talwärts Brig, Visp, Raron, Leuk, Sierre und Sitten (Sion). Die Unabhängigkeit der Zenden hatte mit der Französischen Revolution, deren Auswirkungen auch im Wallis zu spüren waren, ein Ende. Münster im Ober- und Ernen im Untergoms blieben über Jahrhunderte hinweg Rivalen und versuchten immer wieder, den ganzen Zenden zu beherrschen. Mehrmals kam es zu aufsehenerregenden Prozessen, die hauptsächlich deshalb entstanden waren, weil die Münsteraner das Majorat Ernens für sich nicht gelten ließen. Der Zenden Goms und mit ihm Münster wandten sich nicht nur nach Südwesten, den anderen Teilrepubliken zu, sondern in ebensolchem Maße seinen östlichen Nachbarn, den Innerschweizer Kantonen, mit denen sie mehrere Schutzbündnisse schlossen. Die Zentralschweizer ihrerseits waren froh, an ihrer westlichen Flanke einen zuverlässigen Verbündeten zu haben.

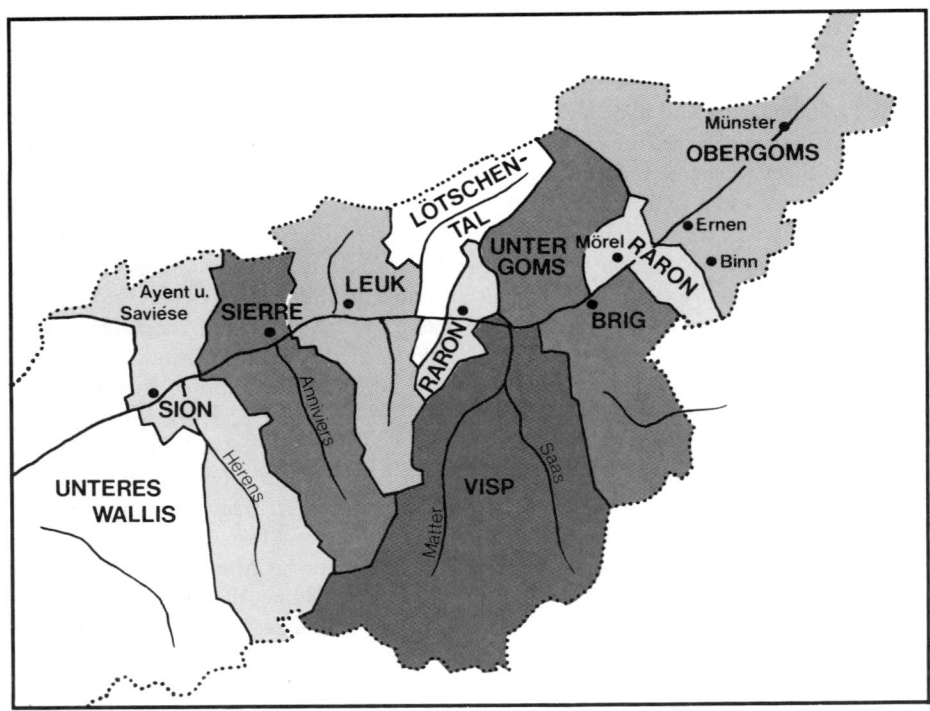

Das Wallis von 1634 bis 1798: Die sieben Zenden der Zendenrepublik mit dem Lötschental als Unter-tanengebiet

Die politische und wirtschaftliche Bedeutung Münsters spiegelte sich natürlich im Siedlungsbild des Dorfes wider. Es übertraf alle Gemeinden des Goms bald an Ausdehnung und Einfluß. Münster wurde zum größten Haufendorf des Oberwallis. Wie die anderen Dörfer blieb es von Katastrophen verschiedenster Art nicht verschont: schwere Feuersbrünste im 17., 18. und 19. Jahrhundert, aber auch Pestepedemien, die im 17. Jahrhundert Münster heimsuchten und große Teile seiner Bevölkerung hinrafften. Die Obergommer Dörfer waren diesen Seuchen praktisch hilflos ausgeliefert, denn der Verkehr über die wichtigen Alpenpässe ließ sich kaum wirksam unterbinden oder kontrollieren. So schleppten Händler, Kaufleute und Söldner immer wieder Seuchen ein und brachten den Tod in das Tal.

Seit alters her setzt sich Münster aus vier Dorfteilen zusammen, die im Laufe der Zeit zu einem organischen Ganzen verwachsen sind (Abb. 5). Dem ›Oberst Viertel‹ im Norden folgen südlich das ›Mittelst Viertel‹, das ›Pedel- oder Kropfviertel‹ und das ›Unterst Viertel‹. Eine Zusammenstellung der Häuser, Familien und Einwohner aus dem Jahre 1715 zeigt, daß in insgesamt 82 Häusern 89 Familien wohnten, die zusammen 264 Personen zählten.

Dieses Verzeichnis ist deshalb interessant, weil man ihm einerseits entnehmen kann, daß fast jede Familie ein eigenes Haus besaß, andererseits die Familien bei weitem nicht so groß waren, wie man vielleicht annehmen könnte. Die heutige Einwohnerzahl ist übrigens gar nicht soviel größer als jene von 1715: sie liegt bei etwa 420 Personen. Das Siedlungsbild wird von rund 20 zum Teil recht stattlichen Holzhäusern aus dem 16. und 17. Jahrhundert bestimmt. Ihre Verteilung im Dorf ist wenig einheitlich und ein Hinweis darauf, daß es

1 Pfarrkirche St. Maria
2 Margaretenkapelle
3 Pfarrhaus
4 Kaplaneihaus
5 Steinhaus im Hof
6 Haus des Meiers Imoberdorf
7 Haus Riedmatten im Feld
8 Burgerhaus
9 Jerighaus/Drechslerei
10 Haus des Domherrn Peter
   Guntern
11 Haus des Meiers Jergen
12 Haus Peter Imsands
13 Haus Riedmatten ob der Kirche
14 Haus Riedmatten unter der
   Kirche
15 Haus der Cäcilia Riedmatten
16 Haus der Meierin Imsand
17 Meier-Lagger-Haus
18 Peterskirche

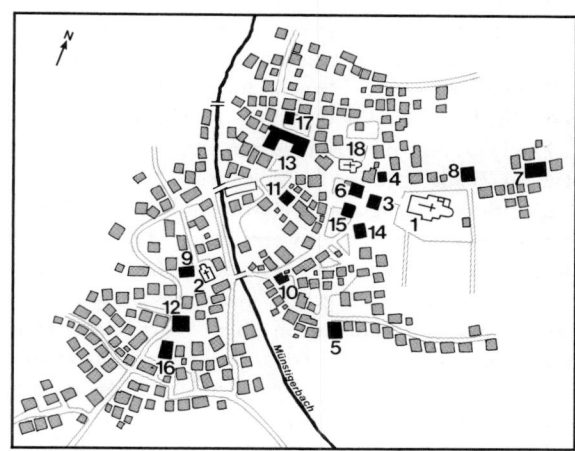

Ortsplan der Gemeinde Münster

früher wahrscheinlich zwei oder gar drei Zentren gegeben hat: eines westlich des Münstiger Baches, eines um die Peterskirche und eines im Kropfviertel, wo heute noch einige der ältesten Häuser des Dorfes stehen, nämlich die bereits einmal erwähnten ›Heidehischer‹, die überwiegend vor 1500 entstanden sind. Sie haben die Zeit jedoch in den seltensten Fällen unbeschadet überstanden, sondern wurden mehrmals umgebaut, erweitert oder so in Neubauten integriert, daß ihre ursprüngliche Gestalt kaum noch zu erkennen ist. Diese »Heidehischer« hatten ursprünglich fast ausschließlich eineinhalb Stockwerke. Als der Wohlstand in Münster wuchs, wurden viele von ihnen um ein bis eineinhalb Geschosse aufgestockt und häufig auch verbreitert.

Sehenswert ist das *Haus des Meiers Melchior Jergen*, ein 1665 gebautes prächtiges Holzhaus auf niederem Mauersockel und mit rückseitigem Balkon über die ganze Hausbreite. Letzteres ist ungewöhnlich, denn die Balkone wurden sonst durchweg an der Stirnseite der Häuser angebracht.

Noch größer und beeindruckender ist das *Haus Peter Imsands* (um 1670 entstanden), das zuletzt 1974/75 renoviert wurde. Imsand war ein wohlhabender Wirt und schien mit dem

53

Bau seines Hauses jenes des Meiers Jergen übertrumpfen zu wollen: er ließ es in Grundriß und Aussehen kopieren, aber noch ein gutes Stück größer und breiter bauen. Ein Wappenschild aus Giltstein mit der Jahreszahl 1670 schmückt die Hausfront.

1579 wurde das *Haus des Meiers Johann Imoberdorf* erbaut. Im Gegensatz zu den meisten anderen Wohnhäusern Münsters blickt seine Front nicht nach Süden oder Südwesten, sondern wendet sich nach Osten der Marienkirche zu. Im dunklen Holz kann man die Rillenfriese noch gut erkennen. Das rundbogige Tuffsteinportal entsprach dem damaligen Zeitgeschmack. Tuffstein war in großen Mengen vorhanden und wurde im Oberwallis auch für Fensterfassungen, für Kirchtürme und Vorhallensäulen verwendet. Über dem Tuffsteinbogen sieht man eine Specksteintafel mit dem Wappen des Hausbesitzers, eine Lilie, der Jahreszahl von 1580, kleinen, eingravierten Meisterzeichen und über dem Wappen den Spruch: »PAVLUS IM/OBDORF MAIOR IN CONSCHES«.

Die Häufung von Meierhäusern und -geschlechtern in Münster hängt damit zusammen, daß im Zenden Goms die Meier jedes Jahr wechselten (also nicht in einer Familie von Generation zu Generation vererbt wurden) – ein Privileg, das die Münsteraner im 15. Jahrhundert erreicht hatten. Sie wehrten sich nämlich dagegen, einem Erner Majorat zu unterstehen. Ein langwieriger Prozeß brachte folgendes Urteil: Im Zenden Goms darf es, wie bis anhin, nur eine Meierei geben, aber dieses einflußreiche Amt wird im einen Jahr von einem Münsteraner, im anderen von einem Erner Bürger ausgeübt. Die jeweiligen Meier werden aber nicht von ihrem eigenen Dorf, sondern immer von der anderen Gemeinde gewählt – ein ebenso geniales wie wirkungsvolles Urteil, das dazu beitrug, den Frieden zwischen den beiden Großpfarreien zu sichern.

Ein Besuch Münsters ist natürlich unvollständig, bevor man die *Wohnhäuser der Familien von Riedmatten* betrachtet hat. Dieses wohl berühmteste Geschlecht in der Pfarrei Münster hat eine recht pikante Entstehungsgeschichte. Margaretha Imwinkelried, ein laut Chronist »junges, schönes Mädchen«, machte kurz vor ihrer Vermählung mit Johann Gon aus Münster eine Reise nach Sitten. Bevor sie 1536 starb, beichtete sie folgende ›Jugendsünde‹, die mit jener Sittenfahrt zusammenhing: Auf dem langen Weg nach Sion hatte sie in Gampel, am Eingang zum Lötschental, übernachtet und im Rasthaus den jungen, noch nicht zwanzigjährigen Sekretär des Bischofs Schiner, Adrian von Riedmatten, kennengelernt. Das Paar verbrachte die Nacht zusammen – was nicht ohne Folgen blieb. Margaretha brachte einen Sohn zur Welt, und man nahm allgemein an, sein Vater sei Johann Gon. Adrian von Riedmatten, inzwischen Bischof, bestätigte das Geständnis der Margaretha Gon, und sein Sohn Peter nannte sich fortan nicht mehr Gon, sondern von Riedmatten. In späteren Jahren wurde er Meier, Zendenhauptmann und Bannerherr, geachtete und geehrte Positionen im 16. Jahrhundert. Seine vier Frauen schenkten ihm eine nicht bekannte Anzahl Kinder, und eines davon, Hildbrand, wurde 1565 Bischof von Sitten. Bis 1701 stellten die von Riedmatten fünf Domherren und Bischöfe und bis weit ins 19. Jahrhundert hinein Hauptleute und Obristen in französischen und piemontesischen Diensten, Meier und Landvögte, Priester und Rektoren, Kanzler und Professoren, Feldkaplane und Bannerherren. Viele von ihnen waren bedeutende Kunstmäzene, die ihrer Heimatgemeinde Münster immer wieder sakrale Kunstgegenstände schenkten. Ohne die von Riedmattens wäre die Pfarrkirche von Münster nicht das, was sie heute ist: eines der schönsten Gotteshäuser des Wallis.

Als Stammhaus der älteren Linie der von Riedmatten gilt das alte, sehr schlichte *Riedmattenhaus Im Feld* am östlichen Ende Münsters. Hier wurde der spätere Bischof Adrian III. von Sitten geboren, der großzügige Wohltäter der Peterskirche, und hier feierte Kaspar Jodok von Stockalper aus Brig, der ›Große Stockalper‹, seine Verlobung mit Cäcilia von Riedmatten, der Schwester Adrians III.

Das *Haus Riedmatten supra Ecclesia* (Ob der Kirche; gemeint ist die Peterskirche) hingegen war ein prunkvoller Herrensitz, wobei sich der riedmattensche Reichtum nicht in äußerlicher Prachtentfaltung zeigte, sondern einerseits in der Größe des Hauses und andererseits in seiner gediegenen und wertvollen Einrichtung.

Heute ist von der ganzen Herrlichkeit leider nicht mehr viel übrig. Aus dem Herrensitz wurde das Hotel »Croix d'Or et Poste«, und starke Umbauten veränderten Inneres und Äußeres des Hauses. Bemerkenswert ist lediglich eine holzgetäfelte Stube mit einer schönen Kassettendecke, in deren Zentrum sich das geschnitzte Wappen derer von Riedmatten befindet.

Sehr viel besser erhalten ist das *Haus Riedmatten unter der Kirche*, das die jüngere, weniger bedeutende Riedmattenlinie bewohnte. Der heutige Bau geht auf das Jahr 1699 zurück und wurde auf einem durch Feuer zerstörten Haus errichtet. Die Fensteröffnungen im Giebel sind noch in originalem Zustand, wie das oberste Stockwerk überhaupt noch kaum verändert wurde. Original ist auch der Pfeilschwanzfries unter Wolfszahn, der an manchen Stellen noch gut zu erkennen ist.

Geschichtlich besonders interessant ist der Quartierteil ›Guferli‹, westlich der Margaretenkapelle. In der Mitte des 14. Jahrhunderts war das Goms ein sehr unruhiges Gebiet: die Gommer wollten sich nicht länger dem politischen Diktat des bischöflichen Landesherren in Sion, Witschard Tavelli, unterwerfen, da dieser die Interessen Savoyens vertrat. Zudem versuchte Münster noch immer, eine von Ernen getrennte Gerichtsbarkeit zu erhalten. Als sich Ernen und Münster 1361 weigerten, eine vom Savoyengraf Amadeus III. verhängte Abgabe von je 13 000 Goldflorin zu bezahlen und andere Pfarreien Münster und Ernen im Widerstand gegen den Savoyer und den Bischof bestärkten, kam Witschard Tavelli höchstpersönlich und mit großem Gefolge von Sitten her. Spätabends wurde er in Ernen, nachdem er und seine Begleiter sich bereits zu Bett begeben hatten, von erbosten Bauern gefangen genommen und nach Münster gebracht, wo er im ›Guferli‹ Grundbesitz und ein Haus besaß. Fast drei Monate lang mußte er in seinem Haus gefesselt ausharren und die Bedingungen der Bauern schließlich akzeptieren. Andernfalls hätten sie ihn noch lange gefangen gehalten. Im Januar 1362 kam er endlich frei, aber um welchen Preis! Die Bauern hatten erreicht, daß der Bischof zur Sicherung seiner Versprechen sein gesamtes Vermögen verpfändete, drei ihm nah verwandte Geiseln stellte, die Forderungen des savoyischen Grafen aus der eigenen Tasche beglich und den aufständischen Bauern Straflosigkeit zusicherte. Außerdem wurde den Münsteranern ein eigener Richter zugebilligt.

In Münster findet der Kunstinteressierte einen der schönsten und wertvollsten Sakralbauten des ganzen Wallis: die *Pfarrkirche St. Maria oder Himmelfahrt Mariens* (Abb. 10). Ihr

55

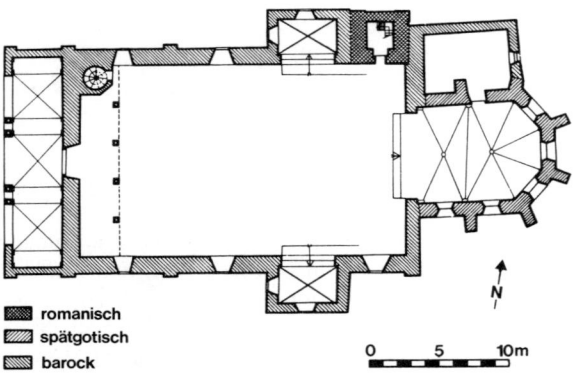

romanisch
spätgotisch
barock

0   5   10m

Grundriß der Pfarrkirche Himmelfahrt Mariens in Münster

äußeres Erscheinungsbild ist alles andere als ungewöhnlich – eine Kirche, wie man sie in ähnlicher Form in zahlreichen Bauerngemeinden der Zentral- und Nordschweiz findet. Betritt man aber das Kircheninnere, wird man durch eine herrliche Ausstattung von Schiff und Chor, die kaum etwas mit den im Oberwallis vorherrschenden Barockkirchen gemein hat, überrascht. Das Schwülstige, Überladene – wir werden es in Reckingen kennenlernen – tritt zurück und wird von dem großartigen gotischen Flügelaltar des Luzerners Jörg Keller verdrängt. Über dieses weit über die Landesgrenzen hinaus bekannte Meisterstück schrieb der Basler Emil Wick, der von 1864 bis 1867 das Wallis bereiste und Hunderte von wertvollen Skizzen anfertigte: »Das noch vorhandene aber gehört zum Schönsten, was die Schweiz in dieser Art aufzuweisen hat.«

Von Westen her betreten wir die bis zur halben Firsthöhe des Schiffes reichende dreibogige Vorhalle. In dem gaubenähnlichen Vorsprung über dem mittleren Bogen steht ein Hl. Michael, eine Lindenholzarbeit aus dem ersten Drittel des 17. Jahrhunderts. Bereits die Vorhalle enthält einige bemerkenswerte Kunstwerke. Links vom Eingang eine Marienstatue aus dem 17. Jahrhundert, rechts ein männlicher Heiliger (möglicherweise Jakobus), ebenfalls aus der Hochrenaissance. An der Nordwand hängt ein gekreuzigter Christus, von Maria und Johannes flankiert, aus der Werkstatt Peter Laggers von 1743. Die Südwand schmückt eine Ölberggruppe von 1509 (Abb. 6), die der Werkstatt Jörg Kellers zugeschrieben wird. Die sechskassettige reichgeschmückte Eingangstür ist wahrscheinlich eine Stiftung von Bischof Adrian V. von Riedmatten und kam 1693 von Sion nach Münster (Abb. 7). In den Kassetten sind der Hl. Theodul, die Justitia und Mariä Verkündigung (links von oben) sowie die Hll. Katharina und Michael und die Assunta dargestellt.

Das eindrucksvolle Kirchenschiff wurde 1664 von Christian Raguz gebaut und besticht durch die sogenannte Schiffsdecke, ein hölzernes Tonnengewölbe mit 63 Kassetten. Sie wurden erst 1751 ausgemalt – möglicherweise durch Johann Georg Pfefferle. Die Urheberschaft Pfefferles ist auf alle Fälle für die 1752 entstandenen Prophetenbildnisse und die Kreuzwegstationen nachgewiesen.

Rechts vom Eingang steht der fast bis zur Decke reichende Taufstein aus Giltstein von 1670; von 1698 ist der achteckige barocke Nußbaumaufsatz Johann Sigristens. Oberst Peter von Riedmatten stiftete diesen Taufstein seiner Heimatgemeinde. Die goldverzierte, fast überreich ornamentierte Kanzel aus Nußbaum wurde von einem Riedmatten und seiner Gattin gestiftet und entstand in der zweiten Hälfte des 17. Jahrhunderts. Sie erinnert an deutsche Werke der Spätrenaissance.

Wenden wir uns nunmehr den fünf prächtigen Altären der Kirche zu. In der nördlichen Seitenkapelle steht der Antoniusaltar aus dem Jahre 1746. Nachdem er lange Zeit als Werk Peter Amherdts gegolten hatte, sind in den letzten Jahren an seiner Urheberschaft Zweifel aufgekommen. Zwischen den gedrehten und reich verzierten Säulen steht im Untergeschoß der Hl. Antonius mit dem Bischofsstab. Ihm zur Seite sind der Hl. Bernhard und Johannes von Nepomuk. Im Obergeschoß links der Hl. Aloysius, rechts der Hl. Stanislaus Kostka. Im abschließenden Strahlenkranz erkennt man Joseph mit dem Christuskind.

Der linke zweigeschossige Seitenaltar an der Stirnwand des Schiffes ist der Hl. Katharina gewidmet und entstand in der heutigen Form um 1705/06. Unten dominiert die Heilige, der die Statuen der Hll. Agatha (links) und Barbara beigegeben sind. Weibliche Heilige beherrschen auch das Obergeschoß. Links Margareta, in der Mitte die Doppelfigur ›Heimsuchung‹ und rechts Magdalena. Gekrönt wird der Altar von einem rankengeschmückten Medaillon mit dem Herz Jesu, zu dessen Linken die Hll. Apollonia und rechts Ursula stehen.

Das Gegenstück des Katharinenaltars ist der Rosenkranzaltar von 1703 auf der rechten Seite des Schiffes. Er wirkt etwas klarer, da ihn nicht soviel wuchernder Akanthus schmückt. Hauptmotiv ist die im Untergeschoß stehende ›Maria vom Siege‹, umgeben von 15 Rosenkranzmedaillons. In der oberen Nische sehen wir eine Taufe Christi und darüber ein Medaillon mit dem Herz Mariens. Den Abschluß bildet der Hl. Nikolaus, möglicherweise ein Überbleibsel aus einem viel älteren, 1418 geweihten Nikolausretabel. Die Seitenfiguren stellen Heilige der Gegenreform dar, und zwar links von unten nach oben Dominikus, der Erzdiakon Stephanus und Franziskus; rechts Katharina von Siena, Laurentius und Bernardin.

In der südlichen Seitenkapelle steht als vierter Nebenaltar der Michaelsaltar von 1693 (Abb. 9). Als einziger der Kirche hat er drei Geschosse. Die beiden unteren sind dreiachsig, das oberste einachsig. Der hohe und schmale Altar ist in eine Nische eingepaßt, die seine Form bestimmt. Stifter waren verschiedene Mitglieder der Familie von Riedmatten, so zwei Bischöfe und ein Oberst Peter von Riedmatten. Die Patronatsfigur des Hl. Michael steht, zusammen mit dem Teufel, in der Mittelachse des untersten Geschosses. Über ihm erkennt man die Unbefleckte und im dritten Geschoß ein Kind mit Schutzengel. Die linke Seitenachse zeigt Petrus, Anna und Antonius von Padua, einen der wichtigsten Heiligen jener Tage. In der rechten Seitenachse sieht man, wieder unten beginnend, Paulus, Franz Xaver und König Ludwig IX. von Frankreich, in dessen Diensten mehrere Riedmatten standen. Bischof Adrian von Riedmatten gab die Altarstatuen in Sion in Auftrag und ließ sie nach ihrer Vollendung nach Münster überführen.

Wenden wir uns abschließend dem Chor zu (Farbabb. 31). Er ist relativ klein und wirkt sehr intim, nicht zuletzt deshalb, weil der mächtige Flügelaltar bis zur Decke reicht. Der Chor trägt eine reiche Bemalung aus dem 17. Jahrhundert. Durch den aufgemalten Rahmen wirken die gotischen Fenster breiter und höher, als sie wirklich sind. An der nördlichen Chorwand erzählen gemalte Zyklen von Leben, Wirken und Martertod des Hl. Mauritius.

Da der Chor natürlich vom Flügelaltar dominiert wird, wollen wir uns endlich diesem spätgotischen Prunkstück zuwenden. Es ist bis zur Spitze des Gesprenges gut 8 m hoch; der Schrein mißt 236 × 260 cm und steht auf einer breiten Predella. Die aufgeklappten Altarflügel mit je zwei übereinander angeordneten Reliefs stellen, links unten und oben, die Anbetung der Hl. Drei Könige und Maria Verkündigung dar sowie die Geburt Christi und eine Heimsuchung.

Das Herzstück des Altars ist der fünfachsige Schrein, dessen Mittelstück – die Muttergottes auf der Wurzel Jesse – gegenüber den vier Seitenteilen durch Breite und Höhe hervorgehoben ist (Farbabb. 29). Meisterhaft ist die Anordnung der vier anderen Schreinfiguren, die zwar dem Zentrum zustreben, durchaus aber ein Eigenleben führen. Von links sind es der Evangelist Johannes, die leidvolle Mutter Anna und die Hll. Barbara und Sebastian. Die Figuren stehen vor goldenem Brokat und unter einem filigran geschnitzten Baldachin.

Das elegante und luftige Gesprenge entspricht der Form des Schreins; dabei ist sein mittlerer Teil etwas höher als die beiden anderen, was ihm eine wohltuende Dynamik verleiht. Hauptmotiv des Gesprenges ist, im unteren Teil der Mittelachse, eine Marienkrönung. Im Untergeschoß des Gesprenges sehen wir Matthäus (links) und den Hl. Theodul, den Schutzpatron des Wallis. Die Engel im Obergeschoß halten Wappen in ihren Händen; der linke jenes der Schiner, der rechte das der Pfarrei Münster.

Der Flügelaltar besteht leider längst nicht mehr in seiner ursprünglichen Fassung. Früher hatte er nämlich Seitenflügel mit Renaissancemalereien nach Vorlagen Dürers. Während der linke Seitenflügel verschollen ist, konnte der rechte gerettet werden. Er steht seither im Pfarreimuseum in Münster. Die heute zu sehenden, kleineren Flügel wurden erst nachträglich – wann, ist ungewiß – eingebaut. Während der großen Restaurierung 1932 verwechselte man zudem die Szenenbilder und baute sie nicht mehr in der richtigen Reihenfolge ein. Die Urheberschaft Jörg Kellers aber ist durch eine Inschrift zweifelsfrei erwiesen: »Ich jerg keller von Lucern han gemacht dieser daffel jm jar MCCCCC und viiij jar 1509.« Zwar fällt die stilistische Verwandtschaft mit den Werken aus der süddeutschen Multscherschule und anderen Ulmer Künstlern auf, aber es lassen sich durchaus eigenständige Motive Kellers erkennen.

Am westlichen Ende des Kirchplatzes steht das stattliche *Pfarrhaus* von 1501. Nachweisbar hielt sich hier 1517 Matthäus Schiner auf, bevor er das Wallis endgültig verließ. Im Kellergeschoß ist das Pfarreimuseum eingerichtet. Es enthält den rechten Seitenflügel des Hochaltars, Kruzifixe, Holzstatuen und -büsten, Gemälde und den Kirchenschatz, der aus Kreuzen, Kelchen, einer Hostienbüchse und einem silbernen Rosenkranz besteht.

Am östlichen Ende des Friedhofs befinden sich das *Beinhaus* und die *Johanneskapelle* (beide 1637), die mit der großen Pestkatastrophe von 1629 in Zusammenhang gebracht

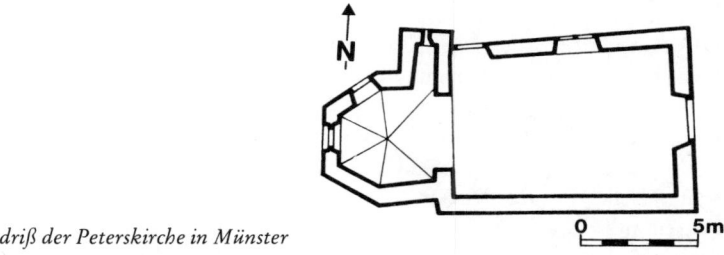

Grundriß der Peterskirche in Münster

$$\begin{array}{ccc} 0 & & 5m \end{array}$$

werden. Das Doppelgebäude enthält zwei Altäre; der ältere von 1656 steht in der Johannes-kapelle, der neuere (um 1700) im nördlich sich anschließenden Beinhaus.

Nordwestlich der Pfarrkirche, im Dorfzentrum, steht die *Peterskirche*. Schon 1309 wird eine ›ecclesia Sti Petri‹ erwähnt, es läßt sich jedoch nicht mehr feststellen, ob es sich bei ihr um die Peterskirche unserer Tage handelt oder um die vor Jahrhunderten vielleicht umbe-nannte Marienkirche. Das kleine, knapp 10 m lange und ungegliederte Schiff hat eine ton-nenförmige Decke aus Holz, der gotische Chor ein schönes Kappengewölbe. Seine Stirn-wand ziert ein 1643 entstandener Altar von Matthäus Mangolt.

Beim Verlassen Münsters sehen wir im Unterdorf auf der linken Seite die *Margareten-kapelle* von 1769, die einen schlichten zweigeschossigen Barockaltar besitzt.

Die Barockkirche von Reckingen

Der Rotten fließt auf der linken Talseite südwestwärts, und die Kantonsstraße folgt ihm in einigem Abstand. Im Goms erreicht das Tal hier seine breiteste Ausdehnung. Bei Reckingen treffen sich Rotten und Straßen beinahe, und dort, wo sie wieder auseinanderlaufen, liegen der Dorfkern und ihr Wahrzeichen, die *Barockkirche Geburt Mariens*.

Das Gebiet um Reckingen ist buchstäblich seit Urzeiten von Menschen bewohnt. Bezeugt wird das von Gräberfunden aus der Hallstattzeit und Zeugnissen der Römer aus dem 1. Jahr-hundert v. Chr. Die Geschichte des Dorfes selbst reicht nachweisbar bis weit ins 13. Jahr-hundert zurück. Bedeutung erlangte es im 18. Jahrhundert, als es eine Anzahl bekannter Künstler – Bildhauer, Orgelbauer, Schnitzer – hervorbrachte.

Reckingen gehörte lange Jahre zur Großpfarrei Münster, die alle Ortschaften von Selkin-gen bis Oberwald zusammenfaßte. Die ›Kilchri‹ (= Kirchspiel) war in Viertel aufgeteilt; das zweite Viertel bestand aus Reckingen und den umliegenden Weilern. Es versuchte – wie andere aufstrebende Dörfer im Goms auch –, sich von der Mutterkirche zu lösen, was diese natürlich zu verhindern suchte. Der erste Schritt erfolgte im letzten Viertel des 17. Jahrhun-derts, aber erst 1914 war Reckingen völlig unabhängig.

Reckingen ist kein typisches Haufendorf, sondern besteht aus drei Dorfpartien – ›Ober-dorf‹, ›Niederdorf‹ und ›Überrotten‹, das Quartier östlich des Flusses. Den wertvollsten

59

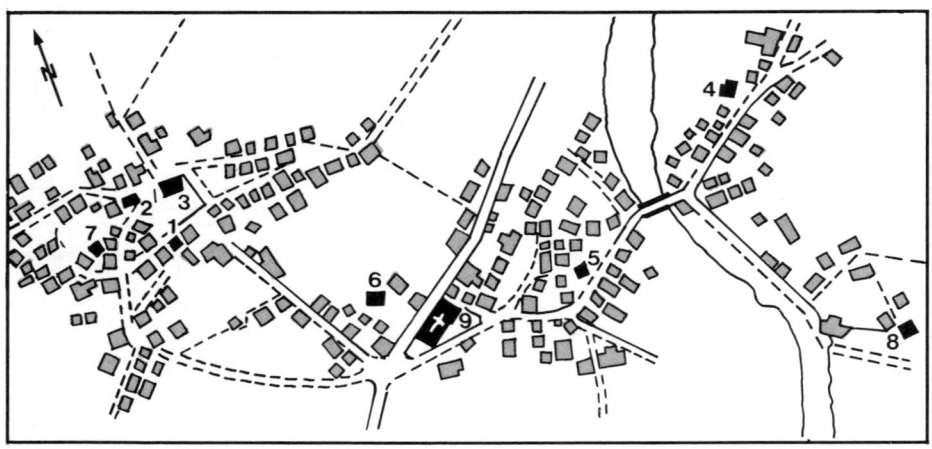

Ortsplan von Reckingen
1 Heidehüs. An der Rückwand zierliches ›Heidechriz‹. Balkenkopfkamin. Am vorderen Giebel mit Tropfmotiven versehene getreppte Pfettenkonsolen 2 Älteres Taffinerhüs (1617) 3 Taffinerhüs (1655) 4 Haus (1703) mit gestuftem rückseitigem Mauerkamin, ehem. Kuhglockengießerei der Familie Walpen 5 Stadel (Abb. 14) 6 Speicher mit Laubenkranz 7 Turmspeicherchen 8 Mühle 9 Barockkirche

Baubestand finden wir im ›Oberdorf‹: das *Haus der Marlies Steffen* aus dem 15. Jahrhundert mit ausgeprägtem ›Heidechriz‹ an Front- und Rückgiebel, oder das 1617 erbaute *Haus von Adolf und Konrad Carlen,* das das prachtvollste Haus im oberen Goms sein soll.

Ein weiteres gutes Beispiel der Baukunst des 17. Jahrhunderts ist das *Taffinerhüs,* so genannt nach seinem Erbauer J. F. Taffiner. Es entstand 1665, wurde 1754 bis 1758 beträchtlich erweitert und ist das größte Gommer Haus. Die Innenräume befinden sich noch in ursprünglichem Zustand und enthalten eine ebenso wertvolle wie gediegene Ausstattung, sind aber nicht zu besichtigen.

Der bemerkenswerteste Bau, die mächtige *Pfarrkirche Geburt Mariens* (1743–1745; Abb. 11), steht im ›Niederdorf‹ und ist vermutlich das Werk eines Vorarlberger Architekten. Sie ersetzte ein Gotteshaus, das für die Gemeinde zu klein geworden war.

Da aus jener Epoche keine Dokumente vorhanden sind, läßt sich die Baugeschichte nicht mehr rekonstruieren. An der Nordseite des Chors steht der schlanke Turm, der von einer vierkantigen Zwiebelhaube gekrönt wird. Das Beinhaus an der Südseite des Chors wurde wahrscheinlich 1745 gebaut. Es enthält einen kleinen Altar (um 1700 in Reckingen geschnitzt) sowie zwei Arvenholzstatuen – Johannes und Maria – vermutlich aus der Werkstatt Laggers. In zwei Glaskästen werden die Reliquien der Märtyrer sowie der Hll. Benedikt und Felix aufbewahrt, die Rom im 18. Jahrhundert Reckingen schenkte. Die Kästen wurden 1983 von Unbekannten erbrochen. Sie stahlen 53 Steine aus den Prunkgewändern der Heiligen, wahrscheinlich in der Meinung, es handele sich um Edelsteine. Die vermeintlichen Kleinode bestanden jedoch lediglich aus gefärbtem Glas, so daß die Kirchenräuber für einmal das Nachsehen, die Pfarrei aber trotzdem den Schaden hatte.

Die hohen, rundbogigen Fenster lassen viel Licht einfallen und geben Gelegenheit, die Details und Feinheiten des Kircheninneren zu erkennen (Abb. 13). Über dem großen Schiff wölbt sich das gedrückte Tonnengewölbe. Der lange Chor wirkt durch seine Höhe und das rundbogige Gewölbe schmal und schlank, aber durchaus nicht unproportioniert. Die Rekkinger Pfarrkirche ist der wichtigste Walliser Barockbau, der zudem vor kurzem innen völlig restauriert wurde und nun einen überaus schmucken Anblick bietet. Stilistisch gesehen ist das Werk aus einem Guß; das hängt damit zusammen, daß die Kirche in nur wenigen Jahren entstand und seither kaum Korrekturen erfuhr.

Schauen wir uns die Ausstattung der Kirche etwas näher an: Über dem Haupteingang erhebt sich die Orgelempore auf Specksteinsäulen. Der Orgelprospekt von 1756 auf dem höheren Mittelstück ist ein Werk Matthäus Carlens. Die drei Giebel werden von drei hölzernen Statuen gekrönt, die der Werkstatt des Bildhauers Ritz zuzuschreiben sein dürften.

Blickt man in Chorrichtung, fällt auf der linken Seite zuerst die reichverzierte Kanzel auf. Der Erbauer dieser Kanzel ist nicht bekannt, wohl aber deren Stifter, die einheimische Familie Blatter, deren Wappen und Inschrift sich nebst der Jahreszahl 1766 an der Kanzelrückwand findet. Der kronenförmige Schalldeckel wird von einer Gute-Hirt-Statue abgeschlossen.

Von der Kanzel nur durch zwei übereinanderliegende Fenster getrennt ist der linke Seitenaltar am Chorbogen. Er und sein rechtsseitiges Pendant sind, wie zu jener Zeit üblich, von wohlhabenden Bürgern gestiftet worden. Der linke Seitenaltar ist dem Hl. Rosenkranz, der rechte dem Hl. Josef gewidmet. In dem säulengeschmückten Untergeschoß dominieren große Skulpturen: rechts der Hl. Josef, links eine Muttergottes. Die Zuordnung der flankierenden Figuren ist nicht gesichert. Zu seiten der Josefsstatue stehen wahrscheinlich der Hl. Sigismund und Karl der Große, neben der Muttergottes sind die Hll. Katharina und Barbara dargestellt.

Der schön in die Stirnnische des Chors eingepaßte Hochaltar (erste Hälfte 18. Jahrhundert) stammt vielleicht aus der Vorgängerkirche (gebaut 1695) und ist eine Arbeit einheimischer Künstler. Er ist einachsig mit zwei Geschossen und einem abschließenden Medaillon

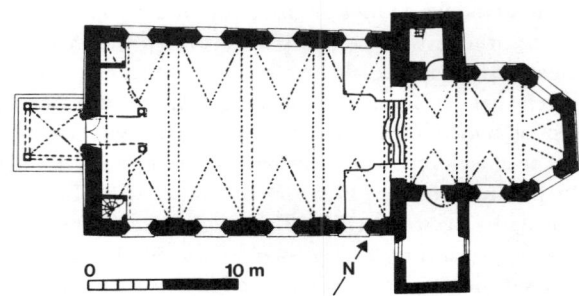

Grundriß der Pfarrkirche Geburt Mariens in Reckingen

61

mit Gottvater. Im Untergeschoß steht, zwischen je drei gedrehten Säulen, die Statue einer Anna selbdritt.

Das Obergeschoß zeigt in einer Nische die Muttergottes. Ihr zu Seiten stehen die Hll. Theodul, Franz Xaver, Ignatius von Loyola und Garinus, wobei die Bestimmung nicht ganz sicher ist.

Die beiden auf die Predella gemalten Wappen der Taffiner und der von Kalbermatten weisen darauf hin, daß diese Familien Reckingens den Hochaltar gestiftet oder zumindest entscheidend mitfinanziert haben.

Neben Orgel, Kanzel und Altären sind die Deckengemälde der Pfarrkirche zu erwähnen. Sie fügen sich kunstvoll in die Stuckornamente ein, die zu den feinsten des Wallis zählen, und sind Meisterwerke barocker Malerei. Sie beginnen in den Gewölbekappen der Oberlichter und streben dem Gewölbescheitel von Schiff und Chor zu, wo sie die kleeblattähnlichen Deckenbilder Hans Jörg Pföfflers wirkungsvoll betonen. Über die Identität des Malers wird noch immer gestritten: die einen glauben, daß es sich bei ihm um ein Mitglied der aus Tirol eingewanderten und in Geschinen wohnhaften Malerfamilie Pfefferle handelte, die anderen sind der Ansicht, Hans Jörg Pföffler sei ein Wandermaler gewesen und nicht mit den Pfefferles in Verbindung zu bringen. Die Hauptmotive an Decke und Chorhimmel sind die Kirchenpatronin Maria sowie eine Schöpfungs- und Heilsgeschichte. Auf Spruchbändern aus Altem und Neuem Testament wird der Zusammenhang zwischen den Motiven hergestellt.

In die Stichkappen oberhalb der Fenster hat der Künstler dreiblättrige Medaillons mit Christus, Aposteln und Heiligen, unter die Orgelempore verschiedene Marienbildnisse gemalt.

Gluringen

Wir kommen nun in das erste Viertel der einstigen Großpfarrei Münster und stellen fest, daß mit einer Ausnahme (Biel) alle folgenden Obergommer Dörfer mit der Silbe -ingen enden: ein Hinweis auf die alemannische Besiedlung im oberen Goms. Das erste Dorf südwestlich von Reckingen ist das kleine, verstreut auf einem Schuttkegel liegende Gluringen. Exponiert am Südrand des Dorfes mit freier Front zur Straße steht die *Pfarrkirche Hl. Dreifaltigkeit*, ein anspruchsloser Bau von 1736, dem man erst 1872 einen Glockenturm beifügte. Zusammen mit dem gut erhaltenen Stadel und dem zweieinhalbstöckigen Wohnhaus südlich der Kirche hat der Betrachter auf einen Blick jene drei Bauten vor sich, die den Hauptteil jeder Obergommer Siedlung ausmachen: Kirche, Nutzbau und Wohnhaus.

Die Pfarrkirche von Gluringen besaß einen wertvollen Schreinaltar aus der Mitte des 15. Jahrhunderts, der 1905 vom Schweizerischen Landesmuseum in Zürich gekauft wurde. Ebenfalls abgewandert ist 1914 die gut 70 cm hohe Holzstatue des Hl. Theodul aus dem späten 14. Jahrhundert, eine eindrucksvolle Figur mit gut ausgeprägten gotischen Stilelementen. Sie befindet sich heute im Historischen Museum zu Bern.

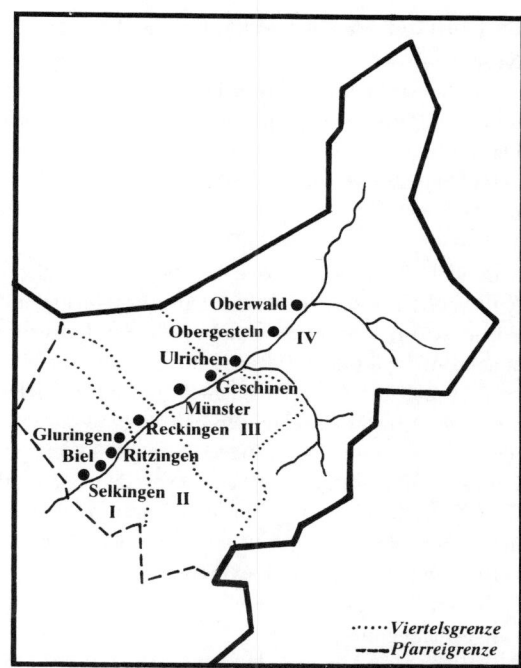

Das ehemalige Kirchenspiel
Münster mit seinen Vierteln

······ Viertelsgrenze
--- Pfarreigrenze

Bedeutender als die wenigen gut erhaltenen Wohnhäuser Gluringens – wenigstens in bauhistorischer Sicht – sind die vielen schönen Stadel des Dorfes aus dem 17. und 18. Jahrhundert, die man zum Teil von der Kantonsstraße aus sieht.

Ritzingen und Ritzingerfeld

Ritzingens Siedlungsbild weicht von der im Obergoms üblichen Gliederung beträchtlich ab. Das Dorf gleicht einem langgestreckten Dreieck mit Schwerpunkt im südlichen Teil. Was die Bewohner zu dieser Siedlungsweise, die nicht etwa durch natürliche Gegebenheiten beeinflußt wurde, veranlaßte, läßt sich leider nicht mehr feststellen. Als 1939 die Kantonsstraße ausgebaut und verbreitert wurde, mußten sechs Nutzbauten weichen. Man riß sie zum Glück nicht ab, sondern versetzte sie lediglich. Der relativ geschlossene Charakter des unteren Dorfteils litt aber durch die breitere Straße, und man muß heute diese Art der Straßenführung bedauern.

An Baulichkeiten seien lediglich das 1621 erbaute *Seilerhüs*, ein eineinhalbstöckiges Renaissancehaus, das von stilechten Stadeln umgeben wird, und die direkt an der Straße liegende *Annakapelle* (1732) erwähnt. Sie ist es allerdings wert, besucht zu werden, besitzt

63

sie doch einen kleinen und kunstvollen Barockaltar von Anton Sigristen. Dank geschickter Krümmung paßt er in die nordwestwärts gerichtete Stirnnische des Chors und wird von den seitlich angebrachten Fenstern günstig ausgeleuchtet. Der Aufbau der mittleren Achse zeigt unter der Patronatsfigur der Anna selbdritt eine ausdrucksstarke Pietà des 16. Jahrhunderts. Das Untergeschoß wird von den Statuen des Hl. Antonius von Padua und der Hl. Katharina vervollständigt. Auffallend ist der reiche Rankenschmuck an den Säulen und um die Hauptnische.

Sehr viel bedeutender noch als die Annakapelle ist die einsame *Muttergotteskapelle im Ritzingerfeld* zwischen Ritzingen und Gluringen. Schon von weitem sieht man die recht große, schön proportionierte Kapelle auf der rechten Hangseite. Auch wenn man mit dem Wagen nicht direkt vor ihre Pforten fahren kann, sondern einige hundert Meter zu Fuß gehen muß, sollte man die kleine Mühe in Kauf nehmen und der seit Jahrhunderten berühmten Wallfahrtskapelle einen Besuch abstatten. Ihr undokumentierter Ursprung liegt im Mittelalter. Bekannt ist aus späteren Berichten allerdings, daß sie seit jeher als Wallfahrtsort im Goms große Bedeutung hatte. Am Ende des 16. Jahrhunderts läßt sich dann erstmals eine Kapelle nachweisen. Sie wurde im darauffolgenden Jahrhundert mehrmals vergrößert und umgebaut; 1687 entstand sie in der heutigen Form. 1693 wurde sie geweiht. Die im Goms so verheerend wirkenden Lawinenniedergänge verschonten auch die Ritzingerfeldkapelle nicht: im Februar 1807 zerstörte eine Lawine das ganze Schiff und ließ nur Turm und Chor einigermaßen unversehrt.

Der Wert dieser Kapelle liegt unzweifelhaft in ihren Seitenaltären, die von Johann Ritz stammen, und zwar aus zwei verschiedenen Lebensabschnitten, was interessante und aufschlußreiche Studien über seine künstlerische Entwicklung erlaubt. Die Stilunterschiede zwischen beiden (links der Katharinenaltar von 1713, rechts der Altar der Hl. Familie von 1691) springen sofort ins Auge. Die erste Arbeit zeigt noch deutlich die Spuren des Frühbarock. Das Untergeschoß mit der Hl. Familie (der Jesusknabe wurde 1972 entwendet) ist luftiger gebaut als jenes von 1713. Ihm fehlt auch der typische Barockbogen der Nische. Hingegen ist das Obergeschoß deutlicher der neuen Stilrichtung angepaßt. Als Motiv enthält es die Gruppe »Hl. Martin mit einem Bettler«. Die linke Statue stellt den Hl. Dominikus dar, die rechte den Hl. Antonius von Padua. Über dem Altar, auf dem Wandsims, thront Johannes der Täufer.

Der Katharinenaltar ist bedeutend plastischer ausgearbeitet: Haupt- und Obernische sind von zwei Säulenpaaren flankiert. In die äußeren Säulen des Untergeschosses wurden die Hll. Johannes und Andreas eingefügt – eine geglückte Gestaltungslösung. Über der Hl. Katharina sieht man einen Schutzengel mit Kind, während der Erzengel Michael mit erhobenem Schwert zwischen den engelgeschmückten Sprenggiebeln steht.

Der Hochaltar (1690) stammt bis auf das 1691 angefügte Rankenwerk nicht von Johann Ritz. Der oder die Bildhauer des Altars hingegen sind unbekannt. Stilvergleiche haben zu der Annahme geführt, daß die beherrschende Muttergottesfigur in der Hauptnische einem anderen Künstler zugeschrieben werden muß als die restlichen Schnitzereien. Das ist nicht

2 GLETSCH und Grimselpaß
◁ 1 GLIS »Mazze« am Seitenportal der Pfarrkirche
3 NUFENENPASS Alter Saumweg mit Brücke

4   OBERGESTELN   Nutzbauten-Quartier

5   MÜNSTER   Das größte Haufendorf im Goms

6 MÜNSTER Pfarrkirche St. Maria, Christus (Detail der Ölberggruppe)

7 MÜNSTER   Pfarrkirche St. Maria, Hauptportal

8 OBERGESTELN   Pfarrkirche, Hauptaltar

9 MÜNSTER   Pfarrkirche St. Maria, Michaels-altar

11 RECKINGEN Pfarrkirche Geburt Mariens
◁ 10 MÜNSTER Dorfstraße
13 RECKINGEN Pfarrkirche, Hauptaltar

12 ERNEN Zendenrathaus

14 RECKINGEN Stadel

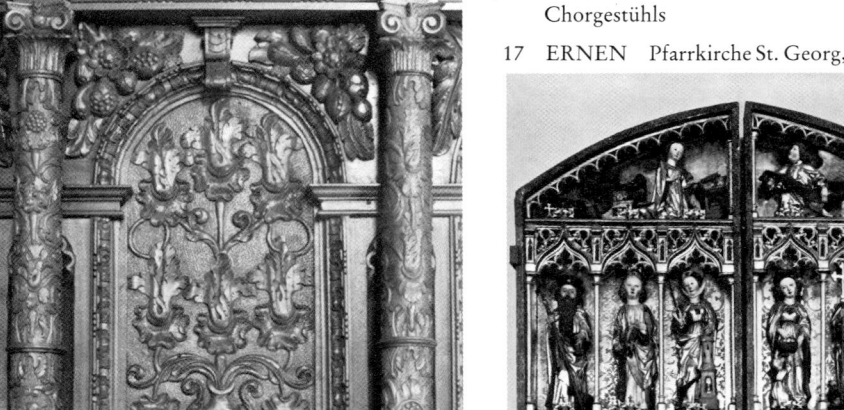

15 ERNEN Pfarrkirche St. Georg, Drachentöter

18 BINNTAL Altar der Kapelle in Binn ▷

◁ 16 ERNEN Pfarrkirche St. Georg, Detail des Chorgestühls

17 ERNEN Pfarrkirche St. Georg, Nothelferaltar

19 BINNTAL Wileren mit Kapelle

20 BINNTAL Binn, Kapelle St. Antonius und Brücke

21 NATERS Beinhaus

22 NATERS Pfarrkirche, Altar

23 NATERS Pfarrkirche

24 BRIG-GLIS Pfarrkirche Mariä Himmelfahrt

25 BRIG-GLIS Pfarrkirche, Anna-Altar

26 BRIG-GLIS Pfarrkirche, Seitenaltar

27 BRIG-GLIS Pfarrkirche, Chor

28 BRIG-GLIS Pfarrkirche Mariä Himmelfahrt, Christus

29 EYHOLZ Kapelle in der Riti

30 BRIG Stockalperpalast, Balustrade mit Leitspruch

31 BRIG Stockalperpalast, Heimatmuseum
32 BRIG Kapelle St. Sebastian und Chavez-
    Denkmal

33 VISP Stadt

34 VISP Haus Inalbon ▷

ungewöhnlich, wurden doch beim Bau neuer Retabel oft die bereits vorhandenen Statuen einbezogen – sei es, um Kosten zu sparen, sei es, weil diese Figuren in der Gemeinde verehrt wurden. Der Hochaltar war, wie ein heute nicht mehr vorhandenes Familienwappen einst verriet, die Stiftung des Ritzingen lange Zeit beherrschenden Geschlechts der Biderbost (Bei der Post).

Wie bei den meisten Gommer Kirchen und Kapellen wanderten auch aus Ritzingen eine ganze Anzahl wertvoller Kunstgegenstände ab. Das Schweizerische Landesmuseum in Zürich besitzt eine Muttergottesstatue aus Arve aus dem späten 14. Jahrhundert und Fragmente einer mehrteiligen bemalten Altartafel von hohem Alter (erste Hälfte des 14. Jahrhunderts).

Biel und Selkingen

Biel ist das einzige Dorf im oberen Goms mit einem eigentlichen Dorfplatz. Die nach Nordosten ausgerichtete Pfarrkirche steht auf einem Hügel am Dorfeingang und besitzt den für das 17. Jahrhundert so charakteristischen schlanken ›Obergommer‹-Turm mit schönem, vierkantigem Spitzhelm.

Biel besaß im 14. und 15. Jahrhundert eine recht große politische Bedeutung und manche Freiheiten, die anderen Siedlungen fehlten. Die Bewohner hatten sich mit der Zeit von mehreren wichtigen Feudallasten freigekauft.

Das heutige Dorfbild geht zu einem Teil auf die Zeit vor 1800 und zum anderen Teil auf die erste Hälfte des 19. Jahrhunderts zurück, da 1827 mehr als die Hälfte des Dorfes von einer gewaltigen Lawine zerstört wurde (Inschrift am Chor der Pfarrkirche). Der Domherr von Kalbermatten trug darauf in das Sterbebuch des Pfarrarchivs Biel ein: »Dies Denkmal ist geweiht der Trauer und dem Danke: dem Schneesturz, der von Biel zwey drittel hat zerstört: Der Hilf vom Staatsrath und vom Nachbarn uns beschert; dir Mensch, zum Wink, wie sehr die Lebensgabe wanke.«

Interessant ist an der *Pfarrkirche* (1654–59), die auf eine Kapelle von 1322 zurückgeht, vor allem der Altar, ein recht ungewöhnliches Stück von ca. 1715 aus der Werkstatt von Johann Ritz. Der dem Evangelium Johannes geweihte Altar wurde durch einen Zwölfapostelaltar mit einem eher ungewöhnlichen Aufbau und auffallender Breite ersetzt. Auf zwei Geschossen und in drei Achsen sind folgende zwölf Figuren dargestellt, und zwar unten von links nach rechts: Bartholomäus, Petrus, Johannes, Paulus, Andreas. Oben: Matthäus, Simon, die Assunta(!), Thomas, Philippus. Den Abschluß bilden Jakobus und Judas. Interessant sind auch die Proportionen der Apostelfiguren. Im Zentrum des Untergeschosses finden wir die größten Statuen. Die obere Reihe wiederum ist noch kleiner als die untere. Die beiden obersten Apostel schließlich sind kaum noch halb so groß wie die größten.

Die Seitenaltäre (von 1715) stammten ursprünglich ebenfalls von Johann Ritz. Leider wurden sie 1880 umgestaltet, und man verwendete nur noch seine Statuen. Recht beachtlich ist das Orgelgehäuse von 1721. Die Flügel sind beidseitig bemalt und stellen folgende Szenen dar: Anbetung der Hirten (links) und Anbetung der Hl. Drei Könige. Auf den (nicht sichtbaren) Rückseiten der Leinenflügel sind David mit der Harfe und die orgelspielende Hl. Cäcilia dargestellt. Zwischen der mittleren Gruppe von Orgelpfeifen steht die Muttergottes im Strahlenkranz. Die Orgel selbst ist von Matthäus Carlen.

Nur wenig südwestlich von Biel liegt **Selkingen,** das aus rund 60 Wohnhäusern, Stadeln, Ställen und Scheunen besteht. Es dehnte sich früher westlich und östlich des Walibaches aus. Die mächtige Lawine von 1827 (siehe auch Biel) zerstörte größere Teile des westlichen Dorfquartiers, das in der Folge nicht mehr besiedelt wurde. Oberhalb der Straße zeigt das Dorf noch seinen historischen Charakter mit mehreren typischen und gut erhaltenen Bauten des 16. und 17. Jahrhunderts. Ruppen bemerkt dazu: »Selkingen bietet wie kaum ein anderes Gommer Dorf auf engstem Raum mit typischen Bauten einen eindrücklichen Querschnitt durch die Geschichte des Gommer Hauses. So findet man ... im Umkreis von etwa hundert Metern ein ›Heidehüs‹, ein Haus mit Giebelbug, ›Vorschutz‹-Häuser sowie Bauten mit den ausgeprägten Proportionen des Renaissance- und des Hochbarockhauses.«

In unmittelbarer Nähe der *Dorfkapelle Hl. Theodul* am rechten Ufer des Walibaches steht das Geburts- und Wohnhaus von Johann Ritz (1666–1729), dessen Werken wir in so vielen Kirchen begegnet sind und noch begegnen werden. Er begründete im Obergoms eine Bildhauertradition, die in erster Linie von seinem Sohn Jodok und in zweiter Linie von zahlreichen Nachahmern fortgeführt wurde. Nach seiner Ausbildung, die er – seinem Stil zufolge – zumindest teilweise in Italien erhielt, kehrte er nach Selkingen zurück und war bald ein gefragter Bildhauer, der nicht die Altäre seiner Lehrmeister und Vorbilder kopierte, sondern eigenständige Werke schuf. Früh erreichte er eine gestalterische Meisterschaft, die sich zum Beispiel am Altar der Kapelle im Wichul (Fieschertal) deutlich zeigt. Ritz fertigte dieses erstaunlich reife und großzügige Werk mit erst 25 Jahren an! In erster Linie schuf er sakrale Schnitzereien. Daneben kennt man aber auch einige profane Gebrauchsgegenstände wie eine wunderschöne geschnitzte Wiege im Hotel »Glacier du Rhône« in Gletsch sowie Giltsteinöfen, unter anderem einer in Gletsch, ein anderer im Wohnhaus Ritzens in Selkingen.

Die Künstlertradition der Ritz endete zum Glück für das Oberwallis nicht mit Jodok, der hauptsächlich Werke für Zentralschweizer Kirchen schuf. Sie wurde von einer anderen Ritzlinie, den Niederwalder-Ritz, weitergeführt – allerdings nicht als Bildhauer, sondern als Maler. Der berühmteste Sproß, Raphael Ritz (1829–1894) ist heute mit vielen Werken in der Sittener »Majorie« sehr gut vertreten.

Bei Selkingen ist die letzte Ortschaft des Obergoms erreicht, und wir streben nun dem Untergoms zu. Die Landschaft ändert sich in kurzer Zeit auf erstaunliche Weise. Im Obergoms hatten wir ein gleichförmiges, fast waldloses Trogtal mit zahlreichen Haufendörfern und dem die Erdoberfläche kaum ritzenden Rotten. Das Untergoms hingegen verdankt zwar seine Entstehung ebenfalls dem Rhonegletscher, aber es ist bedeutend abwechslungsreicher und stärker gegliedert als die beiden obersten Talabschnitte. Vor allem fällt eines auf: der Rotten fließt nicht mehr brav und gebändigt an der Erdoberfläche talwärts, sondern hat sich zum Teil tief in die Felsen hineingefressen und Schluchten gebildet. Von den südöstlichen Berghängen bekommt er aus einem Dutzend Seitentälern Wasser zugetragen. Ritzibach, Spiessbach, Chrimpebach, Betulbach, Rufibach, Löüwibach und Mülibach – um nur die größten zu nennen – speisen die junge Rhone und lassen sie zum Strom anschwellen.

Das Untergoms besitzt auf der linken Talseite ein halbes Dutzend ausgeprägter Terrassen, deren Unterteilung ein Werk der oben erwähnten Bäche aus den (unbewohnten) Seitentälern ist. Im untersten Teil des unteren Goms münden zwei größere und ganzjährig bewohnte Seitentäler ins Hauptal: das kurze, enge Fieschertal und das längere, interessante Binntal.

Schon dieser kurzen Beschreibung kann man entnehmen, daß das Untergoms, obwohl nur knapp 10 km lang, durch landschaftliche Vielfalt geprägt ist und im Gegensatz zum Obergoms ein differenzierteres Siedlungsbild aufweist.

Auch in ihrer historischen Entwicklung unterscheiden sich die beiden Talstufen voneinander. Den Obergommern gelang es praktisch während ihrer ganzen Geschichte, sich fremde Herren »vom Leibe« zu halten oder sich von Lehensherren freizukaufen und eine eigene Politik zu betreiben. Das Untergoms aber hatte einheimischen Adel, der ursprünglich aus Oberitalien eingewandert war und in Naters, Fiesch und Mühlebach seßhaft war. Im späten Mittelalter gingen von einigen Geschlechtern des Untergoms politische Impulse aus, die weit über die Zendengrenzen reichten. Vor allem gelangten die Familien der Supersaxo aus Ernen zu großem politischen Einfluß. Aus Mühlebach stammt der andere Exponent politischer Größe und erbitterter Gegner der Supersaxos, Matthäus Schiner.

Blitzingen und Niederwald

Die beiden Dörfer Blitzingen und Niederwald gelten als Bindeglied zwischen Ober- und Untergoms. Ihr Ortsbild hat noch viel mit jenem des Obergoms gemein; landschaftlich und vor allem politisch zählen sie aber zum Untergoms und hier vor allem zur früheren Großpfarrei Ernen.

Blitzingen liegt an der Kantonsstraße nach Fiesch und Brig. Die Gemeinde umfaßt nicht nur das Dorf Blitzingen, sondern seit 1948 auch die vier umliegenden, gut erhaltenen und reizvollen Weiler Ammere, Gadme, Wiler (alle westlich der Straße) und Bodme (östlich der Straße). Von besonderem Interesse ist bauhistorisch die Siedlung Ammere, die rund ein Dutzend Holzbauten umfaßt. Der Weiler wurde schon in Urkunden aus dem 14. Jahrhundert erwähnt, verfiel aber in der zweiten Hälfte unseres Jahrhunderts immer mehr. Ab 1957 wurde er von einem Blitzinger Bürger aufgekauft und renoviert und mit alten Stadeln und Alphütten aus anderen Orten erweitert. Heute ist Ammere wieder ein hübscher und gepflegter Weiler und zugleich ein privates Freilichtmuseum.

Auch Blitzingens Geschichte reicht mindestens bis ins 14. Jahrhundert zurück, möglicherweise noch weiter, denn schon im 13. Jahrhundert mußten die Kirchengemeinden des unteren Goms dem Bischof von Sitten alljährlich Naturalabgaben entrichten.

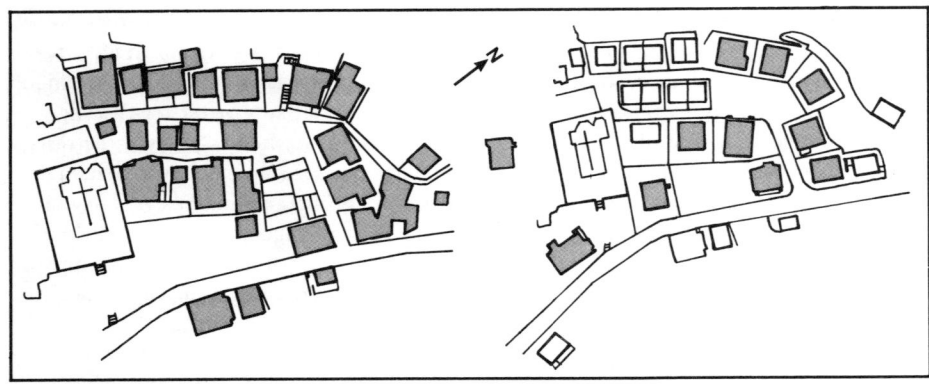

Plan des Dorfes Blitzingen vor und nach dem großen Brand von 1932. Im Plan des neu aufgebauten Dorfes sind die Scheunen, Stadel und Speicher weiß

Wer heute Blitzingen besucht, würde nicht vermuten, daß in der Nacht vom 12. auf den 13. September 1932 ein Großbrand nahezu das ganze Dorf zerstörte. Lediglich das etwas außerhalb liegende Dorfquartier ›Geren‹ sowie die Kirche und vier Häuser überstanden den Brand mehr oder weniger unbeschadet. Innerhalb eines Jahres wurde aber das ganze Dorf wieder aufgebaut und am 12. November 1933 feierlich eingeweiht.

Im Gegensatz zu Obergesteln, das nach dem Brand von 1868 in Stein wiedererrichtet wurde, versuchte man in Blitzingen, alte Bautraditionen zu berücksichtigen, und da in mehr als 50 Jahren die Häuser von Wind und Wetter stark gezeichnet sind, unterscheiden sie sich nur noch wenig von den viel älteren anderer Weiler, und nur der bauhistorisch interessierte und vor allem vorbereitete Besucher kann erkennen, daß es sich bei Blitzingen eigentlich um ein ›Retortendorf‹ und nicht um eine im Laufe der Jahrhunderte organisch gewachsene Siedlung handelt.

Die *Pfarrkirche Maria Hilfe der Christen* (1842–45) ist nicht unbedingt ein sakrales Prunkstück; sie ersetzte frühere Kapellen aus dem 17. und 18. Jahrhundert. In ihrem Äußeren weist sie einige Ähnlichkeit mit der Pfarrkirche von Reckingen auf, so vor allem mit der 1877 geschaffenen Turmhaube. Das schlichte Äußere der Kirche verrät nicht, daß sie drei schöne und zum Teil wertvolle Barockaltäre enthält, von denen der Hochaltar besonders erwähnt sei. Er stammt von Johann Ritz und entstand 1715. Ursprünglich stand er in der sogenannten ›Chaschtebielkapelle‹ in der Nähe Blitzingens. Als diese immer mehr zerfiel, wurde der Rosenkranzaltar von Ritz 1845 in die Blitzinger Kirche gebracht und im Laufe der Zeit, zuletzt 1945/46, mehrmals umgebaut. Anscheinend hatte das Retabel durch den Dorfbrand von 1932 doch einigen Schaden genommen: etwa zehn von Ritz geschaffene Rosenkranzmedaillons gingen verloren, und die restlichen fünf sind heute in der kleinen Kapelle Hl. Kreuz von Gadme zu sehen. Der einachsige zweigeschossige Altar hat vor allem auf den Seiten reiche Akanthusverzierung. Im Untergeschoß steht zwischen zwei gedrehten Säulen eine Muttergottesstatue, die möglicherweise nicht von Ritz stammt. Von links blickt der Evangelist Johannes, von rechts der Hl. Josef dem Altarmittelpunkt zu. Im oberen Geschoß, ebenfalls zwischen zwei gedrehten Säulen mit Akanthus und zwei Engelchen, sieht man die Assunta und darüber, in einer akanthusumrankten Nische, Mariä Krönung. Der Hochaltar ist gut in die Stirnseite des Chors eingepaßt und bildet mit ihr eine harmonische Einheit.

Die beiden Seitenaltäre an der Chorwand, links dem Hl. Antonius von Padua gewidmet, rechts mit dem Motiv der Kreuzabnahme, konnten bisher keinem bekannten Bildhauer zugeordnet werden. Das erstaunt allerdings nicht, war es doch im Barock unüblich, geschnitzte Altäre zu kennzeichnen; Johann Ritz ist in dieser Beziehung eine Ausnahme. Wenn heute Altäre, Schnitzwerke sowie Malereien bestimmten Künstlern zugeschrieben werden können, dann in erster Linie auf Grund von Stilvergleichen. Gerade im Wallis sind solche Zuordnungen nicht immer einfach, denn von wenigen ›großen Namen‹ abgesehen (Ritz, Sigristen, Lagger, Bodmer), hat das Wallis kaum bedeutende Bildhauer und Maler hervorgebracht. Vor allem im 19. Jahrhundert wurden zahlreiche Altäre, Chorgestühle, Kanzeln, Chor- und Deckenmalereien von auswärtigen Künstlern – überwiegend von Italienern, Süddeutschen und Vorarlbergern – ausgeführt.

Der rechte Seitenaltar dürfte in seiner ›Urfassung‹ vor 1745 entstanden sein. Er besteht aus zwei Bildern: oben die Kreuzigung und unten die Kreuzabnahme; einige Kunsthistoriker sind der Ansicht, die Bildgestaltung zeige gewisse Anlehnungen an das Rubensbild in der Antwerpener Liebfrauenkirche. Links und rechts der Altarblätter stehen Statuen, im Untergeschoß zwei Apostelstatuen, oben die Hll. Katharina (links) und Barbara. Sie stammen möglicherweise aus der Werkstatt des Jodok Ritz, was aber nicht zweifelsfrei nachgewiesen ist.

Der linke Seitenaltar ist etwas kleiner und etwa 100 Jahre später entstanden. Die beiden Altarblätter wurden 1847 von Lorenz Justin Ritz gemalt. Das obere stellt den Hl. Franz Xaver dar, das untere den Hl. Antonius von Padua, dem das Jesuskind erscheint. Die Statuen des Untergeschosses, die Hll. Martin (links) und Valentin, stammen – so eine Urkunde von 1750 – vom rechten älteren Seitenaltar. Im Akroterion stehen eine fast 300 Jahre alte Muttergottes (links) und der Gute Hirte, der etwa 200 Jahre alt ist. Zwei jubilierende Engel und aufstrebender Akanthus bilden den Altarabschluß.

Die Kette der nah beisammen liegenden Gommer Siedlungen endet mit **Niederwald,** einem der geschlossensten und am ursprünglichsten erhaltenen Dörfer des Goms. Daher sollte man sich Niederwald nicht entgehen lassen (Farbabb. 8).

Am östlichen Ende der Siedlung stehen einige besonders schöne Wohnhäuser – das prächtige Barockhaus *Gundihüs*, dessen Fassade besonders reich verziert ist. Hier hat man Gelegenheit, verschiedene Friesarten am gleichen Haus zu sehen: den gebrochenen Wellenfries, den Kielbogen- und Rankenfries, sowie geschnitzte Blüten in den Fensterpfosten.

Gut 200 Jahre älter ist das *1560 erbaute Haus Nr. 3* im Dorfzentrum. Hier sind vor allem der ›Vorschutz‹ bzw. die Konsolen ein Blickfang, die verschiedene, zum Teil unklare Zeichen aufweisen, so etwa Blumen (Lilien?), Stierköpfe, eine Axt mit Hand darüber und ein

Ortsplan von Niederwald
1 *Schul- und Gemeindehaus*
2 *Haus von 1558 mit Vorschutz*
3 *Haus von 1560*
4 *Gundihüs*
5 *Haus von 1788 mit reich beschrifteter Fassade*
6 *Haus von 1672*
7 *Backhaus von 1831*

Erner Wappen, das eindeutig auf die lange Zugehörigkeit Niederwalds zur Erner Einfluß-sphäre hinweist.

Gehen wir zum *Gundihüs* zurück und von diesem aus einige Schritte nordwärts, dann stehen wir vor dem *Gemeinde- und Schulhaus,* das auf einen Bau von 1526 zurückgeht und noch die charakteristischen Giebelstreben jener Zeit aufweist. Auch hier sieht man wieder Verzierungen wie Andreaskreuze, Stäbe und das Wappen von Ernen.

Nur wenig jünger als das Schulhaus ist das nordöstlich anschließende schöne *Wohnhaus von 1558,* das einen ausgeprägten ›Vorschutz‹ aufweist, der auf kräftigen Balken ruht. Die Rillenfriese sind noch deutlich ausgeprägt und gut erkennbar. Original – wenigstens in der Form – sind die Zwillings-Rundbogentüren im Mauersockel. Obwohl Niederwald vom Siedlungsbild her dem Obergoms zugeordnet werden kann, ist die Mehrzahl seiner Häuser architektonisch bereits dem Untergoms, vor allem Ernen, zugewandt. Das ist hauptsächlich in den ausgeprägten, oft mehr als mannshohen gemauerten Sockeln der Häuser ersichtlich.

Westlich der Kirche steht das stattliche *Haus von 1672.* Der ›Vorschutz‹ hebt sich deutlich vom Sockel ab, und die Balkenkonsolen sind mit Stierköpfen und Lilien verziert.

Niederwald hat noch ein *Backhaus,* das der Inschrift am Dielbaum zufolge 1831 erbaut wurde. Zwar wird es heute nicht mehr benützt, aber es vervollständigt das ursprüngliche Dorfbild ebenso wie die Pfarrkirche, die auf das Jahr 1666 zurückgeht.

Niederwald gehörte lange Zeit zur ›Kilchery Ernen‹, also zur Kirchgemeinde Ernen, obwohl es immer wieder versuchte, eine eigene Pfarrei zu gründen. Erst in der Mitte des 17. Jahrhunderts konnte es sich von der Mutterkirche lösen und begann unverzüglich mit dem Bau einer größeren Kirche, die an die Stelle einer mindestens 200 Jahre alten Kapelle trat. Wie bei anderen Kirchen des Goms auch, wurde beim Bau der Niederwalder *Pfarrkirche Hl. Theodul* Tuffstein als optisches Element verwendet, so etwa am rundbogigen Portal und an den Ecken des schlanken spitzdachigen Turmes. Bischof Adrian IV. von Riedmatten scheint in der Kirchengeschichte des Dorfes eine wichtige Rolle gespielt zu haben. Zu seinem Gedenken wurde über dem Kirchportal eine Giltsteintafel mit dem bischöflichen Wappen und der Jahreszahl 1666 eingelassen.

In der zweiten Hälfte des 18. Jahrhunderts wurde die Kirche baulich stark verändert und renoviert. Johann Georg Pfefferle versah Chor- und Schiffsgewölbe mit Szenen aus dem Leben Mariä und Karls des Großen. Die im Schiff wurden aber bedauerlicherweise vollständig übermalt oder aber so ›überarbeitet‹, daß von Pfefferles Werk kaum noch etwas übrig blieb. Die drei Szenen im Chorgewölbe zeigen aber zum Glück noch seine Meisterhand.

Der aufwendige und prächtige Hochaltar (1787), der die ganze Stirnseite des Chors ausfüllt, stammt von Johann Baptist Lagger. Er besteht lediglich aus einem hohen und vor allem ungewöhnlich breiten Geschoß und einem in die Stichkappen eingepaßten, reich verzierten Giebel mit zwei Aposteln und einer Marienkrönung. Er ist in drei Achsen gegliedert, die durch gedrehte und rankengeschmückte Säulen voneinander getrennt sind. Interessant ist die treppenförmige Anordnung der fünf Schutzpatrone (von links die Hll. Mauritius, Ludwig, Theodul, daneben Karl der Große und der Hl. Sigismund).

Anton Sigristen aus Glis war der Urheber des linken Seitenaltars, des Altars der Hl. Familie und des Hl. Rosenkranzes. Das Retabel ist jeoch nicht mehr in seinem originalen Zustand erhalten, sondern mit Sicherheit mehrmals verändert worden; Kunsthistoriker glauben, Hinweise auf die Ritzwerkstatt zu haben.

Über Entstehung und Urheberschaft des rechten Seitenaltars (Hl. Drei Könige und Sieben Schmerzen Mariens) ist noch weniger bekannt als über sein linkes Pendant, ja, man kennt noch nicht einmal sein Entstehungsjahr. Manche Forscher schreiben ihn Anton Ritz zu. Demzufolge wäre er wohl im zweiten Viertel des letzten Jahrhunderts geschaffen worden. Die beiden Altargemälde scheinen von früheren Retabeln zu stammen.

Neben der von Johann Sigristen geschaffenen Kanzel ist der giltsteinerne Taufstein von 1671 bemerkenswert – ein ungewöhnlich prunkvolles und auffälliges Stück, das rechts vor dem Ausgang steht und noch eine weitgehend originale Vergoldung aufweist. Der Taufstein ist, so wird vermutet, ein Gemeinschaftswerk von Sigristen (Giltsteinbecken und Flachreliefs) und Lagger (hölzerner Aufsatz, der vermutlich 100 Jahre später als das Taufbecken entstand).

Auf dem kleinen Friedhof stößt man immer wieder auf den Namen Ritz, der vor allem um die Jahrhundertwende in aller Welt bekannt war. Zwei Linien von Ritz sind es, die eine ganze Anzahl berühmter Persönlichkeiten hervorbrachten. Die Selkinger Ritz haben exzellente Bildhauer in ihrer Familie, der jüngere Niederwalder Zweig hauptsächlich ein halbes Dutzend Maler, aber auch Cäsar Ritz, der das Hotelimperium aufbaute. Mit Stolz trug er bis an sein Lebensende († 1921) die Bezeichnung ›König der Hoteliers – Hotelier der Könige‹. Seine Gebeine wurden 1961 unter großer Anteilnahme von Paris in sein Heimatdorf Niederwald überführt.

Das Feriendorf Fiesch und das Fieschertal

Unsere Fahrt durch das Goms neigt sich dem Ende entgegen. Wir nähern uns **Fiesch,** das rund 200 m tiefer liegt als Niederwald (1251 m). Die Gletscherwanne des Goms senkt sich hier auf kurzer Distanz beträchtlich, nachdem sie vorher über mehr als 30 km kaum Neigung aufgewiesen hat. Fiesch ist heute das bedeutendste Ferienzentrum des Goms, was leider die Zerstörung des ursprünglichen Dorfbildes mit sich brachte. An dieser Stelle können wir die Kehrseite des Tourismus beobachten, dem zwar Wohlstand und Arbeitsplätze zu verdanken sind, der jedoch andererseits die über Jahrhunderte stetig und erfreulich gewachsene Walliser Infrastruktur zerstört. Fiesch schlug den Weg des ›Touristendorfes‹ schon vor über 100 Jahren ein, als die anderen Gommer Dörfer noch in selbstgewählter Abkapselung verharrten. In Fiesch entstanden die ersten Hotels bereits um 1860 und 1870. Noch früher aber wurden Berggaststätten und auf der Fiescheralp das riesige Hotel »Jungfrau« gebaut. Von dort aus hatte man nämlich die besten Möglichkeiten, mitten in das Zentrum des Jungfraumassivs zu gelangen. Erst der Bau der Jungfraubahn zu Beginn unseres Jahrhunderts beendete die touristische Weiterentwicklung Fieschs und seiner Umgebung. Die 1914 in Betrieb genommene Furkabahn und der weitere Ausbau der Furkastrecke, die über Lax und Fiesch hinausführte (Ernen hatte sich standhaft geweigert, Land für Straße und Bahn abzutreten), brachten wieder vermehrt Besucher nach Fiesch. In den sechziger Jahren wurden ein Feriendorf sowie eine Luftseilbahn zum Kühboden (Farbabb. 34) und später bis auf das Eggishorn gebaut, und seither reißt der Touristenstrom nicht mehr ab. Daher reizt uns Fiesch in architektonischer Hinsicht wenig. Zu erwähnen sind nur die *Pfarrkirche Hl. Johannes Baptista* (1883 in neuromanischem Stil erbaut) und die ›*Gnadebärg‹-Kapelle* (gut 100 Jahre älter) im Südwesten des Kirch- und Burghügels, ein kleiner, stimmungsvoller Bau mit zahlreichen Exvotos, einfachen Seitenaltären, bemaltem Chorbogen und dem zweigeschossigen Hochaltar von 1772.

Leider hat Fiesch den Verlust einer ganzen Anzahl von abgewanderten Kunstwerken zu beklagen. Eine hölzerne Pietà aus dem 15. Jahrhundert befindet sich heute im Bischofspalast in Sion, und ein Rosenkranzaltar aus dem späten 17. Jahrhundert ziert eine Kapelle in Visp. Ein Glasgemälde mit dem Schiner-Wappen (um 1500) befindet sich im Schweizerischen Landesmuseum in Zürich, ebenso ein Vortragekreuz aus Bergkristall aus dem 15. Jahrhundert.

Eine andere Eigentümlichkeit des Fieschertals ist botanischer Natur: Durch seine geschützte Lage zwischen relativ hohen Bergkämmen hat es ein verhältnismäßig mildes Klima mit einer für diese Landstriche eher ungewöhnlichen Luftfeuchtigkeit. Dieses Klima hindert die Lärche an ihrer Verbreitung, begünstigt dafür die Fichte. Die Holzbauten des Tales bestehen deshalb fast ausschließlich aus Fichtenkanthölzern und -balken, die dieser Witterung weit weniger gut widerstehen als solche aus Lärchenholz.

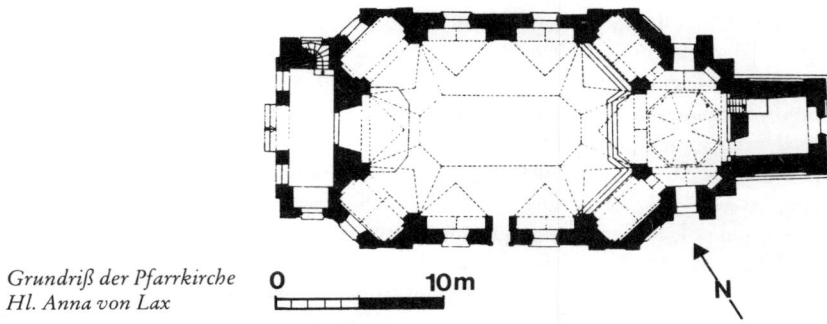

Grundriß der Pfarrkirche
Hl. Anna von Lax

0   **10m**

N

Kunsthistorisch interessante oder bemerkenswerte Bauten sind im Fieschertal kaum vorhanden, abgesehen von dem noch ursprünglich erhaltenen Siedlungsbild in **Wichel,** das in seiner *Muttergotteskapelle* einen künstlerisch reifen Altar von Johann Ritz aufweist, den wir bereits kurz erwähnt haben (siehe Ritzingerfeldkapelle). Hingegen ist das Tal ein Dorado für den Bergwanderer, der ohne große Anstrengungen bis zur Gletscherzunge kommt und von dort, in einem allerdings einige Ausdauer verlangenden Aufstieg, zum rund 2300 m hoch liegenden Märjelensee gelangt oder gar aufs 2927 m hohe Eggishorn. Das Eggishorn ist unbestritten einer der schönsten und meistbesuchten Aussichtspunkte im Wallis, mit einem Panoramablick, der im ganzen Alpenraum seinesgleichen sucht. Im Norden sieht man das berühmte Dreigestirn Eiger, Mönch und Jungfrau, daneben und greifbar nah das mächtige Aletschhorn und das fast 4000 m hohe Wannenhorn. Am beeindruckendsten aber ist der riesige Aletschgletscher, der größte Eisstrom des europäischen Festlandes – an die 25 km lang und stellenweise über 700 m dick!

Einige Kilometer nach Fiesch kommt man durch **Lax,** wo das stimmungsvolle Dorfbild und die außergewöhnliche *Kirche St. Anna* (1865–68) – bestes Beispiel des Walliser Historismus – eine Rast lohnen.

Ernen, Mühlebach und das Binntal

Kurz bevor man Fiesch erreicht, sieht man auf der linken Talseite den schlanken, spitz zulaufenden Turm einer hellen Kirche, um die sich einige tiefbraun gebeizte Holzhäuser gruppieren (Farbabb. 14). Ein Blick auf die Karte zeigt, daß es sich um **Ernen** handelt und damit um jenes Dorf, das im Mittelalter mit Münster um die Vorherrschaft im Oberwallis kämpfte. Während sich Münster in seiner Politik dem Osten und Innerschweizer Orten zuwandte, richtete sich Ernen talwärts. Es hatte lange Jahrhunderte dank des eingewanderten Landadels eine Feudalstruk-

89

tur, die dem Obergoms völlig fremd war, und die seine Geschichte und Entwicklung entscheidend mitprägte. Dem heute so verschlafen wirkenden Dörfchen sieht man seine große Vergangenheit nicht mehr an – es sei denn in seinen stattlichen, von einstigem Wohlstand zeugenden Wohnhäusern. Ernen gilt als schönstes, als das am besten erhaltene Dorf des deutschsprachigen Wallis; seine Bewohner sind entsprechend stolz darauf und pflegten ihr Dorf wie ein Schmuckstück. Das, was sich in wirtschaftlicher Hinsicht als Beeinträchtigung erwies – die Weigerung, für die neue Kantonsstraße von 1862/63 Gemeindeboden abzutreten –, kam dem Siedlungsbild zugute und kann als ausgesprochener Glücksfall für den Heimatschutz bezeichnet werden: Ernen hat einen prachtvollen Ortskern, sozusagen ein Dorf im Dorf, der überwiegend am westlichen Ende des großen Dorfplatzes liegt und etwa zwei Dutzend alte Wohnhäuser, Heuställe und Stadel umfaßt. Ernen wurde zwischen 1943 und 1953 fast vollständig restauriert und bietet heute wahrscheinlich nahezu das gleiche Bild wie vor 200 oder 300 Jahren, sieht man vom Teerbelag der Straßen und Plätze, von den zahlreichen Fahrzeugen sowie den Licht- und Telefonmasten ab.

Ernen blickt auf eine sicher tausendjährige Geschichte zurück, von der die letzten 800 Jahre zum Teil gut belegt sind. Die Siedlung entstand wahrscheinlich aus einem Warenumschlagplatz, der schon im frühen Mittelalter bestand. Von hier aus zogen über Jahrhunderte hinweg Säumerkarawanen ins Binntal und über den Albrunpaß nach Italien, oder sie kamen aus dem südlichen Nachbarland mit Waren beladen, die in Ernen aufgeteilt und umgeladen wurden. Der eine Teil ging dann nach Brig, Leuk und weiter talwärts, der andere nach Ulrichen, Obergesteln und über die Grimsel ins Berner Oberland oder gar über die Furka nach Realp und Andermatt. Der einheimische Adel setzte sich in Ernen fest; schon 1123 wird in Urkunden ein Schloß der Herren von Ernen erwähnt. Von ihm ist nichts mehr zu sehen, ja, man kennt nicht einmal seine genaue Lage. Es dürfte sich aus strategischen Gründen genau auf dem Kirchhügel befunden haben. Die Herren von Ernen stellten während mindestens 100 Jahren jeweils die Meier, und mehrere von ihnen sind uns namentlich bekannt: 1185 Uphold, 1215 Rudolf und 1301 Violinus von Ernen.

Der steigende Einfluß Ernens führte dazu, daß es zur Burgschaft erhoben wurde – eine von fünfen des Oberwallis (die anderen waren: Brig, Visp, Leuk und Sitten). Später wurde Ernen der Hauptort des Zenden Goms, der von Deisch an das ganze Obere Wallis umfaßte. Der Chronist Johannes Stumpf schrieb in der ersten Hälfte des 16. Jahrhunderts über Ernen: »Aernen ein gar herrlich Dorff und stattlicher Hauptfläck des Zenden Goms, liegt auff der linken Hand des Roddans gegen Mittag auff einer schönen fruchtbaren und grasreychen Höhe. In diesem Flecken wird das Hochgericht gehalten im Zenden Goms, hat eine grosse Pfarr.« Als Stumpf das Wallis besuchte, wuchsen in Ernen und im benachbarten Mühlebach zwei Geschlechter heran, deren Politik in der Folge nicht nur die Geschichte des Wallis, sondern der ganzen Eidgenossenschaft beeinflußte: die der ›uff der Flüe‹, die sich Supersaxo nannten, und die der Schiner. Damals führte der Weg zur politischen Macht zu einem guten Teil über die katholische Kirche, und es verwundert nicht, daß die maßgebenden Supersaxo und Schiner fast durchweg Kirchenmänner in der Position von Bischöfen und gar Kardinälen waren. Einem Supersaxo, dem Fürstbischof Walter, verdankt es das Wallis, daß es zu

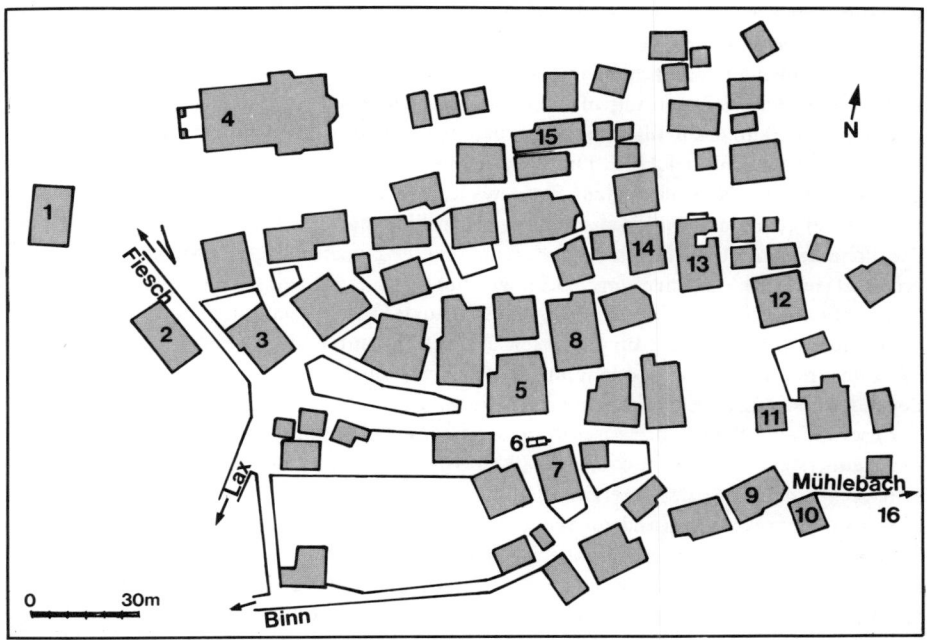

Ortsplan von Ernen

1 Haus des Landeshauptmanns Kreyg Johann, 1677 2 Pfarrhaus, 1733 3 Haus Schiner-Matlis, 1631 Nordöstlich das abgerissene Zlauwinenhaus, 1698 4 Pfarrkirche 5 Haus Clausen Alois. Wirtschaft zur Linde, 1552 6 Brunnen, mit Granitsäule 7 Haus Clausen-Briw J., Am Hengartshaus, 1584 8 Haus Sigristen-Jost, 1581 9 Schulhaus, 1538; Schmidhaus 10 Stegerhaus, 1511; Kapuzinerhaus 11 Zendenrathaus, zw. 1750 und 1762 12 Tellenhaus, 1576; heute Gemeindehaus 13 Haus Mutter Konrad; Wirtschaft zum Hl. Georg, 1535 14 Haus des Landeshauptmanns Matthäus Schiner, 1603 15 Haus Clausen Rudolf, 1528, Wintschenhaus 16 Weg nach Mühlebach mit dem Galgenhügel

einem Bündnis mit dem mächtigen Bern kam. Dank dieser Verbindung gelang es den Oberwallisern, die Herrschaft der Savoyer 1475 zu beenden und das Unterwallis zu erobern. Walter Supersaxos Sohn Georg wurde später erst zum väterlichen Freund, dann zum erbitterten Feind Matthäus Schiners, bedeutendster Kirchenmann und Politiker des Wallis.

Die Großpfarrei Ernen herrschte in ihrer Blütezeit über das Gebiet zwischen Deisch und Blitzingen, verlor ab dem 17. Jahrhundert aber zunehmend an Einfluß, trennten sich doch – oft nach heftigen Auseinandersetzungen – immer mehr Pfarrgemeinden von der Mutterkirche. Im 18. und 19. Jahrhundert führten wirtschaftliche Schwierigkeiten zu einem Entwicklungsstillstand.

In **Niederernen** ist die kleine *Kapelle des Hl. Antonius von Padua* mit dem kostbaren Sigristen/Bodmer-Hochaltar sehr besuchenswert. In **Ernen** beginnen wir unseren Rund-

91

gang im Süden des Dorfplatzes ›Oberer Hengart‹ mit dem *Schulhaus,* das die für die Unter-gommer Hausarchitektur typischen Merkmale aufweist: einen übermannshohen Steinsockel mit einem auf Konsolen ruhenden ›Vorschutz‹ und auf der linken Hausseite zwei Stock-werke, bis unter das Dach aufgemauert. Das Tuffsteinportal des gemauerten Hausteils trägt allerdings die Jahreszahl 1668 und zeigt, daß dieser Anbau später hinzugekommen ist. Die Gemeinde Ernen erstand das Schmidhaus 1697 vom Großen Stockalper und benutzte es als Versammlungs- und Bürgerhaus. Seit etwa 100 Jahren dient es nun als Schulhaus. Die Fresken auf dem Mauersockel stammen von dem Zürcher Maler Henri Boissonas (1943), der dörfliche Szenen sowie Motive der Grenzbesetzung während des Zweiten Weltkrieges schuf. Das wahrscheinlich älteste noch stehende Haus Ernens, das *Steger- oder Kapuziner-haus,* befindet sich direkt hinter dem Schulhaus an der Straße nach Mühlebach. Noch immer ist das Wappen der Schiner am Dachfirst zu sehen. Johann Fabian Schiner stellte sein Haus 1740 den Kapuzinern zur Verfügung, die aber schon dreieinhalb Jahre später nach Lax zogen und dort 1746 vertrieben wurden.

Eines der auffallendsten Häuser des Dorfplatzes ist das *Zendenrathaus,* das einzige ganz aus Stein erstellte alte Gebäude Ernens (Abb. 12). Es wurde zwischen 1750 und 1762 gebaut und diente dem Bezirk Untergoms als Gerichtsgebäude und Gefängnis. Entsprechend düster sind sein Aussehen und vor allem sein Inneres, die Gerichtssitzungskammer, die Zelle für Untersuchungsgefangene und die dunklen Gefängniszellen im Kellergeschoß; auch Fol-terwerkzeuge blieben erhalten. Henri Boissonas versah die Nordwand des 1753 restaurier-ten Rathauses mit dem Gemälde eines Fähnrichs, der das alte Gommer Banner schwingt. Das frühere Gerichtslokal im Obergeschoß dient dem Erner Gemeinderat heute als Sit-zungszimmer, und man darf annehmen, daß die zu fassenden Beschlüsse nicht mehr so über Tod und Leben entscheiden wie jene in früheren Zeiten.

Blickt man gegen Norden, sieht man ein besonders stattliches Untergommer Haus (12 × 12 m) mit hohem Steinsockel. Wahrscheinlich um die Jahrhundertwende wurde das ›Guntrehüs‹ – wie es früher nach der Besitzerfamilie Guntern hieß – in *Tellehüs* umbenannt; der Mauersok-kel des Hauses zeigt nämlich in seiner ganzen Breite Fresken mit Szenen der Tellsage, die der Erstbesitzer Hans Folcken (oder Volken) im Jahre 1578 zu Ehren einer Innerschweizer Delegation, die in Brig den Bundesschwur mit dem Wallis erneuert hatte und sich auf der Heimreise befand, von einem unbekannten Künstler malen ließ. 1576 von Folcken erbaut, diente es als Gasthaus, auch als ›Suste‹ für den Warenverkehr über den Albrunpaß und heute als Gemeindehaus. Es hat 1779 als wohl berühmtesten Gast Goethe für die Dauer seines Mittagsmahles beherbergt. Er beschreibt in einem Brief vom 11. November, den er in Mün-ster abfaßte, die Mittagsrast, und erzählt darin, wie ihn die Wirtin mit der ergreifenden Geschichte des Hl. Alexis und seiner Leiden fast zu Tränen gerührt habe.

Das Tellehüs hat zudem zahlreiche geschnitzte und teilweise bemalte Friese, so die dreifa-chen Kielbogenfriese am Fuße des ›Vorschutzes‹, die Kielbogenfriese über den ›Loibe‹-Fenstern und die Würfelfriese unter der siebenteiligen Fensterreihe des ersten Geschosses. Die Siebenzahl war keineswegs ein Zufall, sie entsprach den Zenden, und es schmückten denn auch ihre Wappen eines der Wohnzimmerfenster. Hans Folcken, der 1572 und 1583

Meier des Zenden Goms war, erhielt nämlich als Geschenk eine siebenteilige Wappenscheibe gemäß dem Landratsbeschluß von 1582, der da lautete: »Dem Meyer Hans Volken von Ernen geben an sines nüw erbuwnen huss glasfenster oder aller sieben zenden Schild, zu einer Schanckung XIIII kronen.«

Das *Gasthaus ›Zum Hl. Georg‹*, ein zweigeschossiges Haus mit Giebel-Loibe, beherrscht den Dorfplatz durch seine zentrale Lage, aber auch durch die ebenmäßige Architektur. Auffallendstes Detail an der Front des 1535 erbauten und mehrmals aufgestockten Hauses ist der geschnitzte Georg mit dem Drachen. Das Original hängt seit 1968 wieder in der Pfarrkirche. Nachweislich hatte es die Kirche bereits etwa 250 Jahre lang geziert, bevor es entfernt wurde. Links vom ›Hl. Georg‹ befindet sich das Haus des Landhauptmannes Matthäus Schiner, eines Neffen des gleichnamigen Kardinals, der in Mühlebach zur Welt kam. Der Erbauer war ein wichtiger Mann, der mehrmals das Meieramt innehatte und den ehrenvollen Titel eines Landeshauptmannes trug.

Waren die Wohnhäuser der wohlhabenden Gommer Bürger im allgemeinen äußerlich nur wenig prunkvoll – sieht man von ihrer Größe ab –, so konnte man im Inneren dieser Häuser bedeutend mehr Zeichen des Reichtums und der Familientradition sehen, etwa prachtvoll ausgestattete Säle und Wohnräume, handgeschnitzte Türen und Holzdecken, mächtige, bis zur Decke reichende Büffets und schwere, verzierte Truhen, lange Dielbäume mit sorgfältig geschnitzten und bemalten Inschriften und Giltsteinöfen mit Familien- und Gemeindewappen. Das Haus ›Zum Hl. Georg‹ war über Generationen hinweg im Besitz der Erner Schiner, und viele von ihnen hatten einflußreiche (und einträgliche) Posten inne. Im Hausflur zum Beispiel haben vier Generationen ihre Allianzwappen anbringen lassen, so der Bauherr des Hauses, Matthäus Schiner, der Notar Anton Schiner, der Landvogt Johannes Schiner und der Landeshauptmann Johann Fabian Schiner.

In der Mitte des 19. Jahrhunderts bestand die einst so einflußreiche Linie der Erner Schiner nur noch aus einem kinderlosen Ehepaar, das einen Teil des Hauses an eine italienische Familie vermietet hatte. Aber diese hielten es nicht lange aus, denn sie hörten nachts Stimmen und unerklärliche Geräusche, so daß sie meist nach sehr kurzer Zeit wieder auszogen. Anton Carlen erzählt in seiner Erner Chronik, wie sich die Geister auch bei einem jungen Ehepaar, Valentin und Katharina Julier-Clausen bemerkbar machten. Die Eheleute ließen sich jedoch nicht so leicht vertreiben, sondern suchten Hilfe und Heil im Gebet. Eines Tages ging Katharina mit dem Erlös aus dem Verkauf eines Rindes in den Keller hinunter, um für das Geld ein sicheres Versteck zu suchen. Sie fand einen lockeren Mauerstein, hinter dem sich ein tiefes und dunkles Loch befand, was sie fast zu Tode erschreckte. Ihr Mann fand dann in dem Loch einen alten, mit Geldstücken prall gestopften Kleiderärmel. Das Ehepaar meldete seinen reichen Fund dem Hausbesitzer, und dieser teilte den Schatz mit den Findern, die sich daraufhin mit dem Geld ein kleines Haus im Westen des Dorfes bauen ließen. »Mit der Entdeckung des in Vergessenheit geratenen Geldes fand auch der Geisterspuk im Schinerhaus ein Ende«, schreibt Pfarrer Carlen und schließt seine Erzählung mit pastoralem Eifer: »Hätte die Italienerfamilie mehr gebetet, vielleicht wäre ihr auch das Glück zuteil geworden, den Schatz zu entdecken und den rufenden Geist zur Ruhe zu bringen.«

Nach dem Verlassen des Dorfplatzes nach Westen kommt man nach wenigen Schritten auf einen weiteren, allerdings bedeutend kleineren Platz, den ›Unteren Hengert‹. Nördlich des 1708 gebauten Brunnens steht ein ganz besonders schönes Untergommer Haus, das *Haus Jost-Sigristen*. Der Erbauer Martin Jost ließ es 1598 beträchtlich erweitern, und zwar vor allem um den gemauerten Hausteil auf der rechten Seite, der knapp unter dem Giebel die Jahreszahl 1601 trägt. Jost war ein ›Vollblutpolitiker‹ und bestimmte lange Zeit die Geschicke des Zenden entscheidend mit. In den Jahren 1580, 1584 und 1609 bekleidete er das Amt des Meiers, war 1591/92 als Landvogt in Monthey und erhielt 1597 seine Berufung als Bannerherr (das heißt Bewahrer des Gemeindebanners). 1615 verbündete er sich mit Brig, Mörel und Mailand gegen die Franzosen, die in der Folge die Pässe der Zenden Brig und Goms nicht mehr benutzen durften. Jost wurde gefangengenommen, nach Sitten gebracht und dort eingekerkert. Ob er hingerichtet wurde oder im Verlies starb, ist nicht bekannt. Eine Ururenkelin Martin Josts, die Tochter des Landvogts Valentin Jost, vermählte sich mit dem Meier J. Heinrich Sigristen, dessen Familie auf diese Weise in den Besitz des Josthauses kam. 1772 ließen sie das Haus gründlich renovieren.

Ebenfalls bemerkenswert sind das *Haus von Alois Clausen* und das prächtige *Am Hengarthaus* von 1584, beide im ›Unteren Hengert‹. Oder die drei interessanten Häuser im Dorfteil ›auf der Flüe‹, südlich der Pfarrkirche von 1733, und das besonders imposante *Schiner-Matlishaus* von 1631.

Die *Pfarrkirche des Hl. Georg* ist sowohl eine der ältesten wie auch der bedeutendsten Kirchen des Wallis östlich von Sitten. Bei archäologischen Grabungen (1964–1968) zeigten sich dort, wo heute ihr Schiff liegt, die Grundmauern und Umrisse einer frühromanischen, dreischiffigen Basilika aus dem 11. Jahrhundert. Bei weiteren Grabungen kamen Mauerreste eines Nachfolgebaus mit Turm zum Vorschein; sie stammen aus einer Saalkirche des 15. Jahrhunderts. Im 16. Jahrhundert entstand sie in der Form, die wir heute kennen. Der spätgotische Bau wurde anscheinend von Ulrich Ruffiner aus Raron, dem führenden Baumeister seiner Zeit, geplant und ausgeführt. 1510/11 errichtete Ruffiner den wohlproportionierten Turm, versah ihn auf jeder Seite mit einem gotischen Zwillingsfenster und krönte ihn mit einem schlanken, spitz auslaufenden Helm. Wohl um 1518 baute er das Schiff um und vergrößerte die Kirche um den Chor. In den folgenden Jahrhunderten wurde die Pfarrkirche mehrmals verändert und zum Teil dem Zeitgeschmack angepaßt – was ihr nicht immer gut bekam. Die letzte große Restaurierung fand von 1964 bis 1968 statt, bei der man versuchte, den ursprünglichen Zustand der Kirche zu rekonstruieren. So wurden zum Beispiel die Seitenkapellen entfernt und das Spitzbogengewölbe im Schiff durch eine Holzdecke ersetzt. Die einzelnen Kassetten konnten allerdings nicht mehr original nachgestellt werden und blieben ohne Bemalung (1760 hatte Johann Georg Pfefferle mit einem anderen Maler die einzelnen Kassetten mit Heiligenbildern versehen).

Betritt man die Pfarrkirche durch das im Westen liegende Hauptportal, steht man direkt unter der Orgelempore, die auf einer fünfbogigen Arkade ruht. Die acht – jeweils vier hintereinanderstehende – ionischen Säulen sind aus einheimischem Giltstein gefertigt. In der

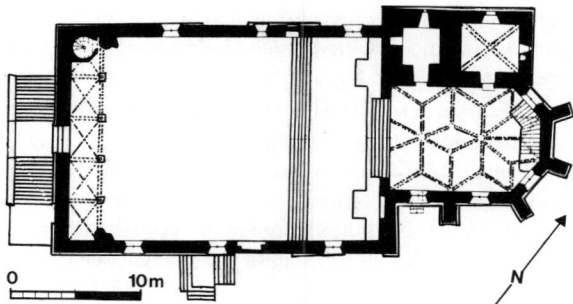

Grundriß der Pfarrkirche Hl. Georg in Ernen

0   10m   N

Emporenstirnwand über den Arkadenbögen sieht man fünf rundbogige Nischen mit kleinen Holzstatuen, die 1927 aus Italien nach Ernen gelangten. Die Orgel wurde 1679/80 von Christopher Äbi aus Metzerlen (Solothurn) gebaut. Seit einigen Jahren werden von bekannten Virtuosen des In- und Auslandes Orgelkurse durchgeführt, die regen Zuspruch finden.

Unter dem letzten Arkadenbogen rechts vom Haupteingang steht ein mächtiger dreigeschossiger Taufstein aus dem Jahre 1689, der wahrscheinlich vom gleichen Meister stammt wie die Empore im Renaissancestil. Die Taufschale ist aus Giltstein gehauen, der dreiteilige achteckige Aufsatz geschnitzt. In den rundbogigen Nischen der beiden oberen, sich verjüngenden Geschosse stehen Holzstatuen. Die unteren stellen Maria, den Guten Hirten und die vier Apostel dar, die oberen zeigen die Taufe Jesu, Johannes, Paulus, Andreas, Petrus, Jakobus den Älteren und den Jüngeren.

An der rechten Wand des Kirchenschiffes sind im vorderen Teil (gegen den Chor) über der Seitentür einige wertvolle Schnitzereien, Fragmente eines gotischen Flügelaltars aus dem ersten Viertel des 16. Jahrhunderts, angebracht. Besonders erwähnenswert ist dabei eine fast lebensgroße Muttergottes. Die mädchenhaften Gesichtszüge und das faltenreiche geknotete Gewand sind Meisterleistungen des unbekannten Künstlers. Ebenfalls sehr eindrucksvoll sind die beiden abgeschrägten Flügelreliefs »Anbetung der Hirten« und »Anbetung der Hl. Drei Könige«, beide Gruppen etwa 130 cm breit und ebenso hoch. Noch reicher geschmückt ist die linke nördliche Schiffswand. Zwischen zwei hohen gotischen Fenstern mit Tuffsteinrahmung und rankenförmiger Bemalung erblickt man im oberen Teil der Wand die Fragmente eines Apostelzyklus. Bei einigen Apostelgestalten, die in der ersten Hälfte des 17. Jahrhunderts entstanden sein dürften, sind noch die Stifterwappen zu sehen, so jene der Erner Familien Folcken und Nigeli.

Im Mittelteil der linken Wand kämpft der Hl. Georg mit langer Lanze gegen einen sich windenden Drachen (Abb. 15). Interessant ist die Kombination der Holzskulptur mit dem hinter ihr noch fragmentarisch erhaltenen Wandgemälde, das ein mächtiges Schloß am Wasser darstellt. Zwischen dem Drachentöter und der hochbarocken Kanzel (bemerkenswert ist der dichte Quastenbehang am Schalldeckel) befand sich eine Pietà von Anfang des 14. Jahrhunderts. Die gut 100 cm hohe Lindenholzschnitzerei, eine der ältesten Pietàs der Schweiz (die möglicherweise aus Italien stammt und Jahrhunderte hindurch in Mühlebach

95

stand, bis sie nach Ernen gebracht wurde) wurde mit anderen Skulpturen 1981 gestohlen und blieb seither verschwunden. Anhand von Fotografien konnte allerdings eine überzeugend gute Nachbildung der geraubten Pietà gefertigt werden.

Rechts von der Kanzel hängt als Kostbarkeit ein Nothelferaltar aus dem letzten Viertel des 15. Jahrhunderts (Abb. 17). Da er geöffnet an der Wand hängt, sieht man leider den prächtigen bemalten Deckel mit sechs kunstvoll gestalteten Heiligen nicht. In den gotischen, baldachingeschmückten Nischen stehen auf zwei Geschossen insgesamt zwölf Heilige; in der unteren Reihe von links Georg mit dem Drachen, Nikolaus von Myra, Leonhard, Sebastian, Theodul und Christophorus. In der oberen Reihe, ebenfalls von links: Antonius Eremita, Katharina, Barbara, Dorothea, Margareta und Eustachius. Im Giebel des Altars ist eine Verkündigung dargestellt, verziert mit breiten gewundenen Bändern.

Die beiden imposanten Seitenaltäre an der Stirnwand des Schiffes sind in ihrer Art im Wallis einzigartig. Die beiden Altartriptychen sind so breit, daß sie etwas in den Chorbogen hineinreichen und den Chor fast zu erdrücken scheinen.

Ursprünglich gab es wohl mehrere – vielleicht ein Dutzend – einachsige Seitenaltäre für die verschiedensten Heiligen. Ihre Anzahl zeigt sicher die Bedeutung der einstigen Großpfarrei Ernen. Anton Sigristen faßte um 1720 je drei der wichtigsten Altäre zu zwei Triptychen zusammen und schuf neue Altarblätter. Als die Kirche 1865 neugotisch umgestaltet wurde, baute man auch die beiden Triptychen um und machte aus ihnen vier Altäre: zwei doppelte und zwei einfache. Erst nach der Renovierung von 1967/68 konnte man die Triptychen wieder in ihrer ursprünglichen Form sehen. Zwei Altarblätter, jenes der Hl. Drei Könige und jenes der Hl. Dreifaltigkeit, wurden von Uriel-Huldrich Fassbender neu gemalt (1967 und 1968).

Die beiden Triptychen sind in ihrem Aufbau spiegelbildlich, dabei treten die Hauptgeschosse besonders hervor. Medaillons in üppigem Akanthusschmuck krönen die reich verzierten Altarblätter. Im linken Triptychon sieht man Katharina zwischen Johannes auf Patmos und der Hl. Dreifaltigkeit. Darüber: ein Schutzengel zwischen dem Porträt des Hl. Mauritius (links) und Nikolaus von Myra. Der rechte Seitenaltar zeigt den Hl. Valentin zwischen einer Anbetung (links) und einem Rosenkranzmotiv. Darüber: die Kreuzigung zwischen Karl dem Großen und dem Hl. Josef. Jedes Triptychon weist zudem insgesamt acht Statuen auf (die Putten an den Hauptbildern nicht mitgerechnet), die – wie Stilvergleiche zeigen – wohl überwiegend aus der Werkstatt Anton Sigristens stammen. Es enthält der linke Seitenaltar oben: Maria Magdalena, Agatha, Barbara, Apollonia; unten: Johannes Baptista, Paulus, Anna selbdritt, unbekannte weibliche Heilige. Im rechten Seitenaltar sind zu sehen: (oben) Gregor, Hieronymus, Ambrosius, Augustinus, und unten die Hll. Ignatius, Antonius von Padua, Franz Xaver, Johannes von Nepomuk.

Im Chorbogenscheitel hängt ein über 2 m großes Kruzifix. Der schlanke, blutbespritzte Christus aus dem frühen 16. Jahrhundert ist eine äußerst realistische Darstellung mit gut ausgearbeiteter Muskulatur und eindrucksvollem Kopf. Der Bildhauer dieses Werkes ist unbekannt, man rechnet ihn aber der damals führenden Nürnberger Schule zu. Die mit verdickten Enden versehenen Kreuzarme sind eine besondere Ausformung der Spätgotik im

Goms. Letzter Blickfang ist der Chor mit Chorgestühl und Hochaltar. Das Chorgestühl wurde 1666 von Georg Mattig und Hans Siegen geschaffen (Abb. 16); der Hochaltar 1758 bis 1761 ist von Placy Schmidt. Er tritt durch seine schlichte Ausführung hinter den beiden Triptychen etwas zurück. Das große Altarblatt zeigt den Hl. Georg, ein Gemälde von 1764. Die geschnitzten Statuen stammen von unbekannten Meistern; es sind unten die Hll. Theodul (links) und Nikolaus von Myra; oben die Hll. Petrus und Paulus. Über dem durchbrochenen Strahlenmedaillon thront Gottvater in Begleitung zweier Putten. Ein letzter Blick gilt dem bemalten Rippengewölbe des Chors, das mit filigranen Blumenornamenten verziert ist, und den hohen gotischen Fenstern in dunkler Quadereinfassung sowie den Malereien im Scheitelbogen. – Im Pfarreimuseum sind eine Reihe wertvoller Statuen, Skulpturen, Reliefs, Vortragekreuze, Gemälde und ein umfangreicher Kirchenschatz ausgestellt.

Auf dem Weg nach Mühlebach, dem Geburtsort Kardinal Schiners, kommen wir an der *alten Richtstätte des Zenden Goms* vorbei. Die letzten Delinquenten waren 1764 drei Männer aus Geschinen und Obergesteln. Sie wurden des Diebstahls von Gemeindegeld, silberner Geschirre und vier Gewehren samt Kugeln angeklagt. Offenbar handelte es sich um recht verstockte Sünder, denn das Gerichtsprotokoll berichtet, daß die drei Eingekerkerten zuerst »ganz freundlich examiniert« und später, als keiner gestand, der Folter unterworfen wurden. Nach mehreren ›Sitzungen‹ war der Widerstand der drei gebrochen und sie gestanden, wie das Gerichtsprotokoll festhält, »ohne Zwang und ganz freiwillig« ihre Schuld, die sie dann am Galgen büßten. Es scheint, daß die drei Obergommer Diebe die letzten Galgenopfer waren. Die Folter allerdings wurde erst ein gutes halbes Jahrhundert später durch eine Änderung des Strafgesetzbuches abgeschafft – zum Teil lange nach Preußen, Österreich und Bayern. So weiß man zum Beispiel, daß zwischen 1787 und 1820 noch mancher Übeltäter ausgepeitscht, in Halseisen gelegt und mit glühenden Eisen gebrandmarkt wurde. Aus jener Zeit stammt wohl die folgende Anekdote: Damals sollen sich die Erner nämlich geweigert haben, weitere Verbrecher aufzuknüpfen und zwar mit der Begründung »Dr Galge ischt fir insch und inschi Lit und nit fir jede fremda Hudel!« (Der Galgen ist für uns und unsere Leute und nicht für jeden fremden Lump).

Heute stehen auf dem Galgenhügel, von dem aus man übrigens einen herrlichen Blick zum Dorf Ernen, zu den Fiescherhörnern und zum Galgenstock hat, noch drei runde, gemauerte Säulen. Die südliche Säule trägt eine verwitterte Tuffsteintafel mit der Inschrift: JOSEPHUS SCHVICK PRO TEMPORE JUDEX 1703 (Joseph Schwick, zur Zeit Richter, 1703).

Doch verlassen wir den geschichtsträchtigen Ort und fahren zum nahen **Mühlebach.** Auf den ersten Blick stellt man fest, daß der östlich der Kapelle liegende Dorfkern alt und weitgehend original erhalten ist, während im unteren Dorfteil, dem Milibach entlang, eine Anzahl neuerer Chalets und Ferienhäuschen entstanden ist.

Unsere Aufmerksamkeit gilt vor allem zwei Häusern: das eine steht am südöstlichen Ende des Dorfplatzes und ist heute das *Gemeindehaus* Mühlebachs. Es wurde im späten Mittelalter erbaut und fällt durch seinen stark ausgeprägten ›Vorschutz‹ über dem frontseitig hohen Mauersockel auf. Das gut sichtbare ›Heidechriz‹ reicht fast bis zur Höhe der beiden obersten Fenster. Noch einige Schritte südwärts, vorbei an einem alten Stadel, steht man vor dem *Schinerhüs*, in dem der Überlieferung zufolge der spätere Kardinal Schiner zur Welt kam. Das Haus dürfte um die Mitte des 15. Jahrhunderts entstanden sein. Um ein Haar wäre es, wie zahlreiche andere Wohnbauten auch, zerfallen. Zwar gedachte man 1922, 400 Jahre nach Schiners Tod, in einer Feier »des größten Sohnes des Wallis«, aber erst 1958 entschloß sich der Kanton Wallis, das historische Haus für 18 000 Franken zu kaufen; 1967 wurde es renoviert. Eine bescheidene Holztafel über der hangseitigen Eingangstür erinnert an den einstigen Ziegenhirten und späteren Kirchenfürsten und Politiker von europäischem Format: IN DIESEM HAUSE WURDE CA. 1470 GEBOREN MATTHAEUS SCHINER, BISCHOF VON SITTEN 1499 UND KARDINAL VON ST. PUDENTIANA 1511, † IN ROM 1. OKT. 1522.

Die *Kapelle der Hl. Familie* wurde zwischen 1673 und 1676 errichtet. Sie hatte aber wohl einen bedeutend älteren Vorgänger, denn einerseits reicht die Geschichte Mühlebachs mindestens ins 12. Jahrhundert zurück, und zum anderen stammen zahlreiche wertvolle und schöne Statuen aus Mühlebach, darunter die Hll. Katharina und Magdalena (um 1520) sowie ein Puttenpaar (Pfarreimuseum Ernen).

In dem bescheidenen, aber sorgfältig gearbeiteten Hochaltar stehen neben der Hl. Familie, deutlich tiefer, der Evangelist Johannes und die Hl. Katharina. In der Retabelkrone sitzt Gottvater. Der linke Seitenaltar ist dem Rosenkranz gewidmet, der rechte Josef. Alle drei Altäre, von unbekannten Künstlern, sind kleine Meisterwerke des späten 17. Jahrhunderts.

Nachdem die Straße ins innere Binntal, das kurz vor Binn (oder Schmidigehischere) beginnt, 1964/65 ausgebaut, und die wilde und tiefe Twingischlucht durch einen rund 2 km langen Tunnel endgültig bezwungen worden ist, gilt die Zufahrt zum Albrunpaß als weitge-

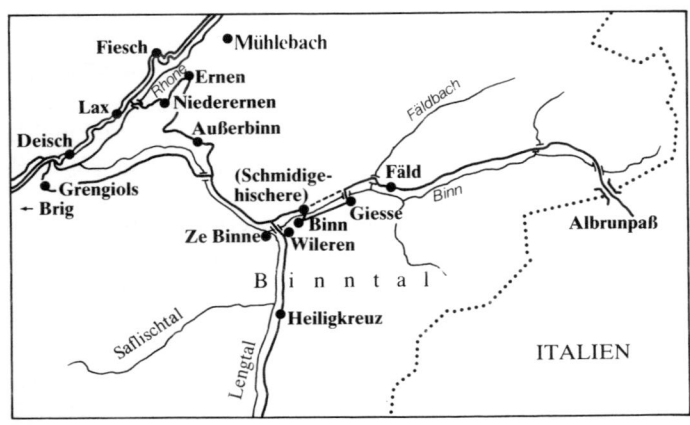

Das Binntal und seine kleinen Weiler und Siedlungen

hend wintersicher. Allerdings kann ein Lawinenniedergang die Straße nach Binn oder Fäld auch heute noch für ein, zwei Tage unterbrechen.

Die Walliser bezeichnen das Binntal selbst als ein »verlorenes Tal«, eines, das vom großen Touristenstrom verschont blieb und, wie es ein Prospekt des örtlichen Verkehrsvereins nicht ohne Stolz verkündet, »sich selbst geblieben ist.«

Etwa 1 km südwestlich von Ernen sollte man sein Fahrzeug kurz anhalten und zurückschauen; es ist der vielleicht schönste Blick, den man auf das stattliche Haufendorf haben kann. Dann geht es den dichten Ärnerwald entlang, einen prachtvollen Lärchenwald, der im Herbst goldgelb leuchtet. Gut 300 m über Ernen, versteckt im Halbdunkel der Bäume, steht die reizvolle und bedeutende *Wallfahrtskapelle Maria Hilf*. Sie wird auch in unseren Tagen noch häufig von Hilfesuchenden aufgesucht – kaum aber je von Touristen.

Ze Binne am Eingang des Lengtals ist heute der einzige ganzjährig bewohnte Ort dieser Talschaft. Er besteht aber lediglich aus drei Wohnhäusern, der Kapelle des Hl. Sebastian und einem halben Dutzend verstreuter Stallscheunen.

Heiligkreuz, an der Gabelung von Lengtal, Saflischtal und Chriegalptal, ist noch kleiner als Ze Binne. Mitten durch das Dorf läuft die Gemeindegrenze zwischen Binn (Untergoms) und Grengiols, das zum Bezirk Östlich-Raron zählt. Zum Untergoms gehören nur die *Heiligkreuzkapelle* aus dem 17. Jahrhundert und das Gasthaus des ehemaligen Meiers und Bannerherren Melchior Bodenmann von 1667. Alle Gebäude östlich des Chriegalpwassers dagegen liegen auf dem Boden von Grengiols. Wer Heiligkreuz besucht – die Straße zwischen Ze Binne und Heiligkreuz ist mit einem Fahrverbot belegt –, sollte sich die Kapelle (1675) unbedingt anschauen. Man sagt, daß schon sehr früh eine Kapelle hier stand, die den Kreuzfahrern gewidmet war. Bis zu Beginn unseres Jahrhunderts soll sich in der Kapelle ein schweres Halseisen – nach anderen Quellen waren es Fußfesseln – befunden haben, das ein Kreuzfahrer nach seiner Flucht aus türkischer Gefangenschaft als Exvoto gestiftet hatte. Die Kapelle weicht im Grundriß, einem Kreuz, von allen anderen im Goms ab. Das höher gestellte Dach des Längsschiffes wird von einem offenen Dachreiter mit oktogonalem spitzem Helm gekrönt. Ihre drei Altäre stammen aus dem letzten Viertel des 17. Jahrhunderts und sind schlichte Werke einer unbekannten Bildhauerwerkstatt des unteren Goms.

Selbstverständlich wird kaum ein Besucher allein der Kapelle wegen nach Heiligkreuz wandern, sondern die Gelegenheit zu einem Spaziergang in das Gebirge nutzen. Wer zum Beispiel das Saflischtal zum Blausee hochsteigt (eine Tagestour von 8–10 Stunden Dauer), wird höchst selten anderen Wanderern begegnen. Allein die Höhendifferenz von rund 1000 m und der letzte steile Aufstieg zum See halten viele von dieser anstrengenden Tour ab. Viel kürzer, aber kaum weniger schön ist ein Spaziergang zum Schluß des Lengtales und zum Stausee auf knapp 2100 m. Ganz Ausdauernde können gar durch das lange Chriegalptal und zum 2508 m hohen Chriegalppaß hochsteigen. Dort stehen sie an der Grenze zum Nachbarn Italien und haben einen herrlichen Rundblick, etwa zum nahen Helsen- und zum Gischihorn oder hinunter ins italienische Val Dévero.

Binn (Schmidigehischere) war früher die letzte Station der Säumer, vor Fäld und dem Albrunpaß. Der Ort war schon in der jüngeren Eisenzeit das Zentrum des Binntals, wie zahlreiche keltische Grabfunde beweisen. Den Kelten folgten im Binntal die Römer, und man darf annehmen, daß sie direkt über den Albrunpaß gekommen sind und nicht den Umweg über den Großen St. Bernhard, Martigny und Sitten genommen haben. Ihre Anwesenheit im Binntal wird durch zahlreiche Gräber aus dem 1. und 2. Jahrhundert n. Chr. belegt.

Binn besitzt noch ein weitgehend intaktes Dorfbild, das lediglich vom dreistöckigen, 1881 gebauten Hotel »Ofenhorn« am Ostende etwas beeinträchtigt wird. Dieses Hotel steht auf einem prähistorischen Gräberfeld, in dem sich wohl noch manche Kostbarkeit befinden dürfte. Im Westen der Siedlung ist ein großes Viertel mit Nutzbauten zu sehen, angeblich das umfangreichste des unteren Goms. Im Ortszentrum stehen einige besonders schöne Holzwohnbauten.

Am südöstlichen Ende des Dorfplatzes stößt man auf die kleine unscheinbare *Kapelle*, die dem Hl. Antonius von Padua gewidmet ist (von 1690). Der Altar mit der zentralen Antoniusstatue ist von Johannes Ritz, der das Retabel 1692 signiert hat (Abb. 18). Es besteht nur aus einem Geschoß, das von stark geschuppten Säulen begrenzt und von einem Rundbogengiebel abgeschlossen wird. In der Zone darüber windet sich üppiges Blattrollwerk mit Putten der Altarachse zu. Dazwischen steht, in einem Aufsatz, die Hl. Familie, über der Gottvater in einem Segmentgiebel thront. Das Hauptaugenmerk ist aber die Patronatsfigur, der Hl. Antonius von Padua, mit dem Jesuskind auf dem Arm. Ihm sind vier Heilige – (von links) Anna selbdritt, Ignatius von Loyola, Franz Xaver und Barbara – beigegeben. – Über der Eingangstür hängt ein ebenso düsteres wie eindrucksvolles Jüngstes Gericht.

Zahlreiche wertvolle Skulpturen wurden leider entfernt, kamen in andere Kirchen (oder Privatbesitz) oder sind verschollen. So fertigte Raphael Ritz eine Zeichnung von einem Flügelaltar mit dem Hl. Theodul an; dieser Flügel findet sich heute am Hauptaltar der Kathedrale von Sitten. Vielleicht stammt auch der andere Altarflügel, mit der Hl. Anna, aus dieser Kapelle. Der Basler Zeichner Emil Wick zählte in seinen Reisebeschreibungen der Jahre 1864–67 jedenfalls vier Reliefs auf, nämlich jene des Hl. Theodul, der Hl. Anna, des Jakobus des Älteren und des Antonius Eremita. Im Pfarrhaus von Wilern, also ganz in der Nähe, werden einige Holzstatuen aus dem 17. und 18. Jahrhundert aufbewahrt, darunter eine Muttergottes von Johann Ritz, ein Johannes und eine Maria, die alle aus Binn stammen.

Aus der Kapelle tretend, wenden wir uns nach rechts und stehen nach wenigen Schritten auf der schlanken, über 400 Jahre alten *Bogenbrücke* aus rohen Steinen (von 1564), die die meist schwindsüchtige Binna in elegantem Schwung überquert (Abb. 20). Die südländisch anmutende Brücke wurde wahrscheinlich von Handwerkern aus der Lombardei gebaut, die abgeschliffenen Steine des Brückenbelages zeigen deutlich, daß sie im Laufe der Jahrhunderte häufig benutzt wurde.

Die *Pfarrkirche Hl. Erzengel Michael* der Talschaft Binn steht in **Wileren,** wenige hundert Meter südwestlich von Binn (Abb. 19). Der Weiler umfaßt lediglich fünf alte Wohnhäuser und ein halbes Dutzend Stallscheunen. Früher, als das Lengtal noch dicht besiedelt war, lag die Kirche mitten in der Pfarrgemeinde. Sie geht auf einen Bau aus dem 13. Jahrhundert zurück, der teilweise in das neuere Gebäude eingearbeitet wurde; die Freskenfragmente einer Gottesmutterdarstellung hinter dem Petrusaltar, die während der Renovierung von 1958 bis 1963 freigelegt wurden, stammen aus der Zeit um 1300! Jüngeren Datums ist ein anderes Fresko, das des Hl. Philippus, das auf etwa 1450 datiert wird. Ihr heutiges Aussehen geht wohl auf Umbauten in den Jahren 1561 und 1565 zurück. Erstere Jahreszahl findet sich am Turm, letztere am Hauptportal. Im Pfarreimuseum Binn berichtet ein Dokument von der Einweihung der Kirche im Jahre 1678 durch Bischof Adrian V. von Riedmatten, was einerseits für die Bedeutung der Pfarrkirche spricht, andererseits auf einen Umbau der Kirche hinweist.

Der Hochaltar (1767) ist ein Werk Peter Laggers; 1769 wurde er von Johannes Trubman bemalt und vergoldet. Lagger gab dem Retabel die Form eines spitzen Dreiecks und verzierte fast jeden freien Quadratzentimeter mit Akanthus und Blumenmotiven. Zwischen stark gedrehten und mit Reblaub verzierten Säulenpaaren steht, erhöht über dem Tabernakel, der Erzengel Michael und wiegt Seelen. Die Figur in der linken Altarflanke ist vermutlich Karl der Große, die in der rechten der Hl. Mauritius. Über den zierlichen Säulen erkennt man die Hll. Johannes von Nepomuk (links) und Franz Xaver. Die Altarkrone ist ein luftiges Gebilde aus stark geschweiftem Akanthus mit einem zentralen Hl. Geist-Medaillon, über dem Gottvater als Halbfigur zu sehen ist.

Die beiden Seitenaltäre, links dem Hl. Petrus, rechts dem dornengekrönten Christus geweiht, stammen von Anton Sigristen oder zumindest aus seiner Werkstatt. Beide sind zweigeschossig und haben bemalte Altarblätter – ein großes Unter- und ein beträchtlich kleineres Obergeschoß. Der Hl. Kreuzaltar stand bis 1959 in der Kapelle von Ze Binne. An seiner Stelle war ein Rosenkranzaltar zu sehen. Anläßlich der Gesamtrenovierung (1958–1963) kam der Hl. Kreuzaltar von Ze Binne nach Wileren und der Rosenkranzaltar von Wileren nach Ze Binne. Auf diese Weise erhielt Wileren eine geschlossene Altargruppe. Beachtenswert ist die Pietà in einer Nische an der linken Schiffswand. Die Skulptur aus der Zeit um 1520 stammt aus einem Bildstock in Binn und wurde 1961 entfernt, weil die Diebstahlsgefahr zu groß war (der Bildstock selbst wurde 1970 abgebrochen).

Flora und Geologie des inneren Binntals, das 1964 zum Natur- und Heimatschutzgebiet erklärt wurde, sind überaus interessant. Mineraliensammler wissen, daß die Lengenbachgrube bei Fäld seit 300 Jahren zu den ergiebigsten Fundstätten der Welt zählt. So war der Verkauf von Bergkristallen, Granaten und anderen Edelsteinen über lange Zeit eine begehrte Einnahmequelle der Binntaler. Als die Grube nicht mehr viel hergab, wurde sie verlassen und vergessen.

Im gesamten Talgebiet bis hinauf zum Albrunpaß werden aber heute wieder die verschiedensten Kristalle entdeckt; bis jetzt sind es fast fünf Dutzend Mineralienarten, die hier gefunden wurden – 15 Arten sind ortsspezifisch, kommen also an keinem anderen Platz der Welt vor.

In dem lange Zeit isolierten und winters oft monatelang fast gänzlich abgeschlossenen Binntal hat sich bis heute eine überaus lebendige Sagentradition erhalten, die jetzt aber, da die meisten jungen Leute ins Haupttal abwandern, schnell verlorengeht. Alte Männer und Frauen wissen indessen noch sehr anschaulich von dreibeinigen funkenschlagenden Pferden zu berichten, die in der Dämmerung und nachts über Gletscher jagen, von gepeinigten Seelen, die in ihrem irdischen Leben ein Verbrechen begangen hatten und nun keine Ruhe finden können. Besonders viele Geschichten drehen sich um die verborgenen Tänze, die aus jener Zeit stammen, als der fröhliche Tanz eine Versuchung des Teufels war. Nur ganz selten erteilte der Pfarrherr damals die Erlaubnis zu dieser gefährlichen Lustbarkeit. Aber selbstverständlich hielt sich das junge (und alte) Volk nicht immer an die pastoralen Ermahnungen und tanzte in abgelegenen Alphütten bis in die frühen Morgenstunden. Noch heute kann es passieren, daß ein später Wanderer, der nach Einbruch der Dunkelheit durch eines der Seitentäler heimkehrt, plötzlich alte, nicht mehr gespielte Volksmusik hört und auf verlassene Alphütten stößt, die hell erleuchtet sind und aus denen fröhliches Lachen und Gläserklirren dringt. Einer dieser Wanderer soll eines Abends vom Albrunpaß hinunter gekommen und, als er die Binna überquerte, von zwei in alte Gewänder gekleideten Männern angesprochen worden sein, die einen Klarinettisten suchten. Der Wanderer ging mit ihnen zu einer Alphütte, die zu seiner Verwunderung voller Leben war und die er, obwohl er im Binntal wohnte, noch nie gesehen hatte. Trotzdem spielte er, auf einer sehr alten Klarinette, zum Tanz auf, und seine Melodien gefielen so gut, daß man ihn zum Bleiben aufforderte. Dem Gast wurde es allerdings etwas unheimlich, und er zeichnete schnell ein Kreuz auf den rohen Holztisch, worauf die ganze Tanzgesellschaft mit einem fürchterlichen Donnerschlag verschwand.

Manch einer der älteren Binntaler, der aus einem Versteck das Treiben der ruhelosen Musikanten verfolgte, will gesehen haben, wie diese kurz vor Tagesanbruch ihre Instrumente einpackten, die Arbeitsgeräte schulterten, langsam bergwärts stiegen und, noch bevor der erste Sonnenstrahl die höchsten Bergspitzen erreichte, in einer tiefen Gletscherspalte verschwanden.

Riederalp und das Naturschutzzentrum

Bei Deisch senkt sich die Kantonsstraße bald kurvenreich talwärts und verliert beträchtlich an Höhe. Lax liegt noch auf etwa 1050 m, die Talstation Betten auf 900 m und **Mörel,** unser vorläufiges Ziel, nur noch auf 750 m. Mörel, auf dem Talgrund, zwischen zwei hohen Bergzügen, war vom 11. bis 14. Jahrhundert eine savoyische Grafschaft. Es gehörte zum Lehen des Bischofs von Sitten und ging später eine lose Verbindung mit Raron ein, die mit dem Ende der Zendenrepublik aufgehoben wurde. Obwohl Mörel in den vergangenen Jahrzehnten dank der Seilbahnen auf die Riederalp eine stürmische Entwicklung nahm, ist zumindest der alte Dorfkern noch recht gut erhalten. Einen Besuch lohnt sicher die *Pfarrkirche des Hl. Hilarius.* Im linken Chorteil sieht man Fresken, die wie jene neben der barocken Kanzel aus dem Jahre 1629 stammen. Neuer sind die drei Altäre: der Seitenaltar des Hl. Antonius ist der älteste (um 1700); einige Jahre jünger ist der Hochaltar, und der Rosenkranzaltar ist ein Werk aus der Mitte des 18. Jahrhunderts.

Der Besucher der Riederalp und des Naturreservates Aletschwald muß sein Fahrzeug in Mörel parken, denn das gesamte Gebiet zwischen Rieder- und Bettmeralp ist autofrei! Einige wenige Fahrzeuge besorgen lediglich den Waren- und den Personenverkehr zwischen Bergstation und Unterkunft im Urlaubshotel. Die mehrere Kilometer lange nebelfreie Sonnenterrasse zwischen Riederfurka und Bettmersee ist zu einem der beliebtesten Ferienziele im Oberwallis geworden. Schon jetzt beläuft sich das Unterkunftsangebot auf gut 6000 Betten; es soll noch um 2000 bis 3000 Betten erweitert werden. Trotz der Besucherströme wundert man sich nicht wenig, daß sich in unmittelbarer Nähe eines der schönsten und interessantesten Naturschutzgebiete des Alpenraums befindet: das Aletschwald-Reservat. Es liegt am nordwestlichen Abhang des Bergzuges zwischen Riederfurka (2065 m) und Moosfluh (2335 m) und umfaßt rund 3 km² alpinen Nadelwald, Krautschicht und Moränenlandschaft. Sein Floren- und Faunenreichtum ist sprichwörtlich und der Blick über den großen Aletschwald in die Wannenhorngruppe hinein atemberaubend.

Bevor wir uns zu einer größeren Wanderung durch den Aletschwald und das umgebende Gebiet aufmachen, statten wir dem **Naturschutzzentrum Aletschwald** auf der Riederfurka einen Besuch ab. Diese in ihrer Art einmalige Einrichtung besteht seit 1976, wurde vom Schweizerischen Bund für Naturschutz (SBN), der das Aletschwald-Reservat seit 50 Jahren betreut, aufgebaut und ist in der alten Villa Cassel untergebracht (Farbabb. 15). Diese Villa hat eine interessante Entstehungsgeschichte, die wir näher betrachten wollen.

Ihren Namen erhielt sie von einem englischen, 1852 in Köln geborenen Bankier, Ernst Cassel. Schon in jungen Jahren fiel Cassel durch eine ungewöhnliche Zielstrebigkeit und großes Verhandlungsgeschick auf. Aus ärmlichen Verhältnissen stammend – sein Vater war ein kleiner jüdischer Geldverleiher – besaß Cassel mit 30 Jahren bereits ein Vermögen von schätzungsweise 10 Millionen DM. Mit 32 Jahren machte sich Ernst Cassel in London selbständig. Als er 1921 starb, hinterließ er seinen Erben ein Vermögen von rund 500 Millionen DM! Zu Beginn unseres Jahrhunderts wurde er, der 1902 vom englischen Hof den Adelstitel »Right Honourable Sir Ernest« erhielt, persönlicher Finanzberater König Edwards VII. und gelangte so in die höchsten gesellschaftlichen Kreise. Das aufreibende Leben in den führenden Finanzzentren der Welt und die zahlreichen gesellschaftlichen Verpflichtungen griffen seine Gesundheit an. Königin Viktorias Leibarzt, Sir William Broadbent, ein großer Freund des Oberwallis, empfahl Cassel dringend einen längeren Erholungsurlaub in der gesunden und klaren Bergluft des Aletschgebietes. Wenn man heute die luxuriösen und komfortablen Unterkünfte der Riederalp betrachtet, glaubt man kaum, daß man die wenigen Hütten und das sehr einfache Hotel Riederfurka lediglich zu Fuß oder auf Saumtieren erreichen konnte. Trotzdem überwand Sir Cassel seine Bedenken und bestellte im Hotel Riederfurka 1895 telegrafisch Unterkünfte: »Reservieren Sie für 3. Juli fünf Zimmer, plus fünf Kammern für Angestellte; zwei Kutschen auf Bahnhof Brig, Mittagszug; zehn Packpferde in Mörel, Cassel, Park Lane, London R.P.«. Er stellte aber mit Befremden fest, daß Unterkunft und Verpflegung in keiner Weise seinem aufwendigen Lebensstil entsprachen. Nach einer offenbar schlecht durchschlafenen Nacht sandte er empört ein Telegramm an Sir William Broadbent mit der Nachricht: »Hotel unmöglich, schlagen Sie etwas anderes vor. Cassel.« Die Antwort seines Arztes kam umgehend und lautete: »Lehne ab, Sie zu behandeln, falls Sie nicht bleiben. Ankomme nächste Woche.« Sir Ernest blieb, schaute sich aber bald nach einer standesgemäßen Unterkunft um, die er natürlich weder auf der Rieder- noch auf der Bettmeralp fand. Also beschloß er, sich im Gebiet des Aletschwaldes ein Haus zu bauen. Die Gemeinde Ried bei Mörel, Besitzerin der Riederalp, überließ Cassel 13 000 m^2 Land, nachdem der Londoner Finanzmann der Gemeinde Ried 15 000 Franken gestiftet hatte. Bereits im August 1902 stand die erste 25-Zimmer-Villa, und sein Gästebuch verzeichnete die ersten Besucher. Cassel wurde zu einem begehrten Arbeitgeber in der Umgebung Mörels, sein aufwendiger Lebensstil war unerschöpfliches Gesprächsthema der Einheimischen, und seine Gästeliste umfaßte klingende Namen aus Politik, Wirtschaft und ›high society‹. Da war der ägyptische Khedive Abbas Hilmi anzutreffen, Mrs. Keppel, die Freundin Edwards VII., der deutsche Botschafter in England, Graf Wolff-Metternich und, der berühmteste aller Gäste, Winston Churchill. 1923, zwei Jahre nach Cassels Tod, wurde die Villa an den Besitzer des Hotels »Riederfurka« verkauft, der aus Sir Ernests einstiger Residenz ein Hotel machte.

Der Schweizerische Bund für Naturschutz präsentiert heute in der Villa Cassel eine hervorragende Ausstellung über Geologie, Morphologie, Klima, Flora und Fauna des Aletschgebietes. Eine Tonbild-Schau zeigt die Entwicklung des Reservates. Zu kaufen gibt es zudem eine Reihe von Broschüren und Büchern, in denen sich der Interessierte über alle Aspekte des Naturschutzgebietes informieren kann. Zahlreiche Fach- und Fortbildungskurse von Juni bis Oktober über Natur-, Landschafts- und Umweltschutz, Kurse über die Alpenflora, Vögel, Wild und Wald, Heilkräuter, Berglandwirtschaft, alpine Ökologie, Naturfotografie, Gewässerkunde, Tourismus etc. ergänzen das Programm des SBN.

Gegenüber dem Eingang zum Naturschutzzentrum in der Villa Cassel liegt das Naturetum, einer der besten Alpengärten überhaupt. Jeder, der sich für die Vegetation allgemein und die Flora des Aletschgebietes speziell interessiert, sollte unbedingt diese Anlage besuchen. Der Alpengarten wurde in erster Linie errichtet, um die wichtigsten einheimischen Pflanzengesellschaften und einige der weiter verbreiteten Arten zu zeigen. Ein ausführliches Heft über das Naturetum ist in der Villa Cassel (Montags geschlossen) erhältlich.

Der Aletschwald und der Große Aletschgletscher

Nach dem Besuch des Naturschutzzentrums in der Villa Cassel und einem Rundgang durch das Naturetum sind wir fachlich hervorragend auf das Aletschwald-Reservat vorbereitet. Sind wir es auch physisch? Gelegenheit, diese Frage zu beantworten, bietet sich bei einer ersten Wanderung um das Riederhorn, die auch von Fußkranken bewältigt werden kann. Baron Cassel ließ 1911 für sehr viel Geld einen Weg um das 2230 m hohe Riederhorn anlegen, damit seine herzkranke Schwester Minna auf einem Tragsessel zu den schönsten Aussichtspunkten mit Blick auf die Mischabelgruppe, das ferne Matterhorn und das mächtige, gut 4500 m hohe Weisshorn geführt werden konnte. Der Casselweg ist gut ausgebaut, fast ohne Steigung und Gefälle und mit Leichtigkeit in etwa einer Stunde zu »bewältigen«. Wer diese kleine Tour ohne jagenden Puls und Atemnot hinter sich bringt, darf sich nun ruhig in den Aletschwald wagen. Die Wege sind auch dort gut ausgebaut und markiert; sie dürfen übrigens nicht verlassen werden, damit die Tiere ihre Ruhe haben und die Flora erhalten bleibt.

Das Aletschwaldreservat wurde im April 1933 proklamiert; die Geschichte seiner Entstehung reicht aber 25 Jahre weiter zurück. 1906 wies Professor Seippel in einer Genfer Zeitung darauf hin, daß die Weide- und Waldnutzung dem Aletschwald und seiner Umgebung schade und das Vegetationsbild verändere. Natürlich meldeten sich auch gleich Stimmen, die Seippel widersprachen, aber 1910, 1915 und 1921 kamen von Naturschützern neue Vorstöße, den Aletschwald zum Reservat zu erklären. 1932 sprachen sich die Stimmbürger der Gemeinde Ried für ein Reservat aus, und der Weg zu einem der wertvollsten Schutzgebiete des Alpenraums war frei: am 21. April 1933 wurden die Verträge zwischen der Gemeinde und dem SBN, die eine Laufdauer von 99 Jahren haben, unterzeichnet.

Worin liegt der Wert dieses Schutzgebietes? In erster Linie in seinem Wald, der für die Forschung von großem Nutzen ist. Und zwar vor allem deshalb, weil sich hier, an der linken Seitenmoräne des größten Alpengletschers, die Entwicklung vom Pionierstadium bis zum Altwald lückenlos verfolgen läßt. Dies verdanken wir dem seit der letzten Eiszeit, vor rund 10 000 Jahren, ständig schwindenden Großen Aletschgletscher. Die freiwerdenden Böden, vor allem Jungmoränen, werden in relativ kurzer Zeit von Pflanzen besiedelt. Das beginnt mit Flechten und Moosen und geht über zu Zwergweiden, Erlen und Weidenröschen. Dann folgen Alpenrosen, Heidekraut und Heidelbeeren sowie Grünerlen, und wenig später siedeln sich die Bäume an: Birken, Lärchen und vereinzelte Fichten und Arven. Die Pflanzen wachsen außerordentlich langsam, denn die Witterungsbedingungen sind hart: kalt, trocken und windig. Arven von 100 cm Höhe können 60, 70 und mehr Jahre alt sein, und die ausgewachsenen Exemplare im oberen Waldteil werden auf 800 bis 1000 Jahre geschätzt. Diese Baumgreise zeigen immer Spuren vergangener Jahrhunderte, entstanden durch Blitzschlag, Stürme, Kälte und Schneedruck. Kaum eine Gestalt gleicht der anderen, und manche ist so typisch geformt, daß man sie auf jedem Kalenderbild aus diesem Gebiet sofort erkennt. Man kann den Reiz dieser Urlandschaft kaum beschreiben, und auch die Bilder vermitteln nur einen schwachen Abglanz ihrer Schönheit, die von Kennern jener des Matterhorns, des Monte-Rosa-Massivs und des Jungfraugebietes gleichgestellt wird.

Zwar ist das Reservat winzig klein – genau gesagt bedeckt es eine Fläche von 256 ha –, aber die sehenswerte Landschaft endet zum Glück nicht an seinen Grenzen, sondern erstreckt sich über das ganze Gebiet des Großen Aletschgletschers, bis hinauf zu den Gipfeln von Eiger und Mönch. Es ist gelungen, das Gebiet nordwestlich der Linie Riederhorn – Hohfluh – Moosfluh – Bettmerhorn und Eggishorn von menschlichen Einflüssen weitgehend freizuhalten, abgesehen von Wanderwegen.

Es wird durch drei Hauptwege, die etwa parallel von Südwesten nach Nordosten laufen, erschlossen: einem oberen, einem mittleren und einem unteren. Diese drei Wege sind mit-

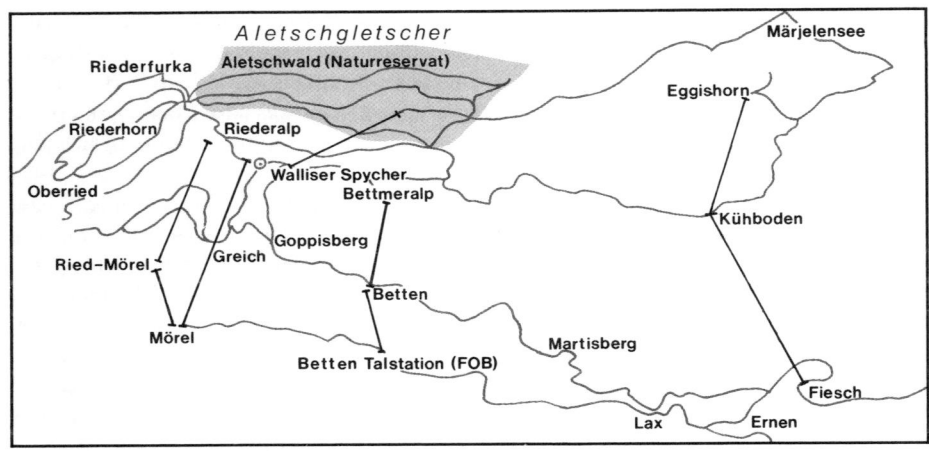

Wanderwege im Aletschgebiet und im Naturschutzreservat Aletschwald

einander verbunden, und man hat die Möglichkeit, während einer Wanderung bis zum Gletscherrand ab- und anschließend wieder am Gratweg hochzusteigen. Jeder Weg hat seine Vorzüge: der oberste bietet zweifelsohne die schönste Aussicht, wird aber von rund zwei Drittel aller Reservatbesucher benutzt – das sind pro Saison etwa 60000 Touristen! Der mittlere Weg bietet ab und zu Aussicht auf Gletscher und Berge einerseits und auf die Baumbestände und die Krautschicht andererseits. Der unterste schließlich führt im Südwesten des Gebietes durch Fichten- und Lärchenwald, Heidelbeergestrüpp und Alpenrosengebüsch und dann zum Gletscher und zur faszinierenden Jungmoräne hinunter (Farbabb. 1). Hier ist es besonders wichtig, daß sich die Wanderer an die Wege halten, damit Pionier- und Jungpflanzen nicht zertreten werden und die Erde nicht abrutscht und erodiert.

Vom Bettmer- zum Märjelensee

Das Wallis ist ein Land für Wanderer, denen rund 7000 km markierte Wege zur Verfügung stehen – von den unmarkierten gar nicht zu reden. Eine der schönsten, nicht ganz leichten Wanderungen des schweizerischen Alpenraumes führt von der Bettmeralp zum berühmten Märjelensee und um das Eggishorn zum Kühboden. Die **Bettmeralp** erreicht man mit der Luftseilbahn, die das Rhonetal mit Betten und der Bettmeralp (ca. 1900 m) verbindet und ganzjährig in Betrieb ist. Die Bettmeralp ist alles andere als einnehmend, weist aber einen Glanzpunkt auf, den man sich nicht entgehen lassen sollte: die *Kapelle Maria zum Schnee.* Sie steht auf einer sanft gewölbten Hügelkuppe und blickt weit in das Rhonetal hinunter und in die Eiskette der südlichen Walliser Bergriesen. Die Kapelle wurde 1697 erbaut und 1930 renoviert. Unter dem Kreuzgratgewölbe steht das Prunkstück der Kirche: der aus der Werkstatt Johann Sigristens stammende Hochaltar. Die Muttergottes im Retabel wird Johann Ritz zugeschrieben.

Am Nordostende des Dorfes Bettmeralp angelangt, schlägt man entweder den Weg zum Bettmersee ein oder läßt sich von der Seilbahn (nicht ganzjährig in Betrieb) zum Bettmerhorn hochtragen (auf 2643 m Höhe). Die erste Variante ist nur dem ausdauernden Wanderer zu empfehlen. Sie führt vom Bettmersee zum Biel hoch, der rund 2300 m hoch ist. Von dort aus sieht man dann auf den riesigen Aletschgletscher hinunter, auf den stark zerklüfteten Eisstrom, der am westlichen Ende des Aletschwaldes endet und in die Massaschlucht abfällt. Dahinter erhebt sich die Bergkette westlich des Gletschers, also: Sparrhorn, Fuß- und Geißhorn und Zenbächenhorn. Das Eggishorn im Nordosten, der beliebteste Aussichtspunkt im ganzen Oberwallis, wird noch vom vorgelagerten Bettmerhorn verdeckt; man wird es aber später aus nächster Nähe beobachten können.

Die Wanderung führt über den Sattel beim Biel und den Berghang zwischen Bettmer- und Eggishorn entlang, wobei keine großen Höhenunterschiede zu bewältigen sind (zwischen 2200 und 2300 m). Im späten Herbst, der schönsten Wanderzeit, ist der Weg oft auf einer Länge von 10 m und mehr völlig vereist und nicht ganz ungefährlich. Gutes Schuhwerk sollte eine absolute Selbstverständlichkeit sein.

Etwa dreieinhalb Stunden nach dem Aufbruch vom Bettmersee erreicht man eine auffällige Kante, die vom Eggishorn in nordwestlicher Richtung zum Gletscher hin verläuft und sieht einerseits bis fast zum Gletscheranfang, zum Mönch und zum Eiger hin, andererseits in die Fiescherhörner hinein und zum Märjelensee hinunter, der in unmittelbarer Nähe des seitlichen Gletscherabbruches liegt und, im Gegensatz zu früher, nicht mehr sehr eindrucksvoll wirkt. Das liegt daran, daß er gefaßt und abgeleitet wird und der Wasserspiegel daher abgesunken ist.

Der Wanderweg biegt nun von Norden nach Osten und führt zwischen dem Eggis- und dem Strahlhorn hindurch an einigen kleineren Seen vorbei, die vom Herbst bis weit ins Frühjahr hinein völlig zugefroren sind, bis er die Ausläufer des Tälligrates erreicht und plötzlich wieder nach Süden abbiegt. Neue Bilder tauchen vor dem Wanderer auf: das tief eingeschnittene Fieschertal, der Fieschergletscher und das gewaltige Finsteraarhorn im Norden, Bellwald und das Untergoms mit Ernen und Mühlebach im Süden. Hoch über dem Fieschertal, auf seiner rechten Seite, verläuft der Weg nun stetig südwärts, zuerst am Tälligrat entlang, dann über Salzgäb und die Fiescheralp zum Kühboden. Man hat nun immer wieder den Blick auf das Eggishorn (2927 m) frei. Vom Kühboden aus gibt es auch eine Seilbahn zum über 1000 m tiefer liegenden Fiesch; der Bahnbetrieb wird zwischen Spätherbst und Frühwinter allerdings eingestellt.

Naters, Brig, Glis

Vom Obergoms kommend, betritt man Brig eigentlich schon in Naters, denn die beiden Ortschaften sind praktisch zusammengewachsen. Der Durchreisende wird wohl kaum den Wunsch verspüren, hier anzuhalten, laden doch die neueren Wohn- und Geschäftsbauten nicht gerade zum Verweilen ein. Trotzdem sollte man die kleine Mühe auf sich nehmen, in Naters von der Hauptstraße nach rechts abzubiegen, um sich den alten Ortskern anzuschauen. Wer nicht mit dem eigenen PKW kommt, erreicht Naters mit dem Postbus, und von Brig aus ist es über die neue Rhonebrücke nur ein Spaziergang nach Naters. Auf einem Vorgängerbau dieser Brücke hat einst Georg Supersaxo dem heimkehrenden Kardinal Matthäus Schiner die Weiterreise nach Sitten verwehrt.

Die ersten sicheren Beweise baulicher Tätigkeit im Ortsgebiet stammen aus dem 12./13. Jahrhundert. Damals stand auf einem Felskegel östlich des Kelchbaches und nördlich über dem Dorf das Schloß der Herren auf der Flüe, der nachmaligen Familie Supersaxo. Aus der gleichen Zeit ist auch das Schloß der Familie von Augusta oder Aosta, die zwischen 1249 und 1275 das Viztum, die weltliche Stellvertretung des Bischofs, innehatte. Noch älter, wahrscheinlich vom Anfang des 12. Jahrhunderts, ist der Wohnturm im nordöstlichen Teil des Pfarrhofes. Der Name läßt sich indes bis zum Jahr 1079 zurückverfolgen; es ist gallischen oder keltischen Ursprungs und bedeutet soviel wie ›Schutzhütte‹ oder ›Schlange, Natter‹. Letztere Bezeichnung dürfte auf eine keltische Drachensage hinweisen.

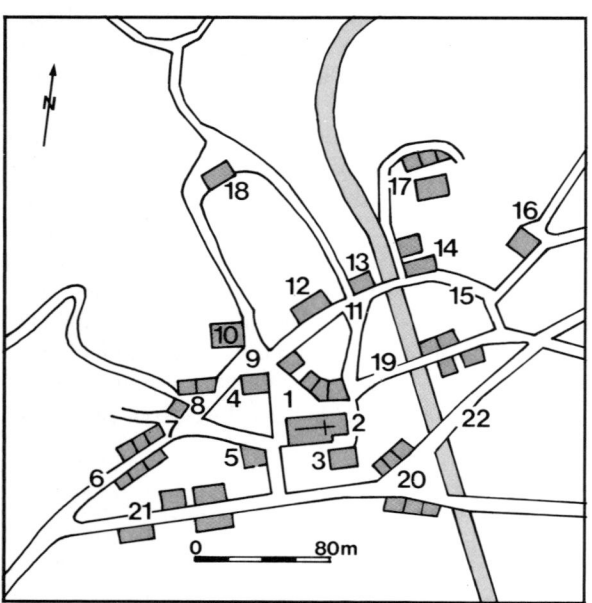

Ortsplan von Naters
1 Kirchplatz
2 Pfarrkirche
3 Beinhaus
4 Pfarrhaus
5 Junkerhof
6 Judugassa
7 Kramplatz
8 Mundplatz
9 Zur Linde
10 Lergienhaus
11 Platz
12 Spätmittelalterlicher Wohnturm
13 Megetschenhaus
14 Haus und Speicher Michel-
   Supersaxo
15 Lombardeiweg
16 Stalgassa und Hof
17 Schloß uff der Flüe (Supersaxo)
18 Schloß Unrnavas
19 Hegdornweg
20 Märtplatz
21 Belalpstraße (Alte Furkastraße)
22 Blattenstraße

Die Blütezeit der Gemeinde **Naters** lag zwischen 1300 und 1518. Sie war politischer und kirchlicher Mittelpunkt der vielen kleinen Weiler des späteren Zenden Brig, hier stand die Pfarrkirche, hier saß der bischöfliche Stellvertreter, und hier tagte das Gericht. 1518 wurde das benachbarte Brig Zendenhauptort, und der Kastlan, dem die Zendengerichtsbarkeit oblag, nahm seinen Sitz in Brig. Trotzdem erhielt Naters, zumindest noch im ganzen 16. Jahrhundert, seine frühere Bedeutung und den damit verbundenen Wohlstand aufrecht, denn bedeutende Männer aus Naters arbeiteten in den höchsten Ämtern des Landes: so Johann Rymen, Landeshauptmann in Naters, Egid und Thomas Venetz und natürlich Angehörige der Familien Supersaxo und Lergien. Ab 1680 wurde es stiller in Naters, und die einst mächtige Gemeinde wurde zu einem beschaulichen Dorf. Die Ruhe hielt bis zum Bau des Simplonpassers und des Lötschbergtunnels an. Von 763 Einwohnern im Jahre 1850 wuchs die Bevölkerungszahl auf 3953 Seelen im Jahre 1900 an. Neue Unterkünfte mußten schnell gebaut werden, die sich kraß vom alten Dorfkern abheben. Dort aber gibt es noch prächtige, teilweise reichverzierte alte Häuser, Kopfsteinpflasterstraßen und -plätze, schöne Brunnen und die herrliche, uralte Linde, die schon 1357 als der »Große Baum« bekannt war. Der ganze Stolz der Bürger von Naters aber ist heute der Kirchplatz mit dem altehrwürdigen, ganz frisch restaurierten Dreigestirn Pfarrhaus, Pfarrkirche und Junkerhof.

Die *Pfarrkirche* von Naters ist seit ihrer ersten Erwähnung 1018 dem Hl. Mauritius geweiht (Abb. 23). Sie wurde 1659–64 von Peter und Balthasar Bodmer gebaut; der älteste noch erhaltene Bauteil ist der fünfstöckige, 54 m hohe romanische Turm aus dem 12. Jahrhundert, 1514 von Ulrich Ruffiner renoviert. Aus dem gleichen Jahr stammt wahrscheinlich auch das Helmdach, während die alte Turmuhr (1739) im Jahre 1834 übermalt wurde. In den beiden obersten Geschossen des Turmes hängen fünf Glocken, von denen jede ihre eigene Geschichte hat. So trägt die »Große Glocke« den Namen Mauritius Antonia: Mauritius als Landesheiliger und Kirchenpatron und Gräfin Antonia von Blandrate als Taufpatin der Glocke. Während des Gusses war sie zugegen und hörte den Meister klagen, daß der Guß verderben müsse, da zu wenig Metall vorhanden sei. Die Gräfin eilte daraufhin zum Schloß und war bald mit einer ansehnlichen Menge Silbergeschirr wieder zurück, das sie kurzerhand in den Schmelztiegel warf. Der Silbergehalt der Großen Glocke – so der Volksmund – macht ihren Ton besonders voll und schön. Aber nicht nur das, er soll darüber hinaus auch noch die Einflüsse von Unwettern und bösen Naturgeistern hemmen.

Die zweite Glocke, »Die Alte«, wurde am 6. April 1400 gegossen, die dritte stammt aus dem Jahre 1574. Die vierte Glocke von 1488 ist dem Hl. Mauritius und seinen Gefährten geweiht, und die fünfte, kleinste und älteste, trägt eine nicht mehr genau zu lesende gotische Inschrift. Das Glöcklein im Turm über dem Chor wurde 1891 für ganze 90,50 Franken gegossen.

Vor allem die Innenausstattung der Kirche ist ein gutes Beispiel frühbarocker Prachtentfaltung. Allein der monumentale Hochaltar mit 88 Säulen und 86 Figuren – die Engelsköpfe nicht mitgezählt – ist eine längere Betrachtung wert (Abb. 22): Die Madonnenstatue – leider steht sie sehr hoch oben – schuf Johann Ritz von 1691 bis 1695. Im Mittelpunkt des Altars steht eine neuere Statue des Hl. Mauritius, des Schutzpatrons der Kirche. Weitere Altäre

*Der Ornavassoturm.
Nach einer Zeichnung
von Raphael Ritz*

sind der Kreuzaltar von 1682/83, der Sebastiansaltar, 1696 von Johann Ritz geschnitzt, der Dreifaltigkeitsaltar von 1663 und der Rosenkranzaltar von 1669. Alle vier Altäre wurden, gemäß Chronik, 1704 geweiht.

Besticht die Kirche durch Pracht und Schönheit, so beeindruckt das *Beinhaus* schräg gegenüber durch die Schlichtheit (Abb. 21). Erst wenn sich das Auge an das Halbdunkel im Inneren gewöhnt hat, erkennt man die hoch aufgetürmte Wand aus Totenschädeln – rund 1500 Stück. Es sind nicht die Toten von Seuchen und Kriegen, die hier ihre letzte Ruhestätte gefunden haben, sondern die sterblichen Überreste jener, für die der Friedhof zu eng geworden war. Vor der Schädelmauer erhebt sich eine barocke Kreuzigungsgruppe und über ihr die Inschrift »Was ihr seid, das waren wir, was wir sind, das werdet ihr!« Man muß schon genau hinschauen, um ganz rechts im Hintergrund ein weiteres Kruzifix zu erkennen: ein romanischer Kopf aus dem 12. Jahrhundert – eine Darstellung der Hl. Kümmernis –, mit nachträglich eingefügtem Leib in einer Ärmeltunika.

In der *Oberkapelle,* die über eine seitlich an der Gruft hinaufführende Steintreppe zu erreichen ist, befindet sich ein Altar der Hl. Anna (um 1700) mit ihrer Tochter Maria. Er ist wahrscheinlich ein Werk Anton Sigristens, der es verstand, Mutter und Tochter im Gespräch vertieft festzuhalten. Die Gestik, der Faltenwurf der Kleider sowie die Innigkeit der Gesichter zeugen von der Kunst des großen Holzschnitzers.

Ende November 1985 stießen Restauratoren im Beinhaus von Naters auf einen »Friedhof für Holzheilige«. Hinter einer Wand von aufgeschichteten Schädeln und Knochen stieß man auf eine ganze Reihe von Statuen, Gedenktafeln (Exvotos) und andere Reliquien. Die Auswertung der Funde ist noch nicht beendet.

Eindeutig geklärt wurde durch diesen Fund die Frage nach dem Erbauer des Beinhauses. Zwar hatte man in alten Akten Hinweise auf eine Inschrift gefunden, die Bauherr und

Baujahr nennen sollte, aber bisher hatte man diese Inschrift vergeblich gesucht und geglaubt, der damalige Landeshauptmann Johannes Rymen sei der Erbauer gewesen. Nun fanden die Restauratoren die lange gesuchte Inschrift auf einem Deckenbalken des Beinhauses. In schöner gotischer Schrift steht da zu lesen: »Dieses gottgeweihte Werk ist durch die Müh und Arbeit des ehrenvollen Mannes Christian Haranden, des Domherrn von Sitten und Pfarrseelsorgers von Naters im Jahre seit der Menschwerdung des Herrn 1514 am 8. Mai vollendet worden.«

Auch Pfarrhaus und Junkerhof sollte man etwas Aufmerksamkeit widmen. Der älteste Teil des Pfarrhauses, der alte Wohnturm, kann wohl in den Beginn des 12. Jahrhunderts datiert werden. Der *Junkerhof*, wie das *Pfarrhaus* aus mehreren Gebäuden zusammengefügt, geht auf einen Wehrturm aus dem 14. Jahrhundert (Nordseite) zurück.

Vom ältesten Gebäude von Naters, dem *Schloß der Herren auf der Flüe*, sind nur noch Ruinen vorhanden. Der *Ornavasso-Turm* dagegen, der zum ehemaligen Besitztum der Herren von Aosta gehörte, wurde im 18. Jahrhundert von der Gemeinde erworben und diente zunächst als Zeughaus. 1899 baute man ihn in die Schulhausanlage ein.

Brig ist seit jeher internationaler Warenumschlagplatz und Durchgangsort für Reisende von und nach Italien über den Simplon. Als die Römer ins Wallis kamen, soll Brig der Hauptort der Uberer gewesen sein. Ein in Grundbiel bei Glis gefundenes Gräberfeld läßt allerdings vermuten, daß bereits in der Steinzeit Siedlungen in der Gegend um Brig bestanden haben. Die Römer legten zwar wahrscheinlich eine Zufahrtsstraße über den Simplon an, aber ob Brig wirklich jemals eine römische Siedlung gewesen ist, kann heute nicht mehr festgestellt werden. Auf jeden Fall gewann die Ortschaft im Verlaufe des 13. Jahrhunderts mit dem zunehmenden Waren- und Reiseverkehr über den Simplon immer mehr Bedeutung. Urkundlich erwähnt wurde der Ort erstmals 1215. Sein Mittelpunkt war die Suste, Warenlager und Umschlagplatz für den Gütertransport über den Simplon. Der Bischof von Sitten, Landesherr des Wallis, hatte über alle Susten die Oberhoheit; er erließ Zollbestimmungen für die Briger Suste und schloß Nutzungsverträge mit Kaufleuten ab. Bereits im Mittelalter war Brig Zentrum des Handels, Verkehrs und Gewerbes zumindest im Oberwallis. Die Zunahme des Paßverkehrs förderte in Brig den Bau des Spitals des Hl. Antonius mit der Kapelle des Antonius Emerita, beides möglicherweise Stiftungen des Bischofs Bonifaz von Challant im Jahre 1304. Brigs große Stunde schlug 1518, als es Zendenhauptort und Sitz des Kanzlers wurde. Aber nicht nur Handel und Gewerbe machten die Stadt reich, die umliegenden Bergwerke trugen ebenfalls dazu bei, daß sie bald den Beinamen »Briga dives« trug – »reiches Brig«. Ihre Glanzzeit erlebte sie unter dem Großkaufmann Kaspar Jodok von Stockalper (1609–1691). In kluger Einschätzung der internationalen Lage während des Dreißigjährigen Krieges ließ er den Simplonpaß ausbauen und förderte so in ungeahntem Maße die Bedeutung Brigs als Walliser

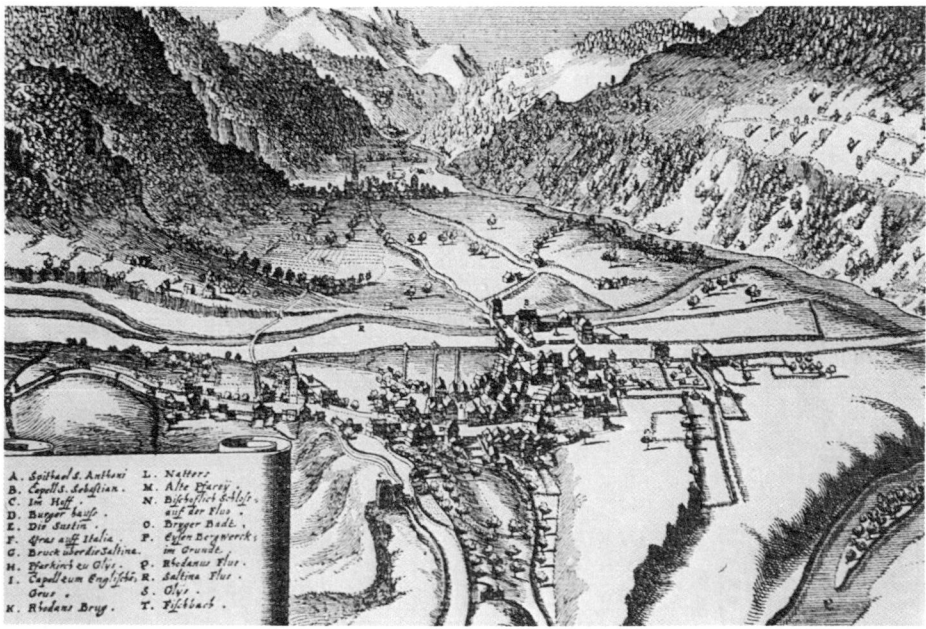

Brig. Nach einem Stich von Merian (1642)

Handelsmetropole. Stockalper krönte Brig mit dem Bau seines Palastes – dem großen Herrensitz der Schweiz: vielleicht nicht unbedingt schön und elegant, eher etwas eckig und massig, auf jeden Fall aber zeugt er vom Reichtum des Erbauers und der Stadt (Farbabb. 19).

Im Verlaufe des 18. Jahrhunderts nahmen der Verkehr über den Simplon und damit auch das rege Geschäftsleben Brigs immer mehr ab. Das änderte sich erst wieder, als Napoleon 1801 mit dem erneuten Ausbau des Simplonpasses begann. Ab 1806 bestand ein regelmäßiger Postkutschenverkehr zwischen Brig und dem italienischen Domodossala (15 Stunden).

Noch heute ist Brig eine außerordentlich geschäftige Stadt. Zwar führt die neue Durchgangsstraße vom Ober- ins Unterwallis und zum Simplon um das Stadtzentrum herum, aber die Straßen, Plätze und Gassen sind auch so noch lebhaft genug. In den engen Kopfsteinpflastergassen der Altstadt hingegen ist es stiller, aber auch hier spürt man, wie in Sitten, Geschichte und Geschichten.

Im Herzen der Altstadt steht der mächtige Stockalperpalast. Die Vorfahren des »Großen Stockalper« stammen aus Mailand. Im Jahre 1360 kam ein gewisser Anton Olteri nach Brig und kaufte sich auf dem Simplon eine Alp, die Stockalp. Fortan nannte die Familie

112

sich Stockalper. Peter Stockalper konnte sich seines Sohnes Kaspar Jodok nicht lange erfreuen, denn als das Kind zwei Jahre alt war, starb der Vater. Die Mutter und reiche Verwandte ermöglichten dem Jungen das Studium in Freiburg im Breisgau. Dort erhielt er die Nachricht von der Hinrichtung seines einflußreichen Vetters Anton Stockalper, der es gewagt hatte, dem »Salzbaron« jener Zeit, Michael Mageran aus Leuk, Widerstand zu

Seitenansicht des Stockalperpalastes (links) und des alten Stockalperschlosses von Osten

leisten. Damals mag in dem Neunzehnjährigen der Entschluß gereift sein, eines Tages die Familienehre zu rächen und Mageran das Salzmonopol zu entreißen. Wieder in Brig, begann Kaspar Jodok mit dem Ausbau seiner Handelsbeziehungen. Er übernahm für europäische Handelsgesellschaften den Warentransport über den Simplon, er ließ die Paßstraße ausbauen und im Laufe der nächsten Jahre das alte Spital auf dem Simplonpaß, ein Salzhaus in Simplon-Dorf und das vierstöckige Haus mit dem siebenstöckigen Turm in Gondo errichten. Ferner eröffnete er zwischen Genf und Mailand eine Pferdepost und ließ von Vouvry bis Collombey einen schiffbaren Kanal ausbauen. Er übernahm alles, was irgendwie Geld einbrachte, so ließ er sich vom Landrat die Monopole für Terpentinöl, Lärchenharz und den Handel mit Schnecken übertragen. Im Volksmund geht die Sage, Stockalper habe die Goldmine in Gondo ausgebeutet und das gelbe Metall klumpenweise zusammengescheffelt. Ein wahrer Kern steckt in dieser Geschichte, denn Stockalper hatte in Gondo tatsächlich Gold gewonnen. Aber da das Wallis, wie ein geflügeltes Wort sagt, reich ist an armen Minen, wird ihn der Ertrag dieser Mine allein nicht zu seinem märchenhaften Reichtum verholfen haben, der damals bei etwa 40 Millionen Franken heutigen Wertes lag. Er beutete aber auch andere Minen aus, schürfte Blei in Mörel und Goppenstein, Kupfer in Evolène und Eisen in Ganter-Grund.

113

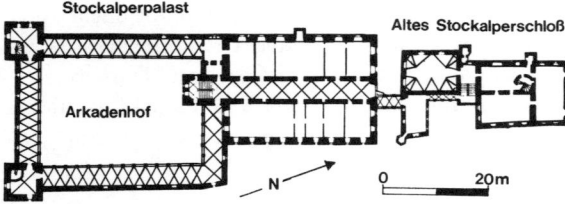

Grundriß des Stockalperpalastes

Die Chance seines Lebens erhielt er 1647, denn in diesem Jahr lief der Vertrag über das Salzmonopol mit der Familie Mageran ab, und der Landrat schloß mit Stockalper einen zunächst auf zehn Jahre befristeten Vertrag über die »Salzung der Landschaft« ab – im 17. Jahrhundert so gut wie blankes Gold. Damals wurde Salz nicht nur als Gewürz und Futterbeimischung gebraucht, sondern war auch das einzige Konservierungsmittel, darüber hinaus unentbehrlich für die Käsezubereitung. Der Pro-Kopf-Verbrauch an Salz lag also um ein Vierfaches über dem heutigen Durchschnitt. Bis zu Stockalpers Zeit hatten entweder Italien oder Frankreich das Salz geliefert, die Preise nach Belieben festgesetzt und das weiße Gold auch als politisches Druckmittel benutzt. Stockalper kehrte den Spieß geschickt um, bezog sowohl aus Frankreich als auch Italien Salz und nutzte die Rivalität zwischen den Lieferanten zu seinen Gunsten und im Sinne der Unabhängigkeit des Wallis. Nicht minder einträglich gestaltete sich das Geschäft mit Söldnern. Sie selbst bezogen nur einen geringen Sold, während ihre Landesherren und Werber mehr oder weniger offizielle Vermittler- oder Leihgebühren kassierten. Stockalper, am Geld selbst weniger interessiert als an Luxus, Macht und Sicherheit, investierte hauptsächlich in Grund und Boden, er verschmähte weder die Herrschaftshäuser verarmter Adliger noch die Hütten, Sennen und Ställe der Bauern. Sein Leitspruch »nihil solidum nisi solum« (nichts ist sicher außer dem Boden) steht seit 1782 auf dem Balustradegitter seines Palastes (Abb. 30). Bald gab es im ganzen Wallis kaum noch eine Gemeinde, in der er nicht wenigstens eine Alp oder Wiese besaß. Daher läßt sich auch seine immense Baufreudigkeit verstehen, der die Briger Bürger, neben den genannten Gebäuden und dem Stockalperschloß, auch noch das Kollegium mit der Kirche, das Kapuzinerkloster, das Kloster St. Ursula sowie die Kirche in Glis und ein unvollendet gebliebenes Schloß in Gabi zu verdanken haben. Stockalper war auch um die Bildung seiner Landsleute besorgt. Er begründete in Brig die erste Walliser Gewerbeschule und im Kloster St. Ursula eine Haushaltungsschule – die erste Mädchenbildungsanstalt der Schweiz. Dem Kollegium verdankt Brig noch heute seine Stellung als Schulzentrum im Oberwallis. Doch wo Reichtum ist, lassen in der Regel Glanz und Ruhm nicht lange auf sich warten! Von Papst Urban VIII. erhielt Kaspar Jodok Stockalper den Titel eines »Ritters vom Goldenen Sporn«, Kaiser Ferdinand II. machte ihn zum »Ritter des Heiligen Römischen Reiches« und verlieh ihm den Zunamen »Vom Thurm«, und Herzog Karl Emanuel II. von Savoyen erhob ihn zum Baron von Duin. Auch die Walliser selbst geizten nicht mit Ehren und Ämtern: 1645/46 war er

Landvogt von St. Maurice, und von 1652 bis 1670 atmete er als Kanzler, als »Schaubare Weisheit«. 1670 wurde er gar zur »Schaubaren Großmächtigkeit« (so lauteten die barocken Titel), zum Landeshauptmann der Zendenrepublik erhoben.

Stockalpers Macht schien nichts mehr erschüttern zu können. Aber die Eidgenossen reagierten schon immer allergisch auf zu viel Machtkonzentration in einer Hand, sie fürchteten um Demokratie, Freiheit und Selbständigkeit. Das bekam auch Stockalper zu spüren. Als er am 14. Mai 1678 die Landratsversammlung eröffnen wollte, befand er sich mit dem Bischof allein! Seine Widersacher hatten die anderen Versammlungsteilnehmer in ein anderes Gebäude geführt und ihnen eröffnet, Stockalper plane einen Staatsstreich. Bereits drei Tage später war er wegen Majestätsverbrechens zu einer Gefängnisstrafe verurteilt. Zwar konnten ihm seine mächtigen Freunde noch einmal helfen, aber schon am 24. Mai fällte der Landrat ein neues Urteil: Stockalper mußte den Zenden eine große Geldsumme zahlen und ihnen seine Salzvorräte und Susten abtreten. Er erkannte das Urteil an und glaubte sich damit gerettet, aber seine Feinde verfolgten ihn von Sitten nach Brig, wo sie ihn in mehrere Prozesse verwickelten. Im Oktober 1679 floh er über den Simplon. Sechs Jahre später, als seine größten Widersacher gestorben waren, kehrte er heim – als 76 jähriger Greis. Er trug zusammen, was von seinem noch immer beachtlichen Vermögen übriggeblieben war, und

Ortsplan von Brig
1 Altes Stockalperhaus 2 Großer Stockalperpalast 3 Kath. Kollegiumskirche Spiritus Sanctus
4 Kapelle St. Antonius Eremita 5 Kath. Ursulinenkirche Hl. Dreifaltigkeit 6 Oberes Wegenerhaus
(heute Marienheim) 7 Haus Fernanda Stockalper 8 Unteres Wegenerhaus 9 Theilerhaus 10 Kath.
Pfarrkirche Hl. Herz Jesu 11 Kapelle St. Sebastian

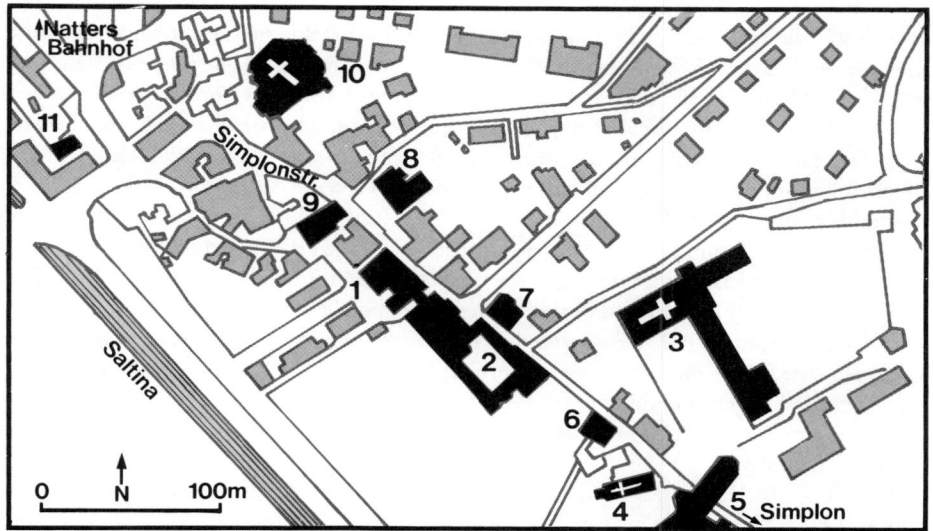

Ansicht von Brig im 19. Jahrhundert

starb hoch geehrt mit 82 Jahren. Er hatte mehr Reichtum, Macht und Ehre errungen als sonst ein Bürgerlicher seiner Zeit, aber es war ihm nicht vergönnt, etwas davon seinen eigenen Kindern zu hinterlassen. Sie waren alle schon in jungen Jahren gestorben, und auch den einzigen Sohn, der ihm geblieben war, überlebte er noch. Stockalpers Frau war wahrscheinlich Überträgerin der Bluterkrankheitheit. Der einzige Sohn, der heiraten und selbst Kinder, einen Sohn und eine Tochter, bekommen konnte, die das Geschlecht derer von Stockalper weiterführten, wurde 34 Jahre alt.

Schauen wir uns nun den *Stockalperpalast* näher an. Er wurde in den Jahren 1658–78 erbaut und besteht aus einem mächtigen vierstöckigen Hauptgebäude mit breiten Mittelgängen, die den Zutritt in alle Räume ermöglichen. Daran schließt der große Hof an, mit zwei- und dreigeschossigen Arkadengängen mit Tuffsteinbalustraden und kleinen Säulen. Hier befanden sich früher die Lagerräume. Nördlich vom Schloß liegt das alte Stockalperhaus, das Mitte des 16. Jahrhunderts unter Peter Stockalper, dem Urgroßvater Kaspars, erbaut wurde. Ein venezianisch anmutender zweigeschossiger Arkadenaufgang verbindet das alte Haus mit dem Palast.

Zum Wahrzeichen der Stadt wurden die drei den Hl. Drei Königen geweihten Zwiebeltürme aus mächtigen Steinquadern. Sie tragen die Namen der drei biblischen Könige. Verschiedene Stile machen den Bau zu einem interessanten Kompositum: die Arkadengänge sind italienisch, der Wohntrakt selbst zeigt noch gotische Elemente, und der Schloßhof erinnert an die Renaissancehöfe Bolognas.

Daß es heute wieder ein Kunstdenkmal ist, ist nicht selbstverständlich, war doch der einstmals so prächtige Stockalperpalast bereits im ersten Viertel unseres Jahrhunderts so verwahrlost, daß er den Nachfahren des »Großen Stockalper« ernstliche Sorgen bereitete. »Da das Gebäude in Privatbesitz von Oberstleutnant von Stockalper ist, die Renovation jedenfalls Unsummen kostet und keine Mittel vorhanden sind, ist es jedenfalls schwierig, eine Renovation zu verwirklichen«, schrieb 1936 ein Mitglied der Eidgenössischen Kommission für historische Kunstdenkmäler. 1948 konnte ein erster entscheidender Schritt getan werden: mit Hilfe des Bundes und des Kantons brachte die Gemeinde Brig das Geld auf und erwarb das Schloß mit dem noch dazu gehörenden Parkgelände von Josef Stockalper für den heute lächerlich gering anmutenden Betrag von 440000 Franken. 1956–1960 wurden die Arbeiten für einen Gesamtbetrag von 2,7 Millionen Franken durchgeführt. Seit 1960 ist der Stockalperpalast das Rathaus von Brig, Gericht und Grundbuchamt; das Platzkommando Oberwallis und andere Zweige der Stadtverwaltung haben hier ihren Sitz. Außerdem beherbergt das Schloß das Oberwalliser Heimatmuseum (Abb. 31), die Stiftung des Briger Malers Alfred Grünewald und Wechselausstellungen. Das Innere des Schlosses ist mit Einschränkungen zur Besichtigung freigegeben. Die Büroräume dürfen selbstverständlich nicht betreten werden, die großen Säle sind nur geöffnet, wenn nicht gerade Sitzungen oder Versammlungen stattfinden, und besichtigt werden darf überhaupt nur im Rahmen einer Führung (Öffnungszeiten siehe S. 351).

Mit dem Besuch des Stockalperschlosses hat man in Brig natürlich noch längst nicht alles gesehen. Brig ist, getreu seinen Wahrzeichen, eine Stadt der Türme und Türmchen. Unter den Spitzen der drei vergoldeten Zwiebeltürme ducken und drängen sie sich zusammen: prächtige Fassadentürme, Treppentürme, Zwiebeltürme, Glockentürme und -türmchen, Kuppeltürme und sogar ein sechseckiger Turm. Es scheint, als hätten die Briger dem großen Sohn ihrer Stadt nachgeeifert; zwar wollten sie nicht so hoch hinaus wie er, nicht ganz so prächtig sein, aber jeder, der auf sich hielt, wollte seinen eigenen Turm haben. Die meisten sind auch erst während oder nach dem Bau des Schlosses, im 17. und 18. Jahrhundert errichtet worden.

Ein sehr eindrucksvoller Turm gehört zur Jesuitenkirche, der katholischen *Kollegiumskirche Spiritus Sanctus*. Sie ist nur einen Steinwurf vom Stockalperpalast entfernt, dort, wo einst die Burg der Herren von Brig über der Stadt thronte. Wahrscheinlich entwarf der Augsburger Matthias Koller die ersten Pläne zum Bau der Kirche, die dann der Jesuit Heinrich Mayer (1639–1692) überarbeitete. Der Bau entspricht dem Schema der Landshuter Kollegiumskirche und wurde in den Jahren 1673 bis 1687 errichtet. Die Baumeister, Gebrüder Christian, Peter und Balthasar Bodmer, veränderten die Pläne dergestalt, daß sie dem Kirchenschiff – im Gegensatz zum süddeutschen Typ der Jesuitenkirche – eine ungewöhnliche Höhe gaben. Nach dem verheerenden Brand von 1787 wurde das Kirchenschiff in

117

klassizistischem Stil wiederhergestellt, was den strengen und kühlen Gesamteindruck noch verstärkte (Farbabb. 32).

An den Attikapilastern des Chorbogens befinden sich Wappenkartuschen: links das des Zenden Brig, rechts das des Großen Stockalper. Die Wappenkartuschen der sechs oberen Zenden sind über den Fensterscheiteln der Seitenkapellen zu sehen. Hochaltar und Seitenaltäre aus dunklem Serpentin wurden möglicherweise alle in den Jahren 1691–96 von Johann Michael Schuster geschaffen. Die versilberten Holzstatuen der Evangelisten auf dem Hochaltar standen wahrscheinlich ursprünglich auf der Kanzel (1697), bevor man diese 1823 umbaute. Das Altargemälde des Hochaltars zeigt das Pfingstwunder, ein Werk Kaspar Anton Mentelers von 1826. Ebenso wie das Gemälde im rechten Seitenaltar (Tod des Hl. Franz Xaver) stammen die vier Gemälde an den Chorwänden von Salvatore Rosa. Die Kollegiumskirche erhielt sie 1818 als Geschenk. Im linken Seitenaltar ist der Hl. Ignatius als Apostel der Völker dargestellt, 1846 von Paul von Deschwander gemalt.

Vom Stockalperpalast aus der Alten Simplonstraße folgend, erreicht man bald die katholische *Ursulinenkirche Hl. Dreifaltigkeit.* Sie wurde 1732 erbaut und ist ein etwas kleineres Abbild der Jesuitenkirche. Unmittelbar daneben steht die spätgotische *Kapelle des Hl. Antonius Eremita.* Wahrscheinlich wurde sie im Jahre 1304, gleichzeitig mit dem Antoniushospiz, erbaut und ist dem Einsiedler Antonius geweiht. Hier war der historische Versammlungsort der Zenden. Restaurierungsarbeiten sind von 1494 (Schlußstein mit Schriftband und Jahreszahl) und aus dem 18. Jahrhundert bekannt. Der 1851 eingestürzte Turm wurde 1856 in neugotischem Stil wieder aufgebaut. Das dreijochige Schiff mit Kreuzgewölbe ruht auf mächtigen kapitellosen Strebepfeilern, der Chor mit Hochaltar wurde barockisiert. Die Statue des Hl. Antonius ist aus der zweiten Hälfte des 15. Jahrhunderts.

Auf dem Rückweg zum Stockalperpalast fällt ein Treppenturm mit Walmdach auf. Er gehört zum *Oberen Wegenerhaus,* dem heutigen Marienheim, das 1709 von Georg Christoph Mannhaft, dem Schwiegersohn des Großen Stockalper, gebaut wurde.

Im Herzen der Stadt, am Rande des geschäftigen Sebastianplatzes, steht die *St. Sebastianskapelle,* erbaut 1636–37 von einem der Brüder Bodmer, größtenteils aus Mitteln Kaspar Jodok von Stockalpers (Abb. 32). Zusammen mit dem Treppenturm des benachbarten Fachwerkhauses bildet die Fassade der Kapelle eine eindrucksvolle Front. Man betritt sie durch die Vorhalle, die auf zwei Säulenpaaren ruht. Das Schiff besteht aus einem quadratischen Joch und trägt eine achteckige Kuppel mit Laterne. Das Altarbild, 1837 von Lorenz Justin Ritz gemalt, zeigt den Schutzpatron der Kapelle, den Hl. Sebastian. Das Weihwasserbecken aus dem Jahre 1637 trägt die Wappen der Familien Stockalper und Perrig.

Neueren Datums ist die *Herz-Jesu-Kirche,* 1967 bis 1970 nach den Plänen von Nadine und Jean Iten aus Genf erbaut. Es ist ein Kirchenbau unserer Zeit mit klaren, kühlen, sachlichen Linien. Die Kirche steht unter dem Titel »Das Zelt Gottes unter den Menschen«. Und wie ein Zelt wirkt auch das Dach, aufgehängt zwischen dem Turm und den ihn umgebenden acht Mauerquadern, die nur durch Fenster und Kupferstützen miteinander verbunden sind. Im Inneren wird das Zeltthema wiederholt: Der Unterbau des Turmes schließt den Chor ein, während die ›Volants‹ des Turmes wie geöffnete Zeltwände den Blick vom Schiff ins Zelt-

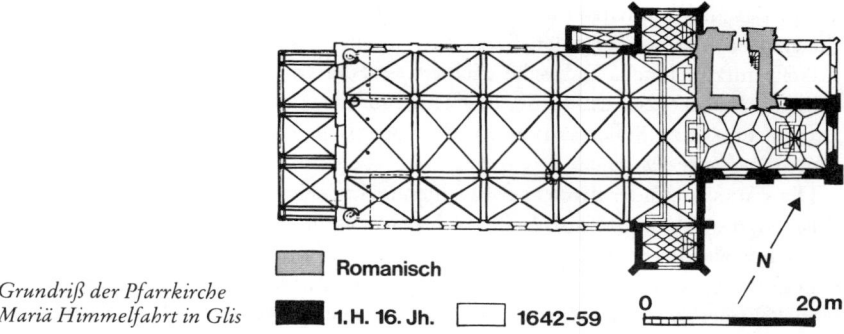

Grundriß der Pfarrkirche Mariä Himmelfahrt in Glis

■ **Romanisch**   ■ **1.H. 16. Jh.**   □ **1642-59**   N   0 — 20m

innere, den Chor, freigeben. Chor und Schiff als Gesamtheit sind vom äußeren Kirchenzelt umgeben, dessen Decke wie ein lamellenbesetzter Pilzhut ins Innere herunterhängt. Herrlich sind die Glasfenster von Jacques Düblin mit den Themen (von West nach Ost): Sündenfall, Verkündigung, Geburt, Altarssakrament, Passion, Pfingsten und ein Marienfenster. Der Kühle der äußeren Linien folgend, ist das Interieur einfach, ja fast streng.

Die katholische *Pfarrkirche Mariä Himmelfahrt* in **Glis** ist eine der reichsten und ältesten Kirchen des Wallis (Abb. 24). Und doch ist ihre Entstehungsgeschichte mehr durch Sagen als durch Tatsachen überliefert. Frankenkönig Chlothar II. und Fürst Altheus führten gegen Bischof Laudemundus Krieg. Der Ausgang war für die mit Burgund verbundenen Walliser unglücklich, weil der siegreiche Chlothar Altheus hinrichten ließ und der Bischof flüchtete. An seiner Stelle wurde ein gewisser Drakoaldus als Bischof eingesetzt. Laudemundus leistete während seiner Flucht in Glis das Gelübde, daß er, sollte er jemals wieder zu Bischofsehren kommen, hier eine Kirche zu Ehren der Gottesmutter errichten lassen wolle. Möglicherweise läßt sich sogar von diesem Wort der Name der Stadt herleiten: Ecclesia – Eglise – Glis. Auf der Synode von Paris erhielt Laudemundus 614 mit Hilfe des Abtes Eustasius aus Leuxeul im Elsaß sein Bischofsamt in Sitten zurück. Er hatte sein Gelübde nicht vergessen: 615 fand die Grundsteinlegung statt, und 620 konnte die Kirche geweiht werden. Über das Aussehen dieser Kirche wissen wir nichts, da die möglicherweise vorhandenen Überreste 4–5 m unter dem heutigen Chorboden liegen dürften.

Der letzte Burgunderkönig, Rudolf III., schenkte im Jahre 999 dem Bischof von Sitten auch die weltliche Herrschaft über seine Diözese, so daß die Bischöfe fortan Grafen und ab 1032 sogar Reichsfürsten waren. Diesem Umstand verdankten die geistlichen Herren nicht nur mehr Macht, sondern auch erheblich mehr Geld. In dieser Zeit wurde die Kirche von Glis um den Chor und den unteren Teil des Turmes erweitert. Der Turm diente damals noch nicht als Glockenturm sondern als Aufbewahrungsort für Reliquien und den Kirchenschatz.

1169 wurde verfügt, daß jede Kirche eine Glocke besitzen müsse. Tatsächlich wurden viele Glockentürme der alten und bedeutenden Kirchen, z. B. in St. Maurice, Sitten, Naters,

119

Leuk, Ernen, Visp, Kippel und Münster, erst daraufhin errichtet. Sicher war der vorhandene, nur 6 m breite Turm der Pfarrkirche in Glis zu klein, um eine große, weithin hörbare Glocke aufzunehmen. Wahrscheinlich erfolgte der Um- und Ausbau unter Bischof Heinrich von Raron (1243–1271), der den Turm um insgesamt vier Geschosse hochziehen ließ. Im Auftrag Georg Supersaxos wurde die romanische Kirche von Ulrich Ruffiner in größerem Stil gebaut.

Die stärksten Änderungen aber brachte die Stockalperzeit. Die Brüder Bodmer aus dem Prismell, die altbewährten Baumeister des Großen Stockalper, gingen gründlich ans Werk: Der Chor wurde renoviert, der Turm um ein Geschoß erhöht und neu verputzt; dann riß man kurzerhand das romanische Kirchenschiff ab. Nur die beiden gotischen Seitenkapellen (von Ruffiner) und der Nordeingang, die sogenannte »Goldene Pforte«, blieben stehen. Zudem verlängerten die Bodmers das Schiff um 8 m nach Westen. 1891 wurde die Orgelempore vergrößert, um Raum für den Kirchenchor zu schaffen.

Heute betritt man die Kirche meist durch den Nordeingang. Die »Goldene Pforte«, eines der schönsten spätgotischen Spitzbogenportale des Wallis, ist ein Meisterwerk Ulrich Ruffiners. In der Spitze des Bogens erkennt man ein Schriftband mit Jahreszahl (1519) und Zeichen des Baumeisters. Darüber, in einer Art Medaillon aus Sonnenstrahlen, eine Muttergottes; rechts und links, der abfallenden Linie des Bogens folgend, zwei Mandoline spielende Engel, darunter wieder Schriftbänder und darunter, auf Sockeln stehend, links nochmals eine Marienfigur mit Buch und Pult, rechts der Verkündigungsengel Gabriel. Unter den Platten dieser Sockel ist jeweils eine kleine Figurengruppe zu sehen. Rechts zieht eine Teufelsgestalt einen Drachen am Bart, und links kämpft ein Löwe mit einem Bären. Die Symbolik dieser Darstellungen wird erst verständlich, wenn man weiß, daß Supersaxo sein Wappen, das ursprünglich nur eine Krone trug, um einen kämpferischen Löwen bereichert: es ist der Löwe, der gegen den Bären, Schiner, kämpft. Das Pendant zeigt den Kampf der Zenden Goms und Brig, die sich wegen Schiner 1518 auf dem Natischerfeld bekämpften. Brig ist der Drache, wie er auf dem alten Wappen zu sehen war, und Goms ist der Teufel.

Etwa in Brusthöhe der Pforte läuft ein Sims zu den Wänden hin, in deren Mitte sich rechts eine Eule und links ein fratzenhafter Kopf befinden. Bei ihm (Abb. 1) handelt es sich entweder um eine »Mazze«, das Symbol der Volkserhebung im Wallis, oder einen Narren.

Wer nun nach rechts um die Kirche herumgeht, betritt sie durch das Hauptportal, das unter einem offenen Arkadenvorbau mit Serpentinumrahmung liegt. 1642 begannen die Brüder Bodmer – auf Veranlassung des Großen Stockalper – mit dem Bau des neuen Langhauses. Es ist 56 m lang, unterteilt in drei Schiffe mit Kreuzgratgewölbe. Die Schiffe sind durch rundbogige Arkaden mit Renaissancepfeilern und Statuettenschmuck voneinander getrennt. Die schwarze Kanzel mit weißem Figurenschmuck, ebenfalls eine Arbeit der Bodmers, fand erst 30 Jahre später ihren Platz im Schiff.

Der Chor, 1539–40 von Ruffiner erbaut, ist fast eine Kirche in der Kirche. Er ist rechteckig und hat eine Decke mit Netzgewölbe, die an jeder Überschneidung der Rippen einen schweren Schlußstein mit dem Wappen der Stifter trägt. Die Decke ruht auf schlanken Säulenbündeln (Abb. 27).

Der Chor ist ein würdiger Rahmen für den spätgotischen Hochaltar, der etwa um 1480 von Heinrich Isenhut aus Basel und Martin Koch geschaffen wurde (Farbabb. 30). Gestiftet wurde er von dem damaligen Priester der Pfarrkirche von Brig in Naters, Johann Armbruster. Den Altar beherrschend, steht die Muttergottes in der Mitte, und zwar so, wie sie der Evangelist Johannes in einer Erscheinung auf der Insel Pathmos gesehen und in der geheimen Offenbarung (Off. 12, 1) beschrieben hat: »Und ein großes Zeichen erschien im Himmel, ein Weib, angetan mit der Sonne, und der Mond unter ihren Füßen, und auf ihrem Haupt ein Kranz von zwölf Sternen.«

Auf alten Darstellungen ist zu erkennen, daß das Kind in seiner ausgestreckten Hand einen kleinen Vogel hielt. Die Legende berichtet ja, daß Jesu als Kind Tonvögel formte. Neben der Muttergottes stehen (von links nach rechts) die Hll. Georg, Barbara, Katharina und der Apostel Johannes. Auf den offenen Flügeltüren ist links die Geburt Jesu und rechts die Anbetung der Hl. Drei Könige dargestellt; beide Bilder schon nicht mehr in klassisch gotischer Art, sondern bereits mit Übergängen zur Renaissance.

Im Gesprenge ist noch einmal die Verkündigungsszene zu sehen. Maria und der Erzengel tragen goldene Diademe und sind von Petrus (links) und Paulus flankiert. Zuoberst thront Gottvater, getragen vom Schutzengel der Kirche.

Rechts vom Hauptaltar liegt die südliche, die de-Courten-Kapelle. Die de Courtens waren eine reiche und angesehene Familie aus Brig und möglicherweise mit Georg Supersaxo bekannt, da die Kapelle zur gleichen Zeit wie die nördliche Supersaxokapelle und ebenfalls von Ruffiner gebaut wurde. Hier ist auch der letzte Vertreter der Familie, Anton de Courten, 1548 beigesetzt.

Beherrschend im Flügelaltar (Abb. 26) dieser Kapelle ist eine Pietà aus dem 17. Jahrhundert. Es ist der Leib Christi, der dem Betrachter zugewandt ist, während sein Haupt über die rechte Schulter nach hinten fällt. Darunter öffnet sich die Grabesgruft. Die Skulptur ist neueren Datums, da das Original während der Franzosenzeit verlorenging.

Über dem Altar erhebt sich auf einem Sockel der Auferstandene (1520), flankiert von vier römischen Soldaten. Die Altarflügel zeigen in Flachreliefs die Geißelung (rechts) und die Dornenkrönung. Bei geschlossenen Flügeln ist die Stadt Brig zu sehen. Dieses Bild ist mit Sicherheit erst in der zweiten Hälfte des 17. Jahrhunderts entstanden.

Im Altarsockel erkennt man fein eingearbeitete Heiligenfiguren. Das Fenster der de-Courten-Kapelle aus dem Jahre 1976 wurde von Willi Hartung entworfen und vom Atelier Imboden in Täsch ausgeführt. In intensiven Farben zeigt es den Hl. Theodul im Gespräch mit dem Papst und, der Sage entsprechend, Teufel, Glocke und Hahn (s. S. 176 f.).

Die nördliche Kapelle, die St. Anna- oder Supersaxokapelle, ist eine prunkvolle Gedenkstätte der Familie Supersaxo. Das, was Schiner in Sitten in der Theodulskirche realisieren wollte – eine würdige Gruft für seine Familie –, das konnte Supersaxo in Glis verwirklichen. Georg Supersaxo selbst starb 1529 in Vevey und liegt auch dort begraben, und ob jemand aus seiner Familie in Glis beigesetzt wurde, ist fraglich. Nachdem das Geschlecht der Supersaxo in Glis erloschen war, wurde nicht nur das heute noch bestehende Wohnhaus eines Großteils seiner Schätze beraubt. Der Zenden Brig erwarb seinerseits die

Das ehemals bedeutende, heute verfallene Supersaxohaus in Glis nach einer Zeichnung von Raphael Ritz

Familiengruft als Grabstätte seines Großkastlans, Anton Lambien, Ritter mit den goldenen Sporen, Großkastlan und Zendenhauptmann des Bezirkes Brig. Er starb 1682 und ist der einzige, der nachweisbar hier beigesetzt ist.

Im Zentrum des Anna-Altars (Abb. 25) sitzt die Heilige mit dem Jesuskind auf dem Schoß, rechts dahinter ihr Mann Joachim. Daneben ihre Tochter Maria, durch die Krone, ihr Mann Joseph durch den Bart erkenntlich. Links die Hl. Elisabeth mit Jesus und Johannes. Die sitzende Figur rechts ist nicht bekannt. Die vier alten, würdigen Männer im Hintergrund könnten die Ahnen Annas und Joachims sein. In der Predella sieht man die Wurzel Jesse, angeblich mit den Gesichtszügen Georg Supersaxos.

Die geöffneten Altarflügel zeigen links die Anbetung der Hirten (bemerkenswert: ein Hirte spielt Dudelsack!) und rechts die Anbetung der Hl. Drei Könige. Auf der Rückseite der Flügel ist die ganze Familie Georg Supersaxos dargestellt; er selbst, seine Gemahlin und die 23 Kinder im Gebet vor der Kulisse von Sitten mit den Hügeln Tourbillon und Valeria. Die Schlußsteine der Kapelle tragen die Wappen Supersaxos und seiner Gattin sowie die Initialen von Supersaxos Leitspruch WGW (wie Gott will). Im Mittelpunkt des Gewölbes ein Schlußstein mit Anna, Maria und Jesus, flankiert von dem aufsteigenden goldenen Löwen in rotem Feld auf silbernem Dreiberg – dem Löwen des Georg Supersaxo.

Der linke Seitenaltar auf der Seite der Supersaxokapelle, 1650 von Stockalper gestiftet, wurde in Domodossola von Giorgio Bernardi erbaut – ebenso wie der rechte Seitenaltar. Der linke Altar, auch Rosenkranzaltar genannt, zeigt in den zwei Stockwerken auf jeder Seite sechs von Rosen umwundene Säulen. Das Altarbild (Maria mit dem Kinde und die Hll. Katharina von Siena und Dominik. Jesus reicht Dominik den Rosenkranz.) Das Gemälde ist von 15 kleinen, runden Bildern eingefaßt, die Rosenkranzgeheimnisse darstellen.

Die Wallfahrtskapelle in Eyholz

Am Dorfausgang von Eyholz, in der sogenannten Riti, steht linkerhand unmittelbar an der Straße die *Wallfahrtskapelle*. Die Wände sind blendendweiß, unterbrochen von Korbbögen auf Pilastern, Fensterumrahmungen, Oberlichtern und Ecklinien aus rosarotem Stein aus Baltschieder, sowie den Säulen und Bögen der Vorhalle aus graugrünem Gestein, das möglicherweise an Ort und Stelle gefunden wurde (Abb. 29). Die Westfassade mit der Säulenvorhalle und dem krönenden Glockenturm ist einmalig im Wallis. Über dieser Vorhalle befindet sich der Emporenraum mit drei Fenstern. Die Oberfenster neben dem Kruzifix (Nordseite) tragen unter den Sprenggiebeln je eine Wappenkartusche mit den Initialen H. G. (= Hans Gorper) und N. F. (= Nikolaus Furrer), den beiden Kapellenvögten von 1662.

Warum gerade an dieser Stelle eine Wallfahrtskirche entstand, weiß man nicht. Sicher dagegen ist, daß der Ort bereits 1465 eine große Bedeutung erlangt und beträchtliches Vermögen besessen haben muß, da bereits damals drei Kapellenvögte zur Verwaltung eingesetzt waren. Der erste Bau stand wohl bereits im 13. oder 14. Jahrhundert. Die jetzige Kapelle entstand in den Jahren 1648–62 unter der Leitung Mathias Belwalders, Pfarrer in Visp, dessen Wappen über dem Süd- und Westportal der Kirche zu sehen ist.

Das Innere der Kapelle besticht durch die Lichtfülle und betonte Symmetrie, die klare Linienführung des Tonnengewölbes und das Kuppelgewölbe im Chor. Wie von selbst wird der Blick auf den barocken Hochaltar und die Seitenaltäre hingelenkt. Man sollte, bevor man sich den Details und der genaueren Betrachtung der Altäre widmet, in einiger Entfernung stehenbleiben und die Fülle der Formen und Farben als Gesamteindruck auf sich wirken lassen: eine Flut von Gold, Grün, Blau und tiefem Rot, von prallen Rundungen, gedrehten Säulen, Blättern, Köpfen und wallenden Gewändern.

Der Hauptaltar ist wahrscheinlich ebenso wie der rechte Seitenaltar zwischen 1680 und 1690 in der Werkstatt Johann Sigirstens entstanden und der Muttergottes, der Schutzpatronin der Kapelle, geweiht. Neben ihr befindet sich rechts eine Anna selbdritt und in der linken Nische der Hl. Joachim. Im Gesprenge sitzt, über einer schweren Gebälkzone mit

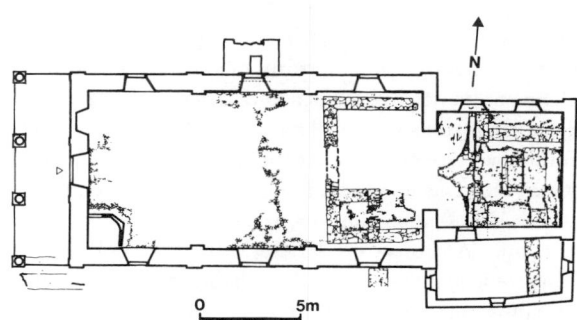

Grundriß der Wallfahrtskapelle »in der Riti« von Eyholz

123

Puttenköpfen, Gottvater, flankiert von Johannes dem Täufer und dem Hl. Joseph. Der Altar wird gekrönt von der Hl. Geist-Taube in einem Strahlenkranz.

Im rechten Seitenaltar stehen die spätgotischen Statuen der Hll. Johannes (links) und Agatha unter Hängekapitellen in den Seitennischen. Über Marienstatue und Hl. Geist-Taube befindet sich ein Stifterbild zwischen Voluten mit tanzenden Putten.

Der linke Seitenaltar ist dem Hl. Antonius geweiht. Seine Statue steht in einer muschelförmigen, von Wolken umgebenen Mittelnische. Durch die zwei korinthischen Säulen auf beiden Seiten der Nische erhält der Altar inmitten der barocken Formenfülle eine gewisse Strenge. Von wem, wann und wo der Altar geschaffen wurde, ist nicht bekannt. Eine bis zur Restaurierung 1930 vorhandene Inschrift nannte Petrus Kurtz und Henricus Kalbermatter mit der Jahreszahl 1671; möglicherweise handelt es sich bei ihnen um die Stifter des Altars.

Aus der Bauzeit der Kapelle stammt die Kanzel aus sehr dunklem, fast schwarzem, Serpentin. Die hübsche Orgel wurde von Franz Joseph Carlen (1779–1843) geschaffen. Allerdings dürfte das Gehäuse noch älter sein, es zeigt Elemente des 17. Jahrhunderts.

Eine Besonderheit ist der Kreuzweg vom Ende des 18. oder Beginn des 19. Jahrhunderts mit 15 anstelle der üblichen 14 Stationen, denn die letzte zeigt die Mutter des Kaisers Konstantin, die Hl. Helena, bei der Auffindung des Kreuzes Christi.

Visp

»Vespia nobilis«, das edle vornehme Visp, so hieß es früher – heute ist es eine betriebsame Industriestadt. Dennoch kann der Besucher in der Altstadt einen Abglanz jenes Vespia nobilis finden (Abb. 33). Sie liegt südlich der Durchgangsstraße, den Blicken zunächst verborgen durch die neuen Wohn-, Geschäfts- und Verwaltungsgebäude des modernen Visp. Das alte Visp läßt sich in drei historische Quartiere einteilen, die sich entlang dem Flüßchen Vispa beziehungsweise der Saastalstraße erstrecken. Nächst der Hauptstraße liegt das ›Gräfinbiel‹, das alte gräfliche Viertel. Es folgt das ›St. Martinsquartier‹ mit der gleichnamigen Kirche, anschließend das Viertel ›Im Hof‹ mit dem Lochmatterturm aus dem 12. Jahrhundert, dem früheren Sitz des Meiers. Denn zusammen mit Stalden und Saas war Visp zunächst als Meiertum bischöfliches Lehen der Grafen von Visp. Die Herren von Visp heirateten im 13. Jahrhundert in die italienische Familie von Biandra ein, die im Wallis den Namen von Blandrate annahm. Deren Wappen (Greif und Löwe, einander zugewandt) ist noch heute das Wappen der Stadt Visp. Vespia nobilis war Zendenhauptort, ab 1400 Kastlanei und Markt mit Susten am Handelsweg zum Theodul-, Antrona- und Monte-Moro-Paß. Von der bedeutenden wirtschaftlichen Stellung Visps zeugen nicht zuletzt die behäbigen, von Sicherheit und Wohlstand erzählenden Bürgerhäuser aus dem 15. bis 17. Jahrhundert, neben anderen die Häuser Zuber, Burger,

124

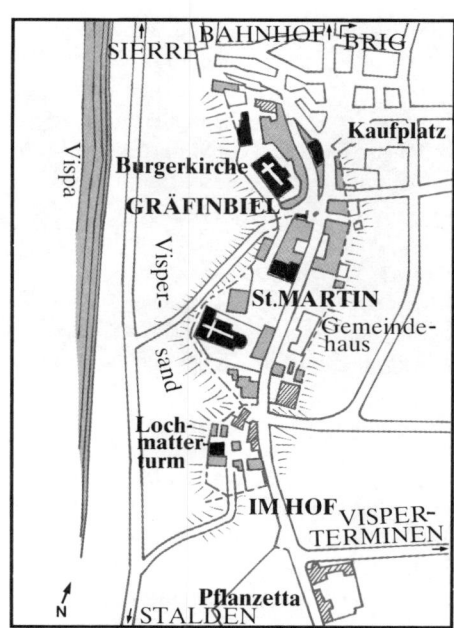

Die drei historischen Viertel in Visp

Inalbon und das Alte Spital. Politisch spielte Visp keine große Rolle, bis auf einen einzigen Tag, den 23. Dezember 1388.

Damals war es schlecht um die Freiheit der Walliser bestellt. Der »Rote Graf«, Amadeus VII. von Savoyen, lag oberhalb von Sitten. Schon glaubte er, Herr des Wallis zu sein, und ließ vom Papst in Avignon einen ihm genehmen Bischof, Humbert de Billens, für die Diözese Sitten ernennen. Sein Gefolgsmann Graf Rudolf von Greyerz lag vor Visp, und es war nur noch eine Frage von Tagen, bis sich diese letzte Bastion des Widerstands ergeben würde, vor allem, da die Grafen von Visp dem Savoyer durchaus zugetan waren. Die Visperaner baten sich drei Tage Bedenkzeit aus – eine reine Formsache, wie der Greyerzer glaubte, als er die Frist bewilligte. Aber die Visperaner schickten heimlich Boten in die Täler, in die sich die geschlagenen Walliser zurückgezogen hatten, hämmerten und schmiedeten. Man leitete Wasser über Straßen und Plätze, das in der klirrenden Kälte bald gefror. Am Morgen des dritten Tages, an dem die Frist ablaufen sollte, schlug man überraschend los. Auf den vereisten Straßen konnten sich die Savoyer kaum bewegen, während die Visperaner und ihre Verbündeten mit ihren stachelbewehrten Schuhen sicher ausschritten und dem Gegner eine empfindliche Niederlage beibrachten.

Mit Hilfe einiger Getreuer konnte der Graf von Greyerz fliehen und dem Savoyer Bericht erstatten. Der »Rote Graf« bekam das Wallis nicht, und auch sein Bischof mußte dem vom

125

Ansicht von Visp. Stahlstich von 1866

Papst in Rom eingesetzten Wilhelm von Raron weichen. Seit diesem Sieg wird in Visp alljährlich am letzten Mittwoch vor Weihnachten der Mannenmittwoch festlich begangen. Der »blaue Stein« oder Halenstein an einer Straßenkreuzung der Altstadt erinnert noch heute an den Freiheitswillen der Visper Bürger.

Von der Durchgangsstraße kommend, erreicht man zunächst im Gräfinbiel die auf dem Hügel gelegene katholische *Kirche Hl. Drei Könige*, die sogenannte Burgerkirche. Spuren einer Kirche aus dem 11. Jahrhundert sind in der Krypta noch zu sehen. Der spätromanische Rechteckchor sowie der Turm und die Sakristei an der westlichen Chorseite wurden im 13. bis 15. Jahrhundert angebaut. In der ersten Hälfte des 18. Jahrhunderts baute man das Schiff neu, barockisierte den Chor und erhöhte den Turm um ein Geschoß. Das Gewölbe des Schiffes mußte nach dem Erdbeben von 1855 total erneuert werden.

Das Innere wirkt streng und ernst. Der Hochaltar im stark erhöhten Chor wurde in Stuccolustro 1724 von Giovanni Battista Rappa geschaffen. Die Seitenaltäre (von 1895) stammen wahrscheinlich von Battista Premoselli, die Gemälde von Melchior Paul von Deschwanden. An der Seite der marmornen Chortreppe führt eine Treppe in die dreischiffige, dreijochige Hallenkrypta. Die auf der rechten Seite und in der Rückwand im Verputz ausgesparten Nischen geben den Blick frei auf die Mauerreste der frühen Kirche.

Direkt gegenüber dem geschnitzten Haupteingang der Burgerkirche steht das spätgotische *Haus Inalbon*, wahrscheinlich auf den Fundamenten des ehemaligen Schlosses Blandrate im 16. Jahrhundert neu erbaut (Abb. 34).

Über dem Quartier St. Martin steht die mächtige, fast wie eine Festung wirkende *Pfarrkirche St. Martin*. Von der ursprünglichen, barocken Kirche (1650–1655 erbaut) ist nur noch die Arkadenvorhalle erhalten. Die Kirche wurde 1953 von Ferdinand Pfammatter völlig neu erbaut. Auffallend sind die leuchtenden Glasfenster (1957). Die Seitenaltarmosaike stammen aus der zweiten Hälfte des 17. Jahrhunderts. Vom Vorhof der Kirche hat man einen schönen Blick über den nördlich gelegenen Stadtkern mit seinen engen Gassen und alten Häusern.

126

Raron, St. German, Niedergesteln

In dem malerischen **Raron,** abseits der Straßen am rechten Rhoneufer und an den Südhang der Berge geschmiegt, scheint die Welt noch in Ordnung zu sein. Auch dieser Ort hatte einmal seine große Zeit, vom Beginn des 12. bis zum 15. Jahrhundert. Eines der größten Adelsgeschlechter des Wallis, die Familie von Raron, hatte hier ihren Sitz. Die Freiherren von Raron stellten vier Bischöfe und einige weltliche Landesfürsten. Einer der letzteren war nicht gerade ein Ruhmesblatt in der Geschichte der Familie; Gitschard (auch Witschard) von Raron war ein hochfahrender, stolzer und machtgieriger Mann. Er erreichte es bei Kaiser Sigismund in Serravalle (Tessin) 1414, daß er ihm und seinen Nachkommen Landeshoheit über das Wallis übertrug. Der Kaiser und der Edle von Raron hatten die Rechnung aber ohne das Volk gemacht: Die freiheitsliebenden Walliser jagten den Rarner aus dem Land. Ruhmvoller war die Geschichte des geistlichen Herren von Raron. Von 1243 bis 1271 war Heinrich I. von Raron Bischof. Er leistete dem Savoyer Le Petit Charlemagne Peter I. mit Hilfe des Papstes und der Berner erbitterten Widerstand. Wilhelm I. (1389–1402) von Raron war sehr beliebt beim Volk und tat viel Gutes für das Land, was ihm den Beinamen »der Gute« einbrachte. Unter seinem Nachfolger, Wilhelm II. von Raron dagegen folgte eine Zeit der Unruhe. Mit ihm bestieg nochmals ein Angehöriger derer von Raron den Bischofsthron; danach zogen sie sich auf ihre Besitztümer im Toggenburg und im Linthgebiet zurück. Von den großen Söhnen Rarons seien noch zwei genannt: Johannes von Roten und Ulrich Ruffiner, der größte Baumeister seiner Zeit im Wallis, kam ursprünglich aus Prismell in Oberitalien, erhielt aber das Rarner Bürgerrecht. Sein Wohnhaus steht noch heute an der Südseite des Burgfelsens.

Schon von der Straße aus erkennt man das Wahrzeichen von Raron, die trutzige Burgkirche, die sich wie eine Festung auf dem Hügel über der Stadt erhebt (Farbabb. 27). Vom Bahnhof aus erreichen wir zunächst den Standplatz der alten Dorfkirche von Raron. Sie mußte bereits im 15. Jahrhundert infolge der Ablagerungen und Überschwemmungen des Bietschbachs aufgegeben werden. Bis 1938 war noch ihr Turm erhalten geblieben, dann stürzte auch dieser eines Tages zusammen.

Als 1924 das Beinhaus der Burgkirche ausgeräumt wurde, fand man hinter der Schädelwand einige wertvolle romanische Skulpturen, die heute, zum Leidwesen der Rarner Bürger, im Landesmuseum in Zürich ausgestellt sind.

Weiter führt der Weg an der zu Beginn des 19. Jahrhunderts erbauten, dem Hl. Joseph geweihten Kapelle vorbei zum Dorfplatz. Vor dem Gemeindehaus steht eine Säule mit dem Gemeindewappen (Rebstock und die nur noch zur Hälfte lesbare Jahreszahl). In die Hauswand eingelassen ist das Wappen von Raron zu sehen, die Jahreszahl 1617 und der kaiserliche Doppeladler. Diese Säule sei, so behaupten die Rarner, die sichtbare Verbindung zwischen dem Imperium Romanum und dem Heiligen Römischen Reich Deutscher Nation.

127

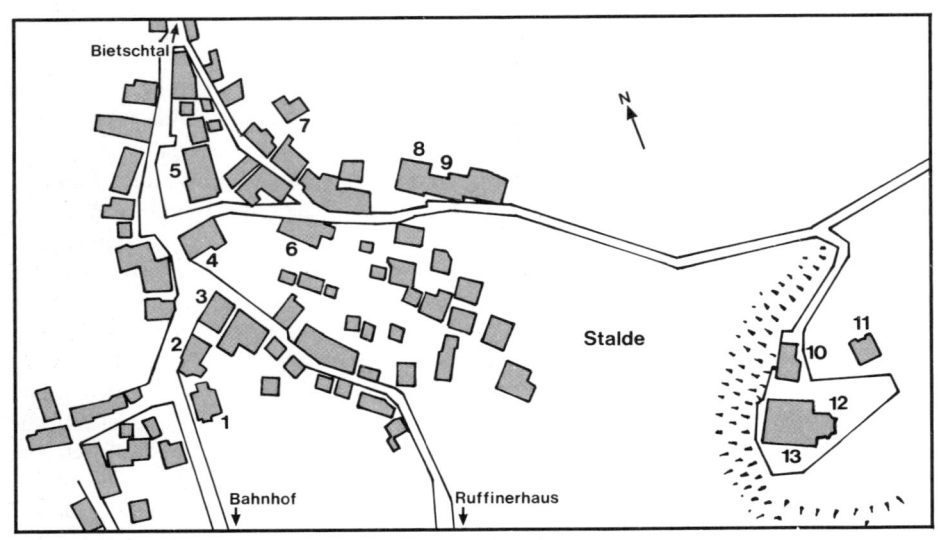

Ortsplan von Raron mit der Burgkirche
1 Standort der alten Kirche   2 St. Josephskapelle   3 Gemeinde- und Schulhaus   4 Maxenhaus
5 Haus Leo Lucien von Roten   6 Gattlenhaus   7 Zentriegenhaus   8 Rotenhaus im Hof   9 Haus Peter
von Roten   10 Pfarrhaus   11 »antiqua turris«   12 Kirche   13 Rilkegrab

Wahrscheinlich wurde die Säule ursprünglich als römischer Meilenstein errichtet. Zur Zeit der reichsunmittelbaren Alpenrepublik diente sie als Pranger.

Wenn sich die Gelegenheit bietet, sollte man sich im Inneren des *Gemeindehauses* den Burgersaal ansehen, in dem die Gemeindeversammlungen stattfinden. Der Saal ist im unteren Teil in Holz gehalten; die obere Hälfte hingegen ist weiß verputzt und mit den Fresken der Familienwappen und -namen der alteingesessenen Rarner geschmückt.

Schräg gegenüber dem Gemeindehaus steht das *Maxenhaus*, 1547 von Stephan Maxen erbaut (Abb. 39). Dieses Haus führt uns eindrucksvoll die Schäden vor Augen, die der Bietschbach im Laufe der Jahrhunderte anrichtete. Von Zeit zu Zeit bringt der so harmlos wirkende Bach riesige Geröllmassen mit. Man nimmt an, daß der Talboden noch im frühen Mittelalter um 10 m tiefer lag als heute. Daher steht das einstmals freistehende Erdgeschoß des Maxenhauses mit den Rundbögen auf Tuffsteinsäulen heute tief im Boden. Durch den Rundbogen der alten Eingangstür mit der Jahreszahl 1547 könnte man heute nur noch auf allen Vieren hinein gelangen. Noch am Maxenhaus befindet sich in der Tür an der Ecke ein

35   RARON   Burgkirche St. Romanus ▷

36 RARON Burgkirche St. Romanus, Taufstein

37 RARON Wohnturm der Viztume

38 RARON Burgkirche, Fresko »Das Jüngste Gericht«

39 RARON Maxenhaus

40 RARON Felsenkirche

42 LEUK Bischofspalast (Heimatmuseum)   43 LEUK Ringackerkapelle
◁ 41 LEUK Blick über die Stadt
44 LEUK Viztumsschloß (links) und Bischofspalast

45 LEUK   Ringackerkapelle, Hochaltar (Detail)

46 LEUK   Ringackerkapelle, Seitenaltar (Detail)

47 LEUK   Ringackerkapelle, Deckenfresko ▷

48 LEUKERBAD Pfarrkirche, Barockaltar   49 SIDERS/SIERRE Turm der Viztume ▷

50 SIDERS/SIERRE   Hôtel Château-Bellevue

51 SIDERS/SIERRE   Schloß Goubing

52 SIDERS/SIERRE   Ortsteil Villa, Schloß

53 VAAS bei Lens »Le Château«

54 VAAS bei Lens »Le Château«, Detail

56 ST. PIERRE-DE-CLAGES   Prioratskirche St. Pierre, Mittelschiff
55 ST. PIERRE-DE-CLAGES   Prioratskirche St. Pierre
57 SAILLON   Pfarrkirche, Chor mit dem Fresko von Chavez

58 SAILLON Teil der alten Stadtmauer

59 SAILLON Pfarrkirche

60–62 MARTIGNY Gallo-römisches Museum, römische Bronzearbeiten

Schlitz mit der eingeschnitzten Inschrift »aux lettres«; es soll dies der älteste Briefkasten der Schweiz aus napoleonischer Zeit sein.

Etwas weiter auf der linken Seite steht das *Haus des Staats- und Ständerates und Dichters Leo Lucien von Roten*. Die von Roten, die zweite mächtige Familie Rarons, kamen im 15. Jahrhundert aus Stalden im Vispertal. Sie übernahmen im Laufe des 15. und 16. Jahrhunderts mehr und mehr jene Rolle, die die Herren von Raron innegehabt hatten, und sind seit nahezu 500 Jahren das einflußreichste Geschlecht von Raron: vier von Roten waren Landeshauptleute, einer brachte es zum Bischof. Von Macht und Reichtum der Familie berichten die Häuser, die sich linkerhand am Berghang erheben.

Unmittelbar an der von links in die Stalde einmündenden Seitengasse steht ein beeindruckendes *Gebäude mit Treppengiebeln*. Das Haus ist in zweifacher Hinsicht ein Denkmal: Ulrich Ruffiner, der große Architekt, baute es für den größten Mann seiner Zeit, den Landeshauptmann Johannes Zentrigen.

Weiter oberhalb befinden sich zwei weitere von-Roten-Häuser. Das *Haus des Peter von Roten* und das *Haus »im Hof«* mit schönen, zum Teil originellen Fresken (um 1600), unter anderem in einer Fensternische die Darstellungen zweier Figuren aus einem Fastnachtsspiel des (möglicherweise protestantischen) Niklaus Manuel: Ueli Rechenzand und Elseli Tragdenknaben. Es handelt sich um ungebräuchliche Bilder im katholischen Wallis, die man wohl als Konzession an den Protestantismus werten darf.

Über die kleine Senke des Burggrabens erreichen wir rechts die Hügelkuppe »Auf der Burg«, wie die Rarner das ganze Gelände nennen, mit *Altem Turm, Pfarrhaus* und *Kirche St. Romanus* (Abb. 35). Der ›antiqua turris‹ aus dem 11. oder 12. Jahrhundert wurde 1268 erstmals urkundlich erwähnt. Damals diente er als Viztumsschloß der Herren von Raron (Abb. 37). Bereits im Laufe des 13. Jahrhunderts war neben dem alten Turm ein ›nova turris‹, ein neuer, noch mächtigerer Turm mit einem Grundriß von 20×20 m errichtet worden, in dem der Stellvertreter des Viztums, der Meier, seinen Sitz hatte. 1505 wurde beschlossen, die neue Kirche in den neuen Turm hineinzubauen. Ulrich Ruffiner löste die Aufgabe, indem er die 2,8 m dicken Wehrmauern des Turms zu Mauern des Kirchenschiffs machte. Der zarte feingliedrige Chor wurde an das mächtige Schiff angebaut und der Turm aus der Westwand des Schiffs hochgezogen. In einem zweiten Arbeitsgang 1517 zog Ruffiner das zierliche Netzgewölbe ein.

Gegen Ende des 17. Jahrhunderts wurde die Kirche barockisiert. Das monumentale »Jüngste Gericht« an der Nordwand der Kirche erhielt eine barocke Übermalung (die heute wieder entfernt ist; Abb. 38); man ersetzte auch die gotische Kirchenausstattung durch barocke Stücke (Abb. 36), die zum Teil im Laufe des 19. Jahrhunderts wieder durch gotisches Inventar ersetzt wurden.

Das »Jüngste Gericht« ist – mit 8×12 m – die größte Wandmalerei der Schweiz. Vermutlich wurde das Fresko 1512 von Hans Rinischer gemalt: die Initialen H. R. sind über der Fensterkammer im Gewölbe zu sehen, vom Schiff aus erkennt man über der gleichen Gewölbekammer die Jahreszahl 1512 und in einem Schriftband den Namen des Stifters, Pfarrer Peter Hertin. Das Wandgemälde war schon fertig, als Ulrich Ruffiner wegen der

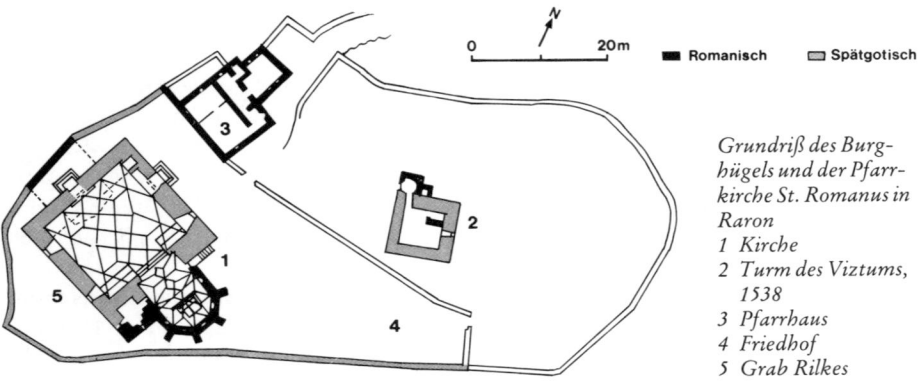

Grundriß des Burg-
hügels und der Pfarr-
kirche St. Romanus in
Raron
1 Kirche
2 Turm des Viztums,
1538
3 Pfarrhaus
4 Friedhof
5 Grab Rilkes

Einsturzgefahr des Kirchendachs das Netzgewölbe in das Schiff einziehen mußte; daher ist der höchste Richter auf dem Regenbogenthron durch einen Gewölbeansatz unseren Blicken entzogen; im darüberliegenden Dachboden fand man die Fortsetzung des Wandgemäldes. Es zeugt im ganzen von der noch tiefen Verwurzelung des Künstlers in den mittelalterlichen Schreckensvisionen – trotz der sich bereits anbahnenden Renaissance. Zur weiteren Ausstattung der Kirche gehört die Kreuzigungsgruppe aus dem frühen 16. Jahrhundert im Chor. Die Christusfigur weist in vielen Einzelheiten Übereinstimmungen mit dem Monumentalkruzifix von Münster auf; möglicherweise kann man das Rarner Kruzifix dem gleichen Meister, Jürg Keller, zuschreiben. Die Kanzel und die Haube des Taufsteins stammen beide von Jörg Mattig und Johann Sigen (zweite Hälfte des 17. Jahrhunderts). Das Weihwasserbecken schuf Ulrich Ruffiner 1515. Im Vorbeigehen wollen wir noch die drei Altäre erwähnen: den barocken Herz-Jesu-Altar (erste Hälfte des 18. Jahrhunderts) aus einer Walliser Werkstatt und die beiden neugotischen Seitenaltäre von 1868 aus der Bayerischen Kunstanstalt München.

Unbedingt sollte man noch einen Gang über den Friedhof anschließen, von dem aus man mit einem herrlichen Blick ins Rhonetal belohnt wird. Ist es nicht verständlich, wenn Rilke hier, wo er »zum ersten Mal Licht und Luft des Wallis« gespürt hat, begraben sein wollte? Eine schlichte helle Marmortafel mit den Worten »Rose, o reiner Widerspruch, Lust, niemandes Schlaf zu sein unter soviel Lidern« kennzeichnet seine letzte Ruhestätte.

Man kann nicht über die Rarner Burgkirche berichten, ohne nicht die neue Pfarrkirche von Raron, die *Felsenkirche* (Abb. 40; 1974 eingeweiht) zu erwähnen. In ihr ist alles auf das Wesentliche beschränkt; auch sie ist, ganz modern und schlicht, ein Ort der Geborgenheit und eine Stätte der Andacht.

Wer sich auf dem Burghügel statt nach rechts zur Kirche hinauf nach links wendet, der befindet sich auf dem uralten Höhenweg, der einst das ganze Tal durchzog. Bald erreichen wir rechterhand die flache Hügelkuppe des Heidnischbiel, die steil zum Rhonetal abfällt.

Der heute vollkommen umgebaute Turm im Turtig in Raron. Nach einer Zeichnung von Raphael Ritz

Von hier oben hat man den schönsten Blick über das Tal. Vielleicht empfanden das auch die prähistorischen Bewohner dieser Gegend, denn hier fanden Archäologen die bis heute nicht zu deutenden Schalen- und Gleitsteine mit kreisrunden Vertiefungen von fünf bis zehn cm Durchmesser. An der Ostseite des Hügels entdeckte man prähistorische Gräber aus der Bronzezeit und aus der Hallstatt- oder La-Tène-Periode der Eisenzeit.

Mit einem Mal dehnen sich rechts und links Weinberge aus. Die Gegend um **St. German** ist gesegnet mit dem mildesten Klima des Oberwallis, zudem entspringt hier die einzige Quelle im weiten Umkreis. Römische Siedlungen sind durch Münzfunde bewiesen, und auch im frühen Mittelalter muß sich hier eine burgartige Anlage befunden haben, deren letzte Reste erst beim Bau des neuen Schulhauses verschwanden.

Seit 1250 – nach anderen Quellen seit 1300 – ist die katholische *Pfarrkirche St. German* bezeugt. Die ursprünglich einschiffige Kirche wurde in spätromanischer Zeit dreischiffig ausgebaut. Aus der ersten Bauperiode stammen wahrscheinlich noch das rundbogige Westportal und die hohen Chorfenster. Die um 1510–20 gotisierte Ostseite, die Sakristei und möglicherweise auch der Turmabschluß weisen mit einigen Elementen auf Ulrich Ruffiner als Baumeister hin. Unter dem mit sieben Stufen stark erhöhten Chor befindet sich die Krypta aus dem 16. Jahrhundert mit einem Kreuzrippengewölbe auf zwei Tuffsteinsäulen.

St. German ist ein sehenswertes Beispiel eines alten, gut erhaltenen Dörfchens. Auffallend sind die vielen Steinhäuser. Ein Haus mit seltsam gebogener Decke im Hauptraum ist wahrscheinlich das älteste Bauernhaus der Region. Schließlich sollte man noch einen Blick auf das Haus der Antoniusbruderschaft werfen. Die Bruderschaft wurde Anfang des 17. Jahrhunderts gegründet, in der Zeit, als der »Schwarze Tod«, die Pest, wütete. Das Haus stammt aus dem Jahre 1630, der obere Teil wurde 1955 abgerissen und neu errichtet. Im ersten Stock befand sich der mit Wappenscheiben geschmückte große Festsaal. Wenn auch der heutige Saal nicht mehr ganz so prächtig ist, so versammeln sich doch noch jedes Jahr am

147

17. Januar die Brüder und Schwestern dieser Gemeinschaft zu einem Festmahl. Dabei vergaß man aber auch das gesellige Moment nicht. Ursprünglich mag das Bruderhaus nur eine einfache Mahlzeit gesehen haben, aber mit der Zeit artete diese in eine Schlemmerei aus, wenn man der Volkssage Glauben schenken darf. Soll es doch vorgekommen sein, daß man ein Rind sowie ein bis zwei Schafe geschlachtet hat, und das Schmausen erst am dritten Tag ein Ende nahm. Daß dabei an Wein nicht gespart wurde, versteht sich unter Wallisern von selbst.

Erstmals erwähnt finden wir die Ortschaft Gesteln, die heute **Niedergesteln** heißt, im Jahre 1179 im Zusammenhang mit den Freiherren von Turn. Mit Sicherheit aber ist Gesteln wesentlich älter. Bereits zur Römerzeit soll es hier ein Castrum oder Castellum gegeben haben. Die Freiherren von Turn wohnten von 1179 bis 1384 in der als uneinnehmbar geltenden Gestlenburg. Sie waren nicht nur bei der Bevölkerung ziemlich unbeliebt, son-

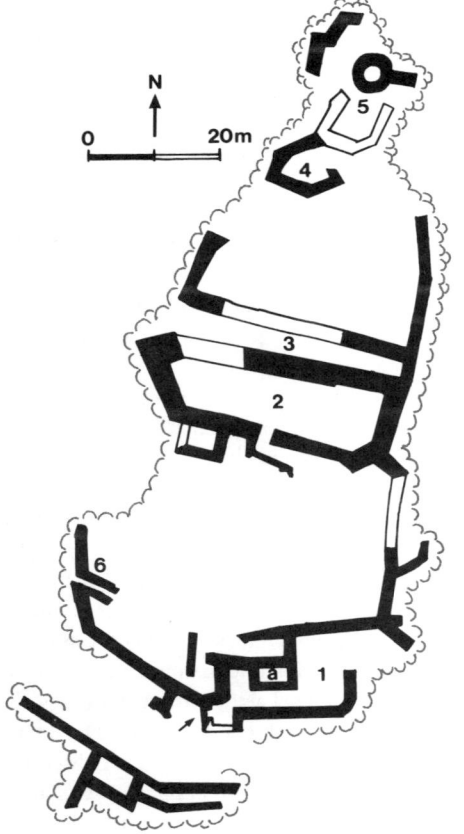

Grundriß des Burghügels und der Burg
Niedergesteln
1 Befestigungen beim Eingang, Zisterne (a)
2 Herrenwohnung
3 Gräben
4 Bastei
5 Rundturm und letzte Befestigungen
6 Pforte

dern lagen auch mit dem Bischof von Sitten in ständiger Fehde. Die Lage spitzte sich immer mehr zu, als Peter IV. von Turn versuchte, die Adligen des Wallis gegen den Bischof Bonifaz von Challant aufzuhetzen. 1294 kam es bei Leuk zu einer Schlacht, in welcher er eine Niederlage erlitt. Die folgende Generation vermehrte die Macht wieder: Peters IV. Nachfolger Johann gewinnt durch Heirat die Herrschaften Frutigen und Gastern und beginnt, zur Sicherung der eigenen Macht, Lötschentaler Bauern ins Oberwallis umzusiedeln. Er bringt es bis zum Range eines Gouverneurs von Mailand, sein Bruder Aimo wird Bischof von Sitten. Peter V. von Turn leistete, in Gemeinschaft mit den Herren von Raron, des Simmentals und der Grafen vor Greyerz, nun wieder dem Bischof von Sitten, Witschard Tavelli, Widerstand – der seinerseits mit dem Grafen Amadeus VI. von Savoyen paktierte. Nach einem kurzen Waffenstillstand ließ Anton von Turn die Kämpfe wieder aufflackern. 1367 wurde die Gräfin von Blandrate mit ihrem Sohn – Verbündete derer von Turn – auf der Rhonebrücke zwischen Brig und Naters von den Oberwallisern ermordet. Anschließend zogen die Oberwalliser nach Niedergesteln und belagerten Dorf und Burg. Nach acht Wochen Belagerung war das Dorf zerstört, doch die Burg hielt stand. Nun begab sich Anton von Turn in den Schutz seines Erzfeindes, des Savoyers. Den unterzeichneten Friedensvertrag brach Anton von Turn 1375 mit der heimtückischen Ermordung von Tavelli, Schützling des Hauses Savoyen. Dieser Verrat führte zur allgemeinen Volkserhebung und zur Vertreibung des Herrengeschlechts derer von Turn aus dem Wallis. Nun wurde der damalige Bischof von Sitten, Eduard von Savoyen, neuer Herr der Burg. Doch auch dieser war den Oberwallisern nicht genehm; sie vertrieben ihn aus der Diözese und zerstörten schließlich 1384 die Burg bis auf die Grundmauern. Der erneut ausgebrochene Krieg zwischen dem Haus Savoyen und den Zenden fand 1338 in der Schlacht bei Visp ein Ende.

Niedergesteln hat einige schöne alte Häuser und in der 1838 neu aufgebauten Kirche einen beachtlichen Hochaltar mit einem Gemälde von Lorenz Justin Ritz (1857).

Von Leuk nach Leukerbad

Unsere Reise durch das deutschsprachige Wallis geht nun mit schnellen Schritten ihrem Ende entgegen. Bevor wir aber den französischen Teil des Kantons betreten, steht uns noch einmal ein geschichtlicher und bauhistorischer Höhepunkt bevor. Nach Gampel und Turtmann erreichen wir die kleine Ortschaft Susten. Ihr Name verrät, daß sich hier einst ein Warenumschlagplatz befunden hat, und wir müssen nicht weit suchen, um einen jahrhundertelang benutzten Verbindungsweg mit dem Nachbarkanton Bern zu finden. Wohl bildet auch hier der Alpenwall eine mächtige Barriere, aber wie anderswo haben Händler und Wanderer einen Übergang nach Norden entdeckt; den gut 2300 m hohen Gemmipaß, von den Einheimischen beider Kantone liebevoll »d'Gemmi« genannt. Als es noch keinen Lötschbergtunnel und Autoreisezug gab, mußten die Reisenden den meist beschwerlichen Weg über den Gemmipaß nehmen und zogen über Leuk, Inden oder Albinen (Farbabb. 17) nach Leukerbad.

Gemmipaß. Holzstich um 1880

150

»Leuca fortis«, das wehrhafte Leuk des Mittelalters, kann mit Stolz auf fast 1500 Jahre Geschichte zurückblicken, in eine Zeit, in der es zu den wohlhabendsten und einflußreichsten Orten des Wallis zählte. Altertumsforscher vertreten die Ansicht, das Gebiet um Leuk sei bereits in der sogenannten Cortaillod-Zeit (etwa 2400 v. Chr.) besiedelt gewesen. Archäologische Funde aus jener Kulturepoche gibt es allerdings nicht, aber das ist nicht weiter verwunderlich, denn um 1000 v. Chr. scheint ein riesiger Bergsturz die ligurische Siedlung zerstört und verschüttet zu haben. Zwei alte Sagen berichten vom »Untergang Alt-Leuks« und vom »Wallis, das ein See war« (es gab tatsächlich zweimal fürchterliche Bergstürze, die das Wallis völlig abriegelten und die Rhone zu einem großen See aufstauten). Später wurde Leuk von den Liguren wieder aufgebaut – aus Sicherheitsgründen allerdings nicht mehr im Talgrund, sondern rund 150 m darüber, am Südabhang des Rhonetales. Die Lage erwies sich als so ideal, daß sich Leuk zum Tor ins Oberwallis entwickelte. Den Ligurern folgten die Kelten und diesen wiederum die Römer, die aber mit streitbaren keltischen Stämmen ihre liebe Mühe hatten. Drei von ihnen, die Seduner, Uberer und Veragerer, fügten der berühmten 12. Legion Caesars eine ihrer schmählichsten Niederlagen zu. Das schnelle Blut der alten Kelten hat sich wohl bis zum heutigen Tag in den Adern vieler Walliser erhalten, denn die Wein-, Obst- und Gemüsebauern sind noch immer gern bereit, mit »denen da oben« – gemeint ist die Regierung in Bern – zu streiten.

Doch zurück nach **Leuk:** Aus der Epoche der Burgunderkönige stammt der erste schriftliche Hinweis auf Leuk. Sigismund, seit 514 König, schenkte der schon damals berühmten Abtei von St. Maurice Land, reiche Besitztümer und neben anderen Orten auch »Leucam«, wie es in der Schenkungsurkunde vom 30. April 515 heißt. Leuk und das Wallis blieben indessen nicht lange unter burgundischem Einfluß. Sigismund wurde von den Söhnen des Frankenkönigs Chlodwig gefangen und 524 hingerichtet. Zehn Jahre später geriet das Wallis nach der Schlacht bei Autun unter fränkische Herrschaft. Leuk kam in den Besitz des Bischofs von Sitten, bei dem es aber erst ab 1142, nachdem es einige Male zu St. Maurice gehört hatte, blieb.

Ungeachtet der jeweiligen Besitzerschaft entwickelte sich Leuk bald zu einem wichtigen Knotenpunkt im Ost-West und Nord-Süd-Handel und wurde zwischen 1030 und 1150 zu einem der wichtigsten Zenden des Wallis. Zwischen 1250 und 1300 erhielt Leuk Stadtrecht und dürfte damit eine der ältesten Städte des Wallis sein. Die weitere Entwicklung ist ein Spiegelbild der übrigen Walliser Geschichte: Auflehnung gegen den Adel, Bündnisse mit Bern und Savoyen, Freiheitskämpfe gegen Savoyen und den Berner Adel, Beistandspakte mit den Eidgenossen und den anderen Zenden des Wallis. Leuk wurde bei kriegerischen Auseinandersetzungen wiederholt zerstört und wieder aufgebaut. Als Matthäus Merian es 1654 zeichnete, bot es den Anblick einer wohlhabenden Festung. Betrachtet man Merians hervorragenden Stich, erkennt man alle jene Gebäude darauf, die auch heute zu den Sehenswürdigkeiten Leuks zählen: Rathaus, Bischofspalast mit Schloß und die trut-

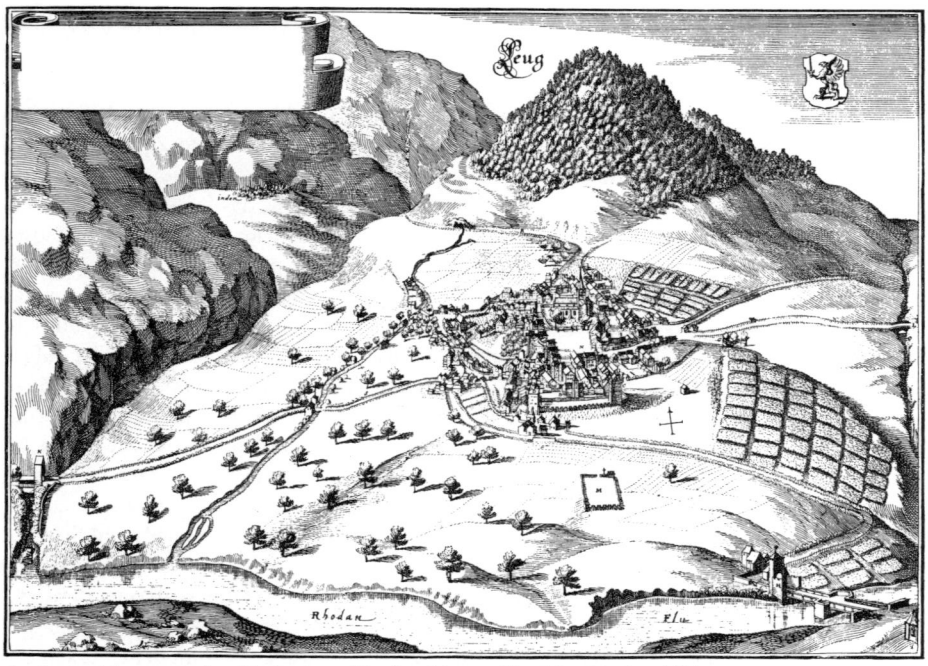

Leuk. Ansicht von Süden. Nach einem Kupferstich von Matthäus Merian 1654

zige St. Stephanskirche am nördlichen Ende des ehemaligen Gerichtsplatzes (vgl. Abb. 41).

Einen Rundgang durch Leuk beginnen wir am besten beim Rathaus, an der südöstlichen Ecke des Städtchens. Der ehemalige *Turm der Viztume* wurde erstmals 1982/83 restauriert und dient heute unter anderem als Gerichtsort (im zweiten Stock Gerichtssaal mit hölzerner Kassettendecke). In seiner heutigen Form ist es ein Werk Ulrich Ruffiners (Abb. 44; Farbabb. 28). Er baute es in den Jahren 1541 bis 1543 wieder auf, nachdem es bereits 1415 einem Brand zum Opfer gefallen war.

Knapp 100 m westlich vom Rathaus stehen die Reste des ehemaligen *Bischöflichen Schlosses* (erstmals 1254 urkundlich erwähnt; Abb. 42). Der Bau verrät trotz starker Veränderungen noch viel von seiner einstigen Größe. Bemerkenswert sind zwei romanische Fenster und ein mächtiger Kamin sowie der Bergfried, dessen Zinnenkrone neu aufgebaut wurde. Im oberen Geschoß des einstigen Wohntraktes hat der Heimatverein »Pro Leuca« ein sehenswertes Museum eingerichtet. Eine besondere Kostbarkeit ist das Gemälde »Daniel in der Löwengrube«, mit dem es eine besondere Bewandtnis hat. Der Betrachter des Bildes wird mit Verwunderung feststellen, daß die Feinde Daniels Mitren tragen! Es ist ein

152

anschauliches Dokument des Streites zwischen Katholizismus und Calvinismus, bei dem ersterer schließlich triumphierte, da der Landrat in Visp 1604 beschloß, beim alten Glauben zu bleiben.

Neben dem Rathaus und dem ehemaligen Bischöflichen Schloß ist die spätgotische *St. Stephanskirche* mit ihrem kantigen romanischen Turm ein Anziehungspunkt. Die dem Haupteingang nächstliegenden gewaltigen achteckigen Säulen legen die Vermutung nahe, daß sie als Träger eines gotischen Turmes – der allerdings nie gebaut wurde – vorgesehen waren. Zusammen mit den vier anderen Pfeilern tragen sie ein lichtes Spitzbogengewölbe. Die nördlichen Pfeiler des Schiffes sowie die entsprechende Wand des Chores neigen sich nach links (Norden). Kirchenhistoriker deuten diese Abweichung als Gedenken an Christus, der am Kreuz sein Haupt neigte. Die Innenausstattung umfaßt den neugotischen Hauptaltar (1897), den Meschler-Altar von 1668 sowie die reich verzierte Kanzel von 1671/2. Die weniger bedeutenden Seitenaltäre wurden entfernt. Bei der umfassenden Restaurierung (Anfang 1986 beendet) trat im Chor ein riesiges »Jüngstes Gericht« unter einer dicken Gipsschicht zutage. Es wurde zu Beginn des 17. Jahrhunderts von Vincenz Albertini gestiftet; der Maler ist unbekannt. Der alte Orgelprospekt (1893) blieb erhalten, die Orgel selbst ist neu und um 27 Register erweitert. – Im Beinhaus fand man bei dieser Gelegenheit 26

Ortsplan von Leuk
1 *Haus Ambüel, 16. Jahrhundert*
2 *Pfarrkirche St. Stephan*
3 *Ehem. Haus Albertini, 1616*
4 *Ehem. Haus Allet, 1580*
5 *Ehem. Haus de Werra, 17. und Anfang 19. Jahrhundert*
6 *Wohnturm der Viztume, heute Rathaus*
7 *Ehem. Bischöfliches Schloß*
8 *Ehem. St. Peterskirche*
9 *Alter Herrensitz der Familie de Werra, 16./17. Jahrhundert*
10 *Haus Zen Ruffinen, Anfang 17. Jahrhundert*

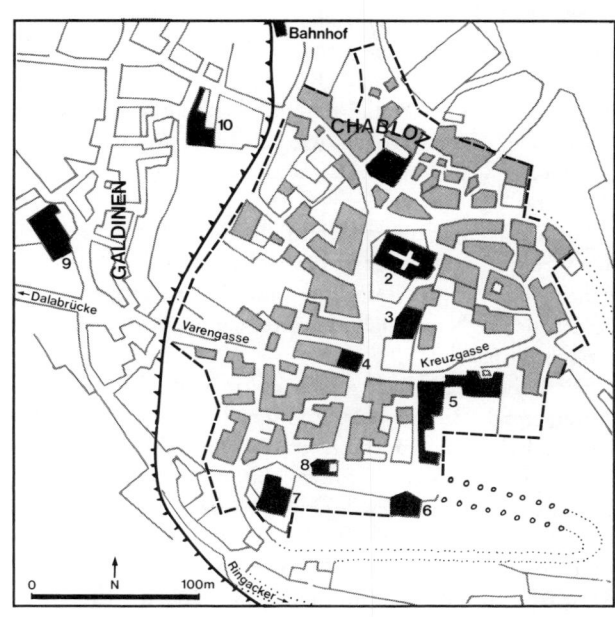

153

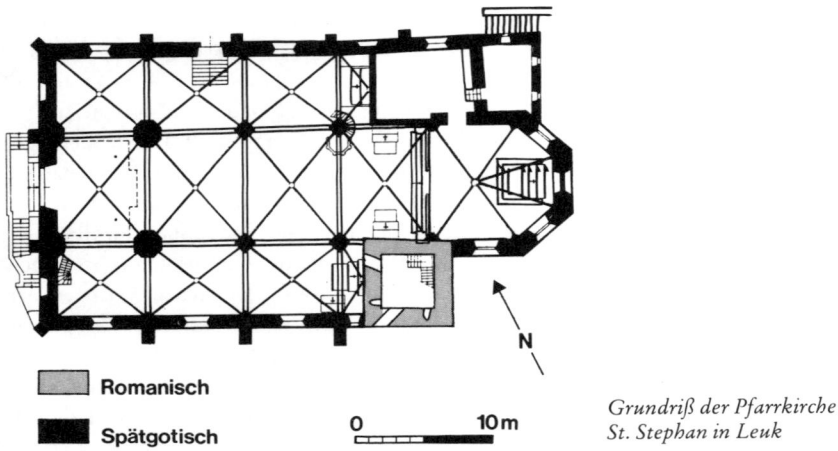

■ Romanisch

■ Spätgotisch

0 ____ 10 m

*Grundriß der Pfarrkirche
St. Stephan in Leuk*

Statuen, darunter eine bemerkenswerte Pietà aus dem 13. Jahrhundert, ein Erzengel Michael (Ende 13. Jahrhundert) und ein Kruzifix aus dem 14. Jahrhundert.

Blickt man vom Rathaus oder ehemaligen Bischöflichen Schloß zum Rhonetal, sieht man auf halbem Weg nach Susten die *Ringackerkapelle,* einen der schönsten Barockbauten des Wallis (Abb. 43). Wie eine alte Überlieferung sagt, wollten die Leuker mit dem Bau des Ringackerfriedhofes eine eigene Ruhestätte schaffen, die sie nicht mit Ortsfremden teilen mußten. Eine andere, wohl eher zutreffende Version sagt, der Friedhof sei in den schrecklichen Pestjahren 1629 und 1630 angelegt worden, wobei man keinen Unterschied zwischen Leukern und Auswärtigen gemacht habe. Merian zeichnet auf seinem Kupferstich den Friedhof und ein winziges Bethäuschen ein und bezeichnete den Platz als »Kirchoff in Zeit der Pest«.

Die heutige Kapelle entstand 1690 bis 1694 anstelle des Bethäuschens. Der Bau war wohl nicht zuletzt deshalb nötig geworden, weil der Ringacker zunehmend als Wallfahrtsort Bedeutung erlangte. Besonders unter heiratslustigen Mädchen und Ehepaaren, die bisher vergebens auf Nachwuchs gewartet hatten, erfreute sich die Kapelle – auch von Pilgern – großen Zuspruchs.

Die hohe Decke weist mehr als ein Dutzend größere und kleinere Gemälde auf. Das dominierende Bildnis »Mariä Himmelfahrt oder Mariä Krönung« im Chor ist sicher das künstlerisch bedeutendste (Abb. 47). Die drei Deckenbilder im Schiffsgewölbe (etwa 150 × 350 cm) zeigen folgende Motive: Maria als Trösterin der Armen Seelen – ein Hinweis auf die Pestzeit –, aus dem leben des Hl. Sebastian, des Pestheiligen, und die Bekehrung des Saulus zum Paulus. Immer wieder schweifen unsere Blicke zu den allgegenwärtigen Putten ab; es sind weit über 300 Ganz- und Teilfiguren. Der prachtvolle Hauptaltar, der Maria geweiht ist, wurde Ende des 17. Jahrhunderts von Johann Ritter begonnen und nach seinem Tod von

Johann Sigristen 1705 beendet (Abb. 45; Farbabb. 33). Links und rechts vom Choreingang stehen zwei stuckumrahmte Seitenaltäre (Abb. 46), die den Hll. Josef (links), Patron der Sterbenden, und Sebastian gewidmet sind. Die großflächigen Retabel zeigen links den auf dem Totenbett liegenden Josef von Anton Hecht (1811) und den Pestheiligen Sebastian, ein Werk Ignaz Reinholds aus dem Jahre 1803.

Im vorderen Teil der rechten Kapellenwand erblickt man eine reich verzierte Stuckkanzel, die von David und Salomon flankiert und von spielenden Putten umgeben ist.

Verlassen wir die Kapelle durch den Haupteingang, dann fällt unser Blick auf die Orgel (um 1722), die als drittälteste des Wallis dem Orgelbauer Matthäus Carlen zugeschrieben wird. Sie mißt in der Höhe fast 6 m und hat elf Register. Auffallend ist das von zwei geflügelten Löwen präsentierte Familienwappen der einflußreichen Familie de Werra. Man nimmt daher an, daß sie von den de Werras gestiftet wurde.

Abschließend wollen wir einen Blick auf die geschnitzten Holztüren werfen. Besonders erwähnt sei jene des nördlichen Seitenportals, die in acht Kassetten u. a. das Wappen Leuks und Mariä Vermählung zeigt; kunstvolles Handwerk, das leider unter Wind und Wetter gelitten hat. Rechts vom Seitenportal steht das Friedhofskreuz, auch Armseelenkreuz genannt, wohl wegen des Gemäldes mit dem Verstorbenen im Fegefeuer.

Obwohl **Leukerbad** bauhistorisch nahezu bedeutungslos ist, lohnt sich ein Besuch zum einen aus geschichtlichen Gründen, zum anderen seiner landschaftlichen Lage wegen (Farbabb. 5). Im Gebiet von Leukerbad gibt es etwa 20 meist warme Quellen mit recht hoher Konzentration von Sulfat und Kalzium sowie Strontium und Fluor. Vier von ihnen wurden

Leukerbad. Abbildung aus der »Cosmographie« Sebastian Münsters (1561)

155

Leukerbad. Nach einem Kupferstich von 1768

gefaßt und speisen die Bäder. Es sind die Roßquelle, die Heilbad- und die Armenquelle sowie die St. Lorenzquelle, die mit durchschnittlich 48° bis 50°C eine der wärmsten Quellen des Landes ist.

Leukerbad hat eine rund 2500 Jahre alte Siedlungsgeschichte, die vor allem durch archäologische Funde aus dem 4. bis 1. vorchristlichen Jahrhundert dokumentiert wird. Man darf annehmen, daß schon die Römer die Annehmlichkeiten der warmen Heilquellen Leukerbads schätzten, da man im Gebiet der Quellen zwischen 1821 und 1917 zahlreiche römische Münzen und Urnen sowie Gräber und Grabbeilagen fand.

Leukerbad wird als »Boez« erstmals 1229, die Bäder werden 1315 erwähnt. Auch über ihre spätere Entwicklung und die Besitzverhältnisse wissen wir recht gut Bescheid. Im 15. Jahrhundert gingen die Heilquellen in den Besitz des Bischofs von Sitten und an einige wohlhabende Familien über. Jost von Silinen, Bischof von Sitten, ließ sie ausbauen und neue Gasthäuser errichten. Außerdem legte er 1484 den Grundstein zur Pfarrkirche, die erst 1864 einem größeren Bau wich (Abb. 48). Sein Wappen (Löwe, Mitra, Krummstab und Schwert) ist heute noch in der Kirche zu sehen, und zwar in der Tauf- und Beichtkapelle. Bischof Silinen folgte Matthäus Schiner, der berühmte Walliser Kirchenmann und spätere Kardinal. Wie zu jener Zeit üblich, beschränkten sich der bischöfliche Hof und seine Diener nicht auf kirchliche Fragen, sondern beteiligten sich auch kräftig an Handel und Politik. Kardinal Schiner war der nächste Förderer Leukerbads; nicht nur besaß er bereits 1510 drei Gasthöfe dort, er ließ auch die Bäder erweitern und rührte auf seinen Reisen durch Europa für

Leukerbad (damals »Balnea« oder »Baden« genannt) die Werbetrommel. Daraufhin strömten die »Ausländer« (dazu zählten auch Zürcher, Basler und Berner) in Scharen nach Leukerbad, das einen ungeheuren Aufschwung nahm. Der berühmteste Gast des 18. Jahrhunderts war Johann Wolfgang von Goethe, der vom 9. auf dem 10. November 1779 in Leukerbad nächtigte. Er schien von den Einheimischen nicht begeistert gewesen zu sein, bemerkte er doch: »Ich zweifle nicht, daß man bei längerem Aufenthalt gar interessante und gute Leute finden würde.« Seine Erinnerungen an Leukerbad wurden bestimmt auch dadurch beeinflußt, daß ihn nachts ein Heer von Wanzen attackierte! – Heute genießt Leukerbad einen internationalen Ruf als Bad für Rheuma- und Stoffwechselerkrankungen (eine der wärmsten Quellen des Landes).

Sierre/Siders

Die Spuren ältester Siedlungen aus der Bronzezeit und der La-Tène-Kultur wurden auf dem Géronde-Hügel gefunden. Wahrscheinlich lag hier auch eine der römischen Villae, von denen es möglicherweise zwei in dieser Gegend gab, eine hier im Bereich der Hügel, das andere eventuell bei Villa-Muraz. 515 schenkte der Burgunderkönig Sigismund der Abtei St. Maurice die Ländereien rund um den Géronde-Hügel. Im 11. Jahrhundert dann ging das Land in die Hände des Bischofs über. Bis dahin gehörte die Stadt mit den umliegenden Gebieten zum romanischen Sprachbereich. Das änderte sich unter dem Druck der Bischöfe: Siders wurde deutschsprachig, während in der »Noble Contrée« (der Südhang der Berner Alpen), der Talebene und im Val d'Anniviers die französische Sprache vorherrschte. Nicht nur sprachlich diente Siders immer wieder als »Prellbock« zwischen romanischer und germanischer Welt, auch Kunst und Kultur beider Bereiche stießen hier aufeinander.

Die Kirche St. Martin und das Kloster Gerunden (Géronde) wurden religiöser Mittelpunkt des ganzen Gebietes. Die Vergangenheit der Martinskirche kam bei der 1962 vorgenommenen Renovierung und gleichzeitigen archäologischen Untersuchung zutage: Ein erstes Gotteshaus stand wahrscheinlich bereits im 6. Jahrhundert, ein zweiter Bau vor der Jahrtausendwende. Es hat sich wohl um eine zweischiffige Kirche gehandelt, von der ein Schiff noch im heutigen Langhaus erhalten ist. Das prachtvolle, zweiteilige Chorgestühl mit burgundischen Stilelementen (Blattwerk, Reben) in der reichhaltigen Figurenschnitzerei entstand um 1400.

Das klösterliche Leben auf dem Hügel begann bereits im 13. Jahrhundert, denn ab 1233 waren Augustiner aus Abondance in Savoyen tätig. Nach Kartäusern, Karmelitern und Jesuiten ist das Kloster Gerunden seit 1935 Eigentum der Kongregation der Bernardinerinnen von Collombey (es kann nicht besichtigt werden). Nordöstlich von Kloster und Kirche

157

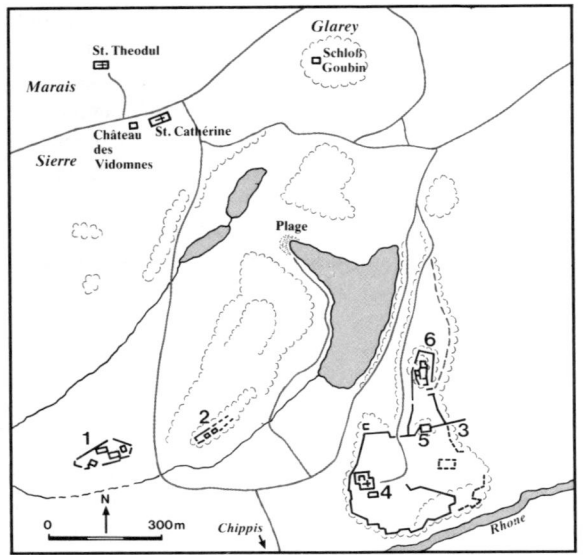

Sierre; Übersichtsplan über die Stadt und ihre Hügel
1 *Alt-Siders*
2 *Plantzette mit Castellum de Sirro, dem Sitz der Herren von Siders*
3 *Géronde-Hügel mit Castrum Sirri*
4 *St. Martins-Kirche und Kloster Gerunden*
5 *Felix-Kapelle*
6 *Burg Gerunden*

stand die kleine karolingische Felixkapelle aus dem 8. bis 10. Jahrhundert, von der heute kaum noch die Umfassungsmauern zu erkennen sind. Auf einem Hügel noch weiter nördlich sind die Überreste des römischen Castrum Sirri zu erkennen, der ältesten Siedlung von Sierre. Auf dem höchsten Punkt des Hügels erhob sich einst das bischöfliche Schloß von Gerunden, das 1384 zerstört und 1415 dem Erdboden gleichgemacht wurde. Reste der Ringmauer, ein Eingangstor und geringe Teile der Burganlage sind noch vorhanden.

Im Laufe des 13. Jahrhunderts verlagerte sich der Siedlungsschwerpunkt von der Géronde auf einen westlich vorgelagerten Hügel. Es entstand der Marktflecken »Vieux-Sierre« (Alt-Siders). 1352 legten die Oberwalliser unter Peter von Turn Feuer an die Siedlung, die zerstört und aufgegeben wurde. Erhalten blieben einige Schloßmauern, Reste des Bergfrieds und der Kapelle St. Pantaléon. Zwischen Vieux-Sierre und Géronde erhebt sich ein weiterer Hügel, »Plantzette« auf dessen Südseite das »Castellum de Sirro« stand, ein Schloß, das sich die Herren von Sierre zu Beginn des 12. Jahrhunderts erbauen ließen. Es wurde zur gleichen Zeit wie Alt-Siders zerstört und geschleift.

Ab 1335 galt die Ortsgemeinde als Kern des Zenden Siders, zu dem später das Val d'Anniviers, Chalais, Vercorin, Granges, Lens, Grône und St. Leonhard gehörten. Alle Dörfer unterstanden eigenen Gewalthabern und waren daher bis zu einem gewissen Grad selbständig.

Erst im Verlaufe des 15. Jahrhunderts begann sich im »Plan«, dem Zentrum der heutigen Stadt, ein weiteres Sierre abzuzeichnen. Die Viztume des 15. Jahrhunderts, die Herren von Chevron, die die Herren von Raron in diesem Amt ablösten, ließen sich das Viztumsschloß –

158

allerdings mehr ein Turm – errichten (Abb. 49). Einziges verspieltes Element ist das polygonale Treppentürmchen auf der Ostseite.

Um das Viztumsschloß und die 1649 errichtete Pfarrkirche St. Catherine, die die Martinskirche ablöste, entstand das heutige Sierre. Die Stadt bietet ein seltsam uneinheitliches Bild. Sie erstreckt sich ungefähr in Ost-West-Richtung und hat kein nennenswertes Zentrum, es sei denn, man will die Geschäftsstraße als solches bezeichnen. Dagegen hat jedes der eingemeindeten Dörfer seinen Kern behalten.

Die noblen Herren aber blieben in der Nähe des »Château des Vidomnes«. Von der Avenue Général-Guisau kommend, erreicht man vor dem Viztumsschloß das *Hôtel Château-Bellevue* (Abb. 50), das ehemalige Schloß De-la-Cour, das Jean-François de Courten, Großkastlan und Bannerherr des Zenden Siders, von 1658–66 erbauen ließ. Zwei Generationen später, 1732, ließ ein Nachfahre, Joseph-Antoine de Courten, den Westflügel hinzufügen. 1885 wurde das Schloß – mit Verlusten an baulicher Schönheit – in ein Hotel umgewandelt. Trotzdem blieb ein stattlicher Dreiflügelbau erhalten, der einen Ehrenhof mit toskanischen Arkaden an einer Seite umschließt. Im Inneren des Hotels gibt es noch einige sehenswerte Räume: im ersten und zweiten Stock hellblau getäfelte, mit Goldleisten verzierte Zimmer und in der Südostecke das sogenannte »chambre rouge« mit einer allegori-

Ortsplan von Sierre/Siders
1 Hotel Château-Bellevue, 1658 2 Viztumsschloß, 15. Jahrhundert 3 Haus de Chastonay, 1636–1645 4 Pfarrkirche, 1649 5 Haus Pancrace de Courten, 18. Jahrhundert 6 Haus Allet, 1553–1556 7 Pfarrhaus, 17. Jahrhundert 8 Kirche »du Marais« 9 Haus de Sépibus, 1738 10 Schloß Mercier, 1908 11 Schloß Villa, Anfang 16. Jahrhundert 12 Kapelle St. Giniez, 18. Jahrhundert

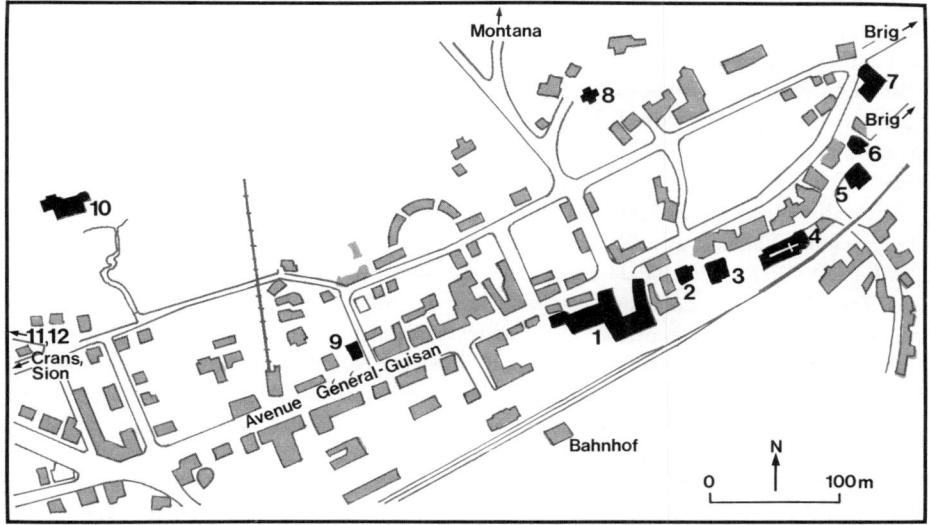

schen Darstellung des Sieges Ludwig XIV. über die Fronde (Eckmedaillon mit einem Kinderporträt Ludwigs von 1662).

Hinter dem *Viztumsschloß* folgt zunächst das *Haus de Chastonay* (1636–45), dann die katholische *Pfarrkirche St. Catherine:* eine stattliche Barockkirche, 1649 erbaut, 1790 renoviert, 1923 vergrößert und 1947 und 1970 abermals renoviert. Beachtlich sind die Straßenfront und die Glasfenster von Edmond Bille und Paul Monnier (1924 sowie 1946–47). Der dreiseitig geschlossene Chor zeigt Gewölbestukkaturen vom Ende des 18. Jahrhunderts, unter anderem eine mit ihrer Schwere und kräftigen Bemalung bedrohlich wirkende Krone, die wohl die Himmelskrone darstellen soll. Auch die Kreuzwegstationen sind aus bemaltem Stuck. Der baldachinförmige Hochaltar mit den schönen Stuckstatuen ist der Hl. Katharina geweiht und entstand in der zweiten Hälfte des 18. Jahrhunderts. Von 1696 und 1713 stammt das Renaissance-Chorgestühl. Der Seitenaltar der Schmerzhaften Muttergottes ist eine Stiftung der Familie de Preux, das Pendant ist dem Hl. Joseph geweiht und wurde von der Familie de Courten gestiftet. Die Altarbilder malte 1809 bzw. 1815 Anton Hecht. Barockkanzel und gerippter Taufstein sind aus der zweiten Hälfte des 17. Jahrhunderts.

Offenbar sind die de Courtens in Siders sehr baulustig gewesen, denn folgt man der eingeschlagenen Richtung, werden zwei weitere Häuser sichtbar, die von Mitgliedern dieser Familie erbaut wurden: Das *Haus Pancrace de Courten* – ganz im Stil eines französischen Landhauses – wurde 1796 von Jean-Antoine de Courten, Oberst in spanischen Diensten und französischer Feldmarschall, erbaut und ging später in den Besitz von Pancrace de Courten über. Es ist einer der wenigen Dixhuitième-Bauten des Wallis. Das nächste Gebäude, *Haus Allet,* wurde 1553–56 ebenfalls für einen de Courten errichtet. Es ist ein spätgotischer Eckbau mit Zwillingsfenstern, dem leider an der Schmalseite Jugendstilbalkone aufgesetzt wurden. Sogar das folgende *Pfarrhaus* (seit 1932), ein zweistöckiges Gebäude aus der Mitte des 17. Jahrhunderts, weist einen de Courten als Bauherrn auf. Der Saal im ersten Stock ist mit barocken Wandbildern geschmückt, die Bilder aus den Komödien Molières zeigen.

Östlich von Siders liegt, malerisch zwischen Weinbergen, *Schloß Gubing* (*La tour de Goubin;* Abb. 51) aus dem 13. Jahrhundert. Bauherren waren die d'Albi, später ging es in den Besitz der Familien de Chevron, de Platea, de Monthey und de Courten über. Seit 1929 ist es Privatbesitz der Familie Rham und nicht zu besichtigen.

Im Stadtteil Marais, dessen Name noch an die sumpfige Vergangenheit der Gegend erinnert, steht die ehemals den Hll. Katharina und Theodul geweihte *Kirche Notre-Dame-des-Marais* (1422 erbaut und 1524 von Ulrich Ruffiner erweitert). Es handelt sich um einen gotischen Rechteckbau mit eingezogenem Chor mit Netzgewölbe und nördlich angebautem romanischem Chorflankenturm aus dem 15. Jahrhundert. Sehr schön ist das dreiteilige Fresko unter einem Portalvordach an der Westseite vom Beginn des 16. Jahrhunderts. Neben dem Gnadenstuhl stehen links die Hll. Katharina und Christophorus sowie rechts Barbara und Georg. Die thronende Muttergottes ist zwar im Stil der Frühgotik gehalten, stammt aber wahrscheinlich aus dem 15. Jahrhundert.

Im Nordwesten erhebt sich auf Pradegg aus den Hügeln über der Stadt das *Schloß Mercier.* Was so aussieht wie ein romantisches Märchenschloß aus längst vergangenen Zeiten, ist ein

Der abgebrochene Rhone-brücken-Turm von Sierre nach einer Zeichnung von Raphael Ritz

hübsches historistisches Plagiat (1908 von A. Chabloz erbaut). Sein Park ist nachmittags von 14 bis 18 Uhr geöffnet.

Ein schöner Weg führt weiter durch die Weinberge in das Örtchen **Villa,** ein altes Dorf mit Kopfsteinpflaster, das aus einer römischen Siedlung hervorgegangen ist. Aus den alten Häusern mit Höfen und Kellern duftet es nach Wein. Das *Château de Villa* (Abb. 52) wurde zu Beginn des 16. Jahrhunderts unter den Herren de Platea erbaut und im 17. Jahrhundert unter der Familie de Preux um den Nordflügel erweitert. Die oberen Räume sind Eigentum der Stiftung »Château de Villa«, die dort Wechselausstellungen veranstaltet (nur nachmittags und während Ausstellungen zu besichtigen). Aber auch ohne Zugang zu diesen Räumen ist das Schlößchen sehenswert, das zentrale Element des Gebäudes bildet die spätgotische Baugruppe mit einem polygonalen Treppenturm an der Ostseite.

Fast jedes Dorf in der Umgebung von Sierre besitzt einen kunsthistorischen Schatz, der einen Besuch wert ist. Hier sei nur noch eine dieser Kostbarkeiten erwähnt: Auf der Straße von Sierre über Villa nach Crans-Montana zweigt in einer Kurve eine kleine weidengesäumte Straße nach rechts zum alten *Schloß von Muzot* ab. In diesem alten, halbverfallenen Turm verbrachte Rainer Maria Rilke die letzten Jahre seines Lebens und fand Ruhe und den inneren Frieden, den er ein Leben lang gesucht hatte.

Vaas bei Lens

Das schönste bemalte Haus im ganzen Wallis steht in dem kleinen, auf kaum einer Karte zu findenden Weiler Vas oder Vaas bei Lens. Kurz vor der Eisenbahnstation Granges/Lens fährt man Richtung Norden zum etwa 10 km entfernt liegenden Ort Lens. Bereits nach 3 km erreicht man die ersten Häuser des Weilers Vaas. Hinter der nächsten scharfen Rechtskurve biegt man links in eine kleine Seitenstraße ab. Nach einigen hundert Metern folgt eine Häusergruppe, in deren Zentrum auf der linken Seite dann das mächtige ockerfarbene Haus mit rötlich bemalten Ecksteinen steht: Das ist das »Château« genannte, berühmte Haus von Vaas, das allerdings an der Straßenfassade keinerlei Bemalung aufweist. Das »Château« ist jedoch kein Schloß, sondern eine ehemalige Herberge, die 1575 von Mathieu Linter unter dem Burgvogt Antoine Gillioz erbaut wurde (Abb. 53, 54). Auf die ursprüngliche Bedeutung weist eine Inschrift im Giebel hin, die neben den Wappen der Stadt Sitten und des Kantons Wallis sowie einem Bildnis der Bauherren zu sehen ist: »Wer weder Gold, Geld und Kredit noch ein Wollgewand besitzt, der gehe an den Brunnen, um seinen Durst zu löschen.« Die drei reich bemalten Seiten des Hauses zeigen Motive aus dem Landleben, Jagdszenen und bei der Tür einen Edelmann, dem eine imposante Matrone den Becher reicht.

Sion/Sitten

Sion demonstriert seine hervorragende Stellung sehr eindrucksvoll: Die Wahrzeichen der Stadt, die Hügel Tourbillon und Valeria, sind bereits von Leuk aus zu sehen und begleiten den Reisenden noch weit durch die Weinberge des mittleren Wallis. Die Stadt ist voller Atmosphäre und Gegensätze: quirlig, lebhaft, von fast südländischem Temperament auf dem Grand Pont, der Promenade der Sittener – verschlafen, verträumt und voller Romantik aber in den engen Gassen der Altstadt zu Füßen von Burg und Kirche auf den Hügeln; es ist voller Geschäftigkeit in den Industriequartieren und konnte sich trotz der Entwicklung denn doch seinen ländlichen Einschlag erhalten. Sion hat mehr als 22000 Einwohner, war Kantonshauptstadt und Bischofssitz bereits vor gut eineinhalb Jahrtausenden und ist heute

162

Sitz des Großen Rates und des Kantonsgerichts sowie Mittelpunkt der industriellen und landwirtschaftlichen Produktion und des Handels im Wallis.

Geschichte

Die Geschichte Sions reicht weit zurück. Bis 1961 nahm man an, daß sich die älteste Siedlung aus vorrömischer Zeit auf dem Sattel zwischen Tourbillon und Valeria befunden hat. Doch dann stieß man westlich der Altstadt im Raum der Rue du Petit-Chasseur auf die ältesten bisher festgestellten Zeugen von Siedlungstätigkeit im Stadtgebiet – und entdeckte gleichzei-

Großsteingrab von Sion um 3000 v. Chr.

tig eine der wichtigsten Fundstellen der jüngeren Steinzeit im gesamten Alpenraum. Einige Stelen aus diesen Funden sind im Archäologischen Museum ausgestellt (Farbabb. 21).

Der Stamm der keltischen Seduner ließ sich zu Füßen der beiden Hügel nieder, auf die er sich in Krisenzeiten zurückzog. Unter Servius Galba Sedunum eroberten die Römer 25 v. Chr. die Hauptstadt des keltischen Wallis. Unter Augustus wurde die Stadt mitsamt dem ganzen Land unter römische Herrschaft gestellt, konnte aber ein gewisses Maß an Selbständigkeit behalten. Die Stadt, das heutige Cité-Quartier, lag damals auf den Hügeln, auf der der Sionne zugewandten Seite.

Um die Wende vom 3. zum 4. Jahrhundert faßte das Christentum im Wallis Fuß. Am Ende des 4. Jahrhunderts war Sion weitgehend christianisiert. Zeugnis davon legt eine Inschrift von 377 im Rathaus ab, die den Christen Asklepiodotus als Bauherrn ausweist. Sie ist die älteste christliche Inschrift der Schweiz. Wahrscheinich um 580 avancierte Sion anstelle von Martigny zur Bischofsstadt. 999 schenkte Rudolf III., König von Burgund, dem Bischof von Sion die Grafschaft Wallis. Seitdem ist Sion in politischer und kirchlicher Hinsicht unbestrittene Hauptstadt. Der Stadtkern lag zu dieser Zeit auf einer kleinen Terrasse unterhalb der Valeria. Dort, wo sich heute das Theater befindet, entstand die erste Kathedrale der Stadt, die St. Peterskirche, umgeben von den Gebäuden der bischöflichen Residenz, dem Bischofsturm, der Dreifaltigkeitskirche, der Kurie, dem Baptisterium und der etwas unterhalb gelegenen St. Paulskapelle.

163

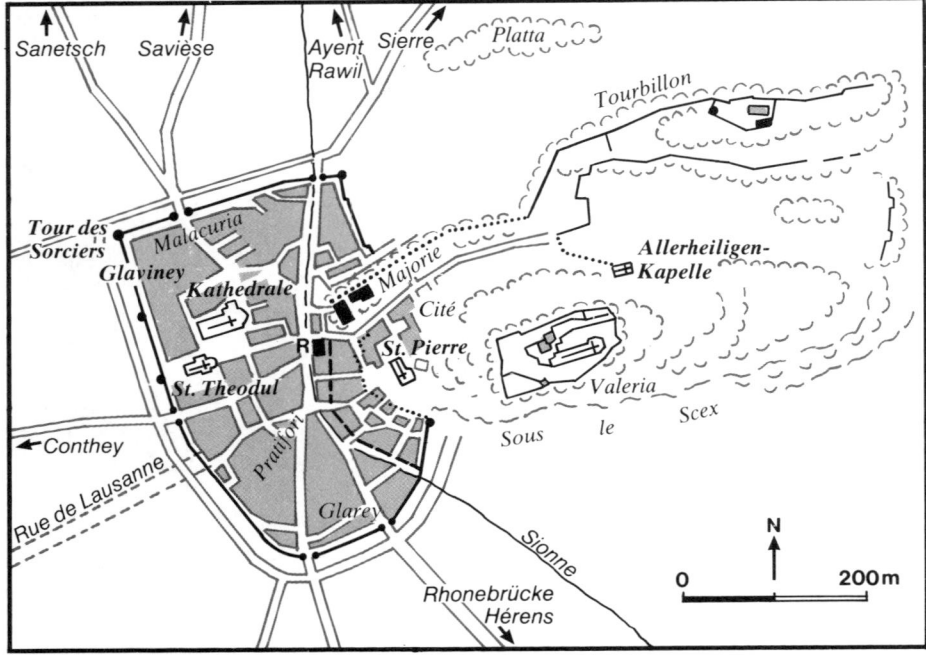

Entstehung und Topographie der Stadt Sion

Prähistorische Stätten: Platta, Tourbillon, Nordosthang sowie Südfuß der Valeria (»Sous le Scex«), Zone der heutigen Rue de Lausanne. Das gallorömische Sedunum; die »Cité« auf halber Höhe. Römische Spuren »Sous le Scex« und um die Rue de Lausanne. Die Bischofsstadt des Hochmittelalters: Die befestigte »Cité« umfaßte die Residenz des Bischofs, die Kirchen und die Kurie.

Ausdehnung im Mittelalter:

...	*Mauer der Cité vor 1052*
– – –	*Erweiterung der Mauer Ende des 11. und Anfang des 12. Jahrhunderts*
–•–	*Ringmauer (Mitte 12. Jahrhundert) mit Stadttoren und Quartieren Malacuria, Galviney, Pratifori und Glarey*
R	*Rathaus (Hôtel de Ville)*

Im Jahre 1032 fiel die Stadt an das Reich, 1179 wurde ihre Bürgerschaft erstmals urkundlich erwähnt, und 1217 erließ Bischof Landrich de Mont die erste Freiheitsurkunde. 1267 und 1269 erhielten die Einwohner sogar die ersten kommunalen Organe, Konsuln, Prokuren (procureurs) und zwei Gewalthaber (syndics) sowie eigene Statuten. 1338 erhielt die Bürgerschaft einen formellen Freiheitsbrief vom Generalvikar des Bischofs, den er selbst ein Jahr später persönlich bestätigte. 1339 soll Sitten durch einen Erlaß des Kaisers Ludwig von Bayern zur freien Reichsstadt erhoben worden sein.

164

Die Zeiten müssen allerdings damals ziemlich unruhig gewesen sein, denn die Kathedrale wurde um 1100 nach Valeria verlegt. 1150 entstand dann am Standort der heutigen Kathedrale die neue Kathedrale Notre-Dame-du-Glarier. Ihr festungsähnlicher Turm sollte wohl den Bischöfen, die Ende des 12. Jahrhunderts erstmals Wohnung jenseits der Sionne nahmen, als Zufluchtsort dienen. Wahrscheinlich war es Bischof Ludwig von Grandson, der eine sehr weit gefaßte Stadtmauer errichten ließ. Diese Mauer, die später nur noch unwesentliche Änderungen erfuhr, umfaßte außer der Altstadt auf dem Hügel auch noch ein großes Gebiet jenseits der Sionne mit den späteren Stadtvierteln Pratifiori, Glarey und Malacuria. Der nordwestliche Eckturm der Stadtmauer, der »Hexenturm«, besteht heute noch an der Avenue Ritz (Abb. 71).

Die Enge der Stadt und die schlechten hygienischen Verhältnisse trugen sicher dazu bei, daß die Herren Sions, die »Bischöfe und Grafen«, 1373 wieder hügelaufwärts zogen und bis 1788 in der Majorie ihr Domizil aufschlugen. Auch Bischof Witschard Tavelli benutzte vielleicht diesen Grund als Vorwand für seinen Wohnungswechsel. Er war nämlich sehr unbeliebt bei den Bürgern und fühlte sich im festungsähnlichen Gebäude der Majoria wesentlich sicherer als in der Unterstadt. Allerdings waren die Beziehungen zwischen Bürgern einerseits und »Bischöfen und Grafen« andererseits nicht immer so gespannt. 1403 schlossen die Oberwalliser und der Fürstbischof von Sion mit den Eidgenossen (die Eidgenossenschaft besteht ja bereits seit dem legendären Rütlischwur 1291) ein Bündnis gegen die Savoyer. 1475 fanden die kriegerischen Auseinandersetzungen zwischen dem Oberwallis bzw. dem ganzen Wallis und dem Haus Savoyen schließlich ein vorläufiges Ende. Gleichzeitig kam für Sion eine Periode der Ruhe und Sicherheit, die es wohl verdient hatte, denn: »keine Stadt der Welt wurde mehr belagert und geplündert«, schrieb – wohl etwas übertrieben – Fules Monod in seinem Anfang des 20. Jahrhunderts erschienenen »Führer durch das Wallis«.

Im 15. und 16. Jahrhundert traten aufstrebende Bürgerfamilien, vorwiegend Kaufleute, an die Stelle des alten Feudaladels. Die Residenzen dieses ›neuen Adels‹ beherrschten bald die unteren Stadtteile, während sich die Bautätigkeit der Fürstbischöfe vorwiegend auf die Altstadt auf dem Hügel, das Gebiet um die Majoria beschränkte. In dieser Zeit lebten die beiden großen Männer Sions, Matthäus Schiner, Bischof und Kardinal, und Georg Supersaxo, Politiker und Kaufmann, erst Freunde und Verbündete, später Gegenspieler und Feinde.

1560 erlangte die Bürgerschaft Sions das Vidomnat (= Viztumsrecht) ihrer Stadt, 1569 dasjenige von Bramois (Brämis). Von nun an verlief die politische Entwicklung der Stadt weniger stürmisch und unruhig als in der ersten Hälfte dieses Jahrtausends. Napoleon schließlich machte Sion zur Hauptstadt des ›Département du Simplon‹. Mit dieser Namensgebung waren die Prioritäten gesetzt: ihn interessierte nicht das Wallis an sich, sondern lediglich der Simplon als Paß- und Durchgangsstraße.

Noch immer ist Sion eine aufstrebende Stadt, die nach der Schleifung der Stadtmauern im 19. Jahrhundert unaufhaltsam ins Rhonetal hineinwächst (Abb. 64). Aber trotz ihrer verkehrspolitischen Bedeutung, trotz Wirtschaftswachstum und Industrialisierung hat sie in

165

Kupferstich aus der Chronik von Johannes Stumpf (1547/48); ihn übernahm auch Münster in seine »Cosmographie«. Direkt hinter der Umfassungsmauer erkennt man die Kathedrale an ihrem gezinnten Turm

ihrem Kern ihr mittelalterliches Gepräge, ihren Charme und ihre von der Geschichte geprägte Atmosphäre erhalten.

Tourbillon und La Valeria

Obwohl Tourbillon der höchste Hügel in Sion und der unmittelbaren Umgebung ist, erscheint die Burgruine heute recht unbedeutend (Farbabb. 18). Bis auf die Reste der Umfassungsmauer und ein paar zinnenbewehrte Türme ist aus der Ferne von ihr nichts Nennenswertes mehr zu erkennen. Wer allerdings die Mühe des Aufstiegs auf sich nimmt, wird durch einen wundervollen Blick in das Rhonetal, schneeglitzernde Bergspitzen im Rund und die Stadt zu Füßen belohnt.

Die Burg wurde unter Bischof Bonifazius de Challant gegen Ende des 13. Jahrhunderts großzügig ausgebaut. *Tourbillon* war auch wie eine bischöfliche Antwort auf die nur 2 km westlich von Sion gelegene Savoyer Burg Montorg. Beiden Festungen, in gegnerischer Hand, widerfuhr jedoch das gleiche Schicksal: sie wurden während der Rarner Kriege 1416 und 1417 zerstört. Bischof Wilhelm III. von Raron ließ Tourbillon 1447 wieder instandset-

Ansicht von Sion aus dem 18. Jahrhundert. Bemerkenswert ist, daß die Burg Tourbillon noch nicht zerstört ist.

zen und benutzte sie als Sommerresidenz. Die gesamte Anlage wurde bei dem verheerenden Brand von 1788 weitgehend zerstört.

Mehr noch als in allen anderen historischen Gebäuden, Grabungsstätten und Museen Sions ist aber auf *Valeria* der Hauch von Geschichte und großer Vergangenheit zu spüren. Man nimmt an, daß bereits in römischer Zeit ein Schloß oder Tempel auf dem Hügel stand, und der Name auf die Römerin Verliana zurückzuführen ist, die ihrem Sohn Titus ein Denkmal errichten ließ. Die ersten gesicherten Daten über die Existenz der Schloß-Kirchen-Anlage stammen von 1049 und besagen, daß Valeria im Besitz des Domkapitels war.

Die Kirche *Collégiale Notre-Dame-de-Valère,* zwischen 1100 und etwa 1240 in vier Bauabschnitten errichtet, ist eine harmonische Mischung romanischer und gotischer Stilelemente (vgl. Titelbild). Die ältesten Bauteile sind im östlichen Teil der Kirche zu finden: das Chorhaupt mit der halbkreisförmigen Apsis sowie die beiden rechteckigen Chorkapellen. Bereits im frühen 12. Jahrhundert aber entstanden die nördlichen und südlichen Außenmauern des Schiffes und das nördliche Stufenportal, das heißt, daß die Kirche von Anfang an in ihrer späteren Form konzipiert gewesen war. Das spätromanische Tonnengewölbe von Vierung und südlicher Chorkapelle, der Turm über dem nordöstlichen Querschiffarm und Pfeiler und Kapitele bis einschließlich des Lettners sind zwischen der Mitte des 12. und der

167

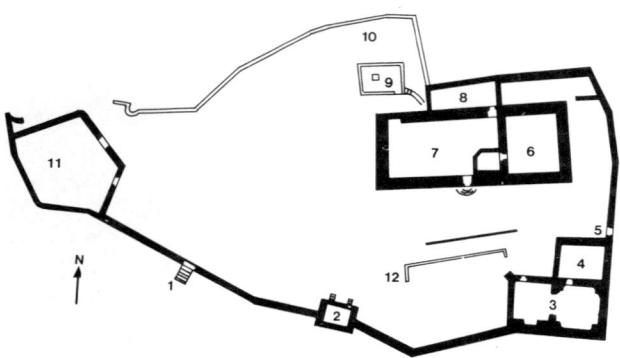

Grundriß des Schlosses Tourbillon
1 *Eingang (15. Jahrhundert)*
2 *Seitenturm*
3 *Kapelle (Wandmalereien des 14. Jahrhunderts)*
4 *Sakristei und Wohnung (des Kaplans?)*
5 *Fallgitter (spät)*
6 *Bischöflicher Palast: Wohnung*
7 *Bischöflicher Palast: Repräsentationsräume (Saal im Obergeschoß, Wendeltreppe)*
8 *Terrasse (Unterbau früherer, hölzerner Wehrgänge)* 9 *Zisterne* 10 *Platz (Eingang des 13. Jahrhunderts?)* 11 *Vorratsraum und Wohnungen (in den Geschossen)* 12 *Platz*

Mitte des 13. Jahrhunderts entstanden. Frühgotische Elemente hingegen bestimmen den fünfeckigen Überbau der Apsis und das Fächergewölbe des Chors (wahrscheinlich vor 1237). In der letzten Bauperiode von etwa 1235 bis 1267 schließlich entstand das ganze dreischiffige Langhaus und der Lettner (aus Hartgips) – heute eine besondere Sehenswürdigkeit, da er in vielen Kirchen entfernt wurde. Zur Kirche hin ist er in Spitzbogenarkaden mit Skulpturen von Heiligen und Engeln geöffnet. Die Kreuzigungsgruppe über dem Lettner entstand 1526, wahrscheinlich in einer Berner Werkstatt.

Die Kirche wirkt durch die schlanken Bündelpfeiler zwischen den gotischen Spitzbögen geräumiger als sie ist. Wir wenden uns zunächst der Apsis zu (Abb. 74, 76). Sie ist ganz mit Fresken ausgemalt: zuunterst ein Fresko mit Teppichmuster, dann ein Apostelzyklus, und darüber in zwei Geschossen Propheten und Heilige sowie Engel mit den Leidenswerkzeugen Christi in den Gewölbekappen. Diese Fresken stammen aus der Zeit Bischof Heinrichs IV. von Asperlin (1451–1457). Die Stifter waren Rudolf von Esperlin (oder Asperlin) und Franciscana von Raron.

Die Bildkapitelle des Chors aus dem 12. Jahrhundert verdienen besondere Beachtung. Die klassischen Ziermotive verraten einen gewissen burgundischen Einfluß (Ranken und Akanthusblätter). Menschengestalten, Fratzen und Fabelwesen sind der plastische Ausdruck der Vorstellungswelt des Mittelalters – (der Kampf des Menschen um das Heil) – im Wallis sind sie in dieser Form einmalig. Die vorhandenen Spuren weisen auf eine Bemalung, die erst im 15. Jahrhundert hinzugefügt wurde.

Das Chorgestühl aus Nußbaum schließt an die Rückseite des Lettners an. Es wurde von Bartholomäus Ruof unter Mithilfe von Heinricht Knecht, Georg Adamaer und Melchior Kürchenberger geschnitzt (1662–1664). Dargestellt sind Szenen in der Leidensgeschichte Christi. Auf dem Hochaltar steht in einem freistehenden steinernen Tabernakel (von 1533, 1626 übermalt) eine Muttergottes aus weißem Marmor.

An der Nordwand der Vierung hängt das Tafelgemälde »Anbetung der Könige« (1420 oder 1430; von einem unbekannten Künstler), eine Stiftung Heinrich Asperlins, der 1451 zum Bischof von Sion gewählt wurde. Im südlichen Querschiff ist eine »Heimsuchung Mariä« vom Anfang des 15. Jahrhunderts zu sehen. Über dem Eingang zum rechten Seitenschiff hängt die kleine Zeichnung der Hl. Philomena, einer italienischen Märtyrerin. Direkt gegenüber dem jetzigen Eingang steht der Altar des Hl. Sebastian mit einem Gemälde der Heimsuchung Mariä, gestiftet 1450 von Bischof Wilhelm III. von Raron. 1730 wurde der ursprüngliche Altaraufsatz – ein Hl. Sebastian – durch ein Retabel in zart getöntem Stuck ersetzt, ein Geschenk des Domherrn Alexis de Werra (1667–1744). Die Statue steht heute in einer Nische des Lettners (Abb. 63). Sie wird dem sogenannten Meister der Familie Mossu aus Freiburg im Uechtland (Kanton Freiburg) zugeschrieben und entstand 1438. Die Art, diesen Heiligen mit nach vorn gebundenen Händen hinter die Säule zu stellen, ist ungewöhnlich, wenn nicht sogar einmalig.

Das eindrucksvollste Wandgemälde befindet sich gegenüber dem früheren Haupteingang auf der Südwand der Kirche. Es gehört zum Grab des Bischofs Wilhelm III. von Raron (1437–1451) und ist ein Werk Peter Maggenbergs aus Freiburg. Auf ihm sind drei Szenen dargestellt: Auf der linken Seite der Hl. Sebastian mit Wilhelm von Raron vor der Muttergottes und rechts sein Martyrium. Unter dieser Szene liegt der Tote, Wilhelm III. von Raron, im Kleid des Domdekans. Das eigentliche Grab des Bischofs, der 1451 in Pallanza, anläßlich einer Romreise starb, ist unmittelbar unter diesem Fresko im Boden eingelassen. Auf der schwarzen Marmorplatte ist die Gestalt des Verstorbenen in vollem Bischofsornat abgebildet.

Zwischen Chor und nördlichem Querschiff liegt die kleine, mit schmiedeeisernem Gitter versehene Kapelle der Hl. Katharina mit einem Barockaltar aus dem 18. Jahrhundert.

Grundriß der Valeriakirche und des Valeriamuseums

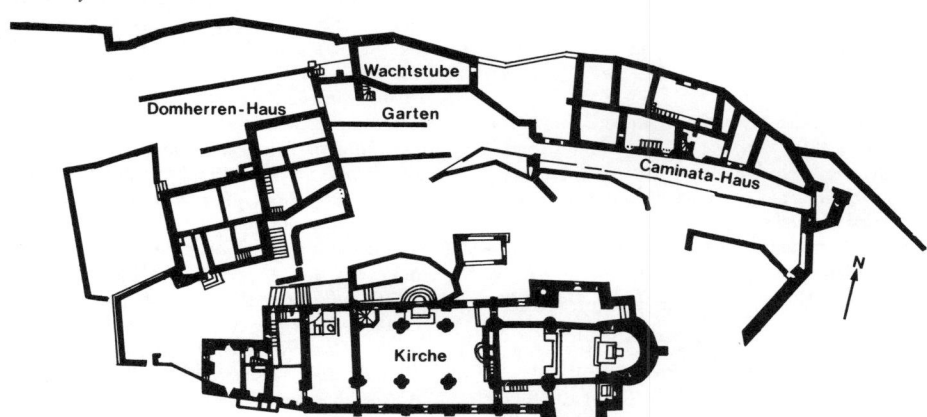

169

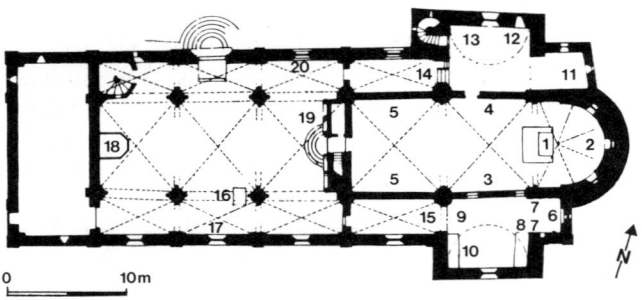

0   10m

Grundriß der Valeriakirche

1 *Altar, Muttergottesstatue (14. Jahrhundert); gotischer Tabernakel (1533), übermalt 1626.*

2 *Chorwand und Chorgewölbe: Fresken aus der Mitte des 15. Jahrhunderts*

3 *Bischofsthron, um 1500*

4 *»Anbetung der Weisen«, Gemälde eines unbekannten Meisters, um 1420*

5 *Chorgestühl, 1662–1664. An den Pfeilern Kapitelle aus dem 12. Jahrhundert. Sie sind in ihrer Art einzig, zählen zu den seltsamsten der Schweiz und lassen sich auch keiner bestimmten Schule zuweisen, obwohl vereinzelt lombardische Einflüsse festzustellen sind.*

6 *Altar der Hll. Sigismund und Mauritius, 1655*

7 *Originalflügel des »Jesse-Triptychons« (Mittelteil heute in der Kathedrale); Anfang 16. Jahrhundert, bemalt und vergoldet, 1619 von Ulrich Hartmann, Luzern: links Martertod der Unschuldigen Kinder, rechts Anbetung der Hirten*

8 *Tafelbild, geschnitzt und mehrfarbig bemalt: Christus am Ölberg 1662, von Bildhauer Heinrich Knecht*

9 *Gemälde des ehemaligen Altars der Heimsuchung Mariä, Anfang 15. Jahrhundert*

10 *Reiche Sammlung alter Gewebe, bis ins 4. Jahrhundert zurückreichend, darunter byzantinische Stücke*

11 *St. Katharinenkapelle, Barockaltar, 18. Jahrhundert; vor dem Altar Grabmal des Domherrn Matthias Will (1612–1696), Dekan von Valeria*

12 *Altar Karls des Großen, 1655, gestiftet von Bischof Adrian IV. von Riedmatten*

13 *Grab des Domherrn Georg Molitor (1436–1472) mit Fresken: oben rechts Molitor*

als kniender Domherr, von einem Bischof (St. Theodul?) Gott vorgestellt; links: auf dem Grabe liegende Gestalt des Domherrn und zwei Leidtragende. – In der Fensternische Johannes der Täufer

14 *Auf der Empore St. Niklausaltar, 1652, gestiftet von Adrian IV. von Riedmatten; Gemälde, 1652, von Johann Ludolff*

15 *Auf der Empore Sakramentsaltar, 1651, gestiftet von Domherrn Johann von Sepibus († 1669)*

16 *St. Sebastiansaltar (Heimsuchung Mariä); laut Inschrift an der Vorderseite des Altartisches 1450 von Bischof Wilhelm III. von Raron geweiht; Altarschrein aus Stuck, Geschenk von Domherrn Alexis de Werra (1667–1744)*

17 *Grabmal Bischof Wilhelms III. von Raron (1437–1451); Fresken, 15. Jahrhundert, Peter Maggenberg zugeschrieben, oben: Wilhelm als Dekan, vom Hl. Sebastian der Muttergottes vorgestellt; in der Nische unten rechts: liegend im Kleid eines Domdekans; auf dem Grabstein: in bischöflichem Ornat.*

18 *Orgel, letztes Viertel des 14. Jahrhunderts. Geschlossen: Darstellung der Verkündigung; offen: links mystische Hochzeit der Hl. Katharina, rechts Maria Magdalena zu Füßen des auferstandenen Christus*

19 *Statue des Hl. Sebastian in einer Blendarkade des Lettners.*

20 *St. Theoduls-Triptychon, Ende des 16. Jahrhunderts; geschlossen: Verkündigung; offen: in der Mitte Karl der Große, der dem Hl. Theodul die Grafschaft Wallis übergibt, links Auffindung der Gebeine der Thebäischen Legion, rechts Weinwunder*

170

Schließlich ist noch der frühbarocke Altar der Hll. Sigismund und Mauritius aus dem Jahre 1655 in der Südkapelle der Sakristei zu erwähnen. Unmittelbar davor sind die Flügel des Jesse-Triptychons angebracht. Sie wurden beide zu Beginn des 16. Jahrhunderts geschaffen und 1619 von U. Hartmann zum Teil vergoldet. Während sich der Mittelteil dieses Triptychons in der Stadt befindet, ist auf diesem Altar ein geschnitztes und mehrfarbig bemaltes Bruchstück eines Tafelbildes Christus am Ölberg zu sehen. Wahrscheinlich ist es ein Werk des Bildhauers H. Knecht aus dem Jahre 1622.

Auf der Empore am Ende des rechten und linken Seitenschiffes steht ebenfalls je ein Altar: rechter Hand vom Eingang der Sakramentsaltar aus dem Jahre 1651, gestiftet von dem Domherrn Johann von Sepibus, genau gegenüber, ebenfalls über eine kleine Treppe zu erreichen, der Altar des Hl. Nikolaus, gestiftet 1652 von Adrian IV. von Riedmatten.

Der Altar Karls des Großen im nördlichen Querschiff unter dem Fresko des Domherrn Georg Molitor stammt aus dem Jahre 1655 und ist ebenfalls eine Stiftung des Bischofs Adrian IV. Die Gemälde der drei letztgenannten Altäre stammen von Johannes Lüdolff.

Verglichen mit den Glasfenstern vieler anderer Kirchen nehmen sich die Fenster der Valeriakirche recht bescheiden aus. Bedenkt man aber, daß sie hauptsächlich aus dem 13. und 14. Jahrhundert stammen, so gewinnen sie erheblich an Wert und Bedeutung. Bemerkenswert in der Rosette über dem Nordportal ist unter anderem das Wappen des Domkapitels und das Adlerwappen des Bischofs Pierre d'Oron aus der ersten Hälfte des 13. Jahrhunderts.

Als ganz besonderer Schatz werden in der Sakristei alte Gewebe aufbewahrt, die zum Einhüllen der Reliquien dienten. Die meisten sind Brokate, die über fast 1000 Jahre nur wenig von ihrer Leuchtkraft eingebüßt haben. Ein weiteres, wenn nicht sogar *das* Prunkstück der Valeriakirche ist die älteste spielbare Orgel der Welt aus dem letzten Viertel des 14. Jahrhunderts. Nach Urkunden aus dem Archiv des Domkapitels ist sie allerdings eher an den Beginn des 15. Jahrhunderts, zwischen 1430 und 1436 zu datieren. Möglicherweise war sie zunächst auf dem Lettner angebracht, bevor sie auf der Empore an der Westwand ihren endgültigen Platz fand (Abb. 75).

Die Orgel der Valeriakirche ist ein Wunderwerk, weil sie überhaupt erhalten und spielbar ist – was nicht nur das seit 1970 regelmäßig stattfindende Internationale Orgelfestival beweist. Eine zweite Orgel dieser Art existiert noch in St. Bartholomäus in Salamanca, doch ist diese stumm geworden. Die Orgel der Valeriakirche besitzt jedoch neben ihrem herrlichen Schmuck auch noch den Wohlklang ihrer Stimme, den lebendigen hellen Klang von 135 Bleimetallpfeifen. Für den Kenner sind die drei noch aus der Gotik übernommenen Register, Superoctave 2', Quint minor 1 ⅓', und der 1' der Mixtur interessant; sie sind aus stark bleihaltigem Metall. Gegen Ende des 17. Jahrhunderts (1687) wurde die Orgel durch Christoph Aeby (Solothurner Orgelbauer) um einige Register erweitert: Principal 8', Octave 4', Quint major 2 ⅔', Koppelflöte 4' (gedackt Nußbaumholz), die zweite Reihe der Mixtur sowie ein hölzernes Pedalregister, bestehend aus Subbas 16' mit gekoppeltem Bordun 8'. Zur Herstellung dieser Register hat Aeby wohl teilweise Platten vom alten Pfeifenwerk verwendet.

171

Die Orgel entspricht der »Burgunderorgel«, wie sie Henri Arnaut de Zwolle in der Hochgotik beschrieben hat. Der Aufbau des Prospektes gleicht einem Altar-Triptychon mit geöffneten Flügeltüren. Die beiden zinnenbewehrten Seitentürme haben über den Pfeifen feines, leicht vergoldetes Maßwerk. Der Mittelteil ist in seiner Form einer Mitra angenähert, verziert mit vergoldeten Krabben und einer Kreuzblume. Die Flügeltüren entstanden 1436 und sind ein Werk Peter Maggenbergs. Die geöffneten Innenseiten der Türen zeigen links die mystische Vermählung der Hl. Katharina und rechts die kniende Hl. Maria Magdalena vor dem auferstandenen Christus. Auf ihren Außenseiten, die unterhalb der Orgel aufgestellt sind, ist die Verkündigung dargestellt.

Das Valeriamuseum (Musée d'Histoire et d'Ethnographie)

Der Gebäudekomplex rechts am Weg zur Valeriakirche ist das eigentliche Schloß mit den Wohn- und Wirtschaftsgebäuden der Domherren, Kalendensaal, Wachstube mit anschließendem Garten und Caminata-Gebäude. Die verschiedenen Räume wurden im Laufe der Zeit mehrmals umgebaut und restauriert. Heute beherbergen sie das Musée d'Histoire et d'Ethnographie, eines der bedeutendsten Museen des Kantons Wallis. Mit seinen vielen kunsthistorischen Ausstellungsstücken, den kunstgewerblichen und volkskundlichen Exponaten ist es ein Schatzkästlein, in dem es sich lohnt zu verweilen (Abb. 67, 68, 69).

Leider ist die Sammlung gegenwärtig nicht zu besichtigen. Nach Auskunft der Museumsdirektion werden die Räume einer umfassenden Renovierung unterzogen, und die Bestände neu geordnet. Voraussichtlich ist das Valeriamuseum erst Ende 1992 für das Publikum wieder zugänglich.

Die Altstadt von Sion

Vom Parkplatz zwischen den Hügeln Tourbillon und Valeria aus erreicht man in der Altstadt zunächst linker Hand das neue *archäologische Museum,* dessen Ausstellung im wesentlichen aus den Funden zweier Epochen besteht: Vom Neolithikum (ca. 3500 v. Chr.) bis zum Beginn des Metallzeitalters (ca. 1500 v. Chr.) reichen die Funde von Petit Chasseur, die im Stadtgebiet von Sion gemacht wurden. Sie geben Auskunft über die frühe Besiedlung, kulturelle Entwicklung und die Handelsbeziehungen im Rhonetal (Farbabb. 21). Der zweite wichtige Teil sind die Funde aus der Römerzeit. Sie stammen aus dem römischen Octodurus, dem heutigen Martigny. Hervorzuheben sind hier der Bronzekopf eines Stieres (2.–4. Jahrhundert n. Chr.), die Gewand- und Figurenfragmente sowie die kleine Venus aus Marmor (Farbabb. 22, 23), deren Originale in Martigny zu bewundern sind.

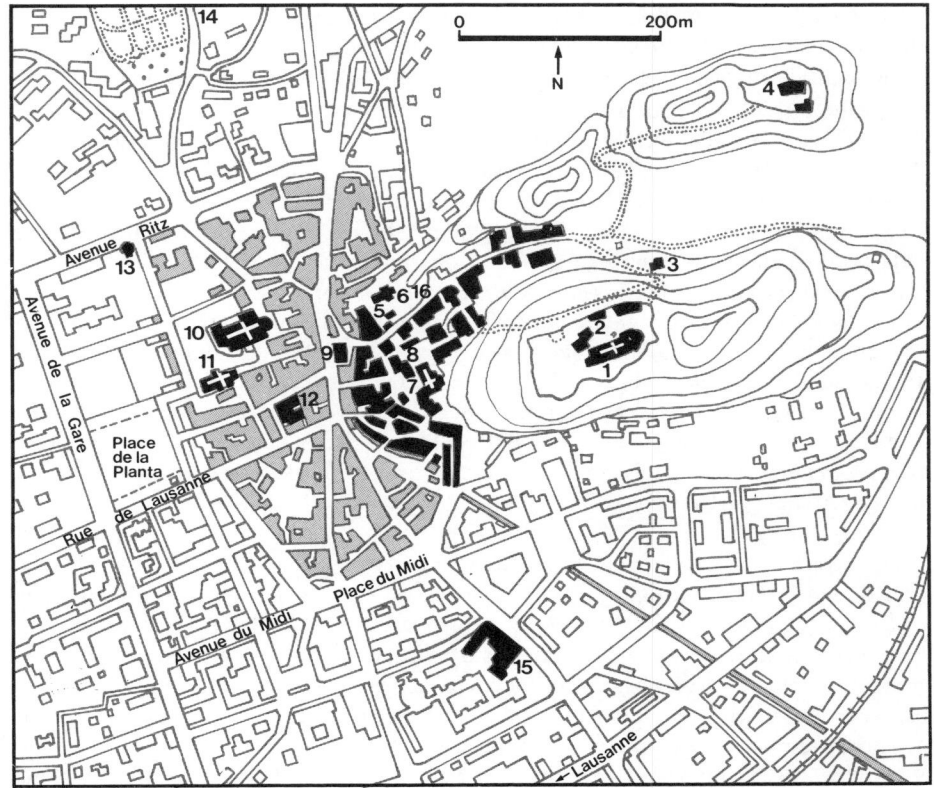

Übersichtsplan Sion/Sitten
1 Kirche Notre-Dame   2 Ehemaliges Kapitelsgebäude, heute kantonales Museum   3 Allerheiligenkapelle   4 Tourbillon   5 Viztumsschloß, heute Kunstgewerbeschule   6 La Majorie, heute Kunstmuseum   7 Kath. Kollegien- oder Jesuitenkirche   8 Haus der Landratsabgeordneten (Maison de la Diète)   9 Rathaus   10 Kathedrale Notre-Dame-du-Glarier   11 Kirche St. Theodul   12 Haus Supersaxo   13 Hexenturm (Tour des Sorcières)   14 Kapuzinerkloster   15 Altes Spital, heute Sitz verschiedener Institutionen   16 Neues Archäologisches Museum

Nach dem Verlassen des Museums überqueren wir einen kleinen Platz mit Kopfsteinpflaster und Brunnen und gehen links hinauf zur burgartigen Anlage der *Majorie*. Das Gebäude wurde erstmals im 13. Jahrhundert als Turm von Sion erwähnt. Von 1373 bis 1788 diente es als bischöfliche Residenz. Zwar wurde sie 1529 durch eine Feuersbrunst zerstört, jedoch bereits 1536 unter Bischof Adrian I. von Riedmatten von Ulrich Ruffiner wieder aufgebaut. Sie beherbergt noch das kantonale Kunstmuseum. Die Sammlung besteht vorwiegend aus Schenkungen der Maler Raphael Ritz (1829–1894) und Raphy Dallèves (1878–1940). Haupt-

173

themen von Ritz sind Walliser Landschaften und die Kirche von Valeria, Dallèves malte vor allem den Walliser Menschen. Direkt unterhalb der Majorie befindet sich das Vidomnat (Vogteischloß) aus dem 15. Jahrhundert, ehemals Residenz des Viztums von Sion.

Entlang der von der Rue des Châteaux abzweigenden Rue du Collèges finden wir eine ganze Reihe sehenswerter Häuser. Da ist zunächst das behäbige *Haus der Landratsabgeordneten* an der Rue du Collèges 1 (kann besichtigt werden). Erbaut Ende des 17. / Anfang des 18. Jahrhunderts unter Bischof Adrian V. von Riedmatten, diente es von 1719 bis 1743 lediglich den Abgesandten des Zenden Goms als Unterkunft. Die heute gebräuchliche Bezeichnung »Maison de la Diète« – Landratshaus – ist deshalb irreführend. Die nächste architektonische Sehenswürdigkeit ist Nr. 6, das *Haus de Riedmatten – de St. Gingolph* mit dem Treppenturm von 1728 (Abb. 70). Nun kommen wir zu dem aus zwei mittelalterlichen Wohnhäusern zusammengefügten *Haus de Platea;* bemerkenswert ist der Innenhof mit Tor aus dem 16. Jahrhundert, die Nordwestfassade aus dem 17. Jahrhundert und die Holzgalerien vom Beginn des 19. Jahrhunderts. Es folgt das *Schwesternhaus des Klosters Valeria* aus dem 15. und 17. Jahrhundert. Ursprünglich war es der Wohnsitz der Familie Platea und wurde 1737 vom Domherren P. M. de Torrentè der Stadt geschenkt. Direkt daneben erhebt sich die *Kollegiumskirche,* erbaut von Johann Joseph Andenmatten 1806–1815. Der Turm wurde 1835 angebaut.

Unübersehbar ist das *Rathaus,* ein ockerfarbenes, zweistöckiges Gebäude mit rechteckigem Grundriß und einem Glockentürmchen mit astronomischer Uhr von Markus Spätt (1667). Das Haus selbst entstand 1657–1665 unter der Leitung des Bauherren der Stadt Sion, Emanuel Ambüel (Abb. 72). Zwar ist das Rathaus insgesamt noch als Renaissancebau anzusprechen, doch zeugen die überreichen Holzschnitzereien und Schmiedearbeiten bereits von barocken Einflüssen. Hervorzuheben sind die vielen geschnitzten Türen mit schmiedeeisernen Schlössern oder Türklopfern. Sie stammen von Anthoni Zer Kirchen aus Zeneggen bei Visp und Hans Jacob Luchs, wahrscheinlich aus dem Elsaß. Durchgehend sind sie mit symbolischen und allegorischen Darstellungen verziert (so beispielsweise die Tür der Richter mit der Justitia, die Tür zum Großen Saal mit den vier Elementen und Tugenden).

Wenden wir uns nun nach links (nordwärts), so kommen wir an der *alten französischen Residenz* von 1634 (Fassade von 1738) vorbei zu dem *Löwenbrunnen* (1610–13; Abb. 65). Kurz vor dem nördlichen Stadtausgang liegen rechts und links der Straße die *Häuser der Riedmatten-Crèvecœur* bzw. *Ambüel,* gute Beispiele für die nach dem Brand von 1788 wieder errichteten Familiensitze.

Wenden wir uns nach dem Besuch des Rathauses südwärts, so kommen wir zunächst am ehemaligen *Gasthaus »Zum Goldenen Löwen«* vorbei, dessen Wirtshausschild wir bereits im Valeriamuseum gesehen haben. Es folgt hinter dem Casino die *Apotheke des Johannes Uffem Bort* aus dem Jahre 1547. Der Eingang zu diesem Haus liegt etwas versteckt in der kleinen Seitengasse Ruelle de la Lombardie 3. Im Erdgeschoß wurde hier 1947 ein bäuerlicher Paradies-Zyklus aus drei Bildern aufgedeckt.

Westlich vom Grand Pont, dem eigentlichen Geschäfts- und Einkaufszentrum der Stadt, steht die *Kathedrale Notre Dame du Glarier* (Abb. 73). Der fünfstöckige, mit hohen Zinnen

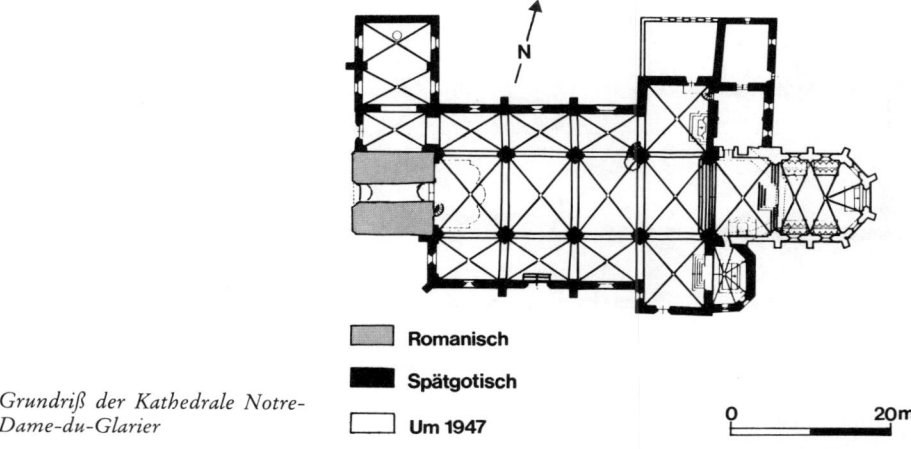

| | Romanisch |
| | Spätgotisch |

Grundriß der Kathedrale Notre-Dame-du-Glarier

| | Um 1947 |

0   20m

gekrönte romanische Frontturm stammt aus der ersten Hälfte des 12. Jahrhunderts und wirkt ehrwürdig und schwerfällig. Die Kirche selbst wurde erst von 1450 bis zum Anfang des 16. Jahrhunderts gebaut. Zwar ist ihr Stil gotisch, doch steht sie auf romanischen Fundamenten und Mauern. Daher mußte die der Gotik eigene nach oben strebende Schlankheit der breiteren Behäbigkeit der Romanik gehorchen. 1947 wurde die Kirche umgebaut und der Chor um ein und ein halbes Joch verlängert, was die Proportionen des ganzen Hauses noch einmal veränderte.

Schönstes Stück ist zweifellos der Flügelaltar, ein geschnitztes und bemaltes Triptychon, wahrscheinlich um 1505 in einer Berner Werkstatt entstanden, bei dem es sich möglicherweise um eine Stiftung des Kardinals Schiner handelt. Über dem Stammvater Jesse steht die Muttergottes mit den Hll. Katharina und Johannes (links) sowie Anna und Rochus. Bemerkenswert ist auch die Kanzel, geschaffen von Hans Georg Miller und Balthasar Megelin (1622–26), mit den Reliefs der vier Evangelisten und dem Lamm Gottes. Neben kleinen, kostbar ausgestatteten Kapellen verschiedener Heiliger ist in der Südwestecke des Schiffes das spätgotische Nischengrab des Bischofs Andreas von Gualdo, gestorben 1437, zu sehen (Abb. 79).

Im *ehemaligen Beinhaus* links hinter dem Haupteingang fällt zuerst der dreigeschossige Taufstein mit achteckigem Aufsatz (1621) ins Auge. Er wurde – wie der Marmorsockel der Kanzel – von Pfarrer Johann Lergien gestiftet. Der *Kirchenschatz der Kathedrale* ist zwar durchaus sehenswert, aber nur schwer zu besichtigen, da er offiziell gar nicht zugänglich ist; möglich ist dies nur mit der Sondergenehmigung eines Domherrn, die jedoch kaum erteilt wird.

Nur knapp 50 m voneinander entfernt stehen Kathedrale und *St. Theodulskirche* auf dem Platz, der auch von Regierungsgebäude, Kaplanei, Kapitelhaus und Bischofspalast gesäumt

175

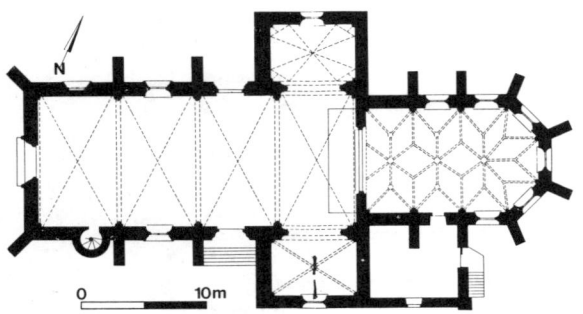

Grundriß der Kirche St. Theodul

wird. Gebaut wurde die Kirche zwar im Namen des Schutzheiligen des Wallis, sie sollte aber viel eher der Verherrlichung und dem Andenken Kardinal Matthäus Schiners dienen: er gab seinem Architekten Ruffiner den Auftrag zum Bau. Daher ist das Schinerwappen in der Kirche immer wieder zu finden (Gewölbeschlußsteine im Chor, Portale, Kirchendekor). Die im Vertrag mit Ruffiner genau beschriebene Galerie in der südlichen Seitenkapelle – sie war wohl als Familiengrab der Schiners gedacht – wurde jedoch, wie auch das Kirchenschiff, nie in seinem Sinne ausgeführt. Den Wünschen Schiners aber entsprechen die reichgeschnitzten Spitzbogenportale mit prächtigen Tuffsteinrahmen. 1514 war das spätgotische Rippengewölbe der Kirche fertig, und Schiner verpflichtete Ruffiner in einem neuen Vertrag, ein Schiff mit Tuffpfeilern, drei Portalen und einem hundert Fuß hohen Kirchturm zu errichten. Der Lauf der Geschichte aber machte Schiner einen Strich durch seine Pläne: Durch die Schlacht bei Marignano in Italien (1515) verschob sich das politische Gleichgewicht im Wallis zugunsten der Franzosen und des Hauses Supersaxo. Schiner verließ Sion 1517, und Ruffiner trat nach einem Jahr in den Dienst Supersaxos. Erst Bischof Adrian III. von Riedmatten ließ 1644 die Bauruine fertigstellen und ein Gewölbe auf das Schiff setzen. Die Kirche steht auf Resten einer altrömischen Badeanlage; aus nachrömischer Zeit stammt ein Friedhof mit Grabkirche, zur Zeit der Karolinger wahrscheinlich durch einen Neubau ersetzt. Erste urkundliche Erwähnungen stammen aus dem 13. Jahrhundert. Um die Wende vom 15. zum 16. Jahrhundert war die Kirche wohl teilweise zertört worden – auf ihren Fundamenten wollten Schiner und Ruffiner die neue Kirche errichten. Auf den ersten Blick schon vermißt man den Turm; die nachfolgenden Bauherren konnten oder wollten ihn nicht fertigstellen, und 1929 wurde das wenige, was davon vorhanden war, auch noch abgerissen.

Besonders originell ist am Nordportal der Teufel mit der Glocke des Hl. Theodul: Es ist eine Anspielung auf die Sage, nach der der Heilige vom Papst eine Glocke für seine Kirche

1 Großer Aletschgletscher ▷

176

3 Rhonegletscher
◁ 2 Monte-Rosa-Massiv
4 Val d'Hérémence, Lac des Dix

5   Leeshörner bei Leukerbad

6   Grimselstausee

7   AHORN im Saastal ▷

8 NIEDERWALD im Oberwallis

9 AYER im Val d'Anniviers

10 GRIMENTZ im Val d'Anniviers

11 WILER im Lötschental Festliche Trachten

12, 13 VISPERTERMINEN Fronleichnamsprozession ▷

15 VILLA CASSEL auf der Riederfurkà, Aletschgebiet
◁ 14 ERNEN im Goms
16 Rhonetal bei Ayent

17   ALBINEN bei Leukerbad

18 SION Schloß Tourbillon und Allerheiligenkapelle

19 BRIG Stockalperpalast ▷

21 SION Archäologisches Museum, Stelen aus der Jungsteinzeit
◁ 20 Großer St. Bernhard
22, 23 SION Archäologisches Museum, römische Funde

24 ERNEN Bäuerliches Fresko ▷

25 ST. PIERRE-DE-CLAGES Ehemalige Prioratskapelle
27 RARON Burgkirche

26 ST. MAURICE Klosterkirche

28 LEUK Rathaus

29 MÜNSTER Altar der Pfarrkirche (Detail)

31 MÜNSTER Altar der Pfarrkirche ▷

30 GLIS Marienaltar der Pfarrkirche

32 BRIG Kollegiumskirche

33 LEUK Ringackerkapelle ▷
34 Blick vom Kühboden in Richtung Ernen ▷

erhalten hatte. Die Schwierigkeit war nur, die Glocke von Rom nach Sion zu bringen. Da schloß der Heilige einen Pakt mit dem Teufel. Der Höllenfürst verspricht dem Heiligen, ihn in einer einzigen Nacht mitsamt Glocke von Rom nach Sion zu bringen und vor dem ersten Hahnenschrei in der Stadt einzutreffen. Als Gegenleistung verlangt er die Seele des Heiligen. St. Theodul jedoch besaß eine gehörige Portion Bauernschläue. Er hat sich Hähne beschafft, die besonders gern früh aufstanden. Eben als der Teufel, mit dem Heiligen und der Glocke auf dem Rücken, in Sion zur Landung ansetzte, rief der Hl. Theodul: »Hahn, krähe: Krähe doch oder nimmer wirst du krähen!«, woraufhin die Hähne Sions lauthals zu krähen begannen. Der geprellte Teufel ließ Glocke und Heiligen fallen und machte sich geschlagen auf und davon. Deshalb sind die Hähne von Sion noch heute berühmt dafür, besonders früh zu krähen. – Und nur ein einziger Schiner, Bischof Nikolaus Schiner, gestorben 1510, wurde hier beigesetzt. Seine Grabplatte befindet sich in der rechten Seitenkapelle. Erwähnenswert sind noch die Glasmalereien, die der deutsche Expressionist Richard Seewald 1971 anfertigte.

Das *Supersaxohaus* liegt in der Rue de Conthey, der einzige Zugang aber im versteckten Supersaxogäßchen um die Ecke. Es ist wohl das prunkvollste Wohnhaus des Wallis und, obwohl bereits in der Renaissance errichtet und umgebaut, noch ganz im spätgotischen Stil gehalten. Als 1505 die Maurerarbeiten beendet waren, schuf der Schnitzer Jacobinus de Malacridis (auch Malagrida oder Malacrida) die einmalige Holzdecke im Supersaxosaal - die prächtigste spätgotische Kunsttischlerarbeit in der Schweiz.

Das Haus erfuhr im Lauf der Jahrhunderte noch mancherlei Ausschmückungen und Veränderungen, 1776 jedoch die radikalste, denn es wurde vollständig umgebaut und dem Zeitgeschmack angepaßt. So ist im Supersaxosaal nur noch ein kleiner Teil des einst so reichhaltigen gotischen Inventars vorhanden, in erster Linie aber die Decke. Ringsherum führt friesartig eine goldene Inschrift auf blauem Grund, durch die ein direkter Zusammenhang zwischen dem Bau des Hauses und der Weltgeschichte hergestellt wird: von Abraham über Augustus zu Georg Supersaxo. In den Ecken sind die alten und neuen Wappen der Familie Supersaxo zu sehen: eine Krone, der Georg Supersaxo noch einen aufrecht stehenden Löwen hinzugefügt hat. Zwischen den Schmalseiten mit je vier kleinen Rosetten liegt der Hauptteil der Decke, das große Quadrat mit der an ein Kirchenfenster erinnernden Rosette. Ihr radiales Maßwerk bildet einen Strahlenkranz für das Zentrum der Decke, das zwölfeckige Medaillon mit der Darstellung der Geburt Christi, umrahmt von den Worten: »Virgo Quem Genuit Divinum Natum Adoravit« (Die Jungfrau betet das göttliche Kind an, das sie gebar) (Abb. 78). Den Rand des Medaillons zieren die geschnitzten Halbfiguren der Hl. Drei Könige und sieben Propheten (wobei zwei Figuren fehlen). Die Inschrift am äußeren Rand der Rosette gibt die berühmten sechs Verse aus der Bucolica Vergils mit der Verheißung der Geburt Christi wieder:

◁ ◁ 35   Champéry und Dents du Midi im Val d'Illiez
◁ 36   Das Matterhorn

»Schon erfüllte sich die Zeit cumaeischer Sänge,
Schon von neuem beginnt der Jahrhunderte mächtiger Kreislauf,
Kehrt uns die heilige Magd und kehrt das Reich des Saturnus,
Schon vom hohen Olymp erscheint ein neues Geschlecht uns.
Seit der Geburt des Sohns, dem bald dies eiserne Alter
Weicht und das goldene Jahr neu aufgeht über der Erde,
Keusche Lucina, geneigt: schon herrscht dein Bruder Apollo.«

Besondere Beachtung verdient das Treppenhaus mit Rippengewölbe, dreigeschossiger Wendeltreppe und den Gewölbekonsolen mit originellen Groteskfiguren (Abb. 77). Die inneren Räume, der Große Saal im ersten Stock und der Supersaxosaal sind nur während der Bürozeiten zu besichtigen; in dem kleinen Büro neben dem Supersaxosaal erhält man leihweise Informationsblätter.

Ein Ausflug nach Bramois/Brämis

Nur etwa 3 km von Sion entfernt liegt Bramois, ein recht ländliches Dorf inmitten von Weinbergen. 515 wurde es erstmals in einer Urkunde erwähnt, aber archäologische Funde beweisen, daß es schon wesentlich früher besiedelt gewesen sein muß. Mitten im Dorf steht noch eine Bogenbrücke mit stumpf giebelförmiger Brüstung von 1550 (im Wallis »Eselsbrücke« genannt). Die Brückenkapelle (1643–1650) ist der Hl. Katharina gewidmet. Sehenswert ist auch die St. Laurentiuskirche, von Ignace Antonioli 1858–1862 im neoklassizistischen Stil erbaut, mit Renaissancealtar von 1715, dem Kreuzweg von Lorenz Ritz (1863) und Glasfenstern aus neuerer Zeit. Was den Besuch von Bramois aber vor allem lohnt, ist das kleine Kloster Longeborgne (Unsiborni) in der Borgneschlucht. Schräg gegenüber vom Café-Restaurant »des Pèlerins« befindet sich ein winziger Parkplatz. Von hier aus geht es zu Fuß durch die Weinberge bis an den Rand des Waldes. Der Weg windet sich dann kurvenreich und zum Teil recht steil den Berg hinauf, vorbei an den 14 Kreuzwegstationen, bis zur Statue des Hl. Antonius. Dahinter liegt das aus einer Einsiedelei entstandene Kloster, das 1522 der französische Pater Jean Bossié mit sechs Minoritenbrüdern gegründet hatte. Hier suchten und fanden die Leute von Bramois von alters her Schutz und Zuflucht bei Überfällen, Kriegen und Seuchen. Bis heute sind die Kapellen vielbesuchte Wallfahrtsorte. Die Marienkapelle ist vor allem das Ziel kinderloser Frauen und unverheirateter Mädchen. Der Barockaltar von 1683 wurde von Johann Grassauter aus Leuk geschnitzt, das Gegenstück in der St. Antoniuskapelle stammt aus dem 17. Jahrhundert. Beeindruckend ist in beiden Kapellen die große Sammlung von Votivbildern und -gaben.

Das Kloster, seit 1933 von Benediktinern betreut, liegt wunderschön auf halber Höhe über dem Grund der wilden Schlucht der Borgne; zu hören ist nichts außer dem Rauschen des Flusses.

Eine Fahrt durch die Weinberge:
St. Pierre-de-Clages, Chamoson, Leytron, Ovronnaz, Saillon

Im Wallis sollte man es nie eilig haben. Zwar liegen viele Sehenswürdigkeiten direkt rechts und links der Straße im Rhonetal, und oft sind mit ein paar Schritten alte Kirchen und historische Häuser zu erreichen. Jedoch gehört zum Wallis mehr als nur das Rhonetal, in dem sich natürlich auch Industrie angesiedelt hat. Das alte, von der Geschichte geprägte und in Jahrhunderten gewachsene Wallis, das liegt abseits der Straßen, in den Weinbergen, an den Berghängen, in den wilden romantischen Tälern. Um dieses Wallis auch im unteren Rhonetal zu entdecken, wollen wir bei St. Pierre-de Clages einen Umweg wählen, der uns über Chamoson, Leytron und Saillon durch die Weinberge wieder auf die Durchgangs-straße nach Martigny führt.

Der Dorfplatz von **St. Pierre-de-Clages** wird von den malerischen Gasthäusern »La Croix Blanche« und »La Pinte« (beide aus dem 16. Jahrhundert) sowie von einer der schön-sten romanischen Kirchen der Schweiz gesäumt. Auf der Straße nach Chamoson folgen weitere Häuser aus dem 16. und 17. Jahrhundert.

Der Legende nach hat in St. Pierre-de-Clages der zweite Bischof des Wallis, der Hl. Florian, das Martyrium erlitten. Wahrscheinlich gab es hier schon sehr früh eine Kirche. Die heutige *Basilika* wurde 1153 erstmals erwähnt, damals in Verbindung mit der Priorei, in einer Bulle Papst Eugens III., in der er die Zugehörigkeit von Kirche und Priorat zur Benediktinerabtei St. Martin d'Ainay von Lyon bestätigte. 1580 wurde das Priorat auf-gehoben und gelangte in den Besitz des Bischofs von Sion. Das unter dem Patronat der Notre-Dame-du-Mont-Carmel stehende Rektorat von Bourg-St. Pierre wurde unter dem Kanonikus Nicolas Mugnier 1661 nach St. Pierre-de-Clages verlegt. Seit 1945 ist St. Pierre Pfarrkirche.

Der erste Eindruck, den der Besucher der Kirche in St. Pierre-de-Clages empfängt, ist Ruhe und archaische Würde; sie vereinigt langobardische und burgundische Elemente in sich (Abb. 55; Farbabb. 25). Die schlichte Westfassade mit dem Eingangsportal besteht aus recht einheitlichen Quadersteinen, die die Wand durch ihre unterschiedliche Tönung bele-ben. Die einzige Verzierung dieser Front sind zwei ungleich hohe, bis zum Dach reichende Widerlager. Die mit zwei Löwen verzierte Kupfertür schuf Antoine Claraz 1968. Sie wird von einem Tympanon überhöht, das von zwei doppelbogigen Nischen flankiert ist. Sowohl das Tympanon als auch die Nischen tragen noch Spuren der ursprünglichen Bemalung aus dem 14. und 15. Jahrhundert. Dargestellt waren in der Mitte Christus als Majestas Domini in der Mandorla, umgeben von Engeln, Maria, einer nicht identifizierten Papstgestalt und einem ebenfalls nicht zu identifizierenden Heiligen (eventuell der Hl. Petrus = St. Pierre). In den Fensteröffnungen befanden sich abwechselnd Bilder der Wappen von Frankreich mit der Lilie und von Savoyen mit dem Kreuz, beide in Erinnerung an Anna (Bonne) de Bour-bon, der Witwe Amadeus VI., von 1384 bis 1402 Herrscherin von Savoyen. Schlitz- und Kreuzfensteröffnungen über der Tür sollen ursprünglich das Langhaus erhellt haben. An der der Straße zugewandten Nordseite sieht man ein zugemauertes Portal. Bis zur Renovierung

211

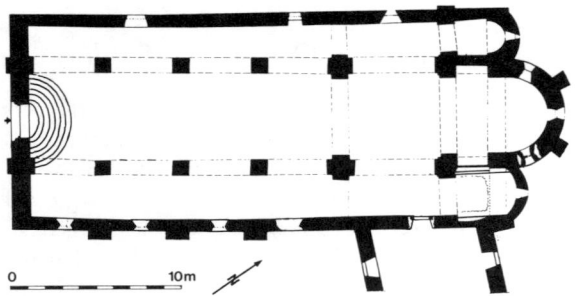

Grundriß der Kirche in St. Pierre-des-Clages

1948 waren die horizontalen Linien des urspünglichen Mauerwerks aus dem 12. Jahrhundert noch zu erkennen.

Das Mauerwerk der Südfassade weist eine recht einheitliche Struktur auf. Die vier Fenster des Schiffes wurden erst 1948 gebrochen, um die Glasmalereien von Edmond Bille aufnehmen zu können. Auch die drei Chorfenster, durch zwei Strebepfeiler voneinander getrennt, entstanden erst 1948. In der Höhe des Querschiffes lehnt sich das ehemalige, nach Süden leicht schräg abfallende Prioratsgebäude an die Kirche. Haupt- und Nordapsis tragen unter dem Kegeldach eine durchgehende Lisene mit Tuffbogenwerk. Die Südapsis aus dem 14. Jahrhundert in ihrer heutigen Form wurde 1948 rekonstruiert und hat keine Dekoration. Das Untergeschoß des oktogonalen Vierungsturms aus der Mitte des 12. Jahrhunderts besteht aus Ziegelsteinen und einfachen Rundbogenfenstern, darüber folgt ein Stockwerk aus Tuffstein mit gekuppelten Schallöffnungen. Die Trennsäulen zeigen skulptierte Kapitelle. Dieser Skulpturenschmuck ist als einziger noch relativ gut erhalten. Die Säulen an den Fenstern tragen Kapitelle, die entweder mit menschlichen Gestalten oder mit dem traditionellen Akanthusmotiv geschmückt sind. Besonders interessant – weil selten im Wallis – sind zwei Köpfe unterhalb der Fenster: Ein Kopf stellt einen Teufel mit kurzen gewundenen Hörnern dar, der andere ein Fabelwesen, halb Hund, halb Eber. Das Dach bildet ein steiler Pyramidenhelm, der mit Schindeln aus Lärchenholz gedeckt ist. 1917 wurde der Dachstuhl anhand alter Pläne genau rekonstruiert. 1967 ersetzte man alle Schindeln. Im Turm hängen vier Glocken aus dem 17., 18. und 20. Jahrhundert.

Dem Inneren der Kirche (Abb. 56) muß man, um es so recht würdigen zu können, viel Aufmerksamkeit schenken. Man muß sich Zeit lassen, um den Charakter, die Atmosphäre und die Ausstrahlung dieses alten Gotteshauses in sich aufnehmen zu können. Zeit nehmen muß man sich auch aus einem praktischen Grund: wer aus dem hellen Sonnenlicht in das Halbdunkel der Kirche tritt und nicht zuerst die Augen an die herrschende Dunkelheit gewöhnt, der läuft Gefahr, die sieben halbrunden Steintreppen ins Kirchenschiff hinunter zu übersehen.

Das Innere ist in ein Langhaus und zwei Seitenschiffe aufgeteilt (Länge 27,05 m; die Breite schwankt zwischen 10,95 m im Osten und 10,76 m im Westen). Mit einer Breite von 2,45 m ist das südliche Seitenschiff um ein Drittel breiter als das nördliche. Die drei tragenden

212

Pfeiler des Schiffes bestehen entweder aus unregelmäßigem Mauerwerk aus Steinen oder haben eine Verkleidung aus Schieferfliesen. Die ersten vier Pfeiler sind quadratisch und ohne Basis. Die zwei folgenden Pfeiler stehen auf einer abgeschrägten Basis, etwa bis zur halben Höhe sind sie viereckig, dann rund. Die beiden letzten vor dem Querschiff sind kreuzförmig. Die Bögen aus grauem Bruchstein sind durch dünne, glänzende Fliesen voneinander getrennt. Das Querschiff besteht eigentlich nur in einer Verbreiterung des Jochwerks vor dem Chor und trägt den Turm. Es handelt sich hier um ein sogenanntes falsches Querschiff.

Die drei Apsiden des Chores sind in der Verlängerung der drei Schiffe gebaut. Die Mittelapsis und die kleinere Nordapsis gehören dem gleichen halbkreisförmigen Typ an. Die Südapsis entsprach vielleicht der Nordapsis, wurde aber wahrscheinlich im 14. Jahrhundert umgebaut und 1948 restauriert. Die Harmonie der Kirche wird durch das Kreuzgewölbe aus Stuck etwas gestört, das im 17. Jahrhundert die Balkendecke ersetzte. Das neue Gewölbe machte eine Erhöhung der Seitenmauern auf der Länge der ersten vier Schiffsjoche nötig, weshalb der Winkel des Daches heute stumpfer ist, als er ursprünglich gewesen war.

Das Kircheninnere ist heute recht schmucklos. Früher war das Schiff mit Fresken ausgeschmückt. Reste dieser Bemalung aus dem 14. Jahrhundert sind an der Wand des südlichen Seitenschiffs erhalten, sie zeigen Rauten- und Swastikamotive. Fragmente noch älterer Bemalung sind an einem Nordpfeiler zu sehen. Die Deckplatte dieses Pfeilers ist mit roten und weißen Streifen verziert, unter denen ein ebensolches Sägezahnband verläuft. Ungefähr 50 cm unterhalb der Deckplatte wiederholen sich diese Motive. In einer Nische des nördlichen Seitenschiffs steht eine 125 cm hohe Lindenholzplastik des Hl. Petrus aus dem 16. Jahrhundert.

Weitere Skulpturen sind nicht vorhanden. Der romanische Altar ist verschwunden; erst in neuerer Zeit angebrachte massive Tuffsteinplatten verbergen den Altar aus dem späten Mittelalter. Das Tabernakel ist eine Arbeit Marcel Feuillats (1948). Das Mosaik über der Eingangspforte, das »Mosaique de Misette« mit der Pietà, wurde von M. Putallaz 1916 geschaffen. Das Glasbild beim linken Seitenflügel stellt die Verkündigung dar, es stammt von Pierre Chavaz aus Savièse.

Von St. Pierre-de-Clages führt die Straße hinauf nach **Chamoson.** Wer mag, wandert am linken Ufer der Losence entlang in das schmucke Örtchen, das, umgeben von Weinbergen, zu Füßen der phantastischen Gebirgskette liegt. Wählt man den Wanderweg, so hat man ein Stück lang den mächtigen Schuttkegel zu bewältigen, den der Fluß hier im Laufe der Jahrhunderte abgelagert hat. Die Losence brachte Generationen von Bauern Fluch und Segen. Oft überschwemmte sie weite Gebiete und riß Tiere, Pflanzen und Häuser mit sich. Gingen die Überschwemmungen aber zurück, blieb der fruchtbare Schlamm liegen, heute von einem der prachtvollsten Weinberge des Kantons bedeckt. 450 ha mißt er, und 40 km Kanäle mit 7 km Hängeröhren sorgen für die Bewässerung.

Chamoson ist ein altes Weinbauerndorf, von dessen Tradition noch die niedrigen alten Steinhäuser zeugen. Die katholische *Pfarrkirche St. André,* die über eine große Freitreppe vom Dorfplatz aus zu erreichen ist, wurde 1929–30 von Lucien Praz in neugotischem Stil errichtet. Der Chorflankenturm mit dem Pyramidenhelm stammt jedoch von einem Vorgängerbau aus den Jahren 1751–52. Das schönste an dieser Kirche sind die Wandmalereien und die Glasfenster, die Edmond Bille in den Jahren 1928–30 schuf.

Die Fahrt durch die Weinberge bringt uns nach **Leytron,** einer gemütlichen, recht bäuerlichen Ortschaft, in der sich früher das savoyische Vizedominat befand. Geringe Reste von Ringmauern und Toreingang des Gebäudes aus dem 15. Jahrhundert sind noch erhalten. In der ehemaligen, mehrmals vergrößerten und umgebauten spätgotischen Pfarrkirche ist jetzt allerdings das Feuerwehrdepot untergebracht. Der schöne schlanke Turm mit dem schindelgedeckten Spitzhelm stammt vielleicht aus dem 15. Jahrhundert und zeigt noch einige romanische Elemente. Die neugotische Pfarrkirche St. Martin wurde 1900 von Emile Vouilloud erbaut.

Von Leytron klettert die Straße fast 900 m in die Berge hinauf nach **Ovronnaz.** Dabei passieren wir die Weiler **Produit** und **Montagnon,** die auf dem sehr langsam, aber stetig abwärts gleitenden Berghang stehen. Die Weiler sind noch ständig bewohnt, aber dem schrägen Stand einiger Häuser merkt man den unsicheren Untergrund bereits an.

Auf der Straße zwischen Leytron und Saillon erblickt man schon von weitem eine Gruppe schlanker Pappeln, in deren Schatten sich eine kleine Kapelle duckt. Hier erhob sich ehemals die Mutterkirche der Kastlanei Saillon. Vom ehemaligen Gotteshaus aus dem 13. Jahrhundert ist nur noch das Chorhaus erhalten, das die heutige *Kapelle St. Laurent* bildet. Archäologische Grabungen brachten die Reste von zwei älteren Kirchen zutage, deren älteste Fundamente auf das 8. Jahrhundert zurückgehen.

Saillon wirkt schon aus der Ferne malerisch, an den zackig emporsteigenden Felsen geklebt, mit trutzigen Türmen und Teilen der alten Stadtmauer (Abb. 58). Saillon spielte mehrmals eine wichtige Rolle. 1052 wurde es erstmals als Castrum im Besitz des Bischofs erwähnt. Vom 12. Jahrhundert an bis 1475 residierte von hier aus ein savoyischer Kastlan über die Vizedominate Riddes und Leytron. Der »Kleine Karl der Große«, »Le Petit Charlemagne«, wie Peter II. von Savoyen von seinen Anhängern und Gegnern, teils liebevoll, teils spöttisch genannt wurde, ließ das Städtchen 1257–58 befestigen. Sein Baumeister Pierre Meinier errichtete 1261–62 den Hauptturm der Befestigungsanlage, den runden Bergfried ›Tour de Bayard‹. Flankiert von drei weiteren Türmen und der Mauer bildete der Bayardturm eine der besten Wehranlagen der Schweiz. In den ständigen Auseinandersetzungen um die Herrschaft im Unterwallis war Saillon, zusammen mit Saxon und La Bâtiaz, eine der wichtigsten savoyischen Bastionen im Rhonetal. Die Bewohner der drei Burgen konnten sich durch Lichtsignale miteinander verständigen und gegenseitig Hilfestellung leisten. Das verhinderte aber nicht, daß die Burg von Saillon zweimal in die Hände der Feinde fiel. Im 14. Jahrhundert wurde sie von den Oberwallisern eingenommen und niedergebrannt. Noch schwerer waren die Zerstörungen, die die eidgenössischen Truppen der Stadt und dem Schloß 1475, nach dem Sieg über die Savoyer bei La Planta, zufügten. Philipp von Savoyen, der Nachfolger Peters II. hatte Saillon Freiheiten und Marktrechte verliehen. Die mehr oder weniger regelmäßig abgehaltenen Märkte hatten erheblich zum Wohlstand der Stadt und ihrer Bürger beigetragen. Nach der Niederlage der Savoyer aber erloschen die Privilegien oder wurden nicht mehr wahrgenommen, und die Stadt verlor ihre strategische und handelspolitische Bedeutung.

Auch in anderer Hinsicht hat sich das Bild Saillons gewandelt. Früher schlugen die Wellen der Rhone an die Felsen der Stadt; im Laufe der Zeit aber veränderte sie ihren Lauf, wurde im 19. Jahrhundert in der Mitte des breiten Tales kanalisiert und ließ Saillon abseits liegen. Die Trockenlegung der Sümpfe führte zur Wiederentdeckung einer Heilquelle, die wahrscheinlich schon den Römern bekannt war, denn in unmittelbarer Nähe der uralten Laurentiuskapelle stieß man auf die Reste einer Villa und Thermenanlagen.

Die ehemaligen Befestigungsmauern von Saillon sind fast vollständig erhalten. Der Tour de Bayard war ein uneinnehmbares Bollwerk. Seine kühne Silhouette mit der anschließenden Mauer und den drei nach Westen gerichteten halbrunden, zinnengeschmückten Türmen prägt das Gesicht der Stadt. Drei Stadttore führen nach Fully, Leytron und Sex, das vierte Tor, die »Porte du Tour«, wurde erst 1930 gebrochen. Teilweise ist die alte Stadtmauer nur mit Mühe zu entdecken, da sie sich hinter den angebauten Häusern versteckt.

Auf einem Felsen etwas oberhalb der Ortschaft steht die katholische *Pfarrkirche St. Laurent* (Abb. 59). Sie wurde 1740 anstelle einer älteren Kirche aus dem 15. Jahrhundert, die sich südöstlich der Stadt bei der großen Mauer befand, am heutigen Standort errichtet. Der Hl. Laurentius, bereits Schutzpatron der alten Kirche, wird unter anderem auch in Ried und Bramois, vor allem aber auch in Frankreich verehrt. Auf dem eindrucksvollen Fresko im Chorscheitel, 1945 von Paul Monnier geschaffen, sieht man das Martyrium des Heiligen (Abb. 57). Die zweite Schutzpatronin der Kirche ist die Hl. Katharina von Alexandrien. Ihr Bild befindet sich über der Eingangstür.

Ein paar Stufen führen gegenüber des Haupteingangs der Kirche zum altehrwürdigen *Pfarrhaus* hinauf. Es steht anstelle des ehemaligen St. Jakobsspitals. Monsieur Bender, der Pfarrer in Saillon, erzählte, daß dieses Spital als Unterkunft für Pilger nach Spanien bereits 1139 im »Guide du Pèlerin de Saint-Jacques de Compostelle« erwähnt worden sei. Spätere Erwähnungen stammen aus dem 13. Jahrhundert. Er hat selbst, als er im Garten des Pfarrhauses Bäume rodete, Mauerreste mit der Jahreszahl 1242 gefunden. 1740 wurde das Spital abgebrochen und 1747 als Pfarrhaus neu errichtet; sein Fundament besteht zum Teil noch aus romanischem Mauerwerk.

Auf dem Friedhof hinter der Kirche fällt unter den Grabsteinen ein schlichtes Holzkreuz mit dem Namen Joseph Samuel Farinet auf. Farinet war, wenn man Charles-Ferdinand Ramuz glauben will, der ihn zum Helden einer seiner Romane gemacht hat, eine Art Robin Hood des Wallis, ein bescheidener, freigebiger und sehr beliebter Mann. Seine Freigebigkeit beruhte jedoch auf Zwanzigrappenstücken, die er recht geschickt aus Nickel selbst herstellte, bis die Polizei sein ungesetzliches Tun entdeckte. Farinet floh und wurde angeblich im Jahre 1880 von einem Landjäger in der Salentzeschlucht hinter Leytron erschossen.

Martigny

Martigny hatte seine große Zeit unter den Römern. Damals hieß es Forum Claudii Vallensium, das heißt Markt des Claudius im Gebiet der Walliser. Der Ort war von seiner Lage her prädestiniert für die Entstehung eines Handelsfleckens, denn hier kreuzten sich die Handels- und Reisewege aus allen Himmelsrichtungen: vom Mittelmeer über das Rhonetal nach Norden, vom Piemont über den Großen St. Bernhard, von der Lombardei über den Simplon, von Savoyen über den Forclazpaß und von Osten über Furka und Grimsel.

Die strategische und wirtschaftliche Bedeutung der Stadt entdeckten als erste um 500 v. Chr. ins Wallis eindringende keltische Stämme. Die Uberi ließen sich im Goms im Oberwallis nieder, die Seduni nahmen die Gegend um Sitten für sich in Anspruch, die Nantuates blieben zwischen St. Maurice und dem Genfer See, und die Veragrer schließlich besetzten die Täler der drei Dranceflüsse und gründeten in der Gegend des heutigen Martigny die Ortschaft Octodurus oder Octodurum. Die Bewohner lebten zum einen Teil von Ackerbau und Viehzucht, zum anderen, sicher nicht unerheblichen Teil von der Erhebung von Straßenzöllen, die sie für den Ausbau und Unterhalt der Paßpfade und für Führer- und Trägerdienste verlangten. Eine erste und durchaus ernstzunehmende Konkurrenz entstand den Veragrern von Octodurus in Julius Caesar. Er schickte 57 v. Chr. während der gallischen Eroberungsfeldzüge seinen Legaten Servius Galba an den Nordfuß des Großen St. Bernhard nach Octodurus mit dem Auftrag, dort zu überwintern. Sicher spielte Caesar dabei mit dem Gedanken, daß es die Kelten unter Aufsicht eines römischen Feldherrn nicht wagen würden, römische Reisende und Kaufleute mit Zollforderungen zu belästigen, und er mit der Sicherung dieses Paßübergangs die kürzeste Verbindung zwischen Rom und Gallien in Händen hielte. Aber er hatte die Rechnung ohne die Kelten gemacht. Zwar überließen diese dem Servius Galba und seiner 12. Legion gezwungenermaßen das eine Ufer der Drance und wurden auch kurz darauf in einer Schlacht geschlagen; jedoch wurden die Römer aus Mangel an Proviant gezwungen, sich in die Gegend von Genf zurückzuziehen und dort den Winter zu verbringen.

Die endgültige Eroberung des Wallis erfolgte erst im Jahre 15. v. Chr. im Rahmen eines großen Feldzugs gegen die Rätier und die Vindeliker in den Zentralalpen und dem bayerischen Alpenvorland. Zunächst bildete das Wallis als Vallis Poenina mit Rätien zusammen eine verwaltungspolitische Einheit mit der Hauptstadt Augusta Vindelicum, dem heutigen Augsburg. Erst etwa in der ersten Hälfte des 1. Jahrhunderts wurden unter Kaiser Claudius die vier Civitates, die Stammesgemeinden des Wallis, zu einer selbständigen Einheit zusammengefaßt. Hauptstadt war die vom Kaiser neu gegründete Siedlung Forum Claudii Augusti – Markt des Kaisers Claudius Augustus – , deren Name erstmals auf zwei Meilensteinen aus dem Jahre 47 n. Chr. erschien. Bereits kurze Zeit später wurde die Siedlung umbenannt in Forum Claudii Vallensium. Der Platz dieser Siedlung deckt sich weder mit dem der heutigen Altstadt von Martigny noch mit dem des keltischen Octodurus; er lag vielmehr im südöstlichen Teil der Ebene von Martigny, am Fuße des Mont Chemin. Wahrscheinlich zog man den kleinen Hügel als neuen Siedlungsort dem sonnenbegünstigten und windgeschützten Octodurus vor, weil die wenigen Meter Höhenunterschied sicheren Schutz vor den häufigen Überschwemmungen der Drance boten. Allerdings bestand möglicherweise das alte Octodurus, nur wenig bewohnt, am Rande der neuen Siedlung weiter.

Forum Claudii Vallensium war ein für die damalige Zeit bereits recht beachtliches Städtchen mit einigen tausend Einwohnern. Rechtwinklig aufeinanderstoßende, sorgfältig angelegte Straßen teilten das Zentrum in viereckige Quartiere, hier sogenannte Insulae. Die Blütezeit der Stadt scheint bis Ende des 4. Jahrhunderts gedauert zu haben. Von ihr zeugen prächtige Villen, mindestens zwei Thermenanlagen, ein Amphitheater für 5000 bis 6000 Zuschauer, mindestens zwei gallorömische und ein römischer Tempel, das Forum mit der anschließenden Basilika (Verwaltungs- und Gerichtsgebäude, Börse und Markthalle). Warum das römische Forum Claudii Vallensium gegen Ende des 4. Jahrhunderts aufhörte zu existieren, ist bis heute nicht erforscht; auch die Grabungen geben darüber keine Aufschlüsse. Möglicherweise hatte neben der römischen Siedlung das alte Octodurus weiterbestanden, denn die historischen Quellen aus der zweiten Hälfte des 4. Jahrhunderts nennen plötzlich den alten keltischen Namen wieder. Nach der Einkehr des Christentums behielt Octodurus noch eine Zeitlang seine Vormachtstellung als Metropole des Wallis; es wurde Bischofssitz, und wahrscheinlich stand hier auch die erste Kathedrale des Wallis möglicherweise in der Nähe der heutigen Kathedrale Notre Dame des Champs. Der erste Bischof des Landes war der legendäre Hl. Theodul, der im Jahre 381 als Bischof von Octodurus die Akten des Konzils von Aquileia unterzeichnete.

Um die Person dieses Bischofs, Schutzpatrons des Wallis und der Winzer, ranken sich bis heute zahlreiche Legenden und Berichte, die von der Volkstümlichkeit und Beliebtheit des Heiligen ein beredtes Zeugnis ablegen. So etwa die Legende von der St. Jodernkufe: Als einmal der Frost die Reben vernichtet hatte, und die Bauer jammerten und klagten, segnete der Hl. Theodul (im Oberwallis auch St. Jodern genannt) eine Kufe voll Wein. Wer immer fortan Wein brauchte, konnte ihn aus dieser Kufe holen, sie wurde nie nachgefüllt und versiegte trotzdem nie – wenigstens solange des Bischofs Gebot, die Kufe nie zu öffnen, befolgt wurde. Nach vielen Jahren wollten es ein paar Neugierige doch einmal ganz genau wissen und öffneten die Kufe: Sie war leer, nur vor dem Spundloch hing eine einzige frische, saftige Traube, die jedoch in ganz kurzer Zeit welkte und zu Staub zerfiel. Gleichzeitig fiel das Faß auseinander und konnte auch vom geschicktesten Küfer nicht mehr zusammengesetzt werden – und vorbei war es mit dem Wunder!

Theoduls Gebeine wurden von Martigny nach Sion gebracht und dort zunächst auf dem Friedhof außerhalb der Stadtmauern, etwa am Standort der heutigen Theodulskirche, beigesetzt. Ungefähr um die Wende vom 12. zum 13. Jahrhundert wurden sie in die Valeriakirche gebracht, wo sie bis 1798 sicher aufbewahrt wurden; seither sind sie verschollen. Das Andenken des Heiligen aber blieb im Volk, in Kunst, Kultur und Legende bewahrt. Vor allem im 13. Jahrhundert ist er zum Volksheiligen avanciert; er wurde Patron der Kirche von

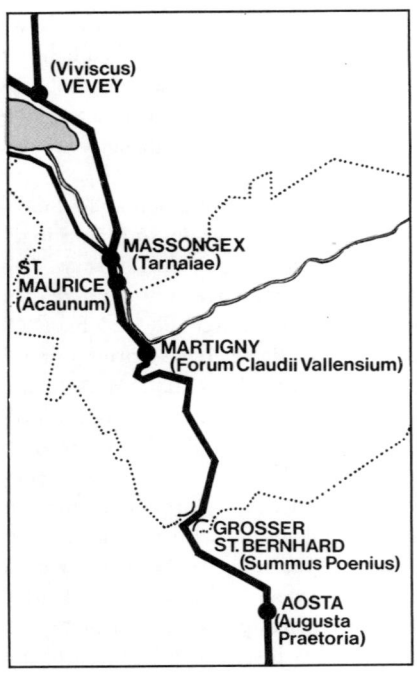

Martignys bedeutsame Lage zwischen dem Großen St. Bernhard und der Nordseite des Genfer Sees.

Sion, und sein Fest wird seither jährlich am 16. August gefeiert. Zahlreiche Kirchen wurden ihm geweiht, unter anderem 1228 die Theodulskirche in Sion, 1245 die in Grimentz und 1256 jene in Vispertherminen; im 14. und 15. Jahrhundert folgten Gotteshäuser in Siders, Monthey, Gluringen, Champéry, Gampel, Bovernier, Gondo und Reckingen. Zahlreiche Bruderschaften und Spenden trugen den Namen des Landesheiligen, unter anderem das seit 1344 in Martigny existierende St. Theoduls-Spital. Von 1496 bis 1624 zierte sein Bildnis die Walliser Münzen, und auf zahllosen Gemälden und Skulpturen wurde er als Bischof mit der Rebe oder mit Teufel und Glocke dargestellt. Eine historisch nicht belegbare Darstellung auf dem St. Theoduls-Triptychon in der Valeriakirche aus dem Jahre 1596 zeigt ihn mit einem Schwert als Zeitgenossen Karls des Großen, der ihm die Hoheitsrechte über das Wallis übertragen haben soll.

Mit dem Zerfall des römischen Reiches schwand auch die Bedeutung von Octodurus. Die Reisewege wurden unsicher, der Handel ging zurück, die Bevölkerung verarmte und war wieder auf die Selbstversorgung angewiesen. Andererseits schritt auch die Christianisierung im Wallis immer weiter fort, und Octodurus als ehemaliger religiöser Mittelpunkt und Bischofsstadt geriet immer mehr ins Abseits. In der zweiten Hälfte des 6. Jahrhunderts (wahrscheinlich zwischen 580 und 585) verlegte der Bischof Heliodor den Bischofssitz von

Reisende vor dem Grande Maison in Martigny

Octodurus nach Sion. Möglicherweise gab auch der Überfall der Langobarden, die 574 über den Großen St. Bernhard kamen, den Ausschlag für den Umzug des Bischofs in die besser zu sichernde Landesmitte.

Leider ist von Martignys großer Vergangenheit nicht mehr viel zu sehen. Südlich des Stadtzentrums und der Route du Levant liegt das *Amphitheater*, das zwar über alle Jahrhunderte hinweg sichtbar geblieben ist, von dem aber bis 1978 so gut wie nichts ausgegraben und bekannt war. Es lag etwas außerhalb des Zentrums der alten Römerstadt, am Fuß des Mont Chemin, wo man die benötigten Steine für den Bau gleich an Ort und Stelle fand, sowie nahe beim Eingang zum heiligen Bezirk und in der Nähe der Straße, die vom Großen St. Bernhard in die Stadt führte. Inzwischen konnte das Theater weitgehend freigelegt werden und soll bis Ende 1991 so weit restauriert sein, daß es einmal – nach den Wünschen der Stadtverwaltung und der Archäologischen Gesellschaft – »das sehenswerteste und am meisten besuchte Bauwerk der antiken Hauptstadt des Wallis« sein soll. Ein großer Teil der im Laufe der letzten 100 Jahre ausgegrabenen römischen Ruinen ist heute hingegen wieder überbaut.

Aufschlußreich ist ein Besuch in dem nahe beim Ausgrabungsfeld gelegenen Museum, der *Fondation Pierre Gianadda*. Dank dieser Stiftung wurde es möglich, die 1883 im Gebiet des Forums gefundenen Teile von römischen Monumentalbronzen, die lange Zeit im Valeria-

219

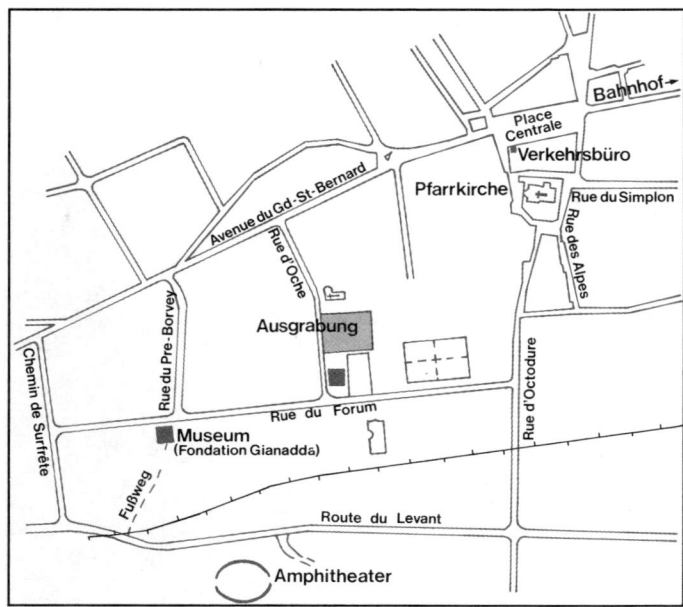

Martigny und seine archäologische Stätten

und im archäologischen Museum in Sion ausgestellt waren, wieder an ihren Heimatort zurückzuholen. Die Grundmauern des gallorömischen Tempels in der unteren Ebene bilden den Mittelpunkt des Museums. Wahrscheinlich stand er bereits einige Jahrzehnte, als die Römer das Wallis eroberten. Er war einem gallischen Gott geweiht, dem die Römer, wie sie dies ja in allen eroberten Ländern taten, Namen und Gesicht eines eigenen Gottes, in diesem Fall des Merkur, verliehen.

Neben Votivgaben, Werkzeugen, Waffen, Schmuck und Hausrat sind der ganze Stolz der Sammlung natürlich die Großbronzen, die berühmtesten Fundstücke von Martigny, die nun endlich hier im Original zu sehen sind. Sion, das die Fundstücke bisher ausstellen durfte, hat als Trost hervorragende Kopien für sein archäologisches Museum erhalten. Die sechs Bruchstücke (der Teil eines Gewandes, eine Hand; Bein und Arm einer Statue sowie Kopf und Vorderbein eines Stieres) wurden am 23. November 1883 in der Forumsbasilika gefunden. Sie sind, auch noch als Fragmente, Meisterwerke antiker Bronzeplastik (Abb. 60–62).

In Ausstellungskästen und thematisch aufgebauten Nischen befinden sich weitere Funde aus der Gegend um Martigny sowie Karten und Skizzen des Forum Claudii Vallensium, seiner Lage im römischen Reich, seiner Bedeutung als Handelsort und militärischer Stützpunkt. Ein bemerkenswertes Stück, um nur eines aus der Fülle der Ausstellungsgegenstände hervorzuheben, ist die Miniaturstatue einer Venus. Es handelt sich um eine Marmorkopie der Venus von Knidos des Praxiteles.

In der unteren Ebene der Fondation Pierre Gianadda finden regelmäßig Kunstausstellungen statt, während in den anschließenden Räumlichkeiten eine ständige Oldtimer-Ausstellung zu sehen ist.

Das heutige Martigny läßt sich in drei sehenswerte und historisch interessante Stadtteile gliedern: Martigny-Ville mit den zwei Mittelpunkten katholische Pfarrkirche Notre-Dame-des-Champs und dem im 19. Jahrhundert konzipierten Place Centrale (Grande Place) mit Platanenalleen, Geschäftshäusern und zahlreichen Cafés und Restaurants. Der zweite Stadtteil ist La Bâtiaz mit dem beherrschenden Turm der Burgruine; und schließlich Martigny-Bourg mit seinen engen Gassen.

Beginnen wir unsere Stadtbesichtigung auf dem langgestreckten Hauptplatz mit seinem regen Leben und Treiben. Ein kurzes Stück in Richtung Südosten, am Place Plaisance, steht die *Liberté* von Courbet. Gustave Courbet, der 1871 von der Dritten Republik ins Exil geschickt worden war, schuf diese Freiheitsbüste mit der üppigen Haarmähne im Andenken an die verlorene Freiheit.

Schlendern wir zunächst ein kurzes Stück nach Nordwesten in die Avenue Marc-Moraud, so erreichen wir nach wenigen Schritten ein massives Gebäude aus dem 16. Jahrhundert. Die Fassade zeigt nichts von seiner lebhaften Vergangenheit und den großen Geistern, die sich hier im *ehemaligen Gasthof Grand-Maison* aufhielten; unter anderem waren es Charles Dickens, Lord Byron, Jules Verne, Honoré de Balzac, Fenimore Cooper, Franz Liszt und Alexandre Dumas Père; von letzterem wird berichtet, er habe hier mit Schaudern ein Steak

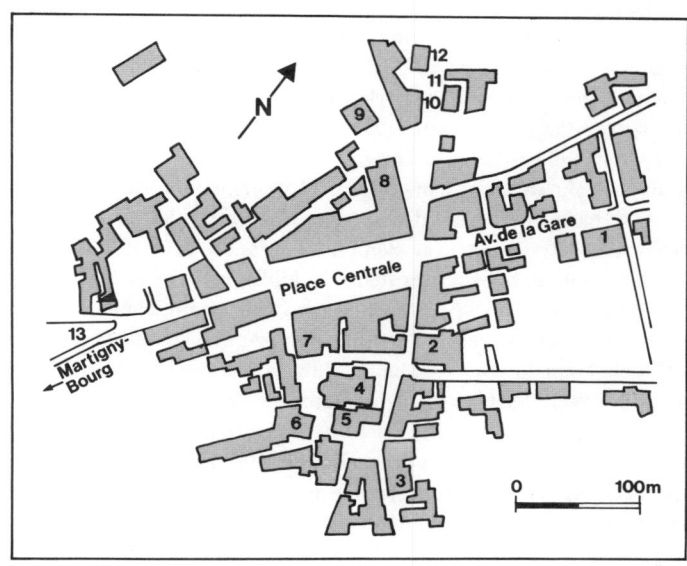

Ortsplan von
Martigny
1 Kantonalbank
2 Kollegium St.
  Marie
3 Supersaxohaus
4 Pfarrkirche
5 Prioratshaus
6 Propstei vom Gro-
  ßen St. Bernhard
7 Rathaus
8 La Grand-Maison
9 Manoir Granioz
10 Brücke über die
  Drance
11 Kapelle de la Bâ-
  tiaz
12 Schloß de la Bâtiaz
13 Liberté

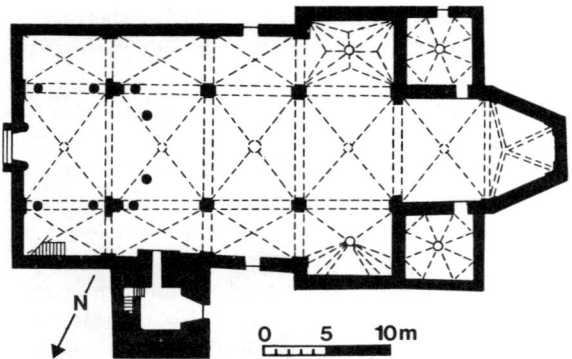

Grundriß der Pfarrkirche in Martigny

von einem Bären verzehrt, der seinerseits einige Menschen verschlungen haben solle. Gegenüber liegt das Manoir Granioz (Burg des Granioz) aus dem Jahre 1730, dessen ehemaliger Festsaal heute als Ausstellungsraum dient.

Jenseits der Place Centrale steht die *Pfarrkirche Notre-Dame-des-Champs*. Die Kirche wurde zwischen 1645 und 1687 im barocken Stil, wahrscheinlich auf den Fundamenten einer spätantiken Kathedrale und deren Nachfolgebauten errichtet. Der Turm an der Nordseite des Schiffs wurde zwar erst von 1717 bis 1723 errichtet, ist aber mit seinen zwei Glockengeschossen mit den rundbogigen Schallfenstern ganz im typischen Stil der romanischen Rhonetaltürme gehalten. Sein Glockenspiel ist bekannt für seine Feinstimmigkeit und den eigenartigen Rhythmus. An die Außenmauer des Chors gelehnt steht ein verwitterter römischer Meilenstein, dessen Inschrift kaum noch zu entziffern ist, und südlich der Kirche das *Prioratshaus* aus dem Jahre 1563. Zwischen der Pfarrkirche und der Kirche Marie-Reine-des-Cieux erhebt sich die *Propstei* der Chorherren auf dem Großen St. Bernhard aus dem 16. Jahrhundert, umgebaut 1753.

Durch drei geschnitzte Türen von 1670, das Hauptportal, die nördliche Seiten- und die südliche Sakristeitür, gelangt man ins Kircheninnere. An das dreischiffige, vierjochige Schiff schließt nach Westen der dreiseitig geschlossene Chor an. Der überwiegend in Gold gehaltene barocke Hochaltar mit den Figuren des Hl. Mauritius und Sigismund zu beiden Seiten des Altarbildes stammt aus dem 17. Jahrhundert. Das Altargemälde, die Verkündigung, wurde 1933 von Théophile Robert gemalt. Das mit Blumen bestickte Antependium wurde von L. Closuit nach einer Zeichnung von A. Closuit 1934 geschaffen. Der Herz-Jesu-Altar zeigt ein Gemälde aus dem Jahr 1932 von Théophile Robert, der St. Josephs-Altar ein Bild von 1861 von Melchior Paul von Deschwanden.

In den Nischen über den Jochbögen des Mittelschiffs stehen sechs gotische Figuren. Sie entstanden ebenso wie das große Kruzifix im rechten Seitenschiff gegen Ende des 15. Jahrhunderts in der Werkstatt Jean Boulars aus Vevey. Die üppig geschnitzte, polygonale Barockkanzel, die von einer Karyatide getragen wird, wurde 1671 von dem Notar François Terraz gestiftet. Im linken Seitenschiff fällt der mit kraftvollen barocken Figuren geschmückte Taufstein auf, den eine Bekrönung in Form eines Tempiettos ziert. Er stammt aus dem Jahr 1684 und ist wahrscheinlich eine Stiftung der Familie Salthéry. Im Kirchenschatz werden unter anderem eine Sonnenmonstranz, eine Reliquienbüste, diverse Kelche und ein Meßornat aus dem 18. Jahrhundert sowie ein spätgotischer Reliquienschrein und ein ebensolches Vortragekreuz aufbewahrt.

Schräg gegenüber der Ostseite der Kirche steht das *Supersaxohaus* aus dem Anfang des 16. Jahrhunderts. Auch hier hat Georg Supersaxo seinen Lieblingsarchitekten Ulrich Ruffiner verpflichten können.

Zur trutzigen *Burgruine La Bâtiaz* im gleichnamigen Stadtteil führt eine gedeckte Holzbrücke über die Drance. Sie wurde 1839 gebaut und 1947 bis 1948 verstärkt und verbreitert. Unmittelbar hinter der Brücke steht die kleine *Chapelle Notre-Dame-de-Compassion*, die Kapelle der Schmerzhaften Muttergottes, 1595 errichtet, 1617 und 1748 umgebaut und vergrößert. Sie besitzt einen prächtigen Rokokoaltar aus Stuckmarmor, 1755 von Bischof Johann Hiltbrand Roten gestiftet, mit einer Pietà. Eindrucksvoll ist die Sammlung von Votivbildern, vorwiegend aus dem 18. und 19. Jahrhundert. Das ehemalige Dorf La Bâtiaz schart sich wie schutzsuchend um den Burghügel und zeigt zum Fluß hin seine malerische Häuserfront. Darüber erhebt sich auf einem Felskopf die imposante Ruine des ehemaligen bischöflichen Schlosses. Es wurde wahrscheinlich zu Beginn des 13. Jahrhunderts als Ersatz für die Burg auf St. Jean erbaut, die von Peter von Savoyen zerstört worden war. 1259 belagerte Peter II. von Savoyen auch La Bâtiaz, das von 1260 bis 1268 als Unterpfand von ihm in Besitz genommen wurde. Der Savoyer ließ den runden Bergfried errichten. Bischof Pierre d'Oron ließ 1281 den Turm erhöhen und einige Umbauten vornehmen. 1475 wurde die Burg zum Teil zerstört und 1518 von Georg Supersaxo und seinen Anhängern bis auf den Rundturm eingeäschert.

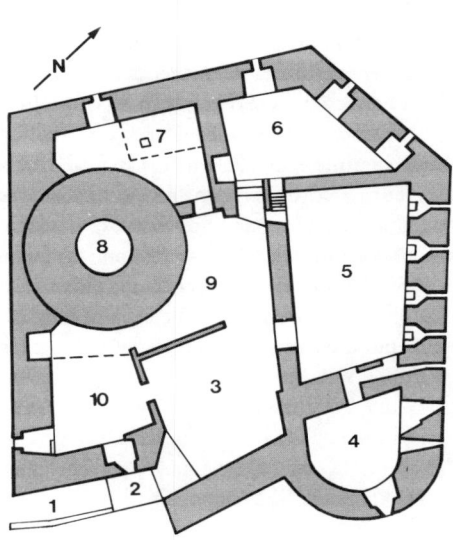

Grundriß der Burg La Bâtiaz
 1 *Zugang*
 2 *Burggraben und Eingang*
 3 *Altes Gebäude (Hof)*
 4 *Seitenturm (mit wahrscheinlichem Kapellenstandort im obersten Geschoß)*
 5 *Im Untergeschoß Vorratsraum; im Obergeschoß Saal*
 6 *Im Obergeschoß heizbarer Raum (Kamin)*
 7 *Hofraum mit Zisterne*
 8 *Hauptturm*
 9 *Hofraum*
10 *Gewölbtes Erdgeschoß eines zerstörten Baus*

Zwischen Martigny und St. Maurice, bei Vernayaz, passiert der Reisende den Wasserfall »Pisse-Vache«.

Martigny-Bourg, einst ein lebhafter Marktflecken, erwacht heute einmal im Jahr, am »Tag des Speckmarktes«, wieder zum altgewohnten Leben. Dann drängt nicht nur der Durchgangsverkehr durch die engen Straßen mit den Laubenhäusern, dann wehen verführerische Düfte durch die Gassen, und wie von selbst gelangt man zu den alten, sehenswerten Häusern. Da ist beispielsweise das *Hôtel des Trois Couronnes,* der ehemalige Sitz des Viztums. Vom spätmittelalterlichen Bau ist lediglich der Rundturm erhalten geblieben. Der Eingang des Turms wird überhöht von einer Kartusche mit dem Supersaxo-Wappen; diesmal aber nicht dasjenige Georg Supersaxos, sondern das seines Nachfahren Bischof Franz Joseph Supersaxo. Er ließ 1731 das Wappen und seine Devise WGW (wie Gott will) hier verewigen.

Am Ortsausgang, in Richtung La Croix, steht die kleine alte *Kapelle des Hl. Michael,* 1649 anstelle einer älteren Kapelle erbaut. Bemerkenswert sind das Weihwasserbecken von 1651 und die innigen, fast noch als naiv zu bezeichnenden Wandmalereien von Albert Chavaz (1937).

St. Maurice und Massongex

»Kaiser, wir sind deine Soldaten, vorerst jedoch stehen wir im Dienste Gottes. Dir gehört unsere Tapferkeit im Krieg; Ihm unser schuldloses Leben. Du gibst uns Sold für unsere Strapazen; Er schenkt uns den Anbeginn allen Lebens. Nicht einmal auf Kaiserlichen Befehl dürfen wir unseren Gott und Schöpfer verleugnen, unseren Gott, der auch Dir Gott und Schöpfer ist, magst du es wollen oder nicht. Für unsere Mitbürger ergriffen wir die Waffen, nicht gegen sie. Um der Treue willen kämpfen wir. Wie aber können wir die Treue halten, wenn wir dieselbe Treue unserem Gott versagen? Vor allem schwuren wir Gott, dann erst dem Heerführer. Unserem zweiten Eid darfst du nicht trauen, so wir den ersten gebrochen.«

So lautete das Bekenntnis des Hl. Mauritius in der »Passio Acaunensium martyrum«, die der damalige Bischof von Lyon, Eucherius (gestorben 450), etwa 100 oder 150 Jahre nach dem Märtyrertod der Thebäischen Legion niederschrieb. Um die Legende vom Sterben der Thebäer unter Mauritius für den christlichen Glauben hat sich ein Kult entwickelt, dem letztlich die Ortschaft St. Maurice ihre Entstehung verdankt.

Zu Beginn der römischen Epoche im Wallis war Acaunum (vom keltischen Wort für Stein) ein kleiner, aber wichtiger und exponierter Flecken am Engpaß der Rhone. Wer ins Wallis wollte, mußte hier den Fluß überqueren, und wer im Besitz der Rhonebrücke war, der beherrschte diesen Eingang ins Tal. Die Römer errichteten dort ein Lager; möglicherweise sogar eine Festung, vielleicht auch eine Zollstation. Gegen Ende des 3. Jahrhunderts hielt sich Maximian, der sich mit Diokletian die kaiserliche Macht teilte, im Forum Claudii Vallensium auf. Zur gleichen Zeit lag eine Thebäische Legion, aus der römischen Provinz Theben in Ägypten, mit ihrem Anführer Mauritius in Acaunum. Von den Thebäern waren sehr viele Anhänger des neuen christlichen Glaubens, obwohl er im römischen Reich verboten war. Als sie nun den Befehl erhielten, den römischen Göttern zu opfern und die bereits im Rhonetal lebenden Christen zu verfolgen, weigerten sie sich. Schließlich wurde der Hauptmann Mauritius mit seinen Unterführern hingerichtet und am Ort der Hinrichtung, wahrscheinlich in Vérolliez (etwa 2 km von St. Maurice entfernt) verscharrt. Dennoch war der Siegeszug des Christentums nicht mehr aufzuhalten, und mit ihm verbreitete sich die Legende vom Opfertod der Thebäer in Europa.

Um 360 n. Chr. entdeckte Theodul, erster Bischof des Landes mit Sitz in Octodurus, die Gebeine der Toten. Er ließ sie nach Acaunum bringen und zwischen 360 und 370 am Fuß der Felswand würdig bestatten. Zwar konnten diese Gräber durch archäologische Funde bewiesen werden, aber Skeptiker vertreten die Ansicht, daß der Hl. Theodul die Gebeine irgendwelcher Legionäre gefunden hat, diese dann mit einer anderen, aus Syrien stammenden Legende in Zusammenhang brachte und die Geschichte vom Martyrium der Thebäischen Legion begründete.

Ansichten der Brücke und des Schlosses von St. Maurice. Aquarellierte Federzeichnung um 1800

Gegen Ende des 3. Jahrhunderts vernahmen die Reisenden die Geschichte vom Opfertod der Thebäer und ihres Anführers Mauritius. Nachdem dann das Christentum legalisiert und die Gebeine des Mauritius und seiner Leute beigesetzt worden waren, machte zumindest jeder reisende Christ hier kürzer oder länger Station. Eucherius, Bischof von Lyon, ein gelehrter und hochverehrter Mann, verfaßte zwischen 430 und 450 die Leidensgeschichte der Thebäischen Märtyrer. Um die gleiche Zeit wurde in Oberitalien der 22. September als Gedenktag für die Thebäer festgelegt. Später dann, im 6., 7. und 8. Jahrhundert, gelangten Reliquien nach Tours, Köln, Vienne, Niederaltaich und St. Gallen. Immer mehr Pilger und Durchreisende kamen, und weltliche und kirchliche Herrscher und Fürsten besuchten das Heiligtum. Ein erstes Hospiz entstand, zu dessen frühesten Gästen der Hl. Martin, Bischof von Tours, und der Hl. Romanus gehörten. Das Hospiz wurde wahrscheinlich von Mönchen betreut, die mehr oder weniger zufällig am Ort waren; es bestand noch nicht die Einheit einer klösterlichen Gemeinschaft. Diese entstand erst im Jahre 515 unter Sigismund, König von Burgund, der bereits als Prinz vom Arianismus zum christlichen Glauben konvertiert war. Auf Anraten seiner Freunde Avitus, Bischof von Vienne, und Maximus, Bischof von Genf, wählte er Acaunum als Heiligtum aus, um dort durch eine Stiftung die Grundlage für die Errichtung eines Klosters zu schaffen. Am 22. September 515, dem Gedenktag für die thebäischen Märtyrer, fand die feierliche Einweihung des Klosters von St. Maurice – Acaunum statt, unter Beteiligung aller kirchlichen und weltlichen Machthaber des Burgunderreiches und seiner Freunde. Damals noch war die Verbindung zwischen Abend- und Morgenland durch einen ununterbrochenen Pilgerstrom ins Heilige Land recht eng. Einige Bischöfe standen mit Kaiser und Patriarch in Konstantinopel, wo allein im Jahre 518 67 Männerklöster gegründet worden waren, in enger Beziehung. Viele dieser Klöster huldigten der Vorstellung, die Kirche sei das weltliche Abbild des Himmels, wo Engel ununterbrochen das Lob Gottes singen. Getreu diesem Bild übernahmen sie die Laus perennis, das ununterbrochene Stundengebet durch wechselnde Chöre. Wahrscheinlich war es Bischof Avitus, der diese Regelung auch für das Kloster St. Maurice anregte, wo sie mehr als 300 Jahre lang – mit kurzen Unterbrechungen – das klösterliche Leben bestimmte.

Ausgrabungen unter dem Augustinerchorherren Pierre Bourbon (1854–1920) und unter Louis Blondel (1944–49) brachten sogenannte »formae«, rechtwinklige Mauerzüge mit Bodenvertiefungen, die Sarkophage aufnehmen konnten, zutage. Derartige Grabstätten sind auch aus dem alten Rom bekannt. Sechs Grabkammern waren unversehrt, von anderen fand man Reste. Im rechten Winkel zur Felswand stand über diesen Gräbern die erste Kirche von St. Maurice, ein Gebäude von 5 × 9 m, das über einen sich an den Felsen lehnenden Gang zu

Entwicklung der Abtei von St. Maurice

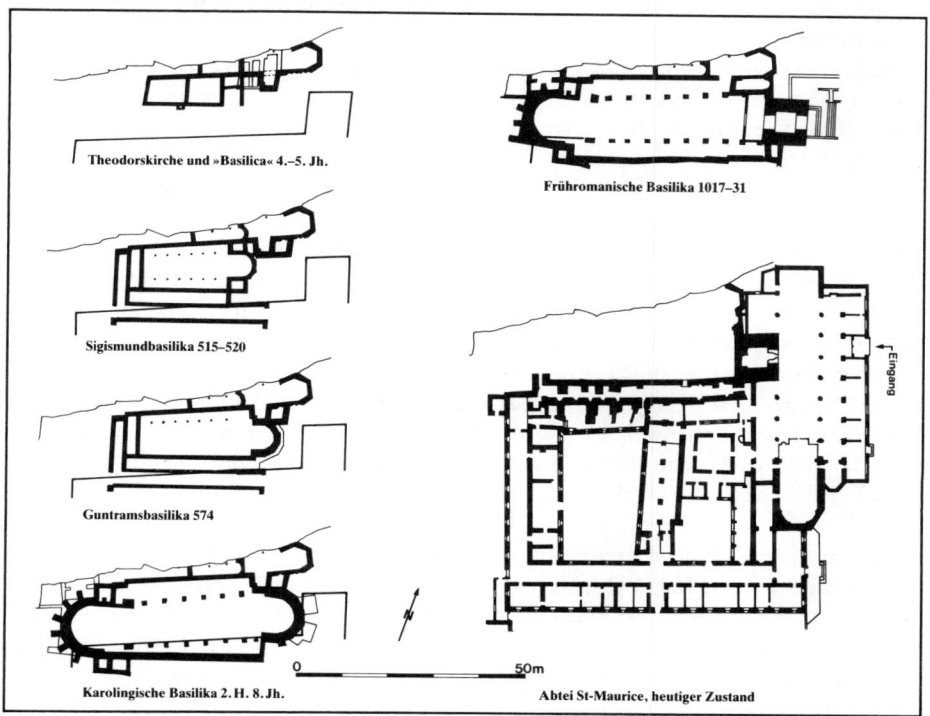

erreichen war. An diesen Gang lehnte sich ein weiteres rechteckiges Gebäude an (Abb. 82). Da die Theodulskirche über den Gräbern der Märtyrer von Anfang an ein vielbesuchtes Wallfahrtsziel war, diente dieses Haus wahrscheinlich der Aufnahme der Pilger. Östlich der Theodulskirche stand eine kleine Grabkapelle mit einem zinnoberrot angemalten Arkosolgrab. Möglicherweise waren die Gebeine des Hl. Mauritius hier gesondert bestattet.

Der ständig zunehmende Pilgerstrom machte bereits im 5. Jahrhundert Erweiterungsbauten notwendig. An die bestehende Kirche wurde eine einschiffige Basilika angebaut, ferner errichtete man ein Hospiz. Diese Basilika wurde im 6. Jahrhundert, zwischen 516 und 520, also nach der Klostergründung durch König Sigismund, beträchtlich erweitert. Mit der Kirche des später heiliggesprochenen König Sigismund von Burgund entstand in St. Maurice ein zweites Wallfahrtsziel. Er, der Klostergründer von St. Maurice, war 523 mit seiner ganzen Familie vom Frankenfürsten Chlodomir gefangengenommen und bei Orléans in einem Brunnen ertränkt worden. Anläßlich der Feldzüge, die zur Gefangennahme des Königs führten, wurde auch St. Maurice teilweise zerstört. Seine sterblichen Überreste wurden nach Acaunum (St. Maurice) gebracht und dort in der kleinen Kirche St. Johannes Evangelista beigesetzt. Die heutige Kirche, 1712–17 erbaut, ist unter dem Namen St. Sigismund Pfarrkirche des Städtchens. Die Gläubigen riefen den Heiligen als Helfer gegen das Sumpffieber an, das noch lange, bis zur Trockenlegung der Sümpfe im Rhonetal, eine weit verbreitete und oft tödliche Krankheit war.

Nach der Ermordung Sigismunds und seiner Familie sowie der teilweisen Zerstörung von Abtei und Kirche besannen sich die Merowingerkönige der strategischen Bedeutung von St. Maurice. Sie begünstigten das Kloster, was zwar einerseits den Reichtum der Abtei vermehrte, aber andererseits eine starke Abhängigkeit der kirchlichen Institutionen von den weltlichen Herrschern mit sich brachte.

Ende des 8. und Anfang des 9. Jahrhunderts regierte Karl der Große, der St. Maurice besonders zugetan war. Möglicherweise weilte er auf seinen Italienzügen mehrmals als Gast in der Abtei, was zwar nicht nachgewiesen werden kann, aber in zahlreichen Geschichten berichtet wird. Unter Karls Verwandten, dem Abt Altheus, gleichzeitig Bischof von Sion, und dessen Vorgänger Willicarus, Erzbischof von Sens, entstand die karolingische Basilika mit einer Ost-West-Apsis und der beeindruckenden Länge von 56 m.

Im 11. Jahrhundert verlängerte man die Kirche auf 65 m, wodurch sie damals zu einem der größten Bauwerke der Schweiz wurde. Im gleichen Jahrhundert entstand auch der Glockenturm, der heute noch steht, aber seine typische, savoyisch-piemontesische Form erst im 12. und 13. Jahrhundert erhielt (Farbabb. 26). 1614 begann man mit dem Bau der heutigen Basilika.

Der zunehmende Reichtum der Abtei, ihre strategische Schlüsselstellung und die politischen Interessen von Kaisern, Königen, Päpsten und Bischöfen führten zu einer unerwünschten Verweltlichung des klösterlichen Lebens. Das lange Zeit unantastbare Recht der Mönche, ihren Abt selbst zu wählen, widersprach den Interessen der Machthaber: Im Jahre 830 gab das Kloster – auf wessen Veranlassung ist ungewiß – seine bisherige Regel auf und wurde zum Chorherrenstift, das heißt, die Leitung des Klosters ablag fortan Laien.

Nach dem Tod Karls des Großen versuchte Karl der Kahle, seinem Gefolgsmann Graf Bosco die Abtei zuzuspielen, was wiederum die Welfen auf den Plan rief. Sie übergaben St. Maurice dem Grafen Konrad von Anxerre, der fortan als Propst fungierte. Dessen Sohn Rudolf, der sich in der Kirche von St. Maurice zum König von Burgund krönen und vom Bischof von Toul salben ließ, machte die Abtei zum königlichen Eigentum. Nachdem Burgund an das Heilige Römische Reich Deutscher Nation gefallen war, wurden die Grafen von Savoyen Besitzer von St. Maurice, wo sie bis 1143 das Amt des Propstes innehatten. Unter dem Grafen Amadeus von Savoyen erfolgte eine Neuorientierung des Stiftes und des klösterlichen Lebens, das ab 1128 den Regeln des Augustinerordens unterstellt war. Die erste Regel dieses Ordens prägte und beeinflußte das Leben im Kloster bis auf den heutigen Tag. Sie lautet: »Das erste Ziel eurer Gemeinschaft ist die Eintracht im Hause, daß ihr ein Herz und eine Seele in Gott seid.« Von 1782 an machten sich wiederum weltlichere Tendenzen bemerkbar: Bis 1951 führte der Abt von St. Maurice gleichzeitig den Grafentitel.

St. Maurice hat jedoch nicht nur eine Geschichte als Wallfahrtsort, sondern auch eine bewegte Vergangenheit, was Katastrophen angeht. Die Langobarden, gewalttätige heidnische Horden, kamen über die westlichen Alpenpässe ins Rhonetal und zerstörten auch die Abtei St. Maurice. Erst zwei vom Merowingerkönig Guntram entsandte Heere unter dem Befehl der Herzöge Wiolicus und Theudefried konnten ihnen im Jahre 574 oder 575 bei Bex Einhalt gebieten und sie ins Aostatal zurücktreiben. Zwischen 937 und 940 drangen die Sarazenen bis ins Alpengebiet vor. Sie hörten von den damals bereits Legende gewordenen Schätzen der Abtei von St. Maurice, fielen über Abtei und Kirche her und steckten sie in Brand. In den Jahren 1345 und 1560 beschädigten Feuersbrünste Kirche und Kloster; 1584 richtete ein Erdbeben schwere Schäden an; 1595 zerstörte ein Felssturz Teile der Kirche und der umliegenden Gebäude.

Einer der furchtbarsten Brände brach am 23. Februar 1693 aus. An einem stürmischen Föhntag brach in der Klosterbäckerei ein kleines Feuer aus. In kürzester Zeit standen Kloster und Kirche in Flammen, die auf das Rathaus, den Kapuzinerkonvent und weitere zweihundert Häuser, Ställe und Scheunen übergriffen. St. Maurice hatte zwar den Fluß in der Nähe, aber was half das bei den völlig unzureichenden Mitteln? Der unvermindert tobende Sturm riß brennende Heubüschel kilometerweit mit sich und entzündete weiter im Tal einzelne Gehöfte. In der Burg des Landvogtes bei der Rhonebrücke explodierten 18 Zentner Schießpulver, und die Hitze wurde so mörderisch, daß im Glockenturm der Kirche von St. Maurice alle sieben Glocken schmolzen. Aber wie schon bei den Überfällen, Zerstörungen, Plünderungen und politischen Raubzügen der Burgunder, Franken, Langobarden und Sarazenen, der Savoyer und auch der Franzosen unter Napoleon blieb der sagenhafte Kirchenschatz von St. Maurice unversehrt. Fanden die Räuber die Schatzkammer wie durch Zauberhand leer geräumt, so griff das Feuer nicht über die hölzerne Pforte hinaus, die die Kirche von der Reliquienkapelle trennt. Der letzte Unglücksbericht stammt aus dem Jahre 1942. Während einer Messe löste sich ein Felsblock aus der Wand über der Kirche, riß den Turm auf und landete dann mitten in der Kirche auf der Orgel. Daß dabei kein Mensch verletzt wurde, ist eines der vielen Wunder, die hier geschehen sind.

Grundriß der Basilika von St. Maurice nach der letzten Restaurierung (1946–1949)
1 Hauptaltar, 1727 von David Mathey-Doret, Vevey 2 Heiligtum: Täfelung aus dem 18. Jahrhundert; Bischofsthron, 1741 von Botz 3 Chor, 1614–1620 von Meister Excoffier aus Savoyen; Chorgestühl 1706; Stukkaturen aus dem 18. Jahrhundert; Triumphbogen aus Tuffstein, um 1620 4 Chor-Vorraum: Ambo, 8. Jahrhundert; einer der drei frühmittelalterlichen Ambonen der Schweiz (Romainmôtier und Baulmes, Waadt) 5 Mittel- und Seitenschiffe a) 4 Joche 1622–1625, b) Doppeljoch und 3 einfache Joche, 1946–1949 6 Sängerempore 7 Große Orgel, 1949–1950 8 Liebfrauenkapelle, Retabel von Deschwanden (1867), Gemälde an den Seitenwänden aus dem 18. Jahrhundert 9 Reliquienkapelle 10 Schatzkammer 11 St. Sigismundkapelle, Gemälde der ital. Schule aus dem 18. Jahrhundert 12 Kapelle der heiligen Äbte, Ambros, Severin und Ainion, klassizistischer Altar (1837) 13 Nebentüre, dabei Grabinschriften aus dem 11. Jahrhundert im Andenken an Willicarius, Abt von St. Maurice und Bischof von Sitten 14 Kapelle des Hl. Theodor, Altar vom Beginn des 18. Jahrhunderts, Gemälde von Blanche Frachebourg (1951) 15 Kapelle der Leiden Christi, Gemälde aus dem 18. Jahrhundert und neugotisches Grab des Französischen Gesandten F.-S. de la Tour du Pin 16 St. Sebastianskapelle, Sebastiansstatue (Ende 15. Jahrhundert), Altaraufsatz von Johann Sigristen 17 Vorhalle mit geschnitztem Portal 18 Bruderklausenkapelle 19 St. Ludwigskapelle, Altar von 1738, Mosaik von 1956 20 Bemaltes Arkosol, 8. Jahrhundert; darüber Mosaik von Paul Monnier (1942) 21 St. Augustinusaltar 22 St. Josephsaltar 23 Turm, 11. Jahrhundert; darin im 1. Geschoß Privatkapelle de Quartéry, Pietàgemälde (1625) 24 Grab Petermanns von Stockalper vom Thurm, 1688 25 Kreuzgang 26 Kapelle des sel. Amadeus von Savoyen 27 Kapelle St. Pierre Fourier 28 Sakristei 29 Abwartswohnung, 18. Jahrhundert 30 Innenhof / alter Friedhof 31 Martolet-Hof, Ruinen der Basiliken des 4.–16. Jahrhunderts

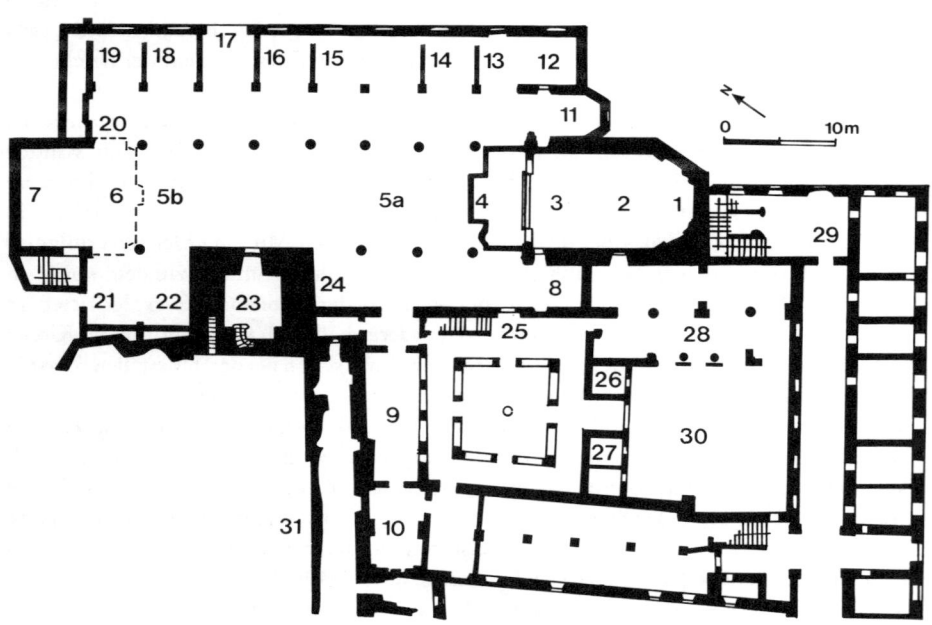

Abt Louis Séverin Haller ergriff die Gelegenheit des Felssturzes, um die Kirche völlig neu zu gestalten. Er richtete sich dabei nach den Originalbauplänen des 17. Jahrhunderts und ließ die Säulenbasilika auf die Grundmaße von 60 × 25 m erweitern. Der barocke Chor mit seinem prachtvollen Chorgestühl in zwei Doppelreihen, 1706 von Alexander und Hans Peter Mayer geschnitzt, nach einem Brand von 1751 von Meister Botz renoviert, wurde beibehalten (Abb. 81), während man die vier Schiffsjoche von 1625 von dem Schmuck des letzten Jahrhunderts befreite. Die romanischen Mauern, der Turm, die gotischen Fenster, das grätige Kreuzgewölbe des Schiffes und der Seitenkapellen und das Fächergewölbe des Chors, dazu die größtenteils barocke Kirchenausstattung mit ihren spätgotischen und klassizistischen Elementen – dies alles wurde erhalten und legt Zeugnis für die wechselvolle Vergangenheit der Kirche ab.

Der *Kirchenschatz von St. Maurice* ist einer der wenigen Kirchenschätze der Schweiz, die ohne Anmeldung und ohne Sondergenehmigung besichtigt werden können. Allerdings ist die Schatzkammer nur unter Aufsicht und zu festgelegten Zeiten (jeweils zur vollen Stunde; von 12–14 Uhr kein Einlaß) zu besichtigen; im Sommer sollte man daran denken, sich der Kühle des Raumes entsprechend anzuziehen. Der Schatz ist der bedeutendste seiner Art in der ganzen Schweiz und zudem viel mehr als nur eine Ansammlung von Reichtümern. Der Hl. Martin, Karl der Große, der Hl. Ludwig, König von Frankreich, Felix V. von Savoyen, der Gegenpapst, Könige und Fürsten, Heilige und Bischöfe, weltliche und kirchliche Machthaber und Würdenträger, sie alle wallfahrteten zu dem Heiligtum von St. Maurice, und viele von ihnen schenkten der Abtei kostbarste Kleinodien, von denen jedes Stück absolut einmalig in seiner Art ist (Abb. 84–87). Da in der Schatzkammer selbst nur ein mündlicher Vortrag geboten wird, wollen wir im folgenden einige der wichtigsten Ausstellungsstücke besprechen.

Der Schrein des Theuderigus ist eine der schönsten Goldschmiedearbeiten aus merowingischer Zeit (6. Jahrhundert). Das Kästchen ist 19 cm lang, 12,5 cm breit und 6,5 cm hoch und stammt vielleicht sogar aus den Werkstätten von St. Maurice, wo unter anderem auch Münzen hergestellt wurden. Die Vorderseite ist mit sogenanntem Zellenschmelz überzogen, in dem Perlen, Edelsteine und antike Gemmen eingelassen sind. Zentraler Schmuck ist ein geätzter Glasfluß, der ein männliches Profil, wahrscheinlich den Hl. Mauritius, darstellt. Auf der Rückseite liest man die Inschrift: »Der Priester Theuderigus ließ zu Ehren des Heiligen Mauritius diesen Schrein ausführen. Amen. Nordoalaus und Rihlindis haben ihn bestellt, Undiho und Ello haben ihn geschaffen.«

Eines der auffallendsten Stücke ist der Mauritiusschrein (12./13. Jahrhundert). Die einzelnen Teile stammen von verschiedenen Künstlern, wahrscheinlich wurden sie erst im 17. Jahrhundert zu der heutigen Form zusammengefügt. Die auf dem Deckel dargestellten sechs Medaillons der Schöpfungsgeschichte werden von gotischer Rankenornamentik eingerahmt. Die getriebenen Figuren der Längsseiten stellen auf der einen Seite vier Apostel, auf der anderen zwei Apostel und zwei Cherubim dar. Die eine Giebelfront ziert eine die Apostel und Engel überragende Christusfigur, die andere eine Madonna ohne Kind.

Auch der Reliquienschrein des Hl. Sigismund (um 1365) wurde aus Teilen verschiedener Herkunft zusammengesetzt. Die Dachreliefs, die Christus am Kreuz und als Sieger zwischen Jüngern und Engeln zeigen, kamen ursprünglich wohl aus Norditalien. Die im Hochrelief gegossenen Bildtafeln der Giebelseiten zeigen die Hll. Sigismund mit Soldaten und Mauritius als Ritter. Einen anderen Meister verraten die Reliefs der Längsseiten mit zwei Gruppen von je sechs Aposteln. In der Mitte der einen Gruppe sitzt Christus mit einem Kreuzstab.

Der Reliquienschrein aus der Zeit des Abtes Nanthelm ist 1225 datiert. Auf der Vorderseite ist das Martyrium des St. Mauritius vor Kaiser Maximian dargestellt; auf dem Dach ist der Heilige zwischen dem Hl. Sigismund und dessen Söhnen dargestellt. Die Rückseite ist Christus gewidmet: Verkündigung, Geburt und Epiphanie, auf dem Dach eine Darstellung der Kreuzigung zwischen einer Kirche und einer Synagoge, also zwischen Altem (Verheißung) und Neuem Testament (Erfüllung).

Eines der bekanntesten Kleinodien des Kirchenschatzes ist die sagenumwobene Goldkanne, der Legende nach ein Geschenk Karls des Großen, obwohl das nirgends sicher nachgewiesen ist. Mit ihrer feinen Email- und Filigranarbeit stellt sie ein Kunstwerk ersten Ranges dar. Angeblich hat sie Kalif Harun-al-Raschid Kaiser Karl geschenkt, der sie dann wiederum der Abtei stiftete. Möglicherweise aber war es auch ganz anders. Als die Kanne 1947 von Fachleuten des Schweizerischen Landesmuseums eingehend untersucht wurde, kam man zu dem schon lange vermuteten Schluß, daß die Kanne kein einheitliches Ganzes darstellt, sondern ursprünglich anders konzipiert und erst nachträglich in die heutige Form gebracht wurde. Nach dieser Theorie bildeten die emaillierten Seitenteile einmal eine Kugel, genauer ein Kugelszepter, wie es aus Ägypten und altorientalischen Kulturen bekannt war. Ein solches Szepter könnte zu dem unermeßlichen Goldschatz gehört haben, den Karl der Große bei seinem Sieg über den awarischen Herrscher erbeutet hat. Möglicherweise hat er dann einem karolingischen Goldschmied den Auftrag gegeben, das heidnische Herrschersymbol in ein liturgisches Gefäß umzuarbeiten, um dieses der Abtei zu schenken.

Wesentlich älter als die Goldkanne ist das herrliche Sardonyxgefäß. Die Datierung des Gefäßes reicht von 200 v. Chr. bis 100 n. Chr., der Ort der Entstehung ist noch ungewisser. Eine Legende aus dem 17. Jahrhundert berichtet, daß der Hl. Martin von Tours (317–397) während seiner Wallfahrt nach Acaunum diese Vase von einem Engel bekommen habe, um darin das Blut der Thebäer aufzufangen, das ihm an der Märtyrerstätte entgegenfloß. Er selbst soll die Vase St. Maurice geschenkt haben. Die Vase ist 22,3 cm hoch und besteht aus zwei Teilen: einmal die Vase selbst aus einem einzigen graubraunen Onyxstein, dessen Maserung mit großem Geschick für die Gestaltung des Bilderzyklus genutzt wurde. Der hohe konische Fuß und der fast zylinderförmige Rand mit der schmalen Krone zeigen vielleicht die Hand eines karolingischen Meisters: Die flächige Zellenverglasung über Goldgrund ist mit regelmäßig angeordneten, plastisch hervortretenden Edelsteinen durchsetzt. Es ist bis heute nicht gelungen, das auf der Vase dargestellte mythologische Relief eindeutig zu interpretieren. Es handelt sich möglicherweise um eine Szene aus der Phädra-Hippolytos-Sage; häufiger ist die Deutung, das Relief mit der Ilias in Verbindung zu bringen: Der

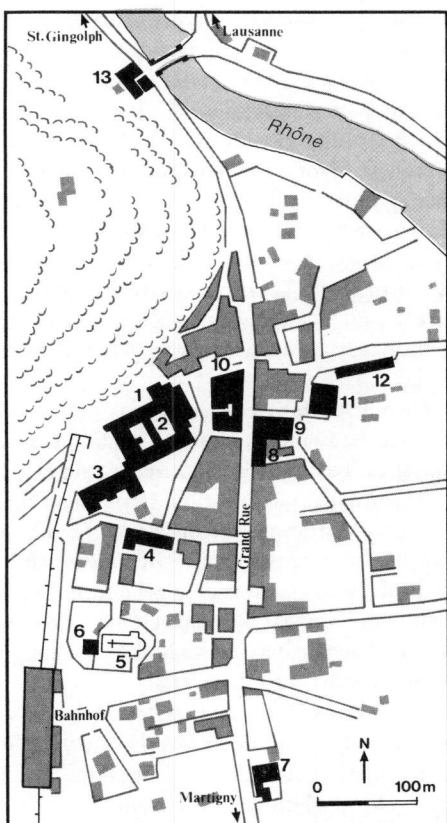

Stadtplan von St. Maurice
1 *Überreste der alten Basiliken im Martolet-Hof*
2 *Konventsgebäude der Abtei und renovierte Basilika*
3 *Kollegium der Abtei und Kollegiumskapelle*
4 *Schulhaus*
5 *Pfarrkirche St. Sigismund*
6 *Pfarrhaus*
7 *St. Jakobs-Hospiz*
8 *Haus de Bous*
9 *Haus de la Pierre*
10 *Stadthaus*
11 *Kapuzinerkloster*
12 *Haus der Franziskaner*
13 *Schloß mit Militärmuseum*

gefallene Achilles mit seinen Waffen und Pferden, die trauernden Troerinnen. Eine dritte Interpretation will in dem Relief Szenen aus der Änäis erkennen.

Eine wahrhaft würde- und weihevolle Reliquie stellt das Kopfreliquiar des Hl. Candidus in natürlicher Größe (um die Mitte des 12. Jahrhunderts; Abb. 87) dar. Es ruht auf einem kubischen Sockel, der hinter der geschlossenen Frontseite ein sich in drei Arkaden öffnendes Gewölbe bildet. Es wird angenommen, daß auch dieses Stück in einer der Werkstätten von St. Maurice entstand. Als man 1961 anläßlich einer Renovierung den Schrein im Gewölbe öffnete, fand man nicht weniger als 152 Bestandteile von Reliquien; u. a. Textilien, die zum Aufbewahren der Reliquien dienten und Authentika, darunter auch einen Golddenar des Grafen Amadeus III. von Savoyen. Das Innere des Kopfes besteht aus einem Holzkern in der entsprechenden Form. Auch er muß von einem Meister seines Fachs geschaffen worden sein, denn es handelt sich um eine ausgesprochen sorgfältige Arbeit. Seltsamerweise zeigt das Holz trotz seines Alters von gut 800 Jahren keine Anzeichen von Verwitterung.

233

Candidus war Offizier der Thebäischen Legion und starb wie seine Soldaten den Märtyrertod durch Enthauptung, wie auf der Vorderseite des Sockels dargestellt ist. Die Inschrift lautet übersetzt: Da Candidus dem gezückten Schwert zum Opfer fällt, steigt sein Geist zu den Sternen; für den Tod erhält er das Leben.

Die Heiligdorn-Monstranz schenkte der Hl. Ludwig, König von Frankreich, 1262 der Abtei St. Maurice. Aus dem 13. Jahrhundert stammt das Armreliquiar des Hl. Bernhard von Mont-Joux. Es besteht aus teilweise vergoldetem Silber mit Filigranschmuck und ist mit Edelsteinen verziert. Der spätgotische Bischofsstab (erste Hälfte des 15. Jahrhunderts) stammt aus Besançon. Die krabbenbesetzte Krümme zeigt Mauritius zu Pferd. Herzog Emmanuel-Philibert von Savoyen schenkte der Abtei 1577 eine ziselierte silberne Reiterstatue des Heiligen Mauritius. Zwei Renaissancekelche kamen 1599 als Geschenke des Kardinals Matthäus Schiner und des Abtes Adrian von Riedmatten zu dem Schatz dazu.

Obwohl St. Maurice Durchgangsstation zum Genfer See, ins Rhonetal hinauf, zum Großen St. Bernhard und nach Italien ist, lohnt es sich doch zu verweilen, da die Stadt selbst einige durchaus beachtenswerte Kirchen und Häuser besitzt.

Das Kapuzinerkloster mit der vierjochigen Barockkirche, östlich der Durchgangsstraße gelegen, wurde nach dem großen Stadtbrand von 1693 auf den Fundamenten des alten Klosters wieder aufgebaut. Dieses war erst 1640 errichtet worden, ein alter Türsturz mit der Jahreszahl 1647 ist erhalten geblieben. Der barocke Hochaltar der Kirche ist ein Geschenk der Stadt Sion, das Gemälde (1857) ist von Emmanuel Chapelet. Die Gemälde der klassizistischen Seitenaltäre malte Melchior Paul von Deschwanden 1866, die Antependien stammen ebenfalls von Chapelet.

Der barocke Muttergottesaltar in der Seitenkapelle stand früher im Schiff. Er wurde 1695 von Jean-François de Preux, dem Altlandvogt von St. Maurice, gestiftet; das Gemälde mit der Mater Dolorosa ist aus dem 19. Jahrhundert, davor steht eine Pietà aus dem 18. Jahrhundert. Die geschnitzte Barockkanzel und das Weihwasserbecken sind auf 1696 datiert. Letzteres wurde, laut Wappen, von François Allet, Landvogt von St. Maurice, gestiftet. Die Büste Antoine Quartérys ist eine von Jean Casanova 1932 geschaffene freie Kopie des beschädigten, im Kloster aufbewahrten Originals. Antoine Quartéry (1576–1641) galt als Freund und Beschützer der Kapuziner.

Noch etwas weiter östlich steht die Kapelle des Scholastikats. Sie wurde 1939–40 von Ferdinand Dumas erbaut. Die Wandmalereien im turmförmigen Chor schuf Paul Monnier 1940. Den Kreuzweg fertigte François Ribar 1942 nach Vorlagen Monniers in Email an. Die Glasmalereien (1932 und 1940) stammen von A. Cingria.

Die katholische Pfarrkirche St. Sigismund wurde bereits erwähnt. Es handelt sich um eine dreischiffige Hallenkirche mit einer sechsjochigen Pfeilervorhalle. Der rechte Seitenaltar aus dem Jahre 1720 stammt aus der Pfarrkirche Albinen, auf dem ebenfalls barocken linken Seitenaltar von etwa 1730 ist ein Bild des Hl. Joseph aus dem 19. Jahrhundert zu sehen. Die Glasgemälde im Chor fertigte 1943 Marcel Poncet. Unter dem Altar befindet sich ein Sigismundschrein, den Kaiser Karl IV. 1365 stiftete.

234

Das *Hôtel de Ville*, 1576 vollendet und von 1727–32 neu erbaut, zeichnet sich durch eine Arkadengalerie zur Place du Parvis aus. Sehenswert ist auch ein Treppenhaus mit Kreuzgewölben und schmiedeeisernem Geländer. An der Grand-Rue erheben sich, nah nebeneinander, zwei weitere prächtige Häuser aus dem 18. Jahrhundert. Das *Haus de Bons*, errichtet 1710–20, besitzt eine monumentale dreigeschossige Treppe mit schmiedeeisernem Geländer und eine Régencestuckdecke. Das *Haus de la Pierre*, heute Sitz des Bezirksgerichts, wurde 1764 für Etienne-Louis Macognin de la Pierre, Hauptmann in französischen Diensten, erbaut. Es umfaßt zwei Baukörper, die durch drei übereinanderliegende Arkadengänge mit schmiedeeisernen Geländern miteinander verbunden sind.

Die alte *Steinbogenbrücke* über die Rhone wurde 1491 von Jean Paniot, Architekt des Bischofs Jost von Silenen, erbaut und durch Ulrich Ruffiner 1523 verstärkt. Der Turm und die Kapelle am Ost- bzw. Westufer des Flusses wurden 1847 abgerissen. Über der Brücke erhebt sich das *Schloß*, das ursprünglich der Sitz der Grafen von Savoyen gewesen war (Abb. 83). Nach der Eroberung des Chablais wurde es zerstört und anschließend mehrmals umgebaut und vergrößert. Zur Zeit der Herrschaft der Oberwalliser hatte der Landvogt hier seinen Sitz. 1830 ließ Henri Dufour, der spätere General, den das Schloß beherrschenden Rundturm errichten. Das spätklassizistische Gebäude vor dem Hauptbau entstand 1843, es diente zunächst als Sitz der Polizei. Vom Schloßhof aus erreicht man einen in den Felsen gehauenen Keller, der von 1693 an lange Zeit als Salzdepot diente. Gegenüber, auf der rechten Seite des Hofes, liegt ein großer Raum, der früher eventuell als Gerichtssaal diente. Beachtenswert ist hier die Balkendecke, die auf einer monolithischen Säule ruht. Über eine Treppe gelangt man in die oberen Räume, in denen ein Militärmuseum untergebracht ist. An Türen und Mauern befinden sich die Wappen und Namen verschiedener Landvögte.

Westlich der Stadt erhebt sich auf dem schmalen Sims einer steilen, fast senkrechten Felswand eine kleine Kirche, die *Wallfahrtskapelle Notre-Dame-du-Scex* (Unsere Liebe

Faustkämpfer-Mosaik in Massongex

235

Frau am Felsen). Obwohl das erste Kirchlein hier 610 von dem damaligen Mönch von St. Maurice und späteren Abt von Remiremont erbaut wurde, geht die Sage, daß sie bereits König Sigismund Zuflucht geboten habe. Fundamente einer spätkarolingischen Zelle und Kapelle wurden gefunden. Die heutige Kapelle stammt aus dem Jahre 1683. Glockenturm und Fassade mit der dreijochigen Vorhalle wurden 1948 von Claude Jacottet errichtet.

Vérolliez ist der Ort, an dem die Thebäer unter ihrem Anführer Mauritius den Märtyrertod starben. Am Schauplatz der Hinrichtung steht eine sehr einfache rechteckige Kapelle (1742). In der Südwestecke der Kapelle befindet sich eine Steinädikula von 1744 und darüber – nach alten Quellen – der Felsblock, auf dem Märtyrer enthauptet wurden. Der Rokokoaltar von 1751 mit einem Gemälde des Martyriums der Thebäer ist ein Werk des Meisters Botz.

Historischem Glanz ganz anderer Art begegnet man in **Massongex,** das auf den Ruinen des wichtigen römischen Etappenortes Tarnaiae steht. Dieser war durch die Naturkatastrophen von 563 – einen Erdrutsch und anschließende Überschwemmungen – total zerstört worden. Seit 1921 wurden in Massongex, in Erdschichten von 1,7 bis 2,5 m Tiefe, eine Votivstele für den römischen Gott Jupiter und Töpfereien aus dem 1. Jahrhundert gefunden. 1953 begann man im damaligen Restaurant »Café Industriel« mit Umbauarbeiten, bei denen man auf die Thermenanlage des römischen Tarnaiae stieß. Ein besonderer Glücksfall wollte es, daß mitten unter dem Restaurant, das sich heute stolz »Au Caveau Romain« nennt, ein Fußbodenmosaik freigelegt werden konnte, das an die Schwarzweißmosaike Ostias erinnert. Dargestellt sind zwei Faustkämpfer in kurzen Hosen, Lehrer und Schüler. Die Hand des Lehrers steckt in einem Kampfhandschuh mit metallenen Verstärkungen, wie sie für Faustkämpfe in Etrurien und Gallien benutzt wurden; die nackten Hände des Schülers sind zu Fäusten geballt.

Monthey und Val d'Illiez

Von **Monthey** an geht das Wallis langsam zu Ende. Das rechte Ufer der Rhone gehört bereits zum Waadtland, und hinter den Bergen linker Hand liegt Frankreich. Der Ort hat sich im Laufe des 19. und 20. Jahrhunderts zu einer modernen Industriestadt entwickelt, und von der ehemaligen kulturgeschichtlichen Bedeutung sind nicht mehr viele Zeugnisse vorhanden. Die ersten schriftlichen Erwähnungen Montheys sind etwas unbestimmt. Wahrscheinlich bildete die Stadt zusammen mit Collombey und Troistorrents eine Herrschaft, die im Jahre 1025 durch die Schenkung eines Untergebenen Rudolfs III. an die Abtei Savigny im Lyonnais kam. Im Laufe des 11. und 12. Jahrhunderts übernahmen die Grafen von Savoyen die Herrschaft im Chablais und setzten in Monthey einen Viztum, Kastlan und Meier ein. Durch Schenkungen, Erbschaften und Geschäfte gelangte das Herzogtum Chablais – und mit ihm Monthey – in den Besitz verschiedener europäischer Fürstenhäuser. 1536 nahmen die Oberwalliser Monthey endgültig in ihren Besitz und machten damit der Herrschaft der Luxemburger ein Ende, die die Stadt 1497 als Mitgift anläßlich der Heirat der Nichte des Herzogs Philipp II. mit Franz I. von Luxemburg erhalten hatten. Sie setzten einen Oberwalliser Landvogt ein, der im heute sogenannten »Neuen Schloß« seinen Wohnsitz nahm und das Land zeitweise wohl mehr schlecht als recht regierte. Der Widerstand in der Bevölkerung von Monthey gegen die Herrschaft der Oberwalliser wuchs immer mehr. Noch heute existieren zahllose Geschichten um den Moritatensänger und volkstümlichen Freiheitshelden Gros Bellet.

Ungewöhnlich groß von Gestalt, verfügte er nicht nur über enorme Körperkräfte, sondern auch über eine gehörige Portion Humor und Respektlosigkeit gegenüber den ungeliebten Oberwallisern und ihren Landvögten. Die Schergen des Statthalters Schiner beobachteten Gros Bellet einmal, wie er einen toten Körper begrub und meldeten die vermeintliche Untat ihrem Herrn. Der schickte sofort seine Soldaten aus, die ihm eine mit Tannennadeln ausgestopfte Puppe brachten! Voll Wut über die Schmach ließ Schiner, da er Gros Bellets im Moment nicht habhaft werden konnte, dessen geliebte Stute beschlagnahmen. Gros Bellet aber kannte keine Angst. Er drang ins Schloß ein, packte den empörten, schreienden und zeternden Schiner beim Hosenboden und hielt ihn zum Gaudium der auf dem Marktplatz versammelten Menge aus dem Fenster. Dieser respektlose tätliche Angriff war dem Landvogt zuviel: Er floh, in seiner Angst angeblich sogar ohne Hut und Perücke, und der Widerstand in der Bevölkerung nahm beängstigende Ausmaße an. Nach einigen erfolglosen Aufständen und Hinrichtungen im Jahre 1790 wurde am 22. Januar 1798 eine provisorische Regierungskommission gebildet, mit deren Wahl die verhaßte Herrschaft der Oberwalliser zu Ende war.

Nach dem napoleonischen Zwischenspiel traten Ober- und Unterwallis, der deutsch- und der französischsprechende Teil, als ein Kanton der Eidgenossenschaft bei.

Von St. Maurice kommend, erreichte man Monthey noch bis vor gar nicht allzulanger Zeit nur über die gedeckte Holzbrücke über die Vièze, die heute noch als symbolischer Eingang ins Val d'Illiez gilt. Diese Brücke, 1809 anstelle eines älteren Bauwerks errichtet, ist heute bei der Bevölkerung beliebter als je zuvor und wird Jahr für Jahr reich mit Blumen geschmückt.

Das Alte Schloß auf dem Hügel aus dem 13. Jahrhundert, um das herum sich das Dorf gruppierte, fiel im 15. Jahrhundert den Hochwassern des Flusses genauso zum Opfer wie die beiden Vorgängerbauten der barocken Kapelle Notre-Dame-du-Pont. 1726–28 gruben die Bewohner von Monthey der ungebärdigen Vièze ein neues Bett. Seitdem ist der Fluß zahm und hat bis heute kein Unheil mehr angerichtet. Das *Neue Schloß* wurde 1437 erstmals erwähnt und wahrscheinlich von der Familie de Monthey erbaut, die das Meieramt bis ins späte Mittelalter innehatte. Im Laufe des 17. Jahrhunderts wurde es mehrfach umgebaut. Heute ist in ihm das Musée du Vieux-Monthey, Archivmaterial, Mobiliar, Gegenstände aus der Geschichte Montheys, eine Dokumentation des einheimischen Gewerbes und der Industrie untergebracht. Sehenswert sind die Toreinfahrt und der hübsche quadratische Schloßhof mit Arkadengängen und Galerien, die leider teilweise seit dem 18. Jahrhundert zugemauert sind. Nördlich unterhalb der Reste des Alten Schlosses steht über ovalem Grundriß die barocke *Kapelle Notre-Dame-du-Pont*, im Jahre 1775 wahrscheinlich von Johann Josef Andenmatten gebaut und 1938 renoviert. Im Chor dominiert der Rokoko-Altar mit einem Verkündigungsgemälde aus dem 18. Jahrhundert. Im Barock entstanden dagegen die beiden

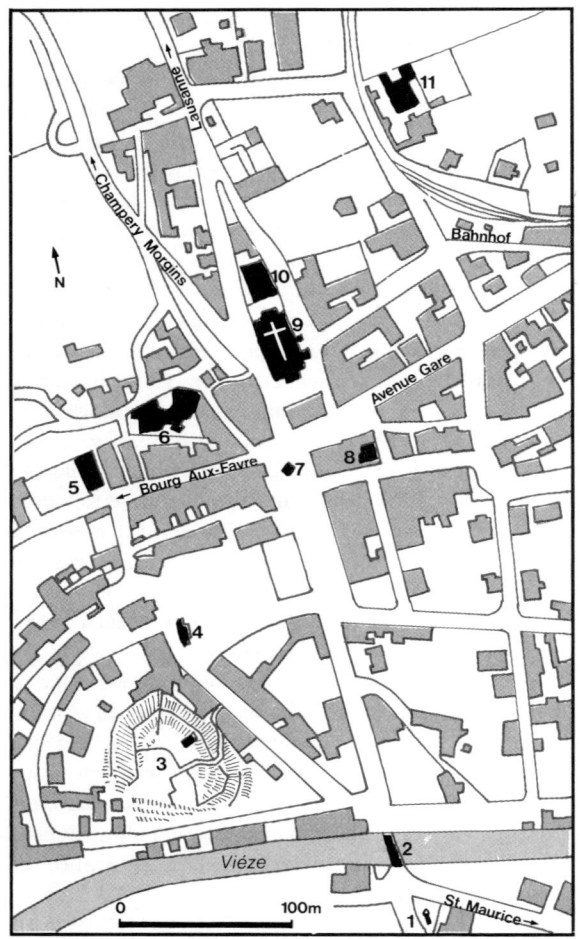

Ortsplan von Monthey
1 Brunnen (Entfesselte Vièze), 1917, von J. Casanova
2 Gedeckte Holzbrücke über der Vièze, 1809 neu erbaut Inschriften
3 Überreste der alten Burg, 13. Jahrhundert, im 15. Jahrhundert schon zerstört
4 Notre-Dame du Pont, Barockkapelle, 1775 neu erbaut, dem Architekten J. J. Andenmatten zugeschrieben
5 Zeughaus, Ende des 17. Jahrhunderts restauriert
6 Schloß, 1437 erwähnt, 1663–1664 vollständig umgebaut. Unter der Herrschaft der Oberwalliser Sitz des Landvogts von Monthey. Jetzt Museum »Vieux-Monthey«
7 Brunnen, Vierblattform, 1762
8 Haus Maurice Delacoste, früher Haus Hildebrand Jost, 1635 auf den Fundamenten eines befestigten Herrensitzes erbaut
9 Kirche, 1851 von Architekt E. Vouilloud erbaut. Glockenturm, 1707–1715
10 Pfarrhaus, 1806–1807 erbaut, 1951 restauriert
11 »Crochetan«, Sitz der Familie Du Fay von ca. 1500–1875, erbaut auf den Fundamenten eines befestigten Herrensitzes; Wohnhaus, in französischer Bauart, um 1734

flankierenden Figuren, die ursprünglich zu einer Kreuzigungsgruppe aus dem Mittelwallis gehörten. Die bemalte Pietà stammt vom Ende des 15. Jahrhunderts.

Eines der schönsten Wohnhäuser von Monthey ist zweifellos »Le Crochetan« in der Nähe des Bahnhofs. Es handelt sich um den ehemaligen Herrensitz der Familie Du Fay, die von etwa 1500 bis 1875 hier residierte. Von der ursprünglichen spätmittelalterlichen Wehranlage blieben die Ringmauern mit Schießscharten und Pechnasen, das Tor und die Ecktürme erhalten. Das sehr französisch anmutende Wohnhaus, in kubischer Form mit Krüppelwalmdach, wurde 1734 neu erbaut. Die katholische Pfarrkirche Notre-Dame-de-l'Immaculée-Conception ist ein nüchterner Bau, von Emile Vuilloud 1851 als dreischiffige Pfeilerbasilika im spätklassizistischen Stil erbaut. Vom Vorgängerbau erhalten blieb der mit einer Steinpyramide bekrönte, 1707–15 erbaute Glockenturm an der Nordseite der Kirche. In der Arkadenvorhalle mit den toskanischen Säulen stehen die Statuen der Hll. Bernhard, Theodul, Mauritius und Nikolaus von der Flüe, 1943 von Jean Casanova geschaffen. Der Innenraum ist eindrucksvoll und streng. Den freistehenden Hochaltar aus Marmor ziert ein Tabernakel in Form eines Tempietto, von Marcel Feuillat 1943 angefertigt; die Gemälde der Seitenaltäre (1855 und 1861) sind von Emmanuel Chapelet. Eindrucksvoll ist der Taufstein im südlichen Querschiff mit einem geschnitzten Altaraufsatz aus dem 17. Jahrhundert.

Das Schönste an Monthey aber ist zweifellos seine Umgebung, und da in erster Linie das romantische **Val d'Illiez.** Durch Weinberge und Haine von Nußbäumen und Kastanien fährt man hinauf ins Tal, nähert sich langsam dem ungeheuren Massiv der Dents du Midi, bis man kurz hinter Troistorrents erstmals alle »Zähne« in ihrer beeindruckenden Schönheit vor sich hat (Farbabb. 35). Selbst der größte Bergfan wird, bevor sich ihm dieser Anblick bietet, in Troistorrents einen kurzen Halt einlegen. Durchaus sehenswert ist auch dieser bedeutendste Ort des Tales, an einem Südosthang auf 760 m Höhe gelegen. Hier wird eine charakteristische Eigenart des Val d'Illiez deutlich. In der Talschaft herrscht – einmalig im Wallis – der Typus der Streusiedlung vor. Ursprünglich bestand der Ortskern aus dem Dreigestirn Kirche, Pfarrhaus und Wirtshaus. Um diese Dreiergruppe herum scharten sich in unregelmäßigen Abständen und oft weit gestreut Wohnhäuser, Höfe und Wirtschaftsgebäude. Die sanften Hänge und die überall reichlich vorhandenen Weiden begünstigen diesen Siedlungstypus. Nicht nur durch die Ortsbilder unterscheiden sich die Dörfer des Val d'Illiez von den anderen Gemeinden des Mittel- und Unterwallis, auch die Häuser sehen anders aus und haben mehr stilistische Elemente aus dem benachbarten Waadtland denn aus dem Wallis: Auf einem meist gemauerten Kellersockel erhebt sich das hölzerne Gebäude, unter dessen behäbigem, ausladendem Schindeldach Wohnräume, Küche, Ställe, Scheune und meist auch noch der hauseigene Brunnen vereinigt sind. Die Fronten prunken mit reichgeschnitzten und gedrechselten Laubenbrüstungen und geschnitzten Balken und Türen. Eine weitere Besonderheit sind die nur noch selten anzutreffenden Bretterkamine mit verstellbarer Bedachung.

In der katholischen Pfarrkirche von **Troistorrents,** *St. Marie-Madeleine* (1702) blieb nach Renovierung nur der zweigeschossige barocke Hochaltar vom Beginn des 18. Jahrhunderts mit seinen vergoldeten Säulen, dem üppigen Figurenschmuck und der Darstellung der Himmelfahrt der Maria Magdalena in seiner originalen Pracht erhalten.

Das Wallis klingt aus: Von Monthey zum Genfer See

Rund 20 km trennen uns in Monthey noch vom Genfer See. Die Flach- und Tiefländer bedrängenden Berge sind zurückgewichen, und Hügel bestimmen nunmehr das Bild. Die

Collombey, Schloß Arbignon nach einer Zeichnung von Raphael Ritz

Rhone teilt den fruchtbaren Talboden ziemlich genau in zwei Hälften; die östliche gehört zum Kanton Waadt, die westliche zum Wallis. In jahrhundertelanger Arbeit haben sie und ihre Seitenflüsse Erdreich talwärts getragen und einen breiten Schwemmkegel in den Genfer See gelegt.

Hier treffen wir ein anderes Wallis: Zahllose Felder und Äcker bedecken den Talgrund. Gemüse, Früchte und Blumen profitieren vom südländisch milden Klima am Genfer See. Östlich der Rhone, zwischen Bex, Aigle und Villeneuve, also auf waadtländer Seite, erstrekken sich Weingärten, und mittendrin thront Schloß Aigle – heute ein Weinbaumuseum.

Der geschichtsliebende Besucher wird in **Collombey** das *Schloß von Arbignon* aus dem 13. Jahrhundert sehenswert finden. 1643 wurde es vom Bernhardinerinnenorden erworben und zum Kloster umgebaut. Zwar kann es nicht besichtigt werden, bietet jedoch einen imposanten Anblick.

Vionnaz hat sich vor allem in Kreisen der Weinliebhaber einen exzellenten Ruf geschaffen. Im Gasthaus »Maison du vigneron« kann der Besucher fast alle Spitzenweine des Wallis und die Spezialitäten der Küche des Kantons probieren.

Unser nächstes Ziel ist das 3 km entfernt liegende **Vouvry,** das vor allem durch das thermische Kraftwerk Chavalon (gebaut 1966) bekannt wurde. Die modernen Wohn- und Geschäftsbauten lassen nicht vermuten, daß Vouvry schon im 10. Jahrhundert im Besitz der Abtei St. Maurice war. Geschichtliche Vergangenheit verrät nur noch der Turm der katholischen *Pfarrkirche St. Hippolyte* (1820) aus dem 15. Jahrhundert.

Port Valais, Schloß Bouveret nach einer Zeichnung von Emil Wick

Die Kantonsstraße nähert sich jetzt der Rhone bis auf Steinwurfweite. Der steil abfallende Berghang zur Linken und die Rhone zur Rechten schufen bei Porte-du-Scex eine natürliche Sperre, die im 16. Jahrhundert von den Oberwallisern durch den Bau eines noch bestehenden Schlosses verstärkt wurde. Heute steht nur noch ein Turm.

Der Name von **Port-Valais** erinnert noch daran, daß der Ort einmal am See lag und der einzige Hafen des Wallis war. Die katholische *Pfarrkirche St. Michel* (von 1856) wurde 1963 vollständig umgebaut. An ihrer südlichen Chorflanke steht noch ein Turm aus dem Jahre 1619, als die Kirche zur Abtei St. Michel-de-Cluses im Piemont gehörte.

Bei **St. Gingolph** schließlich beenden wir unsere Reise. Die Ortschaft wird vom Flüßchen Morge und gleichzeitig von der französisch-schweizerishen Grenze entzweigeschnitten. Bis 1563 gehörte St. Gingolph zum Herrschaftsgebiet der Abtei Abondance in Savoyen, später zum Besitz der Du Nant de Grilly und ab 1646 der einflußreichen Familie Riedmatten, die auch die Kapelle St. Famille 1677 erbauten. Auch die Du Nant de Grilly haben ihre Spuren hinterlassen, nämlich das heutige Gemeindeamt und frühere *Schloß*, dessen Grundsteinlegung auf das Jahr 1588 zurückgeht. Die katholische Pfarrkirche aus dem 18. Jahrhundert liegt bereits auf französischem Boden.

Die Pässe und großen Seitentäler

Simplonpaßfahrt: Hospiz, Gondo und Gondoschlucht, Zwischbergen

Der Simplonpaß gehört unzweifelhaft zu dem halben Dutzend der ganz großen europäischen Paßstraßen, und zwar nicht in bezug auf seinen Kulminationspunkt (2005 m), sondern auf seine Bedeutung für den Waren- und Personenverkehr. Lange Zeit war der Simplon die einzige wintersichere Verkehrverbindung in Richtung Süden. Erst der Bau des Großen St. Bernhardtunnels schuf eine zweite Nord-Süd-Route, die ganzjährig benutzt werden kann.

Wie weit die Geschichte des Passes zurückreicht, läßt sich heute nicht mehr genau sagen. Es wird aber vermutet, daß der lediglich 2000 m hohe Bergsattel schon in der jüngeren Steinzeit, vor 3500 bis 4000 Jahren, begangen wurde. Am Fuße des Simplons stießen Bauarbeiter und Archäologen immer wieder auf Funde aus der La Tène-Zeit, und sicher siedelten diese frühen Bewohner des Wallis nicht zufällig dort, wo die Bergkette am niedrigsten und leichtesten zu überschreiten ist.

Auch die Römer kannten den Simplon als Alpenübergang, denn eine Felsinschrift von 196 n. Chr. berichtet vom Ausbau eines Weges und nennt sogar die Kosten: 22 600 Sesterzen. Verschiedene Anzeichen sprechen aber dafür, daß der Simplon von den Römern nie als Heer-, ja nicht einmal als normale Handelsstraße benutzt worden ist. Historiker weisen diesbezüglich auf die niedrigen Baukosten, die kurze Bauzeit und einen Meilenstein aus dem 3. Jahrhundert hin. Auf diesem Stein steht der Vermerk »Lenga XVII«; bei Heerstraßen hingegen benutzten die Römer ausschließlich den Begriff ›milia‹. Die Gondoschlucht am Südfuß der heutigen Paßstraße war ein Hindernis, das selbst den bauwütigen Römern unüberwindlich erschien. Der alte Römerweg, der Ende des letzten Jahrhunderts wiederentdeckt wurde, umging die tiefe Felsschlucht denn auch in weitem Bogen, führte hinauf nach »Alpjen« und über die »Alpjerwängen« bis zum Kellihorn, wo der höchste Punkt bei etwa 2500 m erreicht wurde. Anschließend senkte er sich wieder talwärts und erreichte das Engiloch, wo heute ein Schutzhaus steht.

Es scheint, daß der Paß zur Zeit der Völkerwanderungen recht rege benutzt wurde, aber was in der Zeit zwischen dem 3. und 13. Jahrhundert geschah, liegt völlig im dunkeln. Erst aus dem Jahre 1235 ist uns eine Urkunde bekannt, die den Simplon mit einem Hospiz

242

Die »Grande Galérie« am Simplon, in einer Lithographie des 19. Jahrhunderts

namentlich erwähnt. Die zunehmend dichter werdende Besiedlung des südlichen Alpenvorlandes, aber auch die des Wallis scheint intensive Handelsbeziehungen zwischen Nord und Süd begünstigt zu haben. Die aufstrebenden Handelszentren der Lombardei, allen voran Mailand, suchten nach schnellen und billigen Verbindungswegen mit den nördlich und nordwestlich liegenden Handelsplätzen. Der Simplon kam ihrem Streben in idealer Weise entgegen; die lombardischen Herzöge und die privaten Handelsgesellschaften schlossen mit dem Bischof von Sion, an dessen Stuhl im Jahre 999 die weltlichen Rechte des Wallis gefallen waren, zahlreiche Verträge ab, die zwischen 1267 und 1495 datiert sind. Im 13. und 14. Jahrhundert wanderten zudem die »Walser« über den Simplon südwärts und gründeten am südlichen Alpenrand Weiler und Dörfer. Wie wichtig im Mittelalter der Simplonpaß war, ist nicht zuletzt daraus ersichtlich, daß in Gondo, auf der Paßhöhe selbst und in Brig Spitäler entstanden, die dazu dienten, kranke, erschöpfte und verletzte Handelsreisende und Pilger aufzunehmen. Brig entwickelte sich zum wichtigsten Handels- und Umschlagplatz des

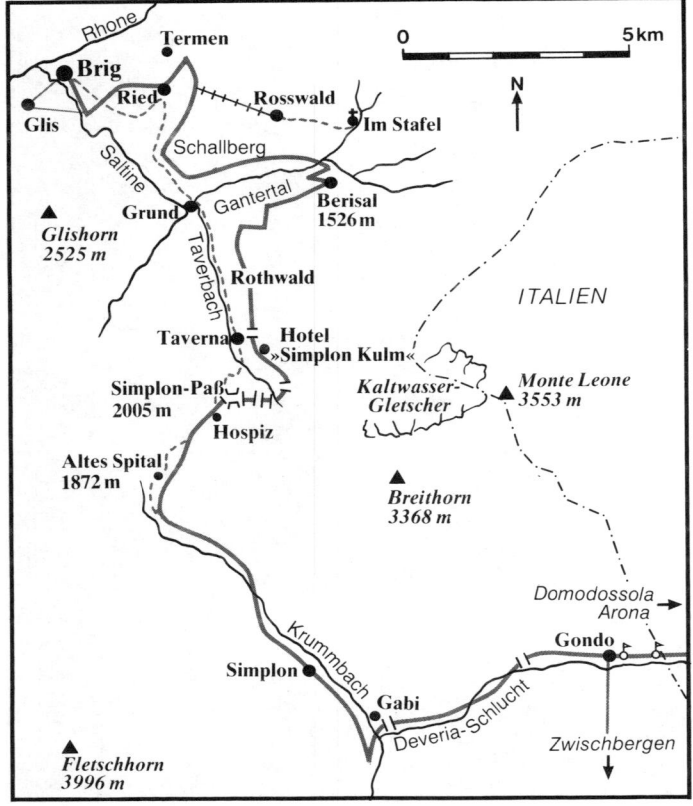

Der Simplonpaß, die bedeutendste Verbindung des Wallis mit Oberitalien

Oberwallis und zog zahlreiche Kaufleute und Handwerker an, die den Wohlstand der jungen Stadt mehrten und mithalfen, die Vorherrschaft von Naters zu brechen.

Im 14. und vor allem im 15. Jahrhundert kam der Waren- und Personentransport über den Simplon fast ganz zum Erliegen, denn die politische Lage in Norditalien, Ostfrankreich und im Wallis war gekennzeichnet von Unruhen, kriegerischen Auseinandersetzungen sowie Zoll- und Grenzstreitigkeiten. Die politische Beruhigung und zahlreiche Handelsverträge zwischen den südlichen und nördlichen Partnern sowie das geniale politische Geschick eines einzelnen, Jodok von Stockalper, trugen dazu bei, daß der Simplonpaß im 17. Jahrhundert nicht nur seine ursprüngliche Bedeutung wiedererlangte, ja, sie bald sogar noch übertraf. Denn Stockalper baute den Paß auf eigene Kosten aus, ließ die Straße verbreitern und sicherer anlegen, Brücken und Weghäuser erstellen und errichtete Susten und auf der Paßhöhe ein Spital, das »Stockalper Spittel« (Abb. 91). Nach seinem Tod 1691 behielt der Simplon als Transitweg seine große Bedeutung. Allerdings wurde er, zum Leidwesen der Händler und Reisenden, vor allem während des spanischen Erbfolgekrieges und nach der Französischen Revolution, vermehrt als Heerweg genutzt.

Auch Napoleon erkannte die strategische Bedeutung des Simplon und befahl schon 1800 den Bau einer sicheren Straße – »pour faire passer les canons«. Sie entstand zwischen 1801 und 1805 mit einer Breite von 8 m und einer Steigung von 3½ %.

Ab 1830 bekam der Simplon durch neue Paßstraßen – vor allem vom Gotthard – Konkurrenz. In der zweiten Hälfte des 19. Jahrhunderts entwickelte sich die Bahn zu einem ernstzunehmenden Konkurrenten. Zwar bedrängte sie zunächst den Paßverkehr nicht direkt, sondern verkehrt auf den Strecken Mailand – Domodossola und Genf – Lausanne – Brig. 1906 aber wurde der erste Bahntunnel durch den Simplon in Betrieb genommen, und der Verkehr über den Paß erlosch nahezu. Erst das nach dem Zweiten Weltkrieg beginnende Autozeitalter machte den Simplon wieder zu einem vielbefahrenen Paß. Ab 1950 mußte die sogenannte Napoleonstraße modernisiert werden. An erster Stelle stand nunmehr der Ausflug- und Ferienverkehr. Mußte man früher im Winter sein Fahrzeug in Brig oder Iselle auf die Eisenbahn verladen, weil der Paß etwa dreieinhalb Monate lang unter hohem Schnee begraben lag, kann der Simplon ab 1968/69 ganzjährig befahren werden.

Eine **Simplonfahrt** gehört auch heute noch zu den ganz großen Erlebnissen einer Wallisreise. Wir beginnen sie in **Brig**, denn hier haben wir die Möglichkeit, zuerst den Spuren des Großen Stockalpers nachzugehen. Bei Termen biegt die Straße in einer scharfen Kurve unvermittelt nach Süden ab und steigt, gleichsam mit Anlauf, den Berg hoch. Nach einigen kurzen und einem etwas längeren Tunnel erreicht man das enge **Gantertal** und sieht schon von weitem die riesige und doch elegant wirkende Betonkonstruktion der neuen Ganter- oder Europabrücke. Aber auch die alte, von Napoleons Ingenieuren erbaute Brücke besteht noch tief im Tal und kann auch noch befahren werden (Abb. 90). Die neue hingegen schwingt sich fast 700 m weit über das Tal und mißt an der Krone mehr als 170 m.

Wenige Kilometer vor der Paßhöhe erreichen wir das Hotel »Simplon Kulm«. Hier sollte man unbedingt eine kurze Rast einschalten, um die Aussicht zu genießen. Auf dem Park-

Die alte Ganterbrücke. Kupferstich Mitte 19. Jahrhundert

platz neben dem Hotel steht im Sommer eine Metalltafel, auf der das Bergpanorama eingezeichnet und benannt ist.

Wenige 100 m südlich des Hotels steht das mächtige dreigeschossige »neue Hospiz«, das auf Befehl Napoleons in den ersten Jahren des letzten Jahrhunderts entstand (Abb. 89). Aber schon Jahrhunderte früher gab es auf dem Simplon Hospize oder »Spittel«. Das früheste wurde 1235 urkundlich erwähnt und stand auf der Alpstafel Gampisch. Als die Malteser und die Johanniter das alte Hospiz verließen, verfiel es rasch. Jodok von Stockalper baute es völlig um und vergrößerte es (1666). Auch nach Stockalpers Tod ging es mit dem Hospiz abwärts, denn seine Erben unternahmen nichts, um den Zerfall aufzuhalten, bis es 1968 restauriert wurde. Das Alte Spittel wurde unter Heimatschutz gestellt.

Doch kehren wir zum »neuen Hospiz« zurück. Napoleon beauftragte die Chorherren des Großen St. Bernhard mit der Ausführung seiner Pläne und löste zur Mittelbeschaffung zwei Klöster in Italien auf. Der Bau nahm aber nur sehr langsam Gestalt an, denn die Walliser hielten nicht viel von dem Korsen und verzögerten die Fertigstellung des Hospizes nach Kräften. Als Napoleon verbannt wurde, stand es noch immer als unvollendete Bauruine auf der Paßhöhe. 1825 führten Verhandlungen der von den Franzosen befreiten Republik Wallis und der Augustiner-Chorherren vom Großen St. Bernhard dazu, daß letztere das Simplonhospiz für 15000 Franken übernahmen. Schließlich stellten es die Chorherren auf eigene Kosten fertig (1831/32).

Die Augustiner wollen nach der kürzlich abgeschlossenen Renovierung des Hospizes die fast tausendjährige Geschichte ihres Ordens auf dem Simplon fortsetzen: Sie organisieren im Sommer Sprach- und Sportkurse für junge Leute und führen im Winter Exerzitien für Sechzehn- bis Zwanzigjährige durch. An Wochenenden werden Einkehrtage für Ehepaare abgehalten und über Weihnachten und Ostern Ski- und Wanderferien für Familien angeboten.

Folgen wir der sich leicht abwärts schlängelnden Straße und umrunden die Ausläufer des Hübschhorns, dann haben wir rechter Hand in einer Mulde das Alte Spittel vor uns und genießen einen großartigen Blick in das auch im Sommer schneeweiße Massiv des Weissmies (4023 m) mit seinen Gletschern.

Die Straße verliert nun, zwar breit und gut ausgebaut, schnell an Höhe, und nach wenigen Minuten sehen wir auf der rechten Talseite **Simplon-Dorf** (Abb. 88), das so gar nicht den uns gut bekannten Oberwalliser Siedlungen gleicht: Es ist fast vollständig aus Stein gebaut und kann den oberitalienischen Architektureinfluß nicht verleugnen. Zwar ruhen die Hauskonstruktionen auf einem Holz- und Balkengerüst, das aber von einem dicken Mauermantel umgeben und von schweren Steinplatten bedeckt ist. Wer Zeit hat, sollte sich das interessante und seit Jahrhunderten erhaltene Dorfbild etwas näher betrachten.

Besonders interessant ist die trutzige *Pfarrkirche St. Gotthard.* Die Gemeinde trennte sich schon im 13. Jahrhundert von der Mutterkirche in Naters und führte fortan ein eigenständiges Dasein. Im ersten Drittel des 18. Jahrhunderts entstand der heutige Kirchenbau. Der spätbarocke Hauptaltar stammt aus dem Jahre 1725 und zeigt ein Gemälde des Hl. Gotthard, das Lorenz Justin Ritz zugeschrieben wird. Die Seitenaltäre stammen möglicherweise aus der Werkstatt Anton Sigristens und sind, wie auch der Beichtstuhl von 1676, Stiftungen wohlhabender einheimischer Familien.

Der Meierturm von Simplon-Dorf nach einer Zeichnung von Raphael Ritz

247

Auf der alten Paßstraße kehren wir zu der neuen, die fast einer Autobahn gleicht, zurück. Sie läuft den Hängen des Wenghorns entlang, ein Stück ins Lagginal hinein, besinnt sich plötzlich und ändert ihre Richtung um annähernd 180°, führt zum Weiler **Gabi** hinunter und bringt uns auf direktem Weg in die Gondoschlucht, diesen winzig schmalen Durchlaß im Felsriegel zwischen Seehorn und Alpjen. Schon von weit oben hat man gesehen, wie die Straße fast auf gleicher Höhe wie die schäumende Diveria in einen schwarz gähnenden Tunnel taucht. Um einen Eindruck von ihrer früheren Wildheit zu erhalten, muß man die Schlucht im regenschweren Nebel eines Oktobertages oder während eines heftigen Sommergewitters durchfahren (Abb. 93). Dann versteht man vielleicht den römischen Dichter Silius Italicus, der vor fast 2000 Jahren beeindruckt schrieb: »Unermeßliche Abgründe gähnen bis in die Unterwelt; nirgends ein Hauch von Schönheit...«.

Ein kurzes Stück nach dem Verlassen der Schlucht erreichen wir **Gondo.** Das Dorf zeigt den Einfluß des südlichen Nachbarn vor allem im Dorfbild, in seiner ›italienischen‹ Struktur und Architektur. Das ist nicht erstaunlich, denn Gondo war weit mehr italienischen als Walliser Einflüssen ausgesetzt. Bis in die Zeit der Einwanderung alemannischer Stämme war Gondo italienischsprachig, ja bis 1291 gehörte die Gemeinde zum Besitz der Grafen Castelli aus Novarra. Der Bischof von Sion übernahm im selben Jahr vertraglich die weltlichen und kirchlichen Rechte der Gemeinde Gondo-Zwischbergen. Gondo fühlte sich immer mehr als Walliser Gemeinde, und alle Proteste der Lombarden fruchteten nichts. Das Wallis seinerseits war natürlich sehr am Gebiet Gondo-Zwischbergen interessiert, denn hier konnte man fremde Truppen weitab vom Hauptal mit geringen Kräften zurückschlagen und kontrollierte den gesamten Simplonpaß. Bis zum Ende des 15. Jahrhunderts kam es immer wieder zu Reibereien mit dem italienischen Nachbarn. Mitte des 15. Jahrhunderts einigten sich Mailänder und Walliser, ihre Streitigkeiten den Eidgenossen zur Beurteilung vorzulegen. Das Schiedsgericht in Altdorf setzte unter anderem fest (Friedensvertrag vom 9. Februar 1495), daß die beiden Parteien alle vergangenen Morde, Brandstiftungen und Raubzüge vergeben und vergessen und zu Kompromissen bei Viehdiebstählen kommen sollten.

Gondo-Zwischbergen entwickelte sich zu einem wohlhabenden Ort, der zu einem großen Teil vom zunehmenden Waren- und Personenverkehr über den Simplon lebte, aber auch strategische Bedeutung besaß. (So hatten 1492 etwa 120 Walliser die Schlucht gegen gut 3000 Eindringlinge aus dem Süden verteidigt!) Als der Große Stockalper sein Imperium aufbaute und den Simplon in seine europäischen Pläne einbezog, wurde Gondo ein wichtiger Warenumschlagplatz. Stockalper ließ eine fünfgeschossige wehrhafte *Suste* bauen, die nicht nur als Warenlager, sondern auch als Herberge für Pilger, Wanderer, Reisende und Handelsleute diente. Sie ist heute noch das dominierende Gebäude Gondos (Abb. 94). Ihr gegenüber steht ein anderes Wahrzeichen des Dorfes, die *Pfarrkirche St. Markus* (Abb. 92).

Im Laufe ihrer fast fünfhundertjährigen Geschichte hat auch dieses Gotteshaus zahlreiche Änderungen und Umbauten über sich ergehen lassen müssen. Der letzte große Umbau fand in den Jahren 1953 bis 1968 statt und betraf sowohl Kirche wie auch Friedhof und Pfarrhaus. Die alte kleine Kirche faßte lediglich 56 Gläubige und war viel zu klein geworden, seit 1952

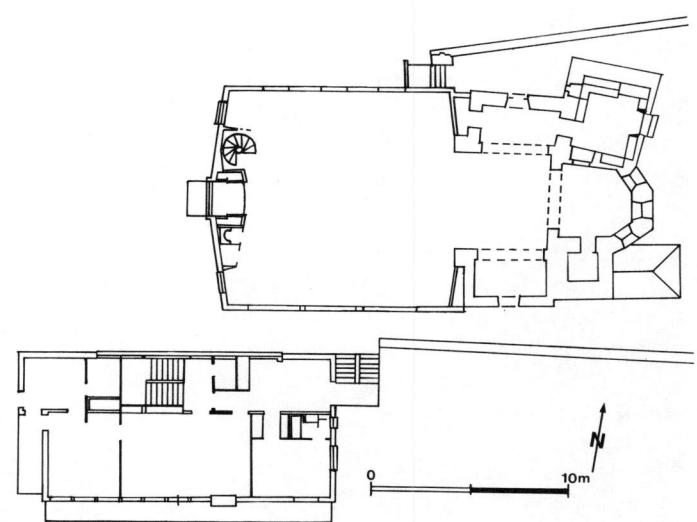

Grundriß der Pfarrkirche St. Markus mit Pfarrhaus und Friedhof in Gondo

ein großer Kraftwerkbau Arbeitsplätze geschaffen hatte und viele Familien nachgezogen waren. Der Architekt Charles Zimmermann fand das Ei des Kolumbus und präsentierte eine Lösung, die 1964 von den Stimmbürgern mit 35 Ja- gegen eine Neinstimme gutgeheißen wurde: Sie sah vor, den historisch und baulich wertvollen Chor in seiner ursprünglichen Form zu erhalten, das Schiff abzutrennen und durch ein neues, größeres mit einem Fassungsvermögen von etwa 160 Personen zu ersetzen. Man darf die Kombination von spätem Mittelalter und Neuzeit als im ganzen Kanton einzigartige und durchaus geglückte Lösung bezeichnen.

Man wird wohl in erster Linie das Kruzifix mit dem seltenen Gabelkreuz (aus dem 13. Jahrhundert) im Scheitel des Chorbogens betrachten. Beachtenswert sind auch die Statuen, die zum Teil älter als die Kirche sind (Abb. 95): Hl. Markus (um 1500), Hl. Nikolaus (um 1450), Hl. Katharina (um 1500) und eine Muttergottes aus dem späten 16. Jahrhundert. Der Kontrast zwischen ihnen und den modernen Skulpturen von Antoine Claraz, die links und rechts des Altartisches stehen, schärft wieder einmal mehr den Blick für das Werden und die Veränderung in der Kunst.

Der Hochaltar ist vermutlich zu Beginn des 18. Jahrhunderts entstanden; der rechte Seitenaltar, dem Hl. Antonius gewidmet, ist eine Stiftung Kaspar Jodok von Stockalpers von 1683. Wenn wir den Chor betreten, fallen uns sofort die verschiedenen Freskenfragmente an der linken und rechten Chorwand auf. Sie stellen unter anderem die Mutter der Barmherzigkeit dar, die Verspottung Christi und die Kreuzigung. Außerdem sieht man eine Szene mit den klugen und den törichten Jungfrauen sowie die Reste eines Jüngsten Gerichts und die ins Paradies eingehenden Auserwählten in Begleitung des Hl. Petrus.

Die erste Grenzstation auf italienischer Seite ist Isela. Die Szene vermittelt eine gute Vorstellung vom Reisen jener Tage. – Blick zurück in die Berge um Gondo. Lithographie von 1831

Auf Grund einer Schenkung von zwei Gütern, Gundo oder Gondo und Ruda, an die Kirche hieß das Dorf fortan Gondo für italienisch sprechende und Ruden für deutsch sprechende Einwohner. Heute hat sich die Bezeichnung Gondo praktisch überall durchgesetzt.

Direkt vor der westlichen Seite der Kirche führt die schmale Straße ins **Zwischbergtal** hinein. Sie steigt durch einen schattigen Buchenwald – der einzige im oberen Wallis – steil und in mehreren Spitzkehren bergan. Das Zwischbergtal ist vor allem seiner landschaftlichen Schönheit wegen besuchenswert. Da ist das Bett des Baches mit seinen phantastisch geformten und abgeschliffenen Felsen und hausgroßen Steinbrocken. Wenn man erst die enge Schlucht hinter sich gelassen hat und die höher gelegenen, nur im Sommer bewohnten Weiler und Gehöfte erreicht, hat man herrliche Ausblicke in die Bergwelt. Heute ist das Zwischbergtal ein abgeschiedener Fleck Erde – es gab aber eine Zeit, da war in Zwischbergen viel los, denn hier gab es Gold! Schon die Römer scheinen in Zwischbergen Gold geschürft zu haben. Aber vor allem Stockalper betrieb dann die Goldgewinnung energisch und erfolgreich. Auch im 18. Jahrhundert versiegte der Goldfluß noch nicht. Zwischen 1735 und 1765 wurden mehr als 50 kg Gold gewonnen, die vor allem der Familie Stockalper zukamen. Bis zum Ende des letzten Jahrhunderts wurde in Zwischbergen das gelbe Metall gefördert, und die 1894 gegründete »Société des Mines d'Or de Gondo« beschäftigte bald über 500 Arbeiter und Angestellte. Aber schon 1896 mußte die Minengesellschaft Konkurs anmelden, da der Abbau doch nicht mehr lohnte.

Saastal und Mattertal: Saas-Fee und Feegletscher; Zermatt und Matterhorn; Visperterminen

Mehrere der beliebtesten und meistbesuchten Ferienorte des Wallis liegen in den beiden Vispertälern. Unter diesem Namen versteht man das Matter- und das Saastal, die sich bei Stalden vereinen und bei Visp ins Rhonetal münden. Dieses einzigartige Doppeltal bietet so viele Sehenswürdigkeiten – landschaftliche wie kunsthistorische –, daß ein dreiwöchiger Urlaub problemlos ausgefüllt werden kann.

Von Visp aus südwärts fahrend, erreicht man schon nach 4 km den kleinen Weiler **Riti**. Er liegt an der sehr wichtigen Durchgangsstraße, die einst im italienischen Dorf Macugnaga (1300 m) endete. Früher war es lediglich ein Saumpfad, der ins Saastal hineinführte, zum Mattmarksee und Moropaß auf 2868 m hochstieg und sich schließlich in zahllosen Windungen und Spitzkehren nach Italien absenkte. Im Mittelalter muß es ein überaus gefahrvoller Weg gewesen sein, und noch zu Beginn des 19. Jahrhunderts säumten über 150 Kreuze von tödlich Verunglückten die Pfade und Stege, die oft aus zwei, drei roh behauenen Baumstämmen bestanden, die der nach Regenfällen angeschwollene Vispabach immer wieder wegriß.

Baumeister Hans Pinella legte 1599 in kühnem Bogen eine *Steinbogenbrücke* – bei der Ortschaft Neubrück – über die Vispa (Abb. 98). Sehr viel später entstand am rechtsufrigen Brückenaufgang die kleine *Kapelle Mariä Unbefleckte Empfängnis* (1727), die vor einigen Jahren umfassend renoviert wurde. Der Stuckmarmoraltar ist das Werk eines unbekannten Künstlers aus der zweiten Hälfte des 18. Jahrhunderts. Ebenfalls in jener Zeit entstand der kleine Bildstock auf dem Scheitelpunkt der Steinbogenbrücke; er enthält eine Pietàdarstellung. Von Neubrück aus und rhonetalwärts blickend sieht man die eindrucksvolle Silhouette des Lötschentaler Breithorns (3785 m) und, im Mittelgrund, die schlanke Kirche des Dorfes Zeneggen sowie einige Holzhäuser auf einer Bergkuppe.

Hoch über dem Tal und von unten nicht sichtbar, thront das Dorf **Visperterminen** auf dem Bergrücken. Wer diese im Kern noch ganz ursprünglich gebliebene Siedlung besuchen möchte, ist bereits viel zu weit gefahren, denn die einzige Zufahrt zweigt am östlichen Ortsausgang von Visp ab. Neben dem originalen Dorfkern mit ausnehmend stattlichen Holzhäusern gibt es in der Nähe Visperterminens zwei Sehenswürdigkeiten: zum einen die *höchsten Weinberge Europas*, die bis auf etwa 1200 m hinaufreichen und unter anderem einen seit alters her bekannten Wein, den »Heida«, liefern; zum anderen eine der schönsten Wallfahrtskapellen der Schweiz. Man erreicht sie nach einem zum Teil recht steil ansteigen-

Ausschnitt aus der Oberwallis-Karte von Johannes Schalbetter (1545). Die Berge sind noch in der damals typischen Form der »Maulwurfshügel« gestaltet, ihre Höhe variiert jedoch schon gemäß den natürlichen Gegebenheiten

den Spaziergang entlang mehrerer Kreuzwegstationen, vorbei an rauschenden Suonen, und findet sie mitten in einem lichten Lärchenwald. Die *Marienkapelle* wurde 1652 gebaut und in den folgenden Jahrhunderten mehrmals umgestaltet. Wie der fünfachsige Hochaltar – prunkvolles Barockwerk – ist auch der rechte Seitenaltar der Muttergottes geweiht, während der linke der Dreifaltigkeit gewidmet ist. Ins Auge springt die große Zahl der Votivgaben. Von besonderem Wert ist die bemalte Orgel über dem Kapelleneingang (von 1619). Sie gilt als die älteste, weitgehend unverändert gebliebene Orgel der Schweiz. Zwar wurde das Instrument mehrmals restauriert, aber klanglich nicht verändert. Die Windversorgung wird noch immer von zwei handbetriebenen Bälgen übernommen.

Doch kehren wir nach **Stalden** zurück, dem auf 800 m liegenden Wächter der Taleingänge nach Saas-Fee und Zermatt. Einst als stattliches Haufendorf angelegt, ist es heute von modernen Gebäuden und Hotelbauten umgeben. Der Dorfkern oberhalb der *Pfarrkirche* birgt aber noch ein Dutzend gut erhaltener Holzwohnhäuser, vereinzelt mit Friesen. Die

Kirche selbst, als Pfarrei bis 1535 von Visp abhängig, wurde 1777 in neubarockem Stil errichtet. Der Spitzhelm-Turm geht in seiner Bausubstanz auf das Mittelalter zurück und hat rundbogige Zwillingsfenster aus dem 16. Jahrhundert. Der barocke Hochaltar stand ursprünglich in der Kirche von Hérémence. 1969 wurde der Altar der Staldener Kirche bei einem Brand zerstört, und da Hérémence etwa gleichzeitig sein modernes Gotteshaus erhielt (1969–70), konnte Stalden den dort nicht mehr stilgemäßen Hauptaltar übernehmen.

Ein kurzes Stück südlich von Stalden stehen wir vor der Wahl: Saas- oder Mattertal? Wir entscheiden uns für ersteres, wohl bewußt, daß Zermatt und Umgebung den unbestreitbaren Höhepunkt der zentralen Walliser Alpen darstellen.

Erst ab dem 12. Jahrhundert gibt es Dokumente und eindeutige Spuren. Die Gemeinde **Saas,** die sich aus den vier Dörfern Balen, Grund, Almagell und Fee zusammensetzte, schien politisch recht unabhängig gewesen zu sein, wenn sie auch zum Einflußbereich der Grafen von Visp zählte und diese anscheinend Weiderechte und die Jagd im Saastal besaßen. Im 14. Jahrhundert konnten die Saaser ihre Alpen vom Grafen von Blandrath, der in Visp Meier war, freikaufen und ihr Vieh dort weiden lassen. Ihr Wirken blieb nicht auf das Saastal beschränkt, denn zur Zeit der Zendenrepublik gehörten sie zu Visp und beteiligten sich zum Beispiel an Kriegszügen gegen die fremden Herren und den Adel. So wurden sie Mitbesitzer des Gemeindegebietes von Niedergesteln, das die fünf oberen Zenden von Freiherr von Turn erobert hatten. Erst 1790 gaben sie ihre Anteile an Niedergesteln und Umgebung zum Verkauf frei.

Auch in den folgenden Jahrhunderten scheinen sich die Bewohner des Saastals gut gegen Anfeindungen ausländischer Herren behauptet zu haben, und die Gemeinde wuchs stetig. Natürlich wurden die Bewohner des Saastals im Laufe der Jahrhunderte immer wieder von Naturkatastrophen – Lawinen, Bergstürzen und Überschwemmungen – aus ihrem beschaulichen, aber nicht immer leichten Leben gerissen. Im 16. Jahrhundert drangen zudem die Gletscher im ganzen Alpengebiet wieder weit in die Täler vor und zerstörten Weideboden und Wiesen. Auch von Krankheiten blieb die Talschaft nicht verschont. Mehrmals wütete die Pest und raffte die Hälfte der Bevölkerung dahin, und ein Chronist wußte zu berichten, daß einer Brustentzündung in kurzer Zeit etwa 60 Menschen erlagen – eine enorme Zahl, wenn man die geringe Bevölkerungsdichte jener Tage in Betracht zieht.

Zwischen 1650 und 1750 erlebte das Tal offenbar eine ruhigere Zeit, die den Menschen einen gewissen Wohlstand brachte. Allerdings kämpfte man um 1688 gegen die vom Erzfeind Bern begünstigte Einwanderung von Hugenotten. 1712 zogen 1000 Walliser, darunter auch Saaser, über die Furka »ins Ausland«, wie damals jedes Gebiet außerhalb der Kantonsgrenzen genannt wurde. Man wollte den Katholiken helfen, die den Protestanten gegenüberstanden. Am 25. Juli desselben Jahres kam es zu einer Schlacht, in der die Katholiken geschlagen wurden; die Walliser waren allerdings schon vorher wieder nach Hause gezogen, denn ihnen hatte es zu lange gedauert, bis der Kampf losbrach!

Am Ende des 18. Jahrhunderts drohte auch im Saastal Gefahr von den Franzosen. Die Saaser mußten nun für die kaiserlichen Heere in gewissen Abständen Soldaten stellen. Unter

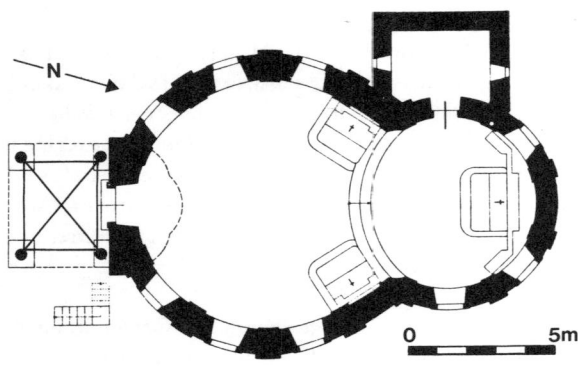

Grundriß der Pfarrkirche Mariä Himmelfahrt in Saas-Balen

großen Opfern konnte man zwar alle ausgewählten Männer vom Heeresdienst freikaufen, aber durch diese finanziellen Belastungen kehrte im Saastal wieder die Armut ein.

Die Straße beginnt im engen Saastal anzusteigen, erreicht bei Eisten 1086 m und bei Saas-Balen bereits 1487 m Höhe. 20 km nach Visp erreichen wir **Saas-Balen,** das erst im 18. und 19. Jahrhundert in der heutigen Form entstand. Auf der linken Talseite, etwas am Rande des Dorfes und nicht zu übersehen, erhebt sich inmitten saftiger Wiesen ein ebenso auffallender wie eigenwilliger Kirchenbau: die *Pfarrkirche Mariä Himmelfahrt* (Abb. 101). Als eine Überschwemmung die Vorgängerkirche zerstört hatte, entwarf der Sittener Architekt Johann Josef Andenmatten 1809 die neue Kapelle mit dem originellen Grundriß: Das Oval des Schiffes wird durch den Kreis des Chores durchdrungen. Lediglich der Turm durfte rechteckig sein, und auch die säulengeschmückte Vorhalle ist viereckig. Die Orgelempore ist, wie bei einigen anderen Kirchen im Saastal auch, nur von außen über eine Holztreppe zu erreichen. Zwar ist die Kapelle im Verhältnis zum Grundriß überhöht, aber man gewöhnt sich schnell an die eigenwillige Konstruktion und läßt sich durch sie in Gedanken gern ins barocke Italien tragen, dessen Stilverwandtschaft offensichtlich ist.

Das Innere schmücken drei beachtliche Altäre. Dabei hat der Hochaltar eine gewisse Ähnlichkeit mit dem der Ringackerkapelle bei Leuk. Links steht ein üppiger Rokoko-Altar aus der Mitte des 18. Jahrhunderts. Der rechte Seitenaltar ist etwas schlichter und wird etwa in die gleiche Zeit datiert wie sein Gegenüber. Die Gewölbe wurden von Ignace Broccard bemalt und erwecken den Eindruck eines geschlossenen und intimen Innenraumes.

Wir erreichen nach 3 km Fahrt **Saas-Grund,** das Herz des Saastals (Abb. 99). Noch sind uns zwar die schönsten und gewaltigsten Eisriesen nicht vor Augen, aber von hier aus können wir in kurzer Zeit Saas-Fee oder den mächtigen Mattmark-Stausee erreichen.

Der **Mattmarksee** war ursprünglich ein natürliches Gewässer, das von den Eismassen des Allalingletschers gestaut wurde; von Zeit zu Zeit brach er durch die Gletscherbarriere, und seine Wasser schossen zerstörerisch ins Tal. 1954 kam es zum Beschluß der Saaser Gemeinden, einen Staudamm sowie ein Wasserkraftwerk zu errichten; nach über zehn Jahren waren die Bauarbeiten, die dem einst so armen Saastal Arbeit und Verdienst brachten, schließlich beendet. Gegen Ende der Bauarbeiten, am 30. August 1965, ereignete sich eine der schwersten Naturkatastrophen der jüngeren Zeit in der Schweiz: Blitzartig brach das unterste Stück des riesigen Allalingletschers auf einer Länge von etwa 400 m und einer Breite von 300 m ab. Rund 500 000 m³ Eis stürzten auf die nahe Baustelle und begruben 83 Menschen unter einer zum Teil 20 m hohen, stahlharten Schicht Gletschereis.

Vom Mattmark-Stausee sind es noch etwa drei Stunden bis zum **Monte-Moro-Paß,** von dem man eine atemberaubende Sicht in das Monte-Rosa-Massiv und in die steile Ostwand des zweithöchsten Berges Europas hat. In weiteren zweieinhalb Stunden erreicht man das italienische Macugnaga.

Ebenfalls vom Parkplatz beim Staudamm kann man zu einer der lohnendsten **Hochalpentouren** aufbrechen. Sie führt zuerst an der linksseitigen Zunge des Allalingletschers hoch, der überquert werden muß, über den Hohlaubgletscher und zur bekannten Britanniahütte auf 3000 m. Dann kann man über das Mittagshorn (3144 m) und Plattjen nach Saas-Almagell oder Saas-Fee absteigen oder aber den Weg über den Kessjengletscher zum Felskinn (3000 m) fortsetzen, um dort mit der Seilbahn nach Saas-Fee zu schweben. Empfehlenswerter aber ist es, die Wanderung über den Feengletscher zur Längfluh (2870 m) fortzusetzen. Die »Große Gletschertour« verlangt allerdings einiges Können und Ausdauer, und man sollte sie nur mit Führer und Seil unternehmen.

Das bevorzugte Ferienziel im Saastal ist zweifelsohne **Saas-Fee.** Es liegt über dem Talboden auf einer 1800 m hohen Sonnenterrasse und ist, von der Zufahrt abgesehen, autofrei. Dem noch vor 100 Jahren bitterarmen Bergdorf haben in- und ausländische Besucher guten Verdienst gebracht. Die alten Wohnhäuser wichen mehrstöckigen Appartementbauten und Pensionen, und lediglich ein halbes Dutzend auf ›Mäuseplatten‹ stehende Heustadel am Dorfeingang zeugen von der bäuerlichen Vergangenheit des expandierenden Bergdorfes, das heute nahezu vollständig vom Tourismus lebt. Hinweisen wollen wir auf das Denkmal für Johann Josef Imseng, dessen erster Förderer, der von 1836 bis 1869 in Saas-Fee Pfarrer war. Er hat, ein ausgezeichneter Kenner seiner Heimat, viel dazu beigetragen, daß Saas-Fee über die Grenzen des Wallis bekannt und berühmt wurde.

Ab der Mitte des letzten Jahrhunderts wurde es von den bergbegeisterten Briten förmlich überschwemmt. Der erste Engländer, der das Saastal besuchte, kam 1825 und war der Reiseschriftsteller William Brokkedon. Briten gehörten dann, wie die »Saaser Chronik 1200–1979« zeigt, bei fast allen Erstbesteigungen der Bergriesen zu den Spitzenseilschaften. Sie stiegen zwar in den allerwenigsten Fällen ohne einheimische Führer auf, ja, die meisten Gipfel schafften sie sicher nur dank deren Fähigkeiten und Gebietskenntnissen. Aber sie brachten den Anstoß zur Bezwingung der Gipfel von außen, denn über Jahrhunderte hinweg war es keinem Einheimischen eingefallen, von sich aus einen der Eisriesen zu besteigen.

255

Heute ist Saas-Fee neben Zermatt das bedeutendste Bergsteigerzentrum des Wallis mit eigenen Kletterschulen und vier Dutzend professionellen Bergführern.

Angesichts der bis fast zum Talboden reichenden Gletscher und der hohen Gipfel befallen manchen Besucher des Saastales Zweifel an seiner physischen Fähigkeit, eine ausgedehnte Wanderung oder Hochtour zu bestehen. Diese Zweifel sind jedoch fehl am Platze, denn fast alle Wanderwege sind gut ausgebaut, markiert und – wenn man einige Vorsichtsmaßnahmen beachtet – durchaus gefahrlos. Sie geleiten in Höhen um 3000 m und verlangen bestenfalls eine gute körperliche Verfassung, jedoch kein technisches Rüstzeug. Die vielleicht schönste Wanderung dieser Art in Saas-Fees unmittelbarer Umgebung führt uns dicht ans Herzstück der Mischabelgruppe, hinauf zur Längfluh (2870 m). Ausgangspunkt dieser Tour ist das südliche Dorfende, vorbei an den Tennisplätzen und dann Richtung Gletschersee und -grotte. Auf knapp 2000 m Höhe kommt man an einem kleinen Berggasthof vorbei, steigt weiter über die Gletscheralp und hat ein Panorama vor sich, das den Atem verschlägt: zu Füßen die brüchige und spaltenreiche linke Zunge des Feengletschers und kilometerlange, steil abfallende Seitenmoränen. Über sich aber sieht man die alles dominierende Mischabelkette mit Täschhorn und Dom, deren vereiste Wände über 1000 m in die Tiefe fallen. Hin und wieder donnern kleine Eislawinen schmale Rinnen hinunter, und der Gletscher grollt dumpf und drohend. Beim Spielboden auf 2450 m haben wir etwa ein Drittel des Aufstieges hinter uns. Wenn es nicht anders geht, kann man von hier aus mit der Seilbahn das restliche Stück schaffen oder, vor dem eigentlichen Höhepunkt, ins Tal hinunterfahren. Man sollte sich auf dem Spielboden aber die Begegnung mit den Murmeltieren nicht entgehen lassen, die mit großem Vergnügen Futter aus den Händen der Besucher nehmen und es, oft auf ihren fetten Hintern sitzend, in sich hineinstopfen.

Ein rund einstündiger Aufstieg, recht steil und im Sommer heiß, bringt uns zur Längfluh und schenkt uns einen fantastischen Rundblick – über den Feengletscher (vgl. Umschlagrückseite) bis hin zum Felskinn im Südosten, zum Allalinhorn, Feenkopf und Alphubel im Süden und zum Mischabeljoch, Täschhorn und Dom im Südwesten.

Zwischen Saas-Fee und Saas-Grund findet der kunsthistorisch interessierte Besucher eine sakrale Kostbarkeit ersten Ranges, die auch jene zu begeistern vermag, die für Heiligenfiguren und Altäre wenig Begeisterung aufbringen: den *Kapellenweg*. Er geht vom Campingplatz »am Kapellenweg« bei Saas-Grund aus über trockene und steinige Matten, aber auch durch lichte Lärchenwälder. In regelmäßigen Abständen säumen insgesamt 15 Rosenkranzkapellen den Pfad. 14 von ihnen haben private Stifter gebaut, die 15. wurde von der Gemeinde Saas bezahlt. Über 100 verschiedene Figuren zeigen Szenen der Rosenkranzgeheimnisse. Sie wurden von 1707 bis 1710 von unbekannten Künstlern geschaffen. Seitliche Öffnungen in den Kapellen beleuchten die Figurengruppen gewissermaßen »theatralisch«, und dies entspricht auch dem Geist der Zeit. Denn geistliche Dramen und Mysterienspiele waren bereits etwa zwei Jahrhunderte im Wallis beliebt (Jesuitendrama). Am Ende des Kreuzweges steht, ganz eng an den düsteren Fels gerückt, die einfache Kapelle Zur Hohen Stiege. Anton Ruppen erbaute sie 1687; 1747 wurde sie durch eine säulengestützte Vorhalle erweitert. Über der Sakristei erhebt sich ein originelles Glockentürmchen. Der Muttergot-

64 SION/SITTEN Blick von Valeria in Richtung Mont d'Orge
◁ 63 SION/SITTEN Valeriakirche, Hl. Sebastian
65 SION/SITTEN Löwenbrunnen

66 SION/SITTEN Haus Barberini

67 SION/SITTEN Valeriamuseum, der gute Hirte Josef

68 SION/SITTEN Valeriamuseum, Porträt des Etienne de Courten

69 SION/SITTEN Valeriamuseum, Waffensaal

70 SION/SITTEN Haus Riedmatten (links) und Majorie (Mitte)

71 SION/SITTEN Hexenturm (Tour des Sorcières)

72 SION/SITTEN Rathaus

73 SION/SITTEN Kathedrale

75 SION/SITTEN   Valeriakirche, Orgel
◁ 74 SION/SITTEN   Valeriakirche, Chor
76 SION/SITTEN   Valeriakirche, Chordecke

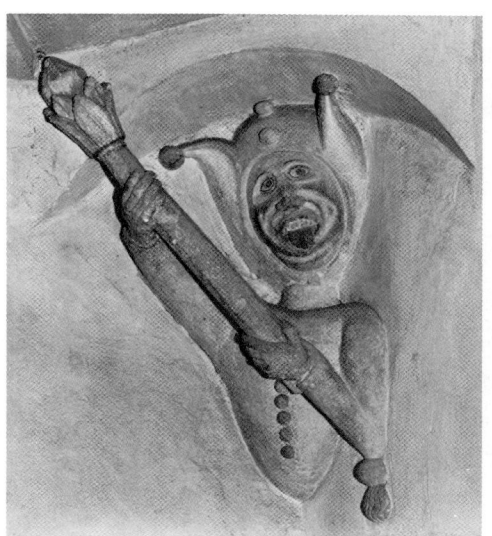

77 SION/SITTEN Supersaxohaus, Groteskfigur

78 SION/SITTEN Supersaxohaus, Decke (Detail)

79 SION/SITTEN Kathedrale, Grabmal von Andreas de Gualdo

80 ST. MAURICE Innenhof der Abtei

81 ST. MAURICE Chor der Abteikirche

82 ST. MAURICE Ausgrabungen

83 ST. MAURICE Schloß

84–87   ST. MAURICE   Kirchenschatz

86 Schrein des Hl. Sigismund

87 Kopfreliquiar des Hl. Candidus

88 SIMPLON-DORF

89 SIMPLON Hospiz

90 SIMPLON Ganterbrücke

91 SIMPLON Stockalper-Spittel ▷

92 GONDO Pfarrkirche

93 GONDOSCHLUCHT

94 GONDO Stockalper-Suste ▷

tesaltar hinter einem kunstvoll gearbeiteten Schmiedeeisengitter stammt aus dem ausgehenden 17. Jahrhundert, ebenso der zweigeschossige Seitenaltar. Von 1755 ist die hölzerne Orgelempore mit plakativer Bemalung der Holzkassetten.

Bis zum 13. Jahrhundert liegt die Geschichte des Saastales fast ganz im Dunkel, denn es fehlen Grabungsfunde, wie wir sie etwa aus dem Rhone- und vom Binntal sowie vom Simplon und vom Großen St. Bernhard kennen. Ein besonders einschneidendes Erlebnis auch im Saastal scheint ein Sarazeneneinfall von 939 gewesen zu sein. Geschichts- und Sprachforscher glauben, Hinweise gefunden zu haben, daß die Sarazenen im Saastal siedelten und das Tal landwirtschaftlich urbar machten. In manchen Ortsnamen sollen sich die Nordafrikaner verewigt haben. Der Monte-Moro, der »Mohrenberg«, und die Bezeichnung Saas, Almagell, Allalin und Mischabel sollen arabischen Ursprungs sein.

Ganz hinten im **Mattertal** liegt einer der berühmtesten Ferienorte des gesamten Alpenraums und untrennbar mit einem der ganz großen Berge der Welt verbunden: **Zermatt** und sein **Matterhorn** (Abb. 96, 100, 102; Farbabb. 36). Was den Reiz dieser beiden Ziele ungezählter Besucher ausmacht, läßt sich nicht mit Sicherheit sagen. Es gibt in den Alpen Dutzende von Ortschaften mit einem sehr viel ursprünglicheren und interessanteren Dorfbild, die bedeutend schöner liegen als Zermatt; und das Matterhorn gehört bergtechnisch nicht gerade zu den schwierigen Gipfeln, was die mehreren hundert Besteigungen jedes Jahr beweisen. Und trotzdem möchte fast jeder Besucher der Schweiz – vor allem aber jene aus Übersee – einmal durch Zermatt flanieren, das Matterhorn bei Sonnenaufgang bewundern und mit der Bahn auf den Gornergrat fahren.

Bis die Zivilisation das Mattertal entdeckte und Zermatt zu dem machte, was es heute ist, vergingen rund 2000 Jahre. Noch im 18. Jahrhundert glaubten die Menschen, im Mattertal jenes verzauberte Tal gefunden zu haben, das uralte Überlieferungen zwischen den Gletschern des Monte-Rosa-Massivs vermutet hatten. Die Bergketten haben seit jeher die Bevölkerung der verschiedenen Talschaften voneinander getrennt, und es kam kaum jemandem, außer etwa Händlern, in den Sinn, diese natürlichen Hindernisse zu überschreiten. So mag auch der Theodulpaß entdeckt worden sein, mit 3317 m einer der höchsten und unwirtlichsten Alpenpässe. Am Ende des letzten Jahrhunderts fand man in der Nähe der Paßhöhe ein halbes Hundert römischer Münzen aus den Jahren 270 bis 361 n. Chr. und am Fuße des Theodulpasses sogar welche aus der Zeit um 200 v. Chr. Im ersten nachchristlichen Jahrhundert gab es im hintersten Mattertal bereits an die 100 Gehöfte und Häuser, aber noch keine geschlossene Siedlung. Zweifellos handelte es sich bei den frühen Siedlern um Bauern, die hier Viehwirtschaft betrieben. Erst 1000 Jahre später entstanden Weiler wie Zmutt, Findeln

◁ 95 GONDO Pfarrkirche, die Hll. Markus und Katharina

273

und Winkelmatten. Es handelte sich bei ihnen nicht um freie Gemeindewesen, sondern um Hörige der Freiherren von Turn und Raron, der Familien de Werra von Leuk und Platea von Visp sowie anderer. Erst im 16. und 17. Jahrhundert konnten sich etwa 180 Zermatter Familien für teures Geld loskaufen. Seit jener Zeit gibt es auch eine Art Dorfchronik und eine bis zum heutigen Tag lückenlose Pfarrerliste. Mitte des 16. Jahrhunderts entstand in Zermatt eine von der Gemeinde St. Nikolaus unabhängige Kirche.

1618 erhielten die letzten Familien ihren Freibrief, und die Matter gründeten eine Burgerschaft, die bis zum heutigen Tag fortbesteht und ein »exklusiver Klub der ursprünglichen Einwohner Zermatts« geblieben ist. Diese legten eine »Burgerrolle« an, in die nur Mitglieder der Gründerfamilien von 1618 aufgenommen werden. Der englische Autor Cicely Williams schreibt über diese selbst einem klassenbewußten Briten fast unfaßbare Einrichtung: »Die ›Bourgeoisie‹ hat Ähnlichkeit mit einem Syndikat oder einer privaten Körperschaft. All die Regeln, Rechte und Privilegien, die eine Mitgliedschaft im 17. Jahrhundert mit sich brachte, bestehen heute noch unverändert. Was nicht streng privates Eigentum ist, gehört der ›Burgerschaft‹; es umschließt in Zermatt die Wälder, die Flüsse und Bäche, die Gletscher, die Almen und Berge. Sehr wenige Besucher Zermatts machen sich darüber Gedanken, wem nun eigentlich das Matterhorn gehört – warum sollten sie auch. Tatsächlich sind aber der Matterhorngipfel, seine Nord- und Ostwand und die Westseite Besitz der ›Bourgeoisie.‹«

Ansicht des Monte-Rosa-Massivs. Deutlich ist die scharfe Trennung zwischen ländlicher Idylle im Vordergrund und der feindlichen Eiswelt der Berge zu erkennen. Lithographie um die Mitte des 19. Jahrhunderts

Zermatt und das Matterhorn. Holzstich Ende 19. Jahrhundert

Ein eidgenössisches Gesetz sagt aber, daß kein unproduktiver Boden Privatbesitz sein darf. Daher hat die politische Gemeinde des Dorfes Zermatt vor einigen Jahren einen Prozeß gegen ihre eigene ›Burgerschaft‹ angestrengt, in dem die Bundesrichter über den Besitz des Matterhorns entscheiden müssen. Der mit den komplizierten politischen Verhältnissen nicht vertraute Besucher fragt sich natürlich, welche Bedeutung dieser ›Bourgeoisie‹ denn heute zukommt.

Dazu muß man wissen, daß die ›Burgerschaft‹ großen Grundstücksbesitz hat und jährlich beträchtliche Einnahmen aus den Skilifts, Bergbahnen, Wasserrechten, Hotels, aus dem Verkauf von Milch, Käse und Butter bezieht und der Erlös aus diesen Geschäften anteilig unter ihr verteilt wird. Immer wieder haben daher Nicht-Burger in den vergangenen Jahrhunderten versucht, in die lukrative Körperschaft aufgenommen zu werden. Aber nur eine Familie, die der Hotel-Seiler 1889, hat das in 470 Jahren geschafft.

Als der Theodulpaß zunehmende Bedeutung als Handelsweg erlangte, profitierten die Zermatter von dieser Entwicklung. Sie fanden als Führer, Träger und Säumer Verdienst, und

275

manch einer konnte als Gastwirt eine bescheidene Existenz aufbauen, die zumindest im Sommer nicht ganz so wetterabhängig war wie die Landwirtschaft.

Es dauerte lange, bis Fremde in den abgelegenen kleinen Ort Zermatt gelangten. Erst in der zweiten Hälfte des 18. Jahrhunderts kamen aus dem Waadtland der Förster und Botaniker Peter Thomas und sein Sohn Abraham nach Zermatt, um hier die Alpenflora zu studieren. Die beiden Wissenschaftler erregten mit ihren Spitzhacken und Blechfässern bei den Zermattern großes Aufsehen und fanden nur im Pfarrhaus Unterkunft. Die Zermatter glaubten wohl, daß die Fremden die Pässe erkunden und dabei Schafe stehlen wollten.

Diese recht feindselige Einstellung gegenüber den ersten Besuchern des Tales war indessen nicht die Regel, wie ein Bericht von 1777 im »Journal de Paris« belegt. Hier heißt es, daß »der Reisende sich sehr bald von der Güte und Ehrlichkeit der Walliser« überzeugen konnte und die Einheimischen »mit Sahne und Milch in Krügen, mit Brot, Obst und Käse in Körben« herbeieilten. »Sie spenden freigebig und weisen Bezahlung entrüstet zurück«, schreibt das Journal.

Die ersten englischen Touristen tauchten um 1821 in Zermatt auf, und weil es bis 1830 kein einziges Gasthaus am Ort gab, fanden sie im Haus des Arztes Dr. Lauber Unterkunft. Er hatte von der Gemeinde Zermatt das alleinige Recht erhalten, Besucher (gegen Bezahlung) aufzunehmen. Sein Hotel »Cervi«, das später in »Monte-Rosa« umgetauft wurde, verfügte über nur drei Betten, aber diese genügten vorerst, die zehn bis zwölf Personen, die pro Jahr ihren Urlaub in Zermatt verbrachten, unterzubringen.

Ein Begleiter des Schweizer Paläontologen und Gletscherforschers Louis Agassiz schrieb 1835 über die südlichen Alpentäler des Wallis: »Man sieht Holzhäuser mit gestampften Lehmböden, mit Schindeln- und Moosdächern. Der einzige Mensch, der an diesen Orten schreiben und lesen kann, ist der Ortspfarrer. Er ist den Leuten alles: Notar, Richter und Arzt. Bei ihm kehrt man ein, wenn man übernachten will. Die Dörfler wechseln, wenn sie überhaupt Hemden haben, diese nur zwei Mal im Jahr, an Ostern und an Weihnachten.«

Die Wende geschieht in der Mitte des 19. Jahrhunderts: 1852 wurde das erste Hotel, Vorläufer des »Mont-Cervon«, gegründet. Zwei Jahre später entstand das Hotel »Riffelberg«. Seine Besitzer, die Pfarrer Welschen, Ruden und Kronig, drei ›Burgerfamilien‹ aus Zermatt, eröffneten das Hotel im Winter 1862/63 und übergaben den Betrieb Alexander Seiler, der eben im Begriff stand, eines der größten Hotelimperien der Schweiz aufzubauen. Der junge Oberwalliser war 1852 erstmals als Händler mit seiner Ware nach Zermatt gekommen – nicht zufällig, denn seit 1845 war hier sein Bruder Josef Kaplan. Alexander gab dem Drängen seines Bruders nach und kaufte 1855 das kleine »Gasthaus zum Monte Rosa«, das er bald darauf vergrößerte. Aber Seilers Aktivitäten beschränkten sich nicht auf Zermatt. Zusammen mit einem anderen Bruder, Franz, erwarb er im Gebiet des Rhonegletschers Alprechte – zehn Jahre vor dem Bau der Furkapaßstraße. Später sollten dort die Hotels »Glacier du Rhone« und »Belvédère« entstehen.

Alexander Seilers Hotel »Monte Rosa« in Zermatt entwickelte sich zum Treffpunkt der Bergsteiger und des Britischen Alpenklubs, der neu gegründet worden war. In Seilers Hotel begann auch der Aufstieg des vielleicht berühmtesten Hotelkönigs der Geschichte: César

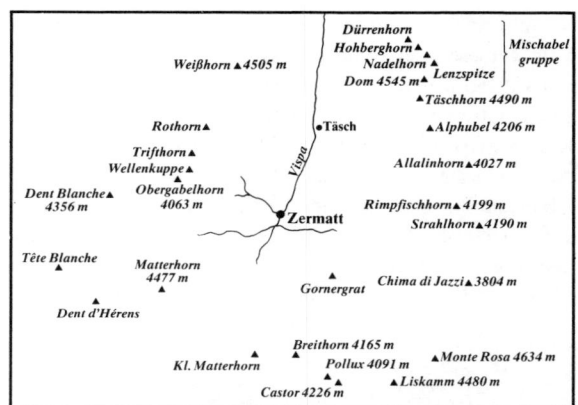

Das hintere Mattertal und die nahen Drei- und Viertausender

Ritz arbeitete zunächst als Kellner im »Monte Rosa« und lernte so sein Handwerk von der Pike auf.

Ein Berggipfel nach dem anderen wurde erstürmt, erklommen, erobert. Das Matterhorn aber konnte dem Ansturm bis 1865 widerstehen, um dann, wie könnte es anders sein, von einem Engländer zum ersten Mal erstiegen zu werden: Am 14. Juli 1865 stand Edward Whymper, zusammen mit drei anderen Touristen und zwei Zermattern sowie einem Führer aus Chamonix, auf dem 4478 m hohen Gipfel.

Gab es bis 1858 lediglich einen Saumpfad durch das Mattertal, ließen die Zermatter zwischen 1858 und 1862 auf eigene Kosten eine Straße nach Zermatt bauen – und nun konnte man mit der Pferdekutsche in hinterste Matterdorf reisen. Einer der berühmtesten Gäste Zermatts war ohne Zweifel Mark Twain, der das Dorf 1878 besuchte. Seinen witzigen Bericht »Über die Bestellung des Riffelberges« lasen Tausende von Briten und Amerikanern und wurden dadurch angeregt, Zermatt und das Matterhorn in ihr Reiseprogramm einzubeziehen. Ab 1929 konnte man Zermatt auch im Winter mit der Bahn erreichen, die im selben Jahr elektrifiziert worden war.

Die alpintechnische Erschließung hatte aber nicht vor Zermatt Halt gemacht. 1898 fuhr erstmals eine Bergbahn auf den 3090 m hohen Gornergrat – die höchste Bahn Europas. Zwar dauerte es noch einmal 30 Jahre, bis der Besucher auch im Winter den Berg hochfahren konnte: 1928 bis zum Riffelboden, 1929 bis zum Rotenboden und seit 1940 zum Gornergrat (Abb. 97). In nur 40 Minuten läßt man sich heute fast 1500 m über Zermatt hinaustragen und steht dann vor einem Panorama, das viele Bewunderer als das schönste der Alpen bezeichnen. Diese Kulisse der zentralen Walliser Alpenkette liegt zwischen Südost und Südwest und erstreckt sich ziemlich genau über eine Luftdistanz von 20 kkm.

Das Ringen um die Erstbesteigung des Matterhorns (Farbabb. 36) begann am Ende der fünfziger Jahre des letzten Jahrhunderts und wurde vor allem zu einem titanischen Zwei-

277

kampf und Wettlauf zwischen dem Kletterer und Bergführer Jean Antoine Carrel aus dem Valtournanche in Italien und dem blutjungen, kaum zwanzigjährigen Edward Whymper aus London, der nach Zermatt kam, um Illustrationen für ein Alpenbuch anzufertigen. Zwar waren noch andere Bergbegeisterte von der »Becca«, wie das Matterhorn in der Umgangssprache von den im Valtournanche ansässigen Italienern genannt wird, fasziniert. Aber keiner verfolgte sein Ziel so hartnäckig wie Carrel und Whymper. Anfangs standen die Chancen für den Italiener viel besser als für den Engländer. Carrel war in den Bergen aufgewachsen, Whymper hingegen kam aus London und hatte keinerlei Bergerfahrung. In den folgenden fünf Jahren sollte er jedoch das Versäumte nachholen und in kurzer Zeit ein tüchtiger Bergsteiger werden. Ein anderer Engländer, John Tyndall, der bereits das eisige

Ausschnitt aus der Wallis-Karte Gabriel Walsers (1768). Noch ganz der alten Darstellungsform verhaftet, ist die Karte dennoch detailreich und recht genau.

278

Weißhorn bestiegen hatte, war der dritte Bewerber im Rennen um den Matterhornsieg. Schon 1860, im Jahr des ersten Zermattbesuches von Whymper, hatte sich Tyndall am Matterhorn versucht. Zwei Jahre später sah man ihn wieder am Horn und zwar auf der italienischen Seite, die lange für leicht zu bezwingen galt. Aber wieder mußte Tyndall sein Vorhaben abbrechen und nach Breuil zurückkehren. Drei Jahre nach Whymper gelang ihm endlich der ersehnte Aufstieg von Breuil aus. Vom Gipfel stieg er dann nach Zermatt ab.

Am 13. Juli 1865 brach die Gruppe von Zermatt auf, stieg zum Schwarzsee auf, wo Whymper am 12. Juli, von Breuil kommend, seine Ausrüstung deponiert hatte, und stieg bis auf etwa 3400 m, um dort eine kalte Biwaknacht zu verbringen. Noch bei Dunkelheit erhoben sich die Männer am 14. Juli von ihrem Lager und stiegen, als die Morgendämmerung den Weg zeigte, in die Wand ein. Der Aufstieg ging ohne große Mühe über die 4000er Grenze hinaus, wo die klettertechnischen Schwierigkeiten begannen. Croz, Whymper und Hudson, alles exzellente Bergsteiger, führten die siebenköpfige Seilschaft an. Vater Taugwalder aus Zermatt, mit seinem Sohn als Führer verpflichtet, bildete den Schluß und half Hadow, der vom Matterhorn eindeutig überfordert war. Um 13.40 Uhr erreichten Whymper und seine Begleiter den Gipfel des Matterhorns – und sahen, tief unter sich, in der Südwand Carrel, der vier Tage früher aufgebrochen war, hochsteigen. Die Gipfelsieger machten sich den Italienern bemerkbar, die daraufhin unbeschreiblich niedergeschlagen den Rückweg antraten. Drei Tage später gelang Carrel aber die Zweitbesteigung des Matterhorns – ein schwacher Trost für den fanatischen Italiener. Gegen 15.00 Uhr machten sich Whymper, Hudson, Douglas, Hadow und die drei Führer Croz und Taugwalder Vater und Sohn an den Abstieg. Etwa 300 m unterhalb des Gipfels glitt der entkräftete Hadow aus, fiel auf den führenden Croz und riß ihn aus der Wand. Die beiden Folgenden, Hudson und Lord Douglas, verloren ebenfalls ihren Stand und stürzten in die Tiefe. Das Hanfseil spannte sich – und riß, der Belastung der vier schweren Körper nicht gewachsen. Die Unglücklichen stürzten in die grausige Tiefe. Drei von ihnen zerschmetterten auf dem Matterhorngletscher, der vierte, Lord Douglas, wurde bis heute nicht gefunden und fiel wahrscheinlich in eine Felsspalte. So nahm die glanzvolle Erstbesteigung des Matterhorns ein schreckliches Ende; Whymper und die beiden Taugwalder kehrten todtraurig nach Zermatt zurück, wo sie von einer großen Menschenmenge empfangen wurden.

Whymper, in späteren Jahren ein sehr wortkarger, einsamer und wohl auch eigenbrötlerischer Mann, starb 1911 in Chamonix und wurde dort begraben, obwohl er sich als letzte Ruhestätte Zermatt gewünscht hatte. Seine Matterhornbesteigung von 1865 war nicht das Ende einer großen Bergsteigerepoche, obwohl mit dem Matterhorn einer der letzten Viertausender der Alpen ›gefallen‹ war. Im Gegenteil: eine geradezu unwahrscheinliche Bergbegeisterung nahm ihren Anfang. Man begnügte sich bald nicht mehr damit, einen hohen Gipfel zu besteigen, sondern wählte dazu immer schwierigere Routen. Nur so konnte man Erstleistungen erbringen und in die Geschichte des Alpinismus eingehen.

Das Turtmanntal

Auf halbem Weg zwischen Leuk und Raron liegt ein kleines, knapp 20 km kurzes Tal, das vom eilig Reisenden, der den berühmten Vispertälern oder dem Lötschental zustrebt, in der Regel übersehen wird: das Turtmanntal (Abb. 109). Unter Wanderern, denen Ruhe und Einsamkeit mehr bedeuten als Komfort und Rummel, und bei ernsthaften Berggängern erfreut es sich aber großer Beliebtheit. Es ist, anders als die größeren Täler, im Winter nicht bewohnt und deshalb nur beschränkt zugänglich – es sei denn auf Skiern und mit entsprechender Ausrüstung. Vom späteren Frühling bis zu den ersten heftigen Schneefällen im Oktober/November aber lockt es mit schönen Wäldern, einer vielfältigen Bergflora und -fauna, verwegenen Pfaden und der Möglichkeit, mitten in die Welt der Walliser Viertausender hochzusteigen.

Von der Ortschaft **Turtmann** aus führt eine schmale, aber gut ausgebaute Straße nach Unter- und Oberems und von dort ins schmale und schattige Tal nach Meiden und Gruben, wo ein Gasthaus Unterkunft und Verpflegung bietet und die Straße endet.

Gruben ist der Ausgangspunkt für viele schöne Wanderungen, aber auch für anstrengende Bergtouren. Der Besucher kann zum Staubecken im hinteren Tal spazieren oder zur Turtmannhütte des SAC (Schweizerischer Alpen Club) hochsteigen (2894 m) und hinunter nach St. Niklaus im Mattertal, was etwa sechs Stunden dauert. Erfahrene Berggänger schließlich können die Turtmannhütte als Basislager für eine Besteigung des Bishorn (4161 m), des Brunegghorn (3846 m) oder des Les Diablons (3596 m) benutzen. Für solche Hochtouren ist es jedoch ratsam, einen einheimischen Führer mitzunehmen.

Lötschental: von Ferden über Kippel nach Blatten und Fafleralp

»Das von der Lonza durchströmte, großartige und wunderbar schöne, von moderner Afterkultur noch nicht verdorbene Lötschental ist in seinem unteren Teil von schluchtartigem Charakter, im oberen mit ansehnlichen, reinlichen Dörfern stark besiedelt. Die originellen, einfachen, fleissigen, frommen, wenig mitteilsamen, aber sehr sympathischen, wackeren und wohlhabenen Bewohner mit altertümlichen Sitten und Gebräuchen liegen zumeist der Alpwirtschaft ob. Der Frauenschlag gehört zu den schönsten der Schweiz. Grosse Gemeindegüter. Bettel unbekannt.« So zu lesen in »Der Tourist in der Schweiz« von Johann Jacob von Tschudi 1887.

Auch heute noch ist das Lötschental eines der am wenigsten »von moderner Afterkultur« verdorbenen Täler des Wallis, wenn nicht gar der ganzen Schweiz. Von der Lötschenlücke im Nordosten steigt der Langgletscher als Teil des Großen Aletschfirn mehr als 5 km weit in das Tal hinab. Von seinem Fuße an folgt das Tal der eingeschlagenen Richtung – entsprechend der Lage des eiszeitlichen Gletschers – etwa 12,5 km weit bis nach Ferden und biegt dann, sich plötzlich verengend und scharf in den Felsen eingeschnitten, nach Süden ab, bis

280

es nach 8 km bei Gampel/Steg durch eine Schlucht ins breite, behäbige Tal der Rhone mündet. Lebensader und maßgeblich an der Gestaltung des Tales beteiligt ist die Lonza, jener zwischen der westlichen Flanke des Langgletschers und dem Jägikumbel entspringende Bach, der das Lötschental in seiner ganzen Länge durchfließt. Bis auf den künstlichen Stau unterhalb von Ferden quert die Lonza im selbstgeschaffenen Bett munter springend den Talboden, einmal fröhlich und breit über selbst herangeschlepptes Geröll plätschernd, dann wieder zwischen tief eingeschnittenen Felswänden tosend; lieblich einladend zwischen Wiesen und Weiden, dann wieder drohend und alles mit sich reißend im engen Taleinschnitt unterhalb von Ferden. An schönen Sommertagen erscheint die Lonza – vor allem im breiteren Oberlauf, wo sie zum Teil nur schwaches Gefälle aufweist – als friedliches, harmloses Bächlein. Während der Schneeschmelze aber und nach Unwettern wird sie zur wütenden Naturgewalt.

Wechselnd wie das Gesicht der Lonza ist das Tal selbst, umgeben von Dreitausendern, umrahmt von Gletschern. Lieblich und sanft an milden Frühlingstagen, sonnenverbrannt und hart im Hochsommer, feindlich und abweisend an klirrend kalten Wintertagen. Jahrhundertelang war das Tal während vieler Monate völlig abgeschlossen. Die einzigen Zugänge – über die herrliche Lötschenlücke im Norden und durch die Talenge zwischen Gampel und Ferden – waren nach dem ersten Schneefall und bis weit in den Frühling hinein völlig unpassierbar. Die Menschen des Tales waren dann unter sich und allein mit den Naturmächten: Schnee-, Eis- und Steinlawinen sowie Überschwemmungen, denen sie fast wehrlos ausgeliefert waren. Wen wundert es da, wenn sich unter diesen Umständen im Lötschental bis heute noch heidinische Bräuche gehalten haben, und der Glaube an übernatürliche Kräfte, Naturgeister und Dämonen weit mehr als in den meisten anderen Regionen der Schweiz lebendig geblieben ist?

Die frühesten Spuren menschlicher Siedlungstätigkeit stammen hier aus der Zeit um 1000 v. Chr. (Hallstatt-Periode). Die drei Gräber, die 1927 bei Ausschachtungsarbeiten gefunden wurden, stammen aus dieser Zeit. Aus ihnen wurden ein Armring, ein dreispiraliger Fingerring, eine Spiralfibel, ein Reibfeuerstahl und die Reste eines Topfes und eines Gürtelhakens geborgen. Ab 300 v. Chr. drangen vereinzelt Kelten aus dem Rhone- in das Lötschental vor, die im Laufe des ersten nachchristlichen Jahrhunderts von den alemannischen Dinariern verdrängt wurden. Möglicherweise verlief diese Verdrängung nicht gerade friedlich, und vielleicht entstanden bereits damals die Sagen von den ›Schurten Dieben‹, jenen klein gewachsenen (schurten) kräftigen Menschen, die in den Schattenwäldern wohnen und von dort aus Überfälle auf Menschen, Höfe und Dörfer verüben.

In ihren Ursprüngen womöglich noch älter sind die Sagen von der Weißen Frau, dem Seemannli und den Gefrierhexen, vom Berggeist, von den Schwarzen Böcken, vom Alten Lötscher, der oben am Langgletscher wohnt, und vom Lauwi-Tier, das zuhinterst in der Lötschenlücke haust. Die meisten dieser Geister sind Naturkräfte und unheilbringende Mächte, denen die Menschen Namen gaben, um sie greifbarer zu machen und sie eventuell sogar bannen zu können. Auch der christliche Glaube konnte nicht den Glauben an die Geister auslöschen, zu tief war dieser im Bewußtsein der Menschen verankert, zu stark

281

sahen sich die Bewohner des Lötschentales Winter für Winter mit den Naturmächten konfrontiert. Heidnisches Sagengut, heidnische Bräuche und Christentum verschmolzen miteinander und wurden jeden Winter wieder lebendig. Sind nicht die Lawinen der Beweis, daß es den Wilden Mann, den Schwarzen Bock oder das Lauwi-Tier tatsächlich gibt, daß sie aber mit der Hilfe Gottes gebannt werden können?

So gibt es für das lange Zeit unerklärliche Wachsen und Zurückweichen der Gletscher und um die Veränderungen des Klimas ›sagenhafte‹ Erklärungen, wie sie in der Geschichte »Der lange Gletscher« der selbst zur Sagengestalt gewordene Ewige Jude gibt:

»Zur Zeit, wo der Ewige Jude zum ersten Male ins Wallis gekommen ist, hat das Lötschental noch Lichttal geheissen. In den Hochtälern reifte damals der Wein, und Matten und Alpen erstreckten sich bis an die höchsten Berge. Keine Gletscher lagen auf den Pässen und keine Firnen an den Gräten. Hören wir, was der Ewige Jude von dieser Zeit erzählte: ›Damals gehörte das Lötschental zwei Schwestern, und die wollten es teilen. Sie haben die March mitten über Kühmatt gezogen und das Los geworfen. Diejenige, welcher das untere Tal zufiel, sagte zu ihrer Schwester mit Tränen in den Augen: 'Liebe Schwester, du hast das bessere Los gezogen: ich habe Wein und Berg, du hast die Matten und Wiesen.' Der Wiesengrund reichte damals bis in die Lötschenlücke. Im Gletschergrund fanden die Hirten keinen Stein, um ihn nach den Kühen zu werfen, und auf dem Tschorrä liessen die Faflerinnen ihre Kühe acht Tage weiden. Durch die Schuld der Menschen ist heute diese Herrlichkeit zum grossen Teil unter Gletscher und Geröll, Schnee und Schutt begraben.

Als einmal ein fahrender Schüler im Frühling in euer Tal gekommen ist, hat er auf der Faldumlawine ausgerufen: 'Welch ein schönes Tal'. Die Lötscher seufzten: 'Du solltest unsere Wiesen im Sommer sehen, wenn sie unter der sengenden Sonne verbrennen.' 'Dem weiss ich Rat', meinte der Fremde; es war aber ein Rat, den er besser für sich behalten hätte: 'Eine reine Jungfrau suche Stücke von sieben Gletschern und lege sie zuoberst im Tale nieder, dort, wo die Berge einander am nächsten kommen, und ihr werdet Wasser haben zum Wässern und zum Trinken. Wenn aber die weisse Kuh ins Tal steigt, dann flieht vor ihr.' Die letzte Rede haben die Lötscher damals nicht verstanden, sonst hätten sie Rat Rat sein lassen. Eine reine Jungfrau suchte Stücklein von sieben Gletschern und legte sie zuhinterst im Tale nieder, in der Lötschenlücke. Die sieben Stücklein sind nicht geschmolzen, und heute ist die weisse Kuh stundenlang gewachsen und heisst der Lange Gletscher. Eure Väter hätten sollen die göttliche Vorsehung walten lassen und nicht die Kunst der bösen Menschen.

Auch der untere Teil des Tales hat sich seither viel verändert. Wo heute das Geröll der Wilerra sich weit ausdehnt, waren damals fruchtbare Wiesen, die zwei Schwestern gehörten. Diese hatten die fromme Gewohnheit, beim ersten Feierabendläuten die Arbeit einzustellen, mochte sie noch so sehr drängen. Hatten sie eine Heuburdin geladen, so zogen sie das Seil zurück und liessen sie über den Festtag liegen. Einmal nun hatte ihr Knecht, der es besser wissen wollte, schon drei Wische geladen, als es von der Kirche des heiligen Martin Feierabend läutete. 'Diese nehme ich mit', meinte er. In der folgenden Nacht hat der Wilerbach das schöne Gut verwüstet.

Bis ich das nächste Mal wiederkomme, wird sich noch vieles ändern, denn ich muss nochmals kommen. Bis dahin werden die weissen Schnecken das Blattendorf untergraben, der hangende Gletscher wird das Wilerdorf in den Bahn tragen, Kippel ist auf Schwarzerlen gebaut und wird von der Lonza fortgespült, und Ferden wird von dem Golnbach in die Kreschärra geschlagen werden. Dann wird das Tal der Leukerrun Rossalpe, bis der Lange Gletscher von der Luägla nach Gampel schaut. Weiß Gott, wo dann eure Gebeine ruhen werden, wenn die meinigen noch herumirren auf der sterbenden Erde. Weiss Gott, wie viele Jahrhunderte bis dahin noch verrauschen. Die Zeit geht schnell, schneller als man meint. Die Gletscher rücken wieder vor, die schwarzen Kirschen reifen nicht mehr in eurem Tale, die obersten Wälder wachsen nicht mehr auf, die Aecker werden zu Wiesen gelassen, und aus den höchsten Sitzen haben sich die Menschen schon zurückgezogen. Wenn ich nächstes Mal wiederkomme, wird euer Tal das Wüsttal heissen.‹« (Aus: ›Sagen aus dem Lötschental‹, Johann Siegen, Lausanne 1979)

Hier ist nicht der Ort, die Sagen vollständig zu entschlüsseln, aber bereits ›an der Oberfläche‹ liegende Aussagen sind schon sehr deutlich. Tatsächlich war in der ersten Hälfte unseres Jahrhunderts das Klima nicht nur im Lötschental, sondern im ganzen Rhonetal und weit darüber hinaus viel milder, so daß Wein, Roggen und Früchte auch noch in den höchsten Höhen und entlegensten Winkeln reiften. Als dann innerhalb nur weniger Jahre die Gletscher wieder vorrückten und die Ernte nicht mehr eingebracht werden konnte, suchten die Menschen dafür Erklärungen, die sie in der Welt der Märchen und Sagen fanden.

Auch der noch sehr heidnisch anmutende Brauch der »Tschäggätä« diente ursprünglich dazu, Naturgeister und -mächte zu beschwören und zu bannen. Heute ist es eher eine Touristenattraktion, wenn Ende Februar die Holzmasken tragenden, in Schaffelle gehüllten jungen Burschen durch die Dörfer rennen, kleine Kinder erschrecken, junge Mädchen umarmen und mit Gerassel, Schellengeläute und urtümlichen Lauten die Geister des Winters vertreiben wollen. Trotzdem ist es noch sehr beeindruckend, die gnomenhaften Gestalten mit den selbstgeschnitzten, fratzenhaften Holzmasken auf den schmalen Pfaden zwischen tief verschneiten Ställen umherhüpfen zu sehen (Abb. 103, 104, 108).

Die Lötschentaler sind heute nicht mehr so schweigsam und wenig mitteilsam wie in der eingangs zitierten Reisebeschreibung von 1887, sondern zeigen sich Besuchern gegenüber freundlich und aufgeschlossen. Dennoch ist, vor allem im Winter, noch viel von der früher lange andauernden Isolation und Abgeschlossenheit zu spüren. Den Wunsch, ›unter sich‹ zu sein, bekommt der kurzfristige Besucher kaum zu spüren, aber wer sich im Tal niederlassen will, hat es noch heute oft schwer, in die eingeschworene Gemeinschaft aufgenommen zu werden.

Die Eröffnung des Lötschbergtunnels brachte 1913 einen krassen Einschnitt in das gewohnte Leben im Lötschental. Vorbei war es mit der Einsamkeit, und die Außenwelt hielt ab jetzt ständigen Einzug. Touristen kamen und kommen immer zahlreicher, die die unbestreitbaren landschaftlichen Schönheiten des Lötschentals auch im Winter genießen wollen. Die Lötschentaler haben es bisher hervorragend verstanden, die natürlichen Gegebenheiten des Tales für touristische Zwecke zu nutzen. Es gibt ausgezeichnete Wanderwege und

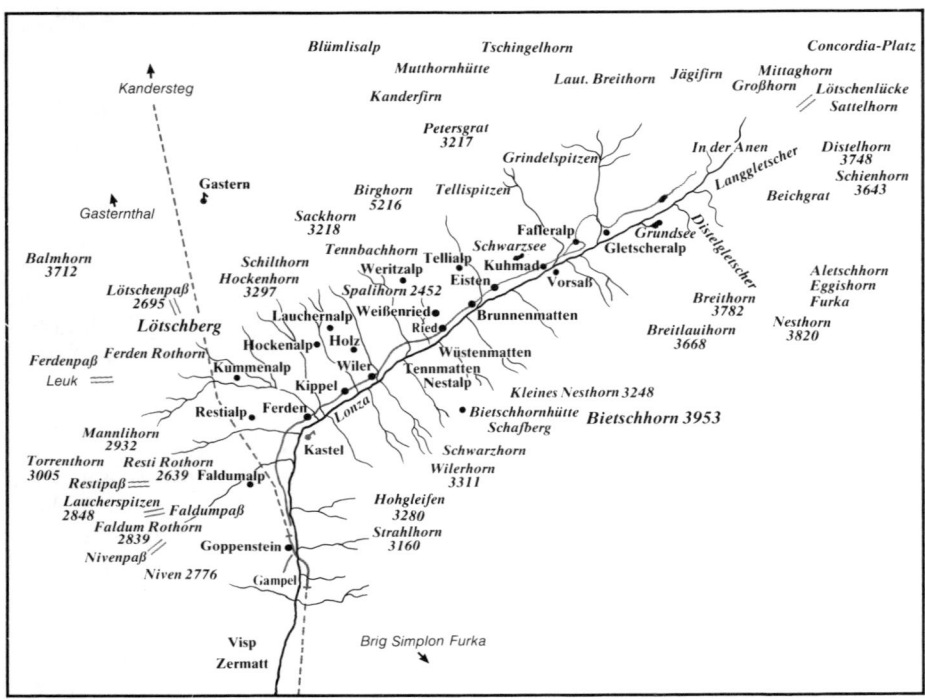

Karte des Lötschentals, eines der schönsten Täler des Wallis

Langlaufloipen, die demjenigen Besucher, der bereit ist, sich ein wenig anzustrengen, die ganze Schönheit des Tales offenbaren. Zwischen Wiler und Kippel führt die einzige Gondelbahn des Tales sommers und winters auf 1950 m zum Holz hinauf. Von dort geht ein Skilift zur Lauchernalp auf 2100 m, zum Märwig auf 2530 m und bis zum Gandegg auf 2700 m. Von hier bestehen Gelegenheiten zu herrlichen Abfahrten und zu ausgedehnten Skiwanderungen über den Lötschenpaß oder über das Sackhorn (3212 m) zum Petergrat, zur Fafleralp und sogar durch die Lötschenlücke (3178 m) ins Berner Oberland. Für diese Touren empfiehlt es sich, einen Führer mitzunehmen.

Zwischen Kandersteg und Goppenstein verbindet der Lötschbergtunnel das Lötschental sozusagen mit dem Rest der Welt, abgesehen von der Autostraße, die vor Jahrzehnten eine englische Gesellschaft zwischen Gampel und Goppenstein erbauen ließ. Der Lötschbergtunnel ist mit 14612 m nach Simplon- (19803 m) und St. Gotthardtunnel (14998 m) der drittlängste Alpentunnel. Durch den Bau des Tunnels wurde erreicht, daß das Lötschental praktisch das ganze Jahr über zugänglich bleibt und die Fahrtdauer ins ganze Rhonetal und auf den Großen St. Bernhard und den Simplon erheblich verkürzt wurde.

Der Bau des Lötschbergtunnels war ein geradezu abenteuerliches Unternehmen, denn er öffnet sich bei Goppenstein, gerade an dem Punkt des Tales, wo die berüchtigtesten Lawinen in die Tiefe donnern: die Rotlaui, die rote Lawine vom Rothorn und einige ihrer nicht weniger bösen weißen Schwestern. Ungeachtet der Warnungen erfahrener Talbewohner ließen Ingenieure aus Paris an einer lawinenexponierten Stelle ein Dorf für die Arbeiter des Lötschbergtunnels errichten. Den Abend des 29. Februar 1908 dürften die Überlebenden lange nicht vergessen haben. An diesem Abend ging die Lawine von Stritengrad nieder und tötete mehr Menschen, als sonst im ganzen Tal in Jahrzehnten in den Bergen verunglücken.

Das Dörfchen **Goppenstein** wird meist übersehen. Die meisten Besucher fahren geradewegs zur oder von der Autoverladestation weiter oder beachten den Ort nur wenige Schritte neben der Durchgangsstraße gar nicht. Interessant sind hier die Spuren des alten *Bleibergwerks* in der Nähe der erst kürzlich abgerissenen Johanneskapelle. Nachweisbar wurde hier vom 16. Jahrhundert an bis in die ersten Jahrzehnte unseres Jahrhunderts silberhaltiges Blei geschürft.

Ferden ist die erste Perle in der Kette der Lötschentaler Ortschaften. Der Chronist des Lötschentals, Johann Siegen (1886–1982) war von 1914 bis 1974 Prior in Kippel. Seiner Schaffenskraft, seiner Liebe zum Lötschenpaß und seinem schriftstellerischen Talent verdanken wir unter anderem die Sammlung der »Lötschentaler Sagen« und Beschreibungen der Talschaft. Er schreibt von den »stattlichen Häusern« rund um den Dorfplatz von Ferden, in ihnen befänden sich die »reichsten Sammlungen an alten, kostbaren Sachen, die sich jahrhundertelang in wohlhabenden Familien weitervererbten«. Es sind dies Möbel, Stoffe, Gebrauchsgegenstände, Schmuck, Silber, Geschirr und Zinn.

Die drei prächtigsten Gebäude sind das *Haus Bellwald* (1600) und das *Teizan-Haus* (1713) sowie das *alte Gemeindehaus* von 1707. Im Lötschental ist es alter vielgeliebter Brauch, die Häuser mit mehr oder weniger geistreichen Sinnsprüchen zu schmücken. Das neue Gemeindehaus von Ferden, zwischen dem Stadelhof und dem Oberen Dorf gelegen, zeitweilig Schulhaus und Theater, bekennt sich zu seiner Bestimmung mit dem Spruch:

> Der Wissenschaft und dem Spiel in der Jugend,
> Im Rate der Bürger, der Weisheit und Tugend,
> Gern öffn' ich die Pforten zur Arbeit und Lehr',
> Nur suchend das Höchste: Gottes grösste Ehr'.

Die barocke *Barbarakapelle* (1685) steht unmittelbar am Dorfplatz. Nach dem Neubau der katholischen *Pfarrkirche Santa Barbara* (1959/60) von André Werlen verlor sie ihre Bedeutung als einziges Gotteshaus des Ortes.

Die nächste Ortschaft ist **Kippel,** lange Zeit das religiöse und kulturelle Zentrum des Lötschentals. Kippel wird durch die Straße in einen neuen und einen alten Teil getrennt. Nördlich liegt der neuere Teil mit Gemeindehaus, Schule, Hotels und Restaurants und einigen alten Stadeln. Der Lonza zu neigt sich der alte Dorfkern mit den eng zusammenstehenden, herrlichen alten Holzhäusern, mit der Kirche auf dem Hügel, umgeben vom Friedhof, den malerischen Holzstadeln und dem neuen und sehenswerten Lötschentaler

Museum. Es wurde im Juli 1983 eröffnet und umfaßt eine Vielzahl von Objekten zur volkstümlichen Kultur des Lötschentales. Daneben finden jeweils thematische Wechselausstellungen statt. Das Museum bleibt von Oktober bis Mai geschlossen.

Weithin sichtbar ist die schmucke weiße *Pfarrkirche auf dem Martibiel* mit dem steilen Schindeldach und dem hübschen Turm. Nach recht zuverlässigen Quellen stand dort eine erste Kirche oder Kapelle bereits 1233, als der Freiherr Girold von Turn (auch vom Thurm) die Stiftung des Priorats Lötschen mit Kirche unter der Verwaltung des Chorherren von Abondance errichtete. Von diesem Zeitpunkt an war die Pfarrkirche von Kippel das religiöse Zentrum des Tales. 1376 verkauften die Herren von Turn die Feudalrechte über das Lötschental an den Bischof von Sitten. Im Verlauf der folgenden Jahrzehnte und Jahrhunderte erfolgte zunächst der Übergang aller Rechte an die oberen Zenden des Wallis, bis die Lötschentaler im Jahre 1790 genug gespart hatten, um sich von allen Steuern und anderen Verpflichtungen freizukaufen. Trotz dieser Sparsamkeit brachten es die Lötschentaler fertig, 1535 von Ulrich Ruffiner auf dem Martibiel eine gotische Kirche errichten zu lassen, die 1556 um das Beinhaus und einen Teil des Turmes erweitert wurde. 1740–42, also kurz vor dem Freikauf, wurde die Pfarrkirche in ihrer heutigen Form nach den Plänen Jakob Ragozzis aus Rima in Italien errichtet. 1742 fand die feierliche Einweihung unter Bischof Blattler statt; 1779 erhöhte man den alten Kirchturm und paßte ihn dem neuen Gotteshaus an. 1837 erhielt die Pfarrkirche anstelle des Tonnengewölbes eine leichtere Decke; 1915 wurde sie um das Atrium erweitert.

Vom Atrium aus betritt man die nach Osten ausgerichtete Kirche durch die Eingangstüre mit der Jahreszahl 1714. Das vierjochige Schiff mit den breiten Trägern und wuchtigen Gesimsen ist hell und klar. Der dreigeschossige barocke Hochaltar aus dem Jahre 1747 ist ein Werk von Johann Maria Albassini aus Fermo bei Domodossola. Die drei Altargemälde (von unten nach oben: Hl. Martin, Maria mit den Sternen und Gottvater mit dem Zepter) malte Georg Kaiser gegen Ende des letzten Jahrhunderts. Der Figurenschmuck dagegen (von unten nach oben: Petrus und Paulus, Theodul und Karl Borromäus, Maria Magdalena, Paula von Rom, Antonius von Padua, Antonius der Eremit, Stephanus und Laurentius) entstanden wahrscheinlich zur gleichen Zeit wie der Altar.

Der linke Seitenaltar entstand etwa 40 Jahre später als der Hochaltar und ist stilistisch schon mehr dem Rokoko als dem Barock zuzuschreiben. Er stammt aus der alten Kirche von Hérémence. Die zentrale Figur ist der Hl. Johannes der Täufer, dem dieser Altar geweiht ist. Links und rechts die Statuen der Hll. Ignatius von Loyola und Bernhard von Monton. Im oberen Stock ist eine der Lieblingsheiligen des Tales, die Hl. Barbara, dargestellt, flankiert von zwei Engelchen. Bekrönt wird der Altar von der Muttergottes mit dem Strahlenkranz. Aus verschiedenen Teilen zusammengesetzt erscheint der Taufstein, die Basis ist ein Becken aus Tuffstein, darüber befindet sich der eigentliche Taufstein aus Holz, den Abschluß bildet ein hölzernes Tabernakel, das der Werkstatt H. Siegen zugeschrieben wird.

Die polygonale Kanzel von 1694 mit den vier Evangelisten ruht auf einem eigenwilligen gerippten Steinsockel, der wiederum von einer ionischen Säule getragen wird. Gekrönt wird sie von einem mächtigen Schalldeckel mit dem Erzengel Michael.

Typisches Holzhaus im Lötschental

Jeder Besucher der Kirche sollte auch einen kleinen Rundgang über den *Friedhof* anschließen. Die schmucklosen dunklen Holzkreuze für die Erwachsenen und die weißen für die Kinder beeindrucken durch ihre Einfachheit. Die kleine Friedhofskapelle diente lange Zeit als Beinhaus. Sehenswert sind vor allem die kleine Pietà und die Decke mit den vielen Inschriften. Den zum Teil etwas holprigen Reimen merkt man an, daß es den Verfassern mehr um den Inhalt als um die Form ging:

»Wenn die Uhr ist gelaufen aus,
dann heisst es mit dir ins Totenhaus.«

Kippel ist, wie die anderen Dörfer des Lötschentales, ein enges Haufendorf mit talwärts (zur Lonza) gerichteten Wohnhäusern. Diese Enge im weiten Tal hat verschiedene Gründe. Die Angst vor Lawinen ließ die Menschen ihre Siedlungen und Gehöfte an verschonten Plätzen errichten. Ein weiterer Gesichtspunkt war von alters her die Knappheit des Kulturlandes: Gärten und Felder mußten möglichst in der Nähe der Häuser liegen.

Die am meisten vorkommenden Baumarten im Lötschental sind die Fichte und die Lärche. Und Lärchenholz war auch das Material, das den Lötschentaler noch vor wenigen Jahrzehnten von der Geburt bis zum Grabe umgab. Als Säugling wurde er in eine Wiege aus Lärchenholz gelegt, er lebte in einem Haus aus Lärchenholz, und sein Leichnam wurde in einem Sarg aus Lärchenholz bestattet. Der ehemals reiche Arvenbestand hat seit dem 18. Jahrhundert ständig abgenommen. Heute gibt es nur noch vereinzelt Arven neben wenigen Weißtannen und einigen Laubhölzern.

287

Wiler war bis zum 17. März 1909 ein ebenso malerisches altes Dorf wie Kippel. Am Vormittag dieses Tages, es war der Segensonntag, und die Bewohner des Dorfes waren fast alle in der Kirche, brach ein Feuer aus, das das Dorf in wenigen Stunden in Schutt und Asche legte. Das »alte, heimelige Gepräge«, wie F. Gallet schrieb, »wird für immer verschwinden«. Und es ist verschwunden; Wiler ist ganz neu und großzügig wiederaufgebaut worden. Deshalb ist es ganz besonders eindrucksvoll, gerade hier den Zug der Herrgottsgrenadiere erleben zu dürfen, die den Unterschied zwischen dem alten und dem neuen Lötschental so recht eindrucksvoll vor Augen führen. Mit dem Namen hat es eine bestimmte Bewandtnis. Nachdem die Lötschentaler Söldner aus dem Dienst der Könige von Versailles und Neapel zurückgekehrt waren, behielten sie ihre Uniformen, um sie einmal im Jahr im Dienste des höchsten Herrn zu tragen - und daher heißen sie Herrgottsgrenadiere.

Ried und das oberhalb liegende **Weissenried** sind zwei besonders von der Sonne begünstigte Ortschaften. Ried liegt im Übergang zu einer hundert Meter höheren Talstufe, und wenn auf Ferden, Kippel und Wiler bereits die Abendschatten liegen, genießt Ried noch den schönsten Sonnenschein. In Ried ist die Imkerei Tradition, und im Sommer sieht man überall auf den blumenübersäten Wiesen die farbigen Bienenhäuschen stehen.

Die Wiessenrieder sind stolz darauf, daß ihr Dorf auf 1708 m das höchstgelegene ständig bewohnte Dorf im Lötschental ist. Etwas überheblich sagen sie von denen im Tal: »D'Sunna geid um, schi wissend nit drum« (etwa: Die Sonne geht auf und unter, die da unten merken es nicht). Aber nicht nur die Sonne begünstigt Weissenried, hier fällt auch der meiste Schnee, und Stürme toben mit ungebrochener Kraft über die ungeschützte Bergterrasse, auf der das Dorf liegt. Nicht umsonst ist der Drachentöter, der Hl. Georg, der Schutzpatron des Dorfes. Früher brannte in der St. Georgskapelle von 1787 das Ewige Licht in einer Steinlampe und mußte jede Nacht vom Sakristan kontrolliert werden.

Blatten ist, wie der Name verrät, auf Felsen gebaut, genauer auf zwei kahlen Felsterrassen oberhalb der schäumenden Lonza. Wer jenseits der Lonza, auf dem großen Parkplatz vor dem Dorf steht, versteht die Weissagung des Ewigen Juden, der davon spricht, daß die weißen Schnecken, womit er die Wellen der Lonza meint, das Dorf untergraben werden. Ungestüm bedrängen die Wellen die Felsen, die das Dorf tragen, graben und nagen mit steter Kraft. Im ›Schürliboden‹, beim Friedhof, betritt man das Dorf und steigt durch das ›Gisentell‹ zum oberen Dorfteil mit Kirche und Pfarrhaus hinauf. Das Gotteshaus, 1878 von Joseph Bessero im neugotischen Stil als Kapelle erbaut, wurde 1897 zur *Pfarrkirche* erhoben. Von außen recht unscheinbar, ist das Innere dennoch interessant (Abb. 105). Bessero wählte den gängigen neugotischen Typ, ohne eine eigene Lösung zu suchen, jedoch ist die Ausstattung komplett erhalten und dürfte der einzige neugotische Kircheninnenraum sein, der der Kirche von Ernen folgte, die von 1862 bis 1865 im neugotischen Stil renoviert wurde.

Das Ende des Blattendorfes, dort wo sich die Gisentella zweimal einen Weg durch die steil aufragenden Felswände gegraben hat, steht der malerischste Dorfteil mit der alten Mühle und der Wassersäge.

Das größte Heiligtum des ganzen Lötschentals ist die *Kapelle Mariä Heimsuchung* in **Kuhmad** (Abb. 106). Die kleine rechteckige Kapelle (1654–55 erbaut), die sich links der

288

Straße über den dunklen Ställen und Stadeln Kuhmads erhebt, ist ständig von Weihrauch-duft erfüllt. Die Seitenwände der einfachen, ungebeizten Holzbänke sind mit Schnitzereien und Holzintarsien verziert: ein kleiner, fast niedlich zu nennender Tod, Kreuze und Blu-men. Der reich vergoldete Hochaltar mit der Muttergottes, der Verkündigung und der Heimsuchung stammt vom Anfang des 18. Jahrhunderts und wird Johann Sigristen zuge-schrieben. Die spätgotische Marienstatue wird auf den Beginn des 16. Jahrhunderts datiert, während die Pietàgruppe rechts im Chor Ende des 17. Jahrhunderts geschaffen wurde. Der kleine Seitenaltar rechts vor dem schmiedeeisernen Gitter, das den Chor abtrennt, ist dem Hl. Aloisius geweiht (Anfang 18. Jahrhundert). Die Kanzel an der Nordwand stammt von 1696. Der Zugbalken über den Holzbänken im Schiff trägt ein Kruzifix mit einer Christusfi-gur aus der zweiten Hälfte des 17. Jahrhunderts.

In **Fafleralp** (Abb. 107) ist die bewohnbare Talzone zu Ende, dahinter gehört das Tal der Lonza und dem Gletscher, den Berggeistern und den Lauwi-Tieren. Von dem Parkplatz aus erreicht man in etwa anderthalb Stunden den Fuß des Langgletschers der »Weißen Kuh«. Hier sollte man unbedingt gutes Schuhwerk tragen. Denn noch im Juli stapft man hier durch Schneefelder, sumpfige Wiesen und sucht sich den Weg durch die vom schmelzenden Schnee angeschwollenen Bäche.

Val d'Anniviers und Zinaltal

Es gibt verschiedene Deutungen des Namens Anniviers (die Namen Einfisch oder Eifisch sind seine eingedeutschten Formen). Eine der Deutungen will den Namen vom lateinischen ›Anni Viatores‹ herleiten, sinngemäß: ›die das ganze Jahr Reisenden‹. Tatsächlich ist es noch gar nicht so lange her, daß die Anniviarden mit Kind und Kegel, Pfarrer und Lehrer ständig zwischen Alp, Maiensäss, Berg- und Taldorf und den Weinbergen der Noble Contrée hin-und herzogen, da das Vieh im Ablauf des Jahres von einer Alp zur anderen getrieben wurde; im Sommer im Bergdorf, im Winter im Taldorf. Diese immerwährende Wanderschaft prägte natürlich das Kunst- und Kulturschaffen der Talbevölkerung, die kaum Zeit und Muße fand, die für die Pflege des häuslichen Wesens und die Herstellung schöner Dinge Voraussetzung sind.

Das Val d'Anniviers war während der Eiszeit von einem mächtigen Gletscher ausgefüllt, der sich mit demjenigen des Rhonetals vereinigte. Die von der Navisence geschaffene tiefe Schlucht hat sich in die das Rhonetal um 400 m überragende Felsstufe hineingeschnitten. Die Straße schlängelt sich entlang der schroffen Felswand, vorbei an senkrecht abfallenden Felswänden und über schwindelerregende Brücken. Die Fahrt ist nicht gefährlich, aber doch recht abenteuerlich.

Den Eingang ins Tal bewacht die Ruine des *Château de Beauregard* oberhalb von **Niouc**. Diese Burg, die ›Uneinnehmbare‹ genannt, ließen sich die Herren von Raron wahrscheinlich zu Beginn des 12. Jahrhunderts errichten. 1417 wurde sie nach langer Belagerung zerstört.

Erhalten sind noch Teile der Umfassungsmauern mit Schießscharten, der Hauptturm und die Überreste einer Zisterne.

Vissoie ist der Hauptort des Tales. Er unterscheidet sich von den anderen Dörfern durch die Vielzahl von Steinhäusern, die dem Ort ein wehrhaftes Gepräge geben. Hier befand sich seit dem 13. Jahrhundert der Sitz des Viztums, des bischöflichen Stellvertreters, hier residierten die Edlen von Anniviers und die Steuervögte. Das Ortsbild von Vissoie wird beherrscht von dem mächtigen unverputzten *Steinturm*, dem ›Cour neuve‹ aus dem 13. bis 14. Jahrhundert, in dem früher der bischöfliche Kastellan residierte. Er ist fünf Stockwerke hoch, hat rundbogige Fensteröffnungen und unter dem Dach eine Terrasse mit Zinnenkranz. Die dicht neben dem Turm stehende katholische *Pfarrkirche St. Euphémie* wird erstmals im 12. Jahrhundert erwähnt. Der heutige vierjochige Bau wurde 1808–09 errichtet, der nördliche Chorflankenturm mit Steinpyramide und doppeltem Lukarnenkranz wird auf 1784 datiert, doch dürften die Fundamente älter sein. Die Gemälde des klassizistischen Hochaltars malte 1848 Melchior Paul von Deschwanden. Am Chorbogen befindet sich eine barocke Kreuzigungsgruppe aus dem 17. Jahrhundert; aus dem gleichen Jahrhundert dürfte auch der gerippte Taufstein stammen. Der dreigeschossige südliche Seitenaltar mit den gedrehten Säulen, acht Figuren und dem Gemälde des Hl. Georg ist vom Beginn des 18. Jahrhunderts und nur wenig älter als der nördliche Seitenaltar mit Rosenkranzgruppe und Medaillons.

Der mit Lärchen bestandene Hügel, der das Dorf vor den Schnee- und Steinlawinen des darüber emporsteigenden Steilhangs schützt, war früher der Standort des Château de la Crête der Herren von Eifisch; auf seinen Ruinen entstand im Jahre 1688 die *Kapelle der Schmerzhaften Muttergottes*. Der Chor mit Kreuzgewölbe ist durch ein Chorgitter abgetrennt. Der Hochaltar vom Ende des 17. Jahrhunderts trägt ebenfalls ein Altargemälde von Deschwanden (1848; Beweinung Christi). Rechts neben dem Chorbogen steht ein Rokoko-Altar mit einer Muttergottes und vier Putten als Karyatiden.

Das *Haus Juilet-Gilet* ließ sich Georges Juilet, Hauptmann in spanischen Diensten, in der zweiten Hälfte des 16. Jahrhunderts erbauen. Es ist ein komplexer, dreiteiliger Bau mit einer Wendeltreppe im polygonalen Treppenturm an der Schmalseite. Weitere charaktervolle Häuser aus Holz und Stein stammen aus dem 16. und 17. Jahrhundert. Kurz hinter dem Platz in der Ortsmitte teilt sich die Straße. Links geht es weiter nach Grimentz, geradeaus nach Zinal, und links in die Höhe hinauf nach St. Luc und Chandolin. Der alte Fußweg nach St. Luc führt über sonnenverbrannte Hänge, auf denen man früher Roggen anbaute.

St. Luc ist ein historisch äußerst interessanter Ort. Funde beim Hotel »Bella-Tola« beweisen, daß hier bereits in der Bronzezeit Menschen wohnten, denen Kelten, Römer und Burgunder folgten. Noch bis zum Ende des 19. Jahrhunderts trug St. Luc den keltischen Namen Louk oder Luk, was Wald oder Wurzel bedeutet. Der Wanderweg zum Hotel »Weisshorn« führt nach etwa 20 Minuten zum ›Pierre des Sauvages‹, dem *Stein der Wilden*. Es ist ein riesiger Felsblock, der durch Erosion in drei Teile zerfallen ist und mehr als 300 kleine Einbuchtungen aufweist, deren Bedeutung bis heute unbekannt geblieben ist. Möglicherweise handelt es sich um prähistorische Opferungsstätten, wie sie auch in Ayer und in Grimentz gefunden wurden.

Weit oberhalb dieses geheimnisvollen Ortes, auf der Alp Garboula, kann der einsame Wanderer bei Nebel oder Regen geheimnisvolle Flämmchen in menschlicher Gestalt umherirren sehen. Es sind der Legende nach die Seelen der armen, der ›kleinen‹ Sünder, die hier ihrer Erlösung harren.

Auf fast 2000 m Höhe liegt **Chandolin,** dessen Name sich vom lateinischen ›scandulinae‹ (Schindeln) herleitet, die hier hergestellt wurden. Erst 1962 wurde der Ort durch die Straße mit St. Luc und Vissoie verbunden.

Die katholische *Pfarrkirche St. Barbe* (1882 erbaut) mit drei spätklassizistischen Altären steht am Westrand des Ortes. Der nördliche Chorflankenturm steht auf mittelalterlichen Grundmauern. Über dem nördlichen Seitenaltar befindet sich eine Barockstatue des Hl. Antonius, über dem südlichen eine spätgotische weibliche Figur vom Beginn des 16. Jahrhunderts, vielleicht die Hl. Barbara. Die Altargemälde schuf 1854 und 1857 Lorenz Justin Ritz.

Von Chandolin aus hat man einen wunderschönen Blick ins Rhone- und Eifischtal und auf schneegekrönte Berge. Herrliche Wanderungen führen hinab zum Pfynwald und nach Siders, oder noch weiter hinauf zum Illsee und aufs Illhorn. Der Illsee wurde bereits 1623 für Bewässerungszwecke gestaut: 1924 wurden bei Bauarbeiten die Reste des alten Staudammes wiederentdeckt. Es ist eine wilde und phantastische Landschaft um Chandolin, in der seit alters her wilde und phantastische Tiere und Geister ihr Unwesen treiben sollen.

Grimentz, wohl das bekannteste Dorf im Val d'Anniviers, hat sich zu einem Sommer- und Winterkurort ersten Ranges entwickelt, ohne dabei seine ursprüngliche Schönheit zu verlieren (Abb. 111; Farbabb. 10). Die berühmte Dorfstraße von Grimentz macht in der Tat den Eindruck eines bewohnten Freilichtmuseums. Wer über die beiden Zufahrtsstraßen von Vissoie, von Zünd oder vom Stausee von Moiry kommt, muß das Auto am Ortseingang abstellen, da im Dorfkern von Grimentz Fahrverbot herrscht.

Viele Häuser stammen aus dem 16. Jahrhundert, und die einzigen Konzessionen an moderne Wohnverhältnisse sind die etwas größeren Fenster und die Verbesserungen der sanitären Anlagen. Die schönsten Wohnhäuser stehen entlang der Dorfstraße und hangaufwärts, während sich unterhalb der Kirche die Nutzbauten, Stadel, Speicher und Scheunenställe befinden. Im Bürgerhaus (1550), das sich von den anderen Häusern durch seine große Doppelreihe von je sieben vorhanglosen Fenstern unterscheidet, wird wie ehe und je die Bürgerversammlung abgehalten. Ebenfalls ein alter Brauch ist es, daß jeder Präsident, Rat oder Abgeordnete zu Beginn seines Amtsantritts der Bürgerschaft eine Zinnkanne schenkt, auf der Name und Funktion des Spenders eingraviert sind. Bisher sind es fast achtzig solcher Kannen, die die Wände des Saales schmücken. Aus diesen Kannen wird Wein eingeschenkt und nach alter Tradition aus Holzbechern getrunken.

Drei der schönen Weinkeller, in denen der ›Glacier‹, der Gletscherwein, in Lärchenholzfässern lagert, sind unterhalb des Dorfes zu sehen. Weinstein und Lärchenholz geben dem Wein eine ganz besondere, sehr geschätzte Blume. Nicht unterschlagen werden soll für Zinnliebhaber, daß im Hause des Herrn Caloz eine ansehnliche Privatsammlung besichtigt werden kann (jedoch nur, wenn Herr Caloz zuhause ist).

In der katholischen *Pfarrkirche* von Grimentz (1901–51) sind der geschnitzte Kreuzweg von J. Sello und die Glasfenster von Paul Monnier erwähnenswert. Hinter der Kirche befindet sich das Pfarrhaus von 1831. Am Dorfeingang steht die kleine *Kapelle St. Marie de la Compassion* von 1762, neu erbaut 1905, mit einem etwas derben Barockaltar aus der zweiten Hälfte des 18. Jahrhunderts. In der Mensa befindet sich eine Darstellung Christi im Grabe. Bemerkenswerter ist die malerische *St. Theodulskapelle* nördlich des Dorfes aus dem 17. Jahrhundert mit Säulenvorhalle, offenem Dachreiter und einem Dach aus Holzschindeln.

Unterhalb von Grimentz führt die Straße 8 km weiter ins Tal von Moiry zum Stausee von Moiry. War die Fahrt bisher schon recht abenteuerlich, so wird sie jetzt nahezu atemberaubend; aber da man weiß, daß auch der Postbus bis zum Stausee fährt, macht man sich weniger Gedanken darum, ob die Fahrbahn auch breit genug bleibt. Kurz vor dem Ende der Straße, oberhalb der Staumauer, passiert man noch einen Tunnel, der – kurioserweise – auf beiden Seiten durch eine schwere Eisentür verschlossen werden kann.

Am rechten Seeufer entlang verläuft die Straße fast bis zum Fuß des Gletschers, dem die Gongra entspringt. Schöner ist der Fußweg auf der linken Seeseite, der zunächst zum Gletscher und dann bis zur Moiryhütte führt. Von der Hütte aus bieten sich zwei Möglichkeiten an, ins Val d'Hérens zu gelangen. Geübte und ausdauernde Wanderer werden den Weg über den Moirygletscher und den Col de la Couronne wählen, der sehr steil über die Bréona-Alp nach La Forclaz abfällt. Leichter und kürzer ist der Weg über den Col de Torrent nach Villa und Evolène.

Im **Tal von Zinal** liegen – von Vissoie aus gesehen – die Orte Cuimey, Mission, Ayer, Mottec, Pralong und Zinal. Die Dörfer sind nicht weniger schön als Grimentz, doch sind sie einfacher und natürlicher.

In **Cuimey** besuchen wir die *St. Nikolauskapelle,* einen Barockbau aus dem 17. und 18. Jahrhundert, dessen Chor aus Quadersteinen älter sein dürfte. Der bäuerlich-derbe Rokoko-Altar von 1750 hat im Zentrum eine Herz-Jesu-Figur, die von zehn Bildern umgeben ist.

Mission ist ein kleiner gemütlicher Ort, der sich rechts der Straße an einem sanften Hang ins Tal hinunterzieht. Die hohen, oft zwei- und dreistöckigen Holzhäuser stehen meist auf gemauerten Fundamenten, in denen die Ställe für das Vieh zu finden sind. Die Kapelle von 1930 ist ein einfaches Gotteshaus mit einem Dach aus Holzschindeln. Das Innere ist ganz schlicht. Im Chor befindet sich eine Kreuzigungsgruppe, links von einer Marienstatue und rechts von einer Christusfigur – möglicherweise sind es auch die Hll. Maria Magdalena und Johannes – flankiert.

Ayer ist eine große Gemeinde, zu der zahlreiche, im Tal und an den Hängen verstreut liegende Weiler gehören (Farbabb. 9). Als Ganzes, das heißt die unmittelbare Umgebung mit einbezogen, ist es das besterhaltene Dorf im ganzen Val d'Anniviers. Auch hier gibt es sehr schöne alte Wohnhäuser aus dem 16. Jahrhundert, eine romantische Wassermühle und zahlreiche verwitterte, von der Sonne dunkelbraun gebeizte Nutzbauten, dazu die kleine Kirche von 1920 mit ihrem schlichten Innenraum. Hörenswert ist ihr Glockenspiel, mit dem die Gläubigen zum Gebet gerufen werden.

Angeblich stammt ja der Name Ayer aus dem magyarischen Sprachraum und soll auf die Hunnen zurückgehen – aber diese Theorie, so interessant sie auch sein mag, läßt sich durch nichts beweisen. Auch Ayer hat natürlich sein eindrucksvolles Bürgerhaus mit einer ansehnlichen Sammlung von Zinnkannen.

In **St. Laurent** und **Mottec** finden wir zwei weitere kleine Kapellen: Die barocke *Kapelle St. Anne* von 1766 in St. Laurent besitzt anstelle des Altars ein barockes Kruzifix und am Zugbalken einen Gottvater aus Holz. In der *Kapelle der Hl. Klara* in Mottec steht ein ländliches Rokoko-Altärchen auf der Mitte des 18. Jahrhunderts.

Außerhalb der Hauptreisezeit ist Zinal ein ruhiges, man möchte fast sagen verschlafenes Dorf. Seinen Aufstieg zum beliebten Touristenziel verdankt Zinal seiner hervorragenden Lage am Talende, den sanften Hügeln für Skifahrer und einer herrlichen Bergwelt, die einlädt zum Wandern und Klettern. Kurz hinter Zinal, talaufwärts, liegt die von der Navisence geschaffene Ebene von Barma, wo fünf von den Diablons herabstürzende Flüsse in riesigen Schuttkegeln Erde und Steine, manchmal auch riesige Felsbrocken ablagern. Die Diablons sind stark verwittert, weshalb die Bevölkerung glaubte, es sei der Teufel, der von dort oben Gestein und Felsen herabschleuderte.

Zinal ist einer derjenigen Orte, die schon sehr früh in der Geschichte des Alpinismus auftauchen: Bereits 1856 wurde die erste Unterkunft für Besucher eröffnet, im gleichen Jahr fanden auch die ersten geführten Touren statt. Heute geht eine Luftseilbahn auf die Alp Singline, an deren Endstation sich ein Restaurant befindet. Wanderfreunden bieten sich Gelegenheiten zu ausgedehnten Spaziergängen, zu Bergwanderungen und zur alpinen Kletterei.

Eine sehr schöne Wanderung von Zinal nach der Hütte von Petit-Mountet können auch ungeübte Wanderer in gut zwei Stunden bequem schaffen. Von Zinal aus durchwandert man ein Stück weit das Flußtal und überquert dann die schäumende Navisence auf einer Holzbrücke. Einige Zeit bleibt der Weg ziemlich eben und steigt dann nach der Alp de la Lé an, nicht übermäßig, aber doch so, daß man an heißen Sommertagen unbedingt etwas Trinkbares mitnehmen sollte. Wir durchqueren einen Wald und erreichen die Kante der Randmoräne des Zinalgletschers. In großen Kehren führt der Weg, fast schon eine Straße, die ein Stück weit für den Geländewagen der Hütte befahrbar ist, bis zur Petit-Mountet. Bereits hier, ›erst‹ auf 2142 m Höhe, nimmt den Wanderer die großartige Bergwelt gefangen; wobei die unmittelbare Nähe des Gletschers besonders beeindruckend ist.

Von der Hütte aus geht man weiter auf der linken Seitenmoräne entlang, überquert den Gletscher und erreicht die rechte Talseite unmittelbar unter der Hütte Grand-Mountet des SAC. Die Fortsetzung des Weges von Petit-Mountet aus ist allerdings nur absolut schwindelfreien und trittsicheren Wanderern zu empfehlen.

293

Val d'Hérémence und Val d'Hérens

Wie so viele andere Täler des Wallis verdankt auch das Val d'Hérens, das Eringertal, seine Entstehung den Gletschern der Eiszeit und der Borgne, die nach einer wilden Schlucht kurz hinter Bramois in die breite Rhone mündet (Farbabb. 16).

Vex liegt strategisch äußerst günstig am Taleingang und überwacht, bildlich gesprochen, mit einem Auge das Val d'Hérens und schaut mit dem anderen hinunter nach Sion. Diesen Umstand nutzten ab 1130 zeitweise die Kastelane der Bischöfe und machten Vex zum Verwaltungszentrum der Talschaft. Ab 515 gehörte Vex zur Abtei St. Maurice. Der ›Tavelli-Turm‹ aus der zweiten Hälfte des 13. Jahrhunderts, dessen Ruinen auf einem Hügel südöstlich des Dorfes noch zu erkennen sind, gehörte ebenso wie die Reste der Ringmauern, die den Hügel umgeben, zur früheren Burg von Vex, die im Besitz der Herren von Bex, Turn und Ayent, später der Tavelli und zum Schluß der Chevron-Vilette war. Die Burg wurde bei den Feldzügen des Grafen Amadeus III. von Savoyen 1417 zerstört.

Das Dorf selbst besitzt außer einer Anzahl stattlicher Bürgerhäuser die zeltartige katholische *Pfarrkirche,* 1962 von André Perraudin anstelle der neugotischen Kirche errichtet (Emile Vuilloud 1877). Das hochgotische Kruzifix aus dem 14. Jahrhundert an der Chorwand fügt sich harmonisch in den modernen Bau ein. Im Gegensatz zu der modernen Kirche steht die sehr alte kleine *Friedhofskapelle St. Sylvius,* die wahrscheinlich im Früh- bis Hochmittelalter gegründet wurde. Schiff und Turm zeigen noch romanische Elemente, während der Chor von 1498 aus der Spätgotik stammt.

Folgen wir nun zunächst der an einer steilen Halde entlangführenden Straße, die uns ins **Val d'Hérémence** bringt, so erreichen wir nach kurzer Zeit die Ortschaft **Hérémence,** die einzige Gemeinde dieses Tales, zu der auch die Weiler Prolin, Cerise und Pralong gehören.

Seit ihrem Bau 1969 ist die katholische *Pfarrkirche* von Hérémence wohl der umstrittenste, meistdiskutierte, meistgehaßte und meistbewunderte Bau des Wallis (Abb. 114–116). Zugegeben: der Anblick der Kirche kann schockierend wirken, aber aus der Nähe betrachtet, fügt sie sich nicht einmal so unharmonisch ins Dorfbild ein. Auffallend hingegen, fast häßlich, wirkt sie dagegen von der Straße nach Euseigne aus. Dennoch wird auch der skeptischste Betrachter zugeben, daß die Kirche, für sich betrachtet, nicht nur ein durchaus harmonischer Bau ist, sondern auch sehr viel Atmosphäre ausstrahlt – trotz oder gerade wegen ihrer Schlichtheit und Sachlichkeit.

Die Fahrt ins **Val des Dix** führt weiter durch das eng zusammengedrängte **Prolin** mit seiner Antoniuskapelle aus dem Jahre 1846, deren Schieferdach linker Hand auf gleichem Niveau mit der Straße liegt. Es folgt **Mâche** mit der St. Barbarakapelle, 1942 von Lucien Praz erbaut. Die originellen Malereien am Chorbogen und an der Chorwand schuf Charles Menge 1948, während die Gemälde von der Anbetung der Drei Könige und vom Jüngsten Gericht wesentlich älter sind. Letzteres trägt die Signatur »J. Sch. 1740«. Die kleine St. Bartholomäuskapelle in **Pralong,** 1604 von dem Notar B. Uffembort gestiftet und 1929 in Holz neu aufgebaut, enthält ein besonderes Kleinod: einen spätgotischen Flügelaltar mit beidseitig bemalten Flügeln. Innen sind ein Bischof und die Hl. Katharina dargestellt, Kreuzigung

294

und Auferstehung. Das hölzerne bemalte Triptychon neben dem Hauptaltar ist ebenfalls ein Geschenk des Stifters der Kapelle. Sie ist ein kleines bescheidenes Holzhäuschen und liegt direkt neben dem Park-, Rast- und Campingplatz von Pralong, hinter dem einzigen Geschäft des Dorfes.

Die Fahrt ins Val des Dix hinauf scheint in eine unberührte Bergwelt zu führen, vorbei an vereinzelten dunklen Holzhäusern, durch herrliche Blumenwiesen und Matten von Alpenrosen. Mit der Illusion der Unberührtheit ist es beim Anblick des Parkplatzes der Grande Dixence vorbei. Wir befinden uns hier am Endpunkt der Straße durch das Val d'Hérémence und das Val des Dix, **Le Chargeur** genannt, auf einer Höhe von 2102 m und unmittelbar zu Füßen der höchsten Staumauer der Welt. Um die ganze Mächtigkeit des Bauwerkes auf sich wirken zu lassen, sollte man – wenn irgend möglich – zu Fuß von Le Chargeur zur Dammkrone hinaufklettern. Kurz hinter dem Wellblech-Hotel – ironisch ›Ritz‹ genannt – führt der Weg zunächst zu der Kapelle St. Jean, 1929 für die Arbeiter am Staudamm errichtet. In Serpentinen geht es dann steil weiter hinauf. Einmal genießt man den weiten Blick nach vorne ins Tal, dann wieder hat man nur die graue Masse der Staumauer vor sich.

Die Mauer mißt vom Fuß bis zur Krone 285 m; die maximale Breite am Fuß beträgt 198 m; die Krone ist 15 m breit und 748 m lang. 380 Millionen m^3 Wasser werden jedes Jahr mit vierzig Wasserfassungen, vier Pumpwerken und über 100 km Zuleitungsstollen, von denen einige den Durchmesser eines mittleren Eisenbahntunnels haben, aus dem Mattertal und aus dem Val d'Hérens in den Lac des Dix geleitet. Die grandiose Leistung der Architekten und Arbeiter aber kann man beim Anblick der Staumauer nur erahnen. Die Männer konnten durchschnittlich nur sechs Monate im Jahr – teilweise unter härtesten Bedingungen – arbeiten. Die Bauzeit dauerte acht Jahre, bis am 21. September 1961 der letzte Kübel Beton in einer feierlichen Zeremonie gegossen wurde.

Der Stausee Lac des Dix ist ca. 6 km lang und faßt gegen Ende September, wenn das maximale Volumen erreicht ist, ca. 400 Millionen m^3 Wasser (Farbabb. 4). Einige Daten aus der Baugeschichte mögen die enormen Leistungen verdeutlichen: Das Material für den Bau der Staumauer wurde auf Parfleuri abgebaut. Ehemals ein romantisches Hochtal, auf 2600 bis 2950 m Höhe gelegen, verwandelte sich Parfleuri in kurzer Zeit in eine betriebsame Wüstenlandschaft, die durch einen steil abwärts führenden Stollen mit der großen Baustelle verbunden war. Etwa 9 Millionen m^3 Moränenschutt wurden hier abgebaut und zu dem riesigen Kreiselbrecher transportiert, der die bis zu 1 m^3 großen Felsbrocken zermalmte. Per Förderband gelangten stündlich 1000 Tonnen Schotter vom Kreiselbrecher nach Blava, wo er zunächst auf einer Deponie gesammelt, später dann auf Korngröße gemahlen und in fünf Silos zu je 3500 m^3 Inhalt abgefüllt wurde. Von verschiedenen Zementfabriken kamen täglich Sonderzüge nach Chandoline (Sion). Zwei Seilbahnen schafften den Zement nach Blava hinauf, in Spitzenzeiten bis zu 50 Tonnen pro Stunde! Mittels Pumpen gelangte der Zement zu den Betonmischern. 6 Millionen m^3 Beton wurden in der Mauer insgesamt verarbeitet, an Spitzentagen bis zu 10000 m^3! Diese ungeheuren Mengen Beton warfen ein zusätzliches Problem auf: sie erzeugten eine solch große Wärme, daß die verwendeten Bindemittel unwirksam geworden wären. Also mußten über 1000 km Kühlschlangen eingebaut werden, in denen ständig kaltes Wasser zirkulierte, so daß der Beton die geforderte Festigkeit erhielt. Und der Erfolg dieses Mammutunternehmens? Er ist durchaus beachtlich! 1886 m tiefer, in den Zentralen in Nendaz im Rhonetal und in Fionnay im Bagnertal werden pro Jahr durchschnittlich 1600 Millionen kWh erzeugt.

Zunächst wollen wir einen Blick zurückwerfen in das Val des Dix, wie es einmal gewesen ist. Für die Entstehung des Namens – Tal der Zehn – gibt es nur Sagen und mündliche Überlieferungen, deren Ursprünge sich im Dunkel der Zeit verlieren. Es heißt, daß dieses Hochtal auf über 2000 m Höhe in grauer Vorzeit von einem mächtigen Nadelwald bedeckt war. Tatsächlich fand man unter dem meterdicken Moränenschutt, der als Baumaterial für die erste Staumauer diente, Spuren dieses Waldes. Die Sage berichtet weiter von zehn Männern, die in diesem Wald gelebt haben. Woher sie kamen und wann genau sie lebten, ist unbekannt. Genauer sind die Erzählungen über das Unwesen der Zehn. Immer wieder müssen sie aus ihrer luftigen Einsamkeit heruntergekommen sein und Dörfer, Weiler und einsame Höfe überfallen haben; sie raubten, plünderten, vergewaltigten, mordeten und brandschatzten. Nach jeder Schandtat zogen sie sich in den wilden Wald ihres Hochtales zurück, den sie mit Sicherheit bestens kannten und in den niemand zu folgen wagte. Die verzweifelten Bewohner der tiefer gelegenen Talschaft sahen schließlich nur noch einen einzigen Ausweg, um sich der Zehn zu entledigen: Sie zündeten kurzerhand den ganzen Wald an, worauf die Zehn auf Nimmerwiedersehen verschwanden.

Wenn man von der Staumauer aus über den See blickt, erkennt man rechter Hand, über dem Seeufer, ein Stück des Weges, der zur herrlich gelegenen Val-des-Dix-Hütte am Fuße des Mont Blanc de Cheilon führt. Zunächst muß man einige roh in den Felsen geschlagene Tunnel passieren, von denen der längste als besonderen Komfort elektrische Beleuchtung hat. Nachdem man beim Betreten des Tunnels den Lichtknopf gedrückt hat, sollte man mit zügigen Schritten dem Ausgang entgegeneilen, denn nach wenigen Minuten erlischt das Licht nämlich wieder! Zwischen den Tunnels sollte man immer wieder auch einen Blick hinauf in die steilen Felswände werfen, in denen oft Steinböcke zu sehen sind. Von der Val-des-Dix-Hütte können erfahrene Wanderer über den Pas de Chèvres oder den Riedmatten-paß ins Arollatal gelangen. Es ist eine schöne Wanderung, die allerdings wegen der Gletscherüberquerungen nicht in Sandalen oder Turnschuhen unternommen werden sollte.

Vom Val des Dix kommend, verlassen wir kurz vor Hérémence die uns bekannte Straße, überqueren den Talgrund und erreichen bei **Euseigne** wieder den Eingang ins Val d'Hérens. Kurz vorher aber müssen wir noch bei einer seltsamen Laune der Natur anhalten, bei den »Gendarmes« oder »Demoiselles«, wie die Einheimischen sie nennen: bei den *Erdpyramiden* von Euseigne (Abb. 110). Es sind groteske Gebilde aus Moränenschutt, die da nackt und kahl 20 m und noch höher aus den grünen Wiesen und Sträuchern herausragen. Als wenn Form und Material nicht schon auffallend genug wären, balanciert jede Pyramide auf ihrer Spitze auch noch einen großen runden oder abgeflachten Stein – wie eine Dame ihren Hut oder ein Gendarm seine Mütze. Sie haben dazu beigetragen, daß die Pyramiden entstehen konnten. Der Regen hat den Moränenschutt rund um die Erdpyramiden im Laufe der Zeit weggespült. Diese aber, geschützt durch ihre seltsamen steinernen Bedachungen, konnten der Erosion trotzen. Etwas weiter auf dem Weg ins Val d'Hérens, kurz hinter La Luette, läßt sich bereits die Entstehung neuer Erdpyramiden beobachten.

Hat der Reisende die Pyramidenpforte von Euseigne passiert, so betritt er im **Val d'Hérens**, dem Tal der Borgne, eine Welt, in der die Zeit stehengeblieben zu sein scheint. Vor allem in Evolène, das wir nach den Weilern La Luette und Praz-Jean erreichen, finden wir noch Szenen aus vergangenen Tagen, die allerdings nicht museal, sondern recht lebendig wirken. Etwa die Frauen, die in ihren schönen Trachten zur Arbeit auf die Felder und Wiesen gehen (Abb. 113). Diese Trachten sind hier noch Bestandteil des Lebens: schwarzes oder schwarzbraunes Kleid mit gleichfarbiger, reich bestickter Schürze, darunter eine strahlend weiße Bluse mit weiten Ärmeln, ein leuchtend buntes Halstuch und der schwarze Samthut mit den heruntergezogenen Rändern, die so wirkungsvoll das Gesicht umrahmen. Es ist eine sehr anmutige und doch würdevolle Frauentracht, die nicht etwa für Touristen angelegt wird, sondern aus Überzeugung und Tradition.

Von der katholischen *Pfarrkirche St. Jean Baptiste,* einem spätmittelalterlichen Bau, datiert 1446, sind lediglich der Turm links vor dem Eingang und Fundamente des südlichen Schiffes erhalten geblieben. Der Hauptteil der Kirche stammt aus den Jahren 1852–55. Der Hochaltar aus der Mitte des 19. Jahrhunderts trägt zum Teil wohl erheblich älteren Figurenschmuck (Apostelfürsten und als Bekrönung ein Relief der Hl. Dreifaltigkeit). Wesentlich stimmungsvoller als die Pfarrkirche ist die kleine *Friedhofskapelle St. Theodule et St. Sébastien,* auch »Clos Lombard« genannt, aus dem Jahre 1639. Der Barockaltar mit Kreuzigungsgruppe stammt allerdings aus der ersten Hälfte des 18. Jahrhunderts.

Die prachtvollen, mächtigen Holzhäuser, für die die Dörfer des Val d'Hérens bekannt sind, findet man in **Evolène** am schönsten etwas abseits von der Hauptstraße. Am besten geht man zum kleinen Marktplatz hinauf. Gegenüber einem Laden mit Kunsthandwerk befindet sich in einem alten Holzhaus eine Weberei. Frauen in Trachten sitzen hier an den Webstühlen und weben die herrlichen Stoffe in den traditionellen Mustern. Zuschauen ist hier erwünscht, kaufen aber kann man die Stoffe nur in den Geschäften.

Weiter ins Tal hinein folgt **Les Haudères,** zwar kleiner als Evolène, aber dem Hauptort des Tales in mancherlei Hinsicht mindestens ebenbürtig: Es liegt schöner als Evolène, und noch näher rücken hier die schneebedeckten Gipfel der Berge und schließen das Tal wie ein mächtiges Amphitheater ab. Les Haudères hat nicht nur die schönere Lage, sondern vielleicht auch das prächtigere Dorfbild und zudem die relativ neue, aber niedliche *Kapelle St. Catherine* (von 1925; nach anderen Quellen 1934 errichtet). Aus der *alten Kapelle* (1687, in ein Wohnhaus umgewandelt) wurde der schlichte, aber figurenreiche Barockaltar aus der ersten Hälfte des 18. Jahrhunderts übernommen. In der Bekrönung befindet sich eine spätgotische Pietàgruppe.

Die mächtigen Holzhäuser des Dorfes stammen vielfach aus dem 16. Jahrhundert und wurden im 18. und 19. Jahrhundert auf drei bis vier Stockwerke erhöht, wodurch sie ein fast turmartiges Aussehen erhielten. Typisch sind die seitlichen Galerien und die Drahtkäfige, die, oft in luftiger Höhe unter dem Dach aufgehängt, nicht etwa der Unterbringung von Haustieren dienen. Vielmehr handelt es sich um Trockenvorrichtungen für Fleisch und Wurst. Einige

297

Häuser tragen reichen Schnitzereischmuck; vor allem Rosetten sind ein beliebtes Motiv. Die originalen kleinen Fenster sind auch hier nur noch in wenigen Häusern erhalten.

Von Les Haudères aus führen verschiedene Straßen weiter hinauf in die herrliche Bergwelt. Eine der schönsten ist der schmale Fahrweg nach Arolla mit atemberaubenden Ausblicken auf das Val d'Hérens und Les Haudères und auf Berge und Gletscher. Von einem Parkplatz etwas unterhalb des Dorfes kann man zu einer Wanderung zum Arollagletscher aufbrechen. Der Weg führt an einer kleinen Pumpstation vorbei, die mit dem Lac des Dix in Verbindung steht, weiter am Fluß entlang und teilt sich vor einer Brücke. Rechts gelangt man, dem Flußufer folgend, auf relativ ebenem Weg bis zum Gletscher. Wer den linken Weg wählt, überquert die Brücke und steigt dann auf steilem, steinigem Pfad die ganze Seitenmoräne des Unteren Arollagletschers hinauf. Es ist zwar etwas mühsam, aber es lohnt sich, denn der Blick von der Moräne hinunter auf die geröllbedeckte, steil abfallende Gletscherzunge ist grandios. Fast am Ende der Seitenmoräne teilt sich der Wanderweg und führt nach rechts zum Oberen Arollagletscher, nach links zur SAC-Hütte Cabane de Bertol auf 3311 m. Eine weitere Straße führt von Les Haudères nach La Sage, Villa, La Forclaz und Ferpècle. Es handelt sich ausschließlich um kleine Weiler und Maiensässe, die teilweise erst in neuerer Zeit auf schmalen Fahrwegen zu erreichen sind. Von Les Haudères hinauf bis weit über La Forclaz sind die Berghänge mit Lärchenwäldern bedeckt, deren intensives Dottergelb im Herbst zu den schönsten Farben des Tales gehört. La Sage ist ein hübscher Ort, dessen dunkle, mit Steinplatten gedeckte Holzhäuser sich dekorativ um die helle Dorfkirche St. Trinité scharen. Die kleine Kirche, mehr eine Kapelle, in der aber regelmäßig Gottesdienst gehalten wird, wurde 1840 im spätklassizistischen Stil errichtet, wahrscheinlich auf wesentlich älteren Fundamenten. Auf einer Geländeterrasse steht die Barockkapelle St. Christophe von 1670, deren Inneres mit modernen Wandbildern geschmückt ist.

Villa, der letzte an das Straßennetz angeschlossene Weiler, hat ein besonders homogenes Ortsbild. In der *Dreikönigskapelle* aus der Zeit um 1650 hängt ein Altarbild von Lorenz Ritz.

Das Gebiet zwischen Ferpècle, La Sage und dem Lac de Moiry ist schon sehr lange bewohnt. Man hat steinerne Gerätschaften und seltsame Näpfe gefunden, die mit Kreuzen, Kreisen und anderen Zeichen verziert waren, die wahrscheinlich noch aus der Steinzeit stammen.

Auf dem Rückweg durch das Val d'Hérens sollte man von Evolène aus einen Abstecher nach **Lana** machen, dem einzigen Ringdorf im Wallis (Abb. 112). Von Evolène aus führt die Straße hinter dem Campingplatz vorbei auf die andere Seite der Borgne, von dort als teilweise unbefestigter Fahrweg den Hang hinauf und durch den Wald bis nach Lana. Lana scheint ein vergessenes Dorf zu sein: alte, verwitterte Holzhäuser mit moosbedeckten Dächern reihen sich in einem großen Oval um den Dorfplatz. Überall wuchert Unkraut, riesige Hecken von Brennesseln und Kerbel versperren die Wege zu den zerbrochenen und verfaulten Holztüren und zu vermoderten Treppenaufgängen. Es sind etwa 30 bis 35 Häuser, die den Platz von etwa 200 m Durchmesser umrunden. Alle sind aus handbearbeiteten Lärchenbohlen, die noch die Spuren der groben Äxte erkennen lassen, in Blockbauweise errichtet. Einige Häuser sind total verfallen und offensichtlich nicht mehr bewohnbar.

Auf der Rückfahrt durch das Tal sollten wir kurz hinter Evolène noch einen kurzen Halt einlegen in **La Garde,** bei der kleinen Kapelle auf den Felsen über der Straße. Die schöne *Marienkapelle* auf sechseckigem Grundriß wurde 1620 gebaut, um Evolène gegen böse Einflüsse und Feinde aus dem Tal zu schützen. Ihre Bekanntheit reichte bald weit über die Grenzen der Talschaft hinaus, und sie wurde zu einem Wallfahrtsort der ganzen Region. Eine Inschrift an der Fassade der Kapelle erinnert an einen Erlaß Adrian von Riedmattens von 1695. Seine Herrlichkeit gewährte jenen, die den Kreuzweg zur Kapelle hinaufsteigen und dort fünf Vaterunser und fünf Ave Maria beten würden, 40 Tage Ablaß. Seit dem Beginn des 18. Jahrhunderts ist die Kapelle Notre-Dame-de-la-Garde auch noch dem Hl. Gotthard geweiht. Der schöne Rokoko-Altar aus der zweiten Hälfte des 18. Jahrhunderts zeigt im Mittelpunkt die Jungfrau Maria, umgeben von Heiligenfiguren.

Eine andere Straße zurück ins Rhonetal führt von Evolène auf die rechte Seite des Val d'Hérens und über Eison, St. Martin, Suen und Mase nach Bramois und Sion. Die bemerkenswerteste Siedlung an dieser Strecke ist das terrassenförmig am Berghang liegende **St. Martin.** Es ist relativ groß und weiträumig gebaut, sehr gepflegt mit vielen neuen, harmonisch ins Gesamtbild eingefügten Häusern. Die katholische *Pfarrkirche St. Martin* liegt am Südende des Dorfes. Sie wurde 1950 von Fernand Dumas und D. Honegger erbaut. In den Neubau einbezogen wurde der hangseitige Turm mit Pyramidenhelm von 1813. Besonders sehenswert sind die drei Barockaltäre von 1743–45. Im Hochaltar beeindrucken die zehn Statuen mit den Hauptfiguren des Hl. Martin und der Muttergottes. Im linken Seitenaltar steht eine sehr schöne Pietà, im rechten der Hl. Michael und eine Darstellung der Geburt Christi. Die modernen Holzfiguren an den Pfeilern stammen von Francois Band.

Auch **Suen** und **Mase** sind stattliche Haufendörfer, vor allem letzteres noch sehr gut erhalten. In Suen verdient die kleine *Kapelle St. Bernard-de-Mont-Joux* von 1704 Beachtung. Der Rokoko-Hochaltar zeigt acht Statuen, als zentrale Figur die Muttergottes. In Mase gibt es noch sehr schöne Holzhäuser in Blockbauweise mit schönen Friesen und Schieferdächern. Die katholische *Pfarrkirche St. Madeleine* erbaute Joseph de Kalbermatten 1910. Der Barockaltar vom Beginn des 18. Jahrhunderts hat eine zentrale Pietàgruppe, die beiden Seitenaltäre sind im Stil des Neurokoko gehalten.

Auf relativ guter Straße gelangt man bald hinunter nach **Bramois.** Unterwegs bieten sich noch Möglichkeiten zu Abstechern nach Vernamiège mit einer weiteren Pfarrkirche von Joseph de Kalbermatten und nach **Nax** mit der katholischen *Pfarrkirche St. Maurice-et-St. Gothard,* deren Gründung möglicherweise bereits auf die Abtei St. Maurice zurückzuführen ist, die ja seit 515 im Eringertal Ländereien besaß. Erstmals erwähnt wurde die Kirche 515, im Jahre 1694 neu erbaut und 1894 vergrößert. Nach dem Einsturz der Decke 1929 mußten 1952–53 erhebliche Renovierungsarbeiten vorgenommen werden. Der unverputzte zweigeschossige Glockenturm stammt wahrscheinlich noch aus dem 16. Jahrhundert. In der Zeit um 1700 dürfte der zweistöckige barocke Hochaltar mit sechs Heiligenfiguren entstanden sein. Der rechte Seitenaltar (1621) ist dem Hl. Gotthard geweiht, der linke der Muttergottes. Neben guterhaltenen Nutzbauten verdient das Gemeindehaus von 1588 Beachtung.

La Derborence

Ein Abenteuer ganz besonderer Art ist die Fahrt ins Tal von Derborence. Es gibt keine kunsthistorischen Sehenswürdigkeiten, dafür aber eine grandiose, wilde Natur, so daß sich die halsbrecherische Fahrt unbedingt lohnt. Von Conthey aus fährt man nach Aven, von wo die Straße ins Tal hinabgeht. Eine letzte Kurve bei der kleinen Kapelle St. Bernhard, ein letzter Blick zurück ins liebliche Rhonetal – und vor uns liegt die Schlucht ›Trignent‹, die ins Tal der Derborence führt. Am besten bleibt man hier zuerst einmal stehen und läßt den atemberaubenden Anblick auf sich einwirken. Ein »Säbelhieb, der quer durch den Berg geführt worden ist«, so der Walliser Heimatdichter Ramuz, riß die Berge auseinander, spaltete sie bis zum Lauf der Lizerne, die 500 m fast senkrecht unter uns ihren Weg auf dem Boden der Schlucht sucht. Rechts und links steigen schroffe Wände v-förmig auseinanderstrebend empor. Die Straße verläuft etwa in der Mitte der linken Talseite. Aber was für eine Straße! Jeder Meter mußte erkämpft und dem Felsen abgerungen werden, und noch heute ist sie längst nicht sicher. Überall droht Steinschlag, vor allem bei Regen und während der Schneeschmelze. Aber auch bei schönem, ruhigem Wetter rollen ständig kleinere Steine, rutschen Minisandlawinen auf die Fahrbahn, Bäche überschwemmen und unterspülen sie,

Auf unwegsamen, engen Saumpfaden passierte man noch bis ins 20. Jahrhundert die Pässe und Täler im Wallis, wie hier am Gemmipaß um 1860

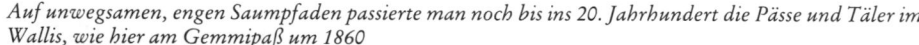

300

und es ist an keiner Stelle ratsam, sich an den äußersten Rand der Straße, über den Abgrund zu wagen. Ganz prekär waren die Verhältnisse dort, wo die beiden Tunnel in den Berg hineingeschlagen sind. Es sind eigentlich Galerien, deren unregelmäßige Öffnungen Blicke in die schwindelerregende Tiefe und auf den gegenüberliegenden Berghang gestatten. Touristen, die mit Campmobilen oder Wohnanhängern reisen, sollten sich nach dem Fahrplan der Postbusse erkundigen. An einigen Stellen ist es nämlich unmöglich, auszuweichen.

Bis 1954 existierte überhaupt keine Straße. Wer damals in die Derborence wollte, mußte den Fußweg nehmen, der auf der anderen Talseite hin und wieder zu sehen ist. Und selbst dieser Fußweg und Maultierpfad ist noch heute voller Hindernisse und Schwierigkeiten, die manchen Wanderer davon abhalten, ihn zu wählen. Kurz vor dem Ende des Tales rücken die Felswände auseinander und lassen dem Fluß und der Straße Raum auf dem breiten, von Felsbrocken übersäten Talboden. Die Straße teilt sich und führt rechts am Restaurant »Au Relais du Godet« vorbei zu ein paar kleineren Häuseransammlungen am Berghang. Links geht es über eine Holzbrücke, vorbei an flechtenbewachsenen Felsblöcken, bis zu einem großen Parkplatz vor dem Lac de Derborence. Hier befinden wir uns in einem gewaltigen Amphitheater aus Eis, Fels und Schutt. Die Spitzen der Les Diablerets schließen das Tal ab; ernst und entschieden scheinen sie den Wanderer zurückzuweisen und drohen mit Mächten, die hier im Tal vor mehr als 200 Jahren eine Naturkatastrophe verursachten.

Die Menschen, die schon früh – vor 1500 – ihr Vieh zur Sommerung in die Derborence brachten, konnten sich das eigenartige Getöse und Krachen, das von den Bergen herunterkam und oft das Tal erfüllte, nicht erklären. Auf jeden Fall aber gehörten diese Berge dem Satan und seiner teuflischen Brut, weshalb sie den Namen »Les Diablerets« erhielten. Heute weiß man, daß das Krachen und Stöhnen vom Frost herrührt, der das in Risse und Spalten eingedrungene Wasser zu Eis erstarren läßt und die Felsen spaltet.

50 Millionen m^3 Geröll waren während zweier Katastrophen 1714 und 1749 ins Tal gestürzt. Der erste Sturz hatte der Lizerne den Lauf verlegt, so daß sie sich ein neues Bett suchen mußte; der zweite staute einen Wildbach, der, bevor er das Hindernis überwand, den Lac de Derborence bildete. Völlig neue Landschaften entstanden. Auf den Geröllfeldern siedelten sich Flechten, später Moose, Steinbrechgewächse, Leinkraut und andere Polsterpflanzen an; Samen von Lärchen, Legföhren und Fichten fanden Nahrung, und zwischen den Felsblöcken wuchsen Bäume. Besonders interessant ist der Wald südlich des Sees. Er mußte von den Menschen aufgegeben werden, da See, Wildbach und Geröllmassen eine Nutzung unmöglich machten. Seit nahezu 250 Jahren wurde dort kein Holz mehr geschlagen, der Wald verwilderte und wurde zum Urwald, wie er heute in seiner Ursprünglichkeit nur noch in den Karpaten und auf dem Balkan zu finden ist. Über drei kleine hölzerne Brücken gelangt man in den Urwald von Derborence. Es ist feucht unter dem grünen Dach, jeder Quadratzentimeter Boden bedeckt mit den verschiedensten Moosen und Flechten, mit moderndem Holz, auf dem orangerote Pilze leuchten. In jeder Lichtung und wo immer ein Sonnenstrahl durch das dichte Grün auf den Boden trifft, gedeihen Gräser und Blumen, sogar Frauenschuh und verschiedene andere Orchideen. Ein kaum wahrnehmbarer Pfad schlängelt sich zwischen Felsbrocken hindurch, führt über gestürzte

Stämme oder zwingt uns, darunter herzukriechen. Jeder Schritt federt auf den dicken Moospolstern.

Zum Naturschutzgebiet von Derborence gehört auch der romantische See mit sämtlichen Zuflüssen, deren Wasser je nach Jahreszeit blau, grün oder milchigweiß ist. Am Nordufer über dem See steht das kleine, einfache »Restaurant du Lac«, in dem man auch übernachten kann.

Bourg St. Pierre und Großer St. Bernhard

Natürlich hat der Große St. Bernhard seine einstige Bedeutung längst verloren – spätestens seit ein moderner und bequemer Autotunnel die Schweiz mit Italien verbindet; aber noch immer zählt er zu den berühmtesten Alpenübergängen (Farbt. 20). Seine Geschichte reicht weit in die Vergangenheit zurück. Händler und Kaufleute haben ihn wahrscheinlich bereits lange vor unserer Zeitrechnung überschritten. Aber erst die Römer bauten eine Straße über den 2472 m hohen Paß zwischen Mont Blanc (4810 m) und Grand Combin (4317 m), die die beiden Legionärslager Aosta (Augusta Praetoria) und Martigny (Octodurus) verband.

Den Großen St. Bernhard beschritten nicht selten Heerzüge und Truppen. Kupferstich Anfang 19. Jahrhundert

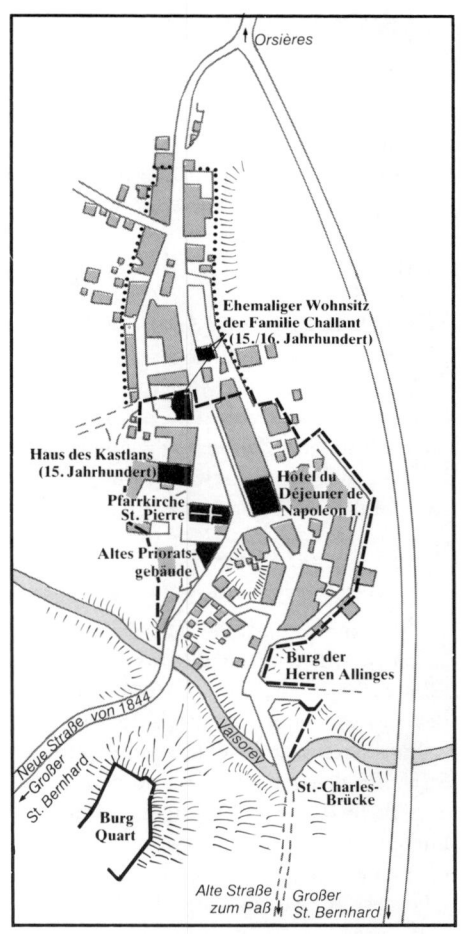

Orsières

Ehemaliger Wohnsitz der Familie Challant (15./16. Jahrhundert)

Haus des Kastlans (15. Jahrhundert)

Pfarrkirche St. Pierre

Hôtel du Déjeuner de Napoléon I.

Altes Prioratsgebäude

Burg der Herren Allinges

Neue Straße von 1844

Großer St. Bernhard

Valsorey

St.-Charles-Brücke

Burg Quart

Alte Straße zum Paß

Großer St. Bernhard

Ortsplan von Bourg St. Pierre

1050 gründete der Hl. Bernhard, Erzdiakon in Aosta, auf dem Jupiterberg, wie der Große St. Bernhard damals noch hieß, ein Hospiz, das, wenn auch in mehrfach gewandelter Form, bis zum heutigen Tag Bestand hat. Zu Beginn des letzten Jahrhunderts waren Paß und Hospiz im Besitz Frankreichs und französischer Truppen, und am 20. Mai 1800 zog Napoleon I. auf einem Maultier und in kopfstarker Begleitung über den Paß.

Wenn wir von Martigny aus zum Großen St. Bernhard hochfahren, passieren wir **Bourg St. Pierre,** das wegen seines mittelalterlichen Charakters einen Besuch lohnt. Die katholische *Pfarrkirche St. Pierre* wurde 972 nach einem Sarazenenüberfall wieder aufgebaut, mußte aber 1739 einem Neubau weichen. Bemerkenswert ist ihr mächtiger Turm aus dem

303

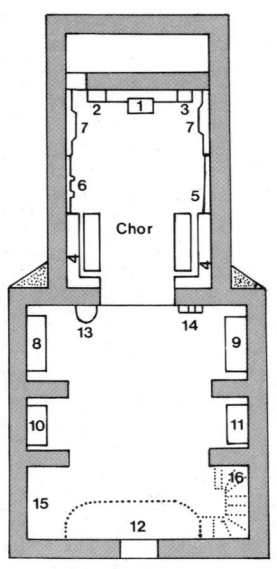

Großer St. Bernhard, Grundriß der Hospizkirche
1 Tabernakel aus vergoldetem Nußbaum (1630). Dahinter der
Hauptaltar (1685) mit einem Gemälde der »Aufnahme der Jung-
frau Maria in den Himmel«; darunter (von links nach rechts): der
Hl. Augustinus, Propst Norat, die Hll. Bernhard und Nikolaus
2 Hl. Bernhard 3 Hl. Augustinus 4 Chorgestühl (1687)
5 Sitzbänke (1733) 6 Thronsitz mit Verzierungen von Jacques
Minne von Brügge (1793) 7 Anrichtetische (Kredenzen) mit
Verzierungen von Fr. Nicolas Joris (19. Jahrhundert) 8 Altar
des Hl. Bernhard (1688); Gemälde von I. Prati (1785); Nische und
Reliquienschrein aus vergoldetem Nußbaum mit Reliquien des
Hl. Bernhard 9 Altar des Hl. Augustinus (1688); Gemälde von
J. Reichlen (1877) 10 Altar der Hll. Joseph und Leonhard (1705);
mittleres Gemälde ist eine Kopie der »Vermählung Josephs mit
Maria« von Raphael Urbinas, ausgeführt 1914 von Bernardin;
darüber das Martyrium des Hl. Stephanus 11 Altar der Hl.
Faustina und der Jungfrau von Jasna Gora (1978) 12 Orgel:
Orgelgehäuse von 1812; Orgelpfeifen und -werk von 1870; 1980
restauriert 13 Kanzel (1687) 14 Kreuz (17. Jahrhundert)
15 Grab von General Desaix (gefallen in Marengo 1800), mit
Flachrelief 1806 von J.-G. Moitte 16 Kruzifix (14. Jahrhundert)

10./11. Jahrhundert. An der nördlichen Friedhofsmauer findet der Besucher einen römischen Meilenstein mit der Inschrift: »Zu Ehren des Kaisers Konstantin, des Frommen,
Glücklichen und Unbesiegten, Sohn des verewigten Konstantin, des Gläubigen, zum Wohle
des Staates Geborenen. 24 Meilen vom Forum Claudii Vallensium (Martigny) entfernt.«

Ein kurzes Stück südlich von Bourg St. Pierre führt die ausgebaute und wintersichere
Straße in den Berg hinein, um erst in der Nähe des italienischen St. Rhémy wieder ans
Tageslicht zu treten. Wir indessen folgen der alten Paßstraße, die uns in zahlreichen Kehren
immer höher führt. Sehenswert im **Hospiz** ist einzig die *Klosterkirche St. Bernhard*, die 1685
über einer noch älteren Kirche erbaut wurde (Abb. 117). Sie hat ein bemerkenswert schönes
Chorgestühl, das zwischen 1687 und 1793 entstand. Ebenfalls beachtenswert sind die elf
Deckenfresken. Sie stammen vom piemontesischen Maler Gnifeta, der 1686 hier wirkte.

So berühmt wie das Hospiz sind auch seine Hunde. Vor über 300 Jahren wurden sie zum
ersten Mal erwähnt und auch abgebildet. In den vergangenen Jahrhunderten retteten sie
zahllose Menschen, die sich bei der Paßüberquerung in Schnee und Nebel verirrt hatten, und
leiteten sie sicher zum Hospiz. Der berühmteste dieser Hunde, Barry I., steht heute ausge-
stopft im Naturhistorischen Museum in Bern. Gegen ein kleines Entgelt können Besucher

96   ZERMATT   Stadel mit Mäusestein ▷
97   GORNERGRAT mit Breithorn, kleinem Matterhorn, Unterem Theodul- und Gornergletscher ▷ ▷

98 STALDEN Vispabrücke mit Kapelle Mariä Unbefleckte Empfängnis

99 SAAS-GRUND Alter Opferstock

100 ZERMATT Bergführerdenkmal

BERGFÜHRER:
OPFER IHRES BERUFES.

HIER VERLOREN WIR DAS LEBEN,
DORT FANDEN WIR ES WIEDER
AUF DEM HEILIGEN BERG DES HERRN

101 SAAS-BALEN Alte Pfarrkirche Mariä Himmelfahrt

102 ZERMATT Alte Stadel und Wohnhäuser

103, 104 LÖTSCHENTAL Holzmasken

105 LÖTSCHENTAL Blatten, Seitenaltar   106 LÖTSCHENTAL Kuhmad, Kapellen-Portal

107 LÖTSCHENTAL Fafleralp mit Breithorn   108 LÖTSCHENTAL Holzmaske ▷

109   TURTMANNTAL   Turtmanngletscher (Tor und Gletschermilch)

110   VAL D'HÉRENS   Euseigne, Erdpyramiden

111 VAL D'ANNIVIERS   Grimentz

112 VAL D'HÉRENS   Lana, Kapelle St. Laurent

113   VAL D'HÉRENS   Bäuerin in Arbeitstracht ▷

114–116 HÉRÉMENCE Pfarrkirche   117   GROSSER ST. BERNHARD   Klosterkirche, Chor ▷

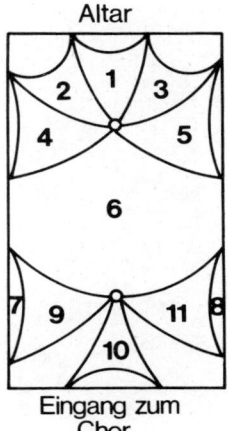

Deckenfresken des Italieners Gnifeta in der Klosterkirche St. Bernhard,
Hospiz, Großer St. Bernhard
  1 Aufnahme der Jungfrau Maria in den Himmel
  2 Hl. Bernhard
  3 Hl. Michael
  4 Hl. Augustinus
  5 Hl. Nikolaus
  6 Dreifaltigkeit
  7 Anbetung der Hl. Drei Könige
  8 Geburt Jesu
  9 Mariä Heimsuchung
  10 Jungfrau der Apokalypse
  11 Verkündigung

die Bernhardinerhunde während der Sommermonate in einem Nebengebäude des Hospiz besichtigen.

Zwar ist der Paß im Winter geschlossen, aber von Bourg St. Bernard aus führt ein Skilift zur 2800 m hoch gelegenen Station Super St. Bernard empor. Von dort aus haben Skifans die Möglichkeit, nach Italien, zum Hospiz St. Bernhard oder nach Bourg St. Pierre abzufahren.

La Vallée du Trient

Kulturhistorisch nicht sehr ergiebig, aber ein Paradies für Wanderer und Naturfreunde ist das letzte größere linke Seitental des Rhonetales, das Vallée du Trient oder Val de Trient. Bereits die Fahrt ins Trienttal läßt die phantastische, stark zerklüftete Landschaft ahnen, die den Besucher erwartet. Es bestehen zwei Möglichkeiten, ins Tal zu gelangen. Entweder man fährt mit der Martigny-Châtelard-Bahn, die das Rhonetal mit Chamonix in Frankreich verbindet. Nicht weniger reizvoll ist die Route für den Autofahrer, der jedoch das Tal nicht durchfahren kann, sondern in Le Trétien umkehren muß, weil die Straße zu Ende ist.

Von Martigny aus führt die Straße an La Bâtiaz vorbei und am linken Rhoneufer entlang. Bei dem Weiler Gueuroz sollte man kurz anhalten und einen Blick in die schwindelerregende Schlucht des Trient werfen. Kurz nach Gueuroz überquert man die Schlucht des Trient, der 200 m tiefer wie ein Wildfang der Rhone entgegentobt (Abb. 118). Die Straße windet sich den steilen Berghang hinauf bis nach **Salvan,** einem freundlichen und farbenfrohen Touri-

◁ 118 TRIENTSCHLUCHT

La Gorge de Trient. Holzstich Ende 19. Jahrhundert

stenort. Eine der bekanntesten Sehenswürdigkeiten Salvans ist der *Pierre-Bergère,* der Hirtenstein, ein riesiger Felsblock, der zu Urzeiten aus den Höhen des Mont-Blanc-Massivs herausgerissen wurde und hier liegenblieb. Früher bestiegen ihn die Hirten, um ihre Herden zu zählen, bevor sie nach Salvan zurückkehrten. Eine Gedenktafel erinnert an den Marchese Guglielmo Marconi, der hier seine ersten Versuche mit drahtloser Telegrafie durchführte. Ganz in der Nähe trägt ein weiterer Felsen geheimnisvolle Zeichen, die die frühesten Bewohner des Tales, vielleicht auch Jäger oder Sippen auf der Suche nach neuen Wohngebieten, vor etwa 5000 Jahren in den Fels ritzten.

Etwas von der Heiterkeit Salvans liegt auch über der katholischen *Pfarrkirche St. Maurice,* einem einschiffigen Barockbau aus dem Jahre 1708. Das große Mosaik des Hl. Sigismund an der Kirchenfassade stammt von E. Pettineroli (1947). Der barocke Hochaltar mit den gedrehten Säulenpaaren ist aus dem 18. Jahrhundert mit einem Altargemälde von Paul Monnier (1940). Ein Kleinod ist die barocke polygonale Kanzel von 1688.

Auf schmaler Straße und durch einige noch schmalere Tunnel gelangt man von Salvan nach **Van-d'en Haut,** auf 1391 m Höhe gelegen, mit der kleinen *Kapelle Notre Dame de Mayens,* von 1932. Sie zu besichtigen lohnt sich in erster Linie wegen der Gemälde im Chor, die Gaston Faravel 1946 schuf, und der Glasgemälde von Théodore Strawinsky aus dem Jahre 1949.

322

Wanderern bietet sich die Möglichkeit, dem Lauf der Salanfe durch das Vantal hinauf zu folgen. Auf 1970 m Höhe liegt der Lac de Salanfe, ein Stausee, der dem Elektrizitätswerk von Miéville Energie liefert. Der Rundblick hier oben belohnt die Wanderer für die Mühe des Aufstieges: Rechter Hand liegen die sieben Gipfel der Dents du Midi, hinter dem See erhebt sich die stolze Pyramide des Tour Salière (3218 m), und links steht Le Luisin (2785 m).

Als nächste größere Ortschaft erreicht man **Les Marécottes.** Der einzige Sessellift auf dieser Talseite bringt die Besucher von hier aus in wenigen Minuten nach La Creusaz, in 1777 m Höhe auf einem Vorsprung des Luisin gelegen. Das Panorama ist nahezu vollkommen, die Sicht eine der schönsten und weitesten in der ganzen Schweiz: Der Blick reicht vom Eggishorn über den Mont Blanc bis in die Savoyer Alpen. Von La Creusaz bestehen zahlreiche Wandermöglichkeiten, u. a. zum Stausee von Emosson, nach Finhaut, auf den Luisin, zum Lac de Salanfe und nach Le Trétien.

Die Straße führt weiter über die Gorges du Triège hinweg bis nach **Le Trétien,** wo sie aufhört. Einen Besuch wollen wir noch der *Kapelle Les-Sept-Joies-de-la-Vièrge* abstatten. Sie wurde 1816–19 erbaut und besitzt einen lieblichen Barockaltar vom Beginn des 18. Jahrhunderts mit einem Gemälde der Muttergottes, rechts und links von zwei Engeln flankiert. Eindrucksvoll ist das Kruzifix unter dem Chorbogen mit den sehr realistischen Leidenswerkzeugen Christi. Die Glasgemälde stammen aus dem Jahre 1937 von Edgar Voirol.

Wer nicht mit der Eisenbahn reist, muß hier umkehren. Finhaut kann nur von Martigny aus über Trient erreicht werden. Die Straße von Martigny über den Col de la Forclaz bis nach Trient ist ein uralter Maultierpfad. Der direkte Weg über den Col de Balme bis nach Argentiere (Italien) war zu schwierig, da wählte man lieber den Umweg über Le Châtelard, Vallorcine und Le Couteray. Kurz hinter der Paßhöhe des Col de la Forclaz (1526 m) berührt die Straße fast den Trientgletscher, der sich von einer Höhe von 3000 m über mehrere Terrassen förmlich in die Tiefe stürzt, bis er bei 1200 m plötzlich zu Ende ist. Trotz seines zerklüfteten Aussehens ist er relativ leicht zu begehen, doch sollten unerfahrene Wanderer auch hier eine Tour nicht ohne Führung wagen. Uns wurde berichtet, daß der Glacier du Trient regelmäßig im Sommer ein besonderes Schauspiel bietet: Er schließt eine Wassertasche ein, die sich im Laufe des Sommers immer mehr mit Schmelzwasser füllt, bis sie schließlich platzt – mit gewaltigem Knall und einem meterhohen Wasserstrahl.

Trient liegt reizvoll zwischen Bergen und Gletschern. Die *neugotische Kirche* baute Joseph de Kalbermatten 1888. Neben den Barockaltären vom Ende des 17. Jahrhunderts, deren Altargemälde durch neugotische Figuren ersetzt wurden, ist die beeindruckende Kreuzigungsgruppe aus dem 17. Jahrhundert in der Sakristei sehenswert. Vor allem die Figur des Christus zeugt von der tiefen Frömmigkeit des unbekannten einheimischen Künstlers, der diese Gruppe schnitzte. Es ist ein einfacher, derber Christus aus Holz, dessen weißer Körper mit dem grellroten Blut ergreifend wirkt.

Finhaut schließlich liegt auf 1237 m Höhe malerisch auf einem Felsgrat, inmitten einer wahrhaft großartigen Landschaft. Hinter dem Ort erhebt sich der Fontanabran (2678 m) und – sozusagen Aug' in Aug' gegenüber – streben die Aiguilles-Rouges (2966 m) in den Himmel, während am Grund der unterhalb liegenden Schlucht der Trient braust.

Finhaut entwickelte sich bereits um die Jahrhundertwende zu einem beliebten Ferienort und hat bis heute viel von der Atmosphäre dieser Zeit beibehalten. Die katholische *Pfarrkirche Notre-Dame-de-l'Assomption*, erbaut 1928–29 von Fernand Dumas, ist ein recht umstrittenes Gebäude. Zur Bauzeit sprach man von Wagemut und revolutionärem Modernismus, aber auch von der Erneuerung der Kirchenbaukunst im Wallis und von einem der bemerkenswertesten Gotteshäuser des Landes. Und auch heute, da die Kirche von Hérémence, die Felsenkirche von Raron, die Herz-Jesu-Kirche in Brig und andere völlig neue Akzente setzen, wird die Kirche von Finhaut noch nicht völlig akzeptiert.

Wer Finhaut nennt, darf den Stausee von Emosson nicht unerwähnt lassen, vor allem wegen seiner schönen Lage und der phantastischen Wandermöglichkeiten, die sich hier bieten. Von Le Châtelard aus kann man den Lac d'Emosson auf 1930 m in kurzer Zeit mit einem Bähnchen erreichen. Wesentlich schöner, wenn auch anstrengender, ist es, einen der verschiedenen Wanderwege zu wählen. Außerdem führt von Finhaut noch eine Straße bis kurz vor La Gueulaz auf 1960 m.

Das Hospiz am Großen St. Bernhard als romantisches Nachtstück. Lithographie Mitte 19. Jahrhundert

324

Verwendete Literatur

800 Jahre Pfarrei Leuk; hrsg. von der Pfarrei Leuk 1983

Ackermann-Kuonen, Carmela: Wallfahrtskapelle in der Riti, Eyholz/VS, Gesellschaft für Schweizerische Kunstgeschichte, Bern 1982

Antike Welt, Zeitschrift für Archäologie und Kunstgeschichte, 14. Jahrgang, Heft 2, 1983 (Nummer über die römischen Ausgrabungen in Martigny)

Arnold, Peter: Gondo-Zwischbergen an der Landesgrenze, Selbstverlag der Gemeinde und Pfarrei Gondo-Zwischbergen, 1968

At the Top, die Geschichte einer Herausforderung, Von Roll AG, Gerlafingen 1980

Bächinger, Konrad: Wallis, Verlag Arp, St. Gallen 1975

Bär, Oskar: Geographie der Schweiz, Lehrmittelverlag des Kantons Zürich, 1979

Beerli, André: Wallis, 26 Reisevorschläge, A. d. Franz. übertr. v. Irmgard Vogelsanger-de Roche, Touring-Club der Schweiz, o. J., Genf

Birchler, Linus: Das Stockalperschloss in Brig, Gesellschaft für Schweizerische Kunstgeschichte, Basel 1962/1982

Bumann, Peter: Der Verkehr am Simplon, Verlag Neue Buchdruckerei Visp AG, 1974

Butti, Giuseppe: Entdecke die Schweiz, Band 16, Avanti Verlag, Neuenburg 1981

Carlen, Anton: Zwischen zwei Brücken, »Blätter aus der Walliser Geschichte«, XII. Band, 3. Jahrgang 1963

Carlen, Louis: Brig, Verlag Paul Haupt, Bern 1968

ders.: Kultur des Wallis im Mittelalter, Rotten-Verlag, Brig 1981

Cassina, Gaetan: L'église Paroissiale de Martigny, Ges. f. Schweiz. Kunstgesch., Basel 1979

Christophe, Eric: Entdecke die Schweiz, Bd. 4 u. 8, Avanti Verlag, Neuenburg 1982, 1980

Darbellay, André, und Birr, Erica: Das Kochbuch aus dem Wallis, Verlag W. Höller, Münster 1983

Das Goms im Schnee, Offizielle Monatszeitschrift der Schweiz. Verkehrszentrale u. a., Zürich, Nr. 1/1983

Der Große Sankt Bernhard, Editions Grand-Saint-Bernard, Martigny 1981

Deuchler, Florens: Schweiz und Liechtenstein. Kunstdenkmäler und Museen, Philipp Reclam jun, 3., überarb. u. erw. Aufl. Stuttgart 1979

Die Felsenkirche von Raron, Offset Mengis, Visp 1979

Die Schweiz und ihre Gletscher, hrsg. von der Schweiz. Verkehrszentrale, Zürich 1981

Donnet, André: Illustrierter Kunstführer von Sitten, Sedunum Nostrum, Annuaire No. 3/1973, Neuauflage 1984

ders.: Saillon, Trésors de mon Pays, Editions du Griffon, Neuchâtel 1950

ders.: Walliser Kunstführer, Verlag Fipel, Sitten 1954

Dubuis, F.-O. und Ruppen, Walter: Die St. Theodulskirche, Sedunum Nostrum, Sion 1981

Durch den Schweizerischen Nationalpark, Ein wissenschaftlicher Führer, hrsg. v. d. Kommission für die wissenschaftliche Erforschung des Nationalparks, o. J.

Felber, Rosmarie: Adrian von Stockalper, Ansprache zur Eröffnung des Adrian von Stockalper-Saales, Brig 1981

Fibicher, Arthur: Walliser Geschichte, Band 1, hrsg. vom Kantonalen Erziehungsdepartement, Sitten 1983

Flüeler, Niklaus (Hrsg.): Schweizer Rebbau, Schweizer Wein, Ex Libris, Zürich 1980

Furkastrasse, Andermatt – Gletsch, hrsg. v. d. PTT Bern 1951

Goethe, J. W., Schweizer Reisen, dtv Gesamtausgabe 28, München 1962

Gornergrat, Bahn und Berg, hrsg. v. d. Gornergratbahn-Gesellschaft, Brig 1948

Grimselstrasse, Meiringen – Gletsch, hrsg. von der PTT Bern 1961

Guggisberg, C. A. W.: Das Tierleben der Alpen, Bd. 1 u. 2, Verlag Hallwag, Bern 1954

Haensel, Carl: Der Kampf ums Matterhorn, Rotten-Verlag, Brig o. J.

Halder, Ulrich: Der Aletschwald, Das Talerwerk, 1974

ders.: Aletsch, eine naturkundliche Einführung, Verlag Schweiz. Bund für Naturschutz, Basel 1982

ders.: Villa Cassel, Schweiz. Bund für Naturschutz, Basel 1978

Haus und Wohnen im Lötschental, zus. gest. von Loni Niederer-Nelken, hrsg. vom Verein zur Förderung des Lötschentaler Museums in Kippel/Lötschental 1982

Heinzmann, Josef P.: Die Ringackerkapelle, Neue Buchdruckerei Visp AG, o. J.

Heldner, Paul: 1450 Jahre Leuk, 515–1965, hrsg. im Auftrag des Gemeinderates von Leuk-Stadt, 1965

ders.: Die Wallfahrtskirche von Glis, hrsg. vom Geschichtsforschenden Verein des Oberwallis, 1980

Holderegger, H.: Valeria Sitten, Ges. für Schweiz. Kunstgeschichte, 1969

Horat, Heinz: Kunsthistorisches Inventar des Dorfkerns von Naters, in: Vallesia XXXIV, 1979

Imesch, Ludwig: Geschichte der Walser, Rotten-Verlag, Brig 1977

ders.: Tönendes Erz, Glocken und Glockenspiele im Wallis, Brig 1969

Julen, Thomas: Das Burgerrecht im Oberwallis, Buchdruckerei Oberwallis, Naters 1978

Kämpfen, Werner: Alexander Seiler der Jüngere, Benziger & Co. AG., Einsiedeln, Zürich 1945

Kardinal Matthäus Schiner und seine Zeit, hrsg. vom Geschichtsforschenden Verein vom Oberwallis, Blätter aus der Walliser Geschichte, XIV. Band, II. Jahrgang, 1967/1968

Knaurs Alpenführer in Farbe, Westalpen, Droemersche Verlagsanstalt, München/Zürich 1980

Kreuzer, Ferdinand: Geschichte des Landes um die Furka, 1982

Kulturführer der Schweiz, Ex Libris Verlag, Zürich 1982

Kunstführer durch die Schweiz, Bd. 2, hrsg. v. d. Ges. f. Schweiz. Kunstgesch., Zürich 1976

Lehner, Karl: Kleine Zermatter Chronik, Wega-Verlag, Zermatt 1981

Morand, Edouard: Führer durch das Wallis, Sektion Wallis des Schweiz. Touring-Clubs TCS, Sitten 1982

Müller, Paul: und Müller, Leo Saint-Maurice, Am Grabe der Blutzeugen, Saint-Maurice 1978

Noti, Stanislaus: Münster, Ein Blick in 700 Jahre Geschichte, 1982

Ortner, Peter: Tierwelt der Südalpen, Verlagsanstalt Athesia, Bozen 1975

Pfarrkirche Oberwald, Festschrift zur Orgelweihe 1982

Ruppen, P. J., Imseng, G., Imseng, W.: Saaser Chronik 1200–1979, Verkehrsverein Saas-Fee 1979

Ruppen, Walter: Die Kunstdenkmäler des Kantons Wallis, Bd. I, II; Das Obergoms, Das Untergoms, Birkhäuser Verlag, Basel 1976, 1979

ders.: Raron, Gesellschaft f. Schweiz. Kunstgeschichte, Basel 1974

ders.: Herz Jesu-Kirche, Brig, hrsg. vom Pfarreirat, o. J.

ders.: Pfarrhaus Naters, 1975

ders.: Die Siedlungen des Mittelgoms, Niederwald und Blitzingen VS, Ges. f. Schweizerische Kunstgeschichte, Basel 1978

ders.: Das Binntal, Ges. f. Schweiz. Kunstgesch. 1977

ders.: Das Erner und Untergommer Haus, Ges. für Schweiz. Kunstgesch. 1978

ders.: Pfarrkirche St. Georg, Ernen, Ges. f. Schweiz. Kunstgeschichte, 1976

ders.: Münster im Goms, Ges. f. Schweiz. Kunstgeschichte, 1982

ders.: Das Obergommer Haus, Ges. f. Schweiz. Kunstgeschichte, 1974

ders.: Der gotische Flügelaltar von Jörg Keller in der Pfarrkirche von Münster im Goms, Separatdruck aus: Zeitschrift für Schweizerische Archäologie und Kunstgeschichte Bd. 29, 1972

Salamin, Michel: Wallis, Avanti Verlag, Neuenburg 1976

Salzmann, J. M., und Fellmann, N.: Leukerbad, seine Geschichte, seine medizinische Bedeutung, Rotten-Verlag, Brig o. J.

Salzmann, J.M.: Die St. Stephanskirche von Leuk, Augustinus-Druckerei, St. Maurice 1979

St. Martins-Kirche Kippel, 1233–1983, Zum 750jährigen Jubiläum des Priorats St. Martin, Kippel

Schmid, Walter: Kommt mit mir ins Wallis, Hallwag, Bern 1973

ders.: Zermatt, Paul Haupt, Bern 1972

Schmidt, Georg C. L.: Die Rettung des Stockalperschlosses in Brig, Paul Haupt, Bern 1981

Schmollis mit dem Wallis, hrsg. OPAV, Sitten o. J.,

Schweizer Museumsführer, Paul Haupt, Bern/ Stuttgart 1980

Siegen, J.: Das Lötschental, Editions des Terreaux, Lausanne 1971

ders.: Sagen aus dem Lötschental, Editions des Terreaux, Lausanne 1979

Sierre, Noble contrée et Val d'Anniviers, Editions de la Baconnière, Neuchâtel o. J.

Stiebler, Christof, und Burkhardt, P. Willi: Wallis, Alpinmonographie, Bergverlag Rudolf Rother GmbH, München 1980

Thurre, Pascal: Wanderführer durch die Walliser Weinberge, Maurice Gay, Sion 1983

Tour de Suisse des Vins, Wallis, Band 1, Fachverlag Schweizer Wirteverband, Zürich 1983

Walliser Jahrbuch, Kalender für das Jahr 1983, Rotten-Verlag, Brig

Wallis, Touristische und kulturelle Informationen aus dem Oberwallis, Buchdruck Offset Mengis, Visp, Div. Nummern der Vierteljahreszeitschrift

Walliser Vereinigung für Wanderwege, Walliser Verkehrsverband Sitten: Wanderungen den Walliser Suonen entlang, o. J.

Walliser Verkehrsverband, Diverse Tätigkeitsberichte

Wanderbücher Wallis, Band Nr. 8, 1982; 12, 1979; 15, 1976, 19, 1981; 21, 1976, Kümmerly + Frey, Bern

Williams, Cicely: Zermatt, Geschichte und Geschichten, Rotten-Verlag, Brig o. J.

Zeller, Konrad: Raron, seine Geschichte und Natur, Paul Haupt, Bern 1956

Zeller, Willy: Die schönsten Alpenpässe und Höhenrouten der Schweiz, Ringier & Co. AG., Zürich 1978

ders.: Im Banne des Aletsch, Paul Haupt, Bern 1962

Zermatten, Maurice: Wallis, Editions »La Tramontane«, Lausanne 1968

Zeugen der Vergangenheit im Wallis von heute, hrsg. v. d. »Ecole valaisanne«, Odis, Rawyl 47, Sion o. J.

Verzeichnis historischer, kunsthistorischer und geographisch-geologischer Fachbegriffe

Ädikula (lat.: kleines Haus) Nische von geringer Tiefe, die von Säulen, Pfeilern oder Pilastern gerahmt, von Gebälk und Giebel bekrönt wird

Akanthus Mittelmeerische Distelart mit großen gezackten, an den Rändern leicht eingerollten Blättern; seit der Antike in stilisierter Form ein verbreitetes Dekorationsmuster in Baukunst und Kunstgewerbe

Akroterion (griech.: höchster Teil) Bekrönendes Zierelement an den Ecken oder auf der Spitze eines Giebels

Allianzwappen Anläßlich der Hochzeit zusammengefügte Wappen der Eheleute

Altarblatt Mittelbild des Retabels

Amphitheater Antikes Theater mit ringsum geschlossenen Sitzreihen um eine ellipsenförmige Arena, in der vornehmlich sportliche Wettkämpfe, Tier- oder Gladiatorenkämpfe ausgetragen wurden

Anna selbdritt Darstellung der Hl. Anna mit ihrer Tochter Maria und dem Jesusknaben

Antependium Schmückende Bekleidung der Vorderseite des Altarunterbaus aus kostbarem Stoff, bearbeiteter Metall- oder Holztafel

Apsis Halbrunder oder polygonaler, mit einer Halbkuppel überwölbter Raum, der sich zu einem Hauptraum öffnet; in der christlichen Baukunst der östliche Abschluß einer Kirche

Arkade Bogenstellung über Säulen oder Pfeilern, meist in fortlaufender Richtung

Arkosol Aus dem Fels geschlagenes Wandgrab, bei dem sich über dem von einer Platte geschlossenen Grabtrog eine Bogennische wölbt

Assunta Bildliche Darstellung der Himmelfahrt Mariens

Atrium Von Säulen getragener Innenhof des römischen Wohnhauses mit mittlerer Öffnung im Dach; in der christlichen Baukunst von Säulenhallen umgebener westlicher Vorhof einer Kirche

Attika Niedriges Geschoß oder freistehende Aufmauerung über dem abschließenden Gesims eines Gebäudes

Baldachin In der Baukunst dachartiger Aufbau über einem Altar, Bischofsstuhl, einer Statue oder der Kanzel

Balustrade Ein aus kleinen, gedrungenen Stützen (Balustern) gebildetes Geländer an Treppen, Balkonen oder als Dachabschluß

Baptisterium Kirchliches Bauwerk neben einer Hauptkirche zum Vollzug des Taufaktes

328

Basilika Längsgerichtetes, drei- und mehrschiffiges Bauwerk, dessen höheres und breiteres Mittelschiff durch Fenster in den von Säulen oder Pfeilern getragenen oberen Mauerstreifen eigene Beleuchtung erhält; in der römischen Architektur Markt- und Gerichtshalle (›Allzweckbau‹), in der christlichen Baukunst früh bevorzugter Kirchentyp

Basis Ausladender Fuß einer Säule oder eines Pfeilers

Beinhaus Häufig zweigeschossige Friedhofskapelle zur Aufbewahrung der Gebeine von Verstorbenen

Bildstock Im Freien aufgestelltes christliches Denkmal, meist in Form einer Säule oder eines Pfeilers mit einem religiösen Bildwerk in einer Nische, häufig mit einer Widmung und Sinnsprüchen versehen

Bogenformen Sie sind meist auf einen Kreis zurückzuführen bzw. aus zwei oder mehreren Kreisbogenstücken zusammengesetzt. Häufigst verwendete Bogenform ist der halbkreisförmige *Rundbogen;* der *Korbbogen* weist eine elipsenähnliche Form auf; spitz zulaufende Bogen bezeichnet man als *Spitzbogen;* verläuft die Kontur eines Bogens im unteren Teil konkav, im oberen konvex, handelt es sich um einen *Kielbogen* (auch Sattelbogen oder Eselrücken)

Bogenscheitel Höchster Punkt eines Bogens, Platz des Schlußsteins

Bündelpfeiler Pfeiler, der rundum mit Dreiviertelsäulen (Diensten) verschiedener Stärke besetzt ist, die in die Rippen des Gewölbes und der Bogen fortgeführt sind

Castrum Standlager römischer Truppen; rechtwinklig angelegt und von einem Wall umgeben, durch parallel zu den Hauptachsen verlaufende Gassen schachbrettartig unterteilt

Chor Hochaltarraum einer Kirche; einige Stufen höher liegend als der Gemeinderaum, architektonisch besonders ausgestaltet und durch Schranken oder Gitter vom übrigen Kirchenraum abgetrennt

Chor, eingezogener Chor, der nicht so breit ist wie das Schiff, dessen Abschluß er bildet

Chorbogen Bogen, der den Chor vom Langhaus bzw. der Vierung trennt

Chorgestühl An den Längsseiten des Chores angeordnete, meist reich verzierte Sitzreihen für die Geistlichen

Chorhaupt Am Außenbau hervortretendes Abschlußelement des Chores

Christusmonogramm ☧, die beiden verbundenen Anfangsbuchstaben des griechischen Namens ›Christos‹

Dachreiter Schlankes, häufig über der Vierung angeordnetes, als Glockenstuhl verwendetes Türmchen auf Dachfirsten

Dienst Langes, dünnes Viertel-, Halb- oder Dreiviertelsäulchen, das als Teil eines Bündel- oder Wandpfeilers die Rippen des Gewölbes oder der Bögen aufnimmt

Dixhuitième Bezeichnung der Stilepochen des 18. Jahrhunderts, die unter französischem Einfluß standen

Domkapitel Gemeinschaft der Chorherren an einer bischöflichen oder erzbischöflichen Kirche, denen die Verwaltung des Bistums und die Feier der Gottesdienste obliegt

Dreiflügelbau Barocker Schloßtyp, bestehend aus einem Hauptgebäude und zwei kürzeren Seitenflügeln, die einen offenen Hof U-förmig umfassen

Ehrenhof Von drei Gebäudeflügeln umschlossener Hof eines Barockschlosses
Exvoto (lat.: aufgrund eines Gelübdes) Weihe- oder Votivgabe mit einer Aufschrift, die besagt, daß es sich um eine Stiftung aufgrund eines Gelübdes handelt

Fibel Mit einem Bügel versehene Nadel zum Zusammenhalten eines Gewandes
Filigran Schmuckarbeit aus Gold- oder Silberdraht, der in feinen Zierformen auf eine Metallunterlage gelötet ist
Firstpfette Oberster, parallel zum First verlaufender Balken einer Dachkonstruktion
Flachrelief Relief von geringer räumlicher Tiefe
Flügelaltar Retabel aus einem feststehenden Mittelteil, dem beidseitig je ein oder mehrere bewegliche Flügel angefügt sind
Fresko Auf noch feuchtem (frischem) Kalkmörtel ausgeführte Malerei, bei der sich die Farben mit dem Putz verbinden und so besonders haltbar werden (im Gegensatz dazu die Seccomalerei auf trockenem Putz)
Fries Waagerechte Mauerstreifen mit ornamentalen oder figürlichen Darstellungen als Schmuck, Gliederung oder Abschluß einer Wand

Gabelkreuz Dreiarmige Kreuzform, deren beide Seitenarme vom Hauptbalken schräg nach oben abzweigen
Gaube Aufbau mit senkrechter Fensterfläche auf einer Dachschräge
Gebälk Gesamtheit der Balken einer Decken- oder Dachkonstruktion
gekuppelt Unmittelbar nebeneinanderliegende gleichartige Bauelemente, die einander betont zugeordnet sind, bezeichnet man als gekuppelt
Gemme Schmuckstein mit eingravierter bildlicher Darstellung
Gesims Vorspringendes, meist horizontal verlaufendes Bauelement, das eine Außenwand in einzelne Abschnitte gliedert
Gesprenge Feingliedriger, geschnitzter Aufbau über dem Retabel eines Flügelaltars
Gewölbeformen *Tonnengewölbe:* Gewölbe mit halbkreisförmigem Querschnitt, einfachste Gewölbeform; bei der Durchdringung zweier gleich hoher Tonnengewölbe entsteht ein *Kreuzgewölbe;* bilden sich an den Schnittpunkten der Gewölbeflächen eines Kreuzgewölbes Grate handelt es sich um ein *Kreuzgratgewölbe;* verläuft entlang der Grate eine tragende Skelettkonstruktion, spricht man von einem *Kreuzrippengewölbe;* beim *Fächergewölbe* strahlen zahlreiche Rippen von der Stütze bzw. vom Scheitel fächerförmig aus; die Rippen des *Netzgewölbes* überkreuzen sich maschenartig, so daß rautenförmige Felder entstehen
Gewölbekappe Eines der nichttragenden Teilstücke des Kreuzgewölbes zwischen zwei Graten oder Kreuzrippen
Gewölbescheitel Höchster Punkt eines Gewölbes

Giebel 1. Seitliche Abschlußwand eines Satteldaches. 2. Bekrönung von Portalen, Fenstern, Ädikulä oder anderen Bauteilen. Grundlegend unterscheidet man dreieckige und segmentbogenförmige Giebel; der Treppengiebel ist an beiden Schrägseiten abgestuft; der Rundbogengiebel weist die Form eines Halbkreises auf; dem bogenförmigen Sprenggiebel fehlt das Mittelteil

Giltstein (auch Speckstein) Weißes oder grünlich bis graues, leicht schneidbares Mineral; meist für kleinplastische Arbeiten verwendet

Gnadenstuhl Darstellung der Dreifaltigkeit: Der thronende Gottvater hält das Kreuz mit Christus oder den Leichnam Christi, über seinem Haupt schwebt der Hl. Geist in Form einer Taube

Gneis Weit verbreitetes Schiefergestein

Greif Geflügeltes Fabeltier mit Adlerkopf und Löwenleib; häufig auf Wappen dargestellt

Hallenkirche, Hallenkrypta Anlage mit mehreren gleichhohen oder fast gleichhohen Schiffen, so daß die Beleuchtung nur durch die Seitenschiffe erfolgt

Hallstattperiode Nach dem Fundort Hallstatt im Salzkammergut bezeichnete Kulturstufe in der Spätbronzezeit (12.–8. Jahrhundert v. Chr.)

Hochrelief Nahezu vollplastisch ausgebildete Darstellung, die aber noch mit dem Hintergrund verbunden ist

Insula Von Straßen eingeschlossener Wohnblock einer antiken Stadt

Intarsien Holzeinlegearbeit unter Verwendung verschiedenfarbiger Hölzer sowie Elfenbein, Schildplatt, Metall und anderen Materialien

ionisch (siehe Kapitell, Säulenordnung)

Joch Gewölbeabschnitt in Längsrichtung

Kalzit, Kalkspat Wasserklarer, weißer oder hell gefärbter Kristall

Kanneluren Senkrechte konkave Rille an Säulen-, Pfeiler- oder Pilasterschäften

Kapitell Oberer Abschluß einer Säule, eines Pfeilers oder eines Pilasters mit ornamentaler, figürlicher oder pflanzlicher Dekoration. Man unterscheidet *dorisches Kapitell:* bestehend aus wulstförmigen Kissen (Echinus) und Abakus; *ionisches Kapitell:* Volutenkapitell, ein beiderseits eingerollter Volutenkörper liegt zwischen einem Wulstkörper (mit Eierstab) und Abakus; *korinthisches Kapitell:* bestehend aus zwei übereinandergeordneten Akanthusblattkränzen, je zwei diagonal gestellte Voluten bilden die Ecken und tragen einen Abakus (konkav eingezogen, Blume auf jeder Seitenmitte); *toskanisches Kapitell:* Variante des dorischen Kapitells

Kartusche Zierrahmen für Wappen, Inschriften und dergl.

Karyatiden Stützen in Menschengestalt

Kasel Meßgewand des katholischen Priesters

Kassette Vertieftes Feld in einer Decke, einem Gewölbe oder einer Bogenlaibung von rechteckiger, vieleckiger oder runder Form

Kegeldach Turmdach mit kreisrundem Grundriß und einer rundum aufsteigenden Dachfläche

Konsole Vorspringendes Tragelement als Auflager von Balken, Bogen u. a. oder als Träger von Büsten und Figuren

korinthisch (siehe Kapitell, Säulenordnung)

Krabbe Zierelement aus Stein in Form von Blatt- oder Blumenranken; in der Gotik an den Kanten von Giebeln und anderen bekrönenden Bauteilen angebracht

Kreuzblume Kreuzförmig angeordnetes Blattwerk zur Krönung gotischer Türme, Giebel und dergl.

Krümme Spiralförmig nach innen gedrehtes oberes Ende des Bischofsstabs, meist reich verziert, aus Elfenbein, Silber oder vergoldetem Kupfer gefertigt

Krüppelwalmdach Satteldach, dessen Giebelflächen im oberen Teil abgeschrägt (abgewalmt) sind

Krypta (griech.: überdeckter Gang) Unterirdische Grab- und Reliquienkapellen unter dem Chor einer Kirche

Langhaus, Längsschiff Bei einer Kirche der langgestreckte Gebäudeteil zwischen Fassade und Chor

La-Tène-Periode Nach dem Fundort La Tène am Neusiedler See benannte Periode der mitteleuropäischen Eisenzeit von der Mitte des 5. Jahrhunderts v. Chr. bis zum Niedergang der keltischen Kunst

Laterne Runder oder polygonaler durchfensterter Aufbau über einer Decken-, Gewölbe- oder Kuppelöffnung

Lettner Trennwand mit einem oder mehreren Durchgängen zwischen dem Chor und Mittelschiff einer Kirche

Lisenen Schwach vortretende, vertikale Mauerverstärkungen ohne Basis und Kapitell

Lukarne Dacherker mit verziertem Giebelfenster

Majestas Domini Frontal dargestellter thronender Christus, der die Rechte erhebt und in der Linken das Buch des Lebens hält

Mandorla Heiligenschein in Mandelform, der die gesamte Gestalt umfließt

Maßwerk Geometrisches Bauornament der Gotik, zunächst zur Untergliederung von Fenstern, später auch zur Gliederung von Giebeln, Wandflächen usw.

Medaillon Rund oder oval gerahmtes Bild oder Relief. In der Baukunst kreisförmiges oder ovales Schmuckglied, meist als Flachrelief gearbeitet.

Meier Mittelalterlicher Verwaltungsbeamter; besonders herrschaftlicher Gutsverwalter

Mensa Platte des Altars

Mitra Kopfbedeckung der Bischöfe bei liturgischen Feierlichkeiten

Moräne Von Gletschern bewegter und abgelagerter Gesteinsschutt

Nischengrab In einer Nische liegendes Wandgrab
Nothelfer Gruppe von 14 Schutzheiligen, die den Märtyrertod starben. Wer in ihrem Namen in Notlagen um Hilfe bittet, dem soll besondere Erhörung gewährt werden. Üblicherweise gelten folgende Heilige als Nothelfer: Achatius, Ägidius, Barbara, Blasius, Christophorus, Cyriacus, Dionysius, Erasmus, Eustachius, Georg, Katharina von Alexandria, Margarete, Pantaleon, Vitus

Oktogonal Achteckig
Orgelprospekt Künstlerisch gestaltete Schauseite der Orgel
Orohydrographie Gebirgs- und Wasserlaufbeschreibung

Pechnase Kleiner erkerartiger Ausguß für heißes Pech über dem Tor und in den Wehrmauern einer mittelalterlichen Burg
Pfeiler Stützglied über rechteckigem, polygonalem oder rundem Grundriß
Pietà (auch Vesperbild) Plastische Darstellung Mariens mit dem toten Christus auf ihrem Schoß
Pilaster Der Wand oder einem anderen Bauglied vorgelegter vertikaler Mauerstreifen mit Basis und Kapitell
Predella Auf der Mensa aufsitzender Sockel eines Retabels oder eines Flügelaltars
Putte Bildliche oder plastische Darstellung kleiner nackter Knaben mit oder ohne Flügel

Querhaus, Querschiff Zwischen Langhaus und Chor eingeschobener Querbau, durch den eine Kirche Kreuzform erhält; den Ort der Durchdringung nennt man Vierung

Régence Französischer Kunststil zur Zeit der Regierung von Philipp d'Orléans (1715–23)
Relief Eine aus einer Fläche herausgearbeitete plastische Form, die jedoch stets mit dem Hintergrund (Reliefgrund) verbunden bleibt
Reliquiar Behälter zur Aufbewahrung von Gegenständen oder sterblichen Überresten religiöser Autoritäten, Heiliger
Retabel Mit Gemälden oder Skulpturen geschmückter Altaraufsatz über der Mensa, der sich zum Triptychon entwickelt
Rollwerk Dekorationselement – vornehmlich der deutschen Renaissance – aus verschlungenen und aufgerollten Bandformen, die mit Blättern u. ä. verziert sein können, vor allem bei Wappen und Kartuschen
Rosette Stilisiertes, blütenförmiges rundes Ornament; im gotischen Kirchenbau kreisrundes, mit Maßwerk gefülltes Fenster

Saal Raum, der nicht durch Stützen unterteilt oder gegliedert ist
Säule Senkrecht stehendes, sich nach oben verjüngendes Stützglied mit kreisförmigem Querschnitt, meist gegliedert in Basis, Schaft und Kapitell
Säulenbasilika Basilika, deren Schiffe durch Säulen voneinander getrennt sind

Säulenordnung Entsprechend Gestalt und Proportionierung unterscheidet man Säulen verschiedener Ordnungen – *Säulen dorischer Ordnung:* keine Basis, Schaft mit 16–20 Kanneluren, dorisches Kapitell; *Säulen ionischer Ordnung:* Basis (quadratische Sockelplatte, Hohlkehle und zwei kreisförmige Wülste), Schaft mit bis zu 24 Kanneluren, ionisches Kapitell; *Säulen korinthischer Ordnung:* Sonderform der kleinasiatischen ionischen Säule mit korinthischem Kapitell; *Säulen toskanischer Ordnung:* Basis, Schaft häufig ohne Kanneluren, Halsring unter einem toskanischen Kapitell

Sardonyx Weiß und rot oder braun gestreifter Halbedelstein

Sarkophag Sichtbar aufgestellter Prunksarg

Schlußstein Oberster, als letzter eingesetzter Stein eines Bogens oder eines Kreuzrippengewölbes; oft mit Ornamenten (Wappen, Köpfen, Tieren usw.) geschmückt

Serpentin Ölgrün bis grünlich schwarz, braun oder rot geadertes oder geflecktes Schiefergestein

Sonnenmonstranz Barocke Form des liturgischen Schaugefäßes für die Hostie, die von einem reich verzierten Strahlenkranz umgeben ist

Stele Aufrecht stehender, meist reliefierter und mit einer Inschrift versehener Gedenkstein

Stichkappe Gewölbeteil meist über Fenstern und anderen Maueröffnungen, der senkrecht in das Hauptgewölbe einschneidet

Stifterbild Bild mit religiöser Thematik, der Stifter des Werkes erscheint meist als Anbetender zu Füßen Christi, der Madonna oder eines Heiligen

Streusiedlung Dorf ohne erkennbares Zentrum mit verstreut liegenden Gehöften

Strebepfeiler Ein quer zur Längsflucht eines Gebäudes stehender Pfeiler; dient der Verstärkung hoher Mauern und der Ableitung von Schubkräften

Stuckmarmor Seit dem Barock verwendeter Innenputz, der gefärbt, mit Marmoradern bemalt oder mit Steinbrocken versehen als Marmorimitation eingesetzt wurde

Stukkatur Dekoration von Innenräumen aus einem gut formbaren und schnell härtenden Gemisch aus Gips, Kalk, Sand und Wasser

Stufenportal Portal mit von außen nach innen zurückgestuftem Gewände; bei großer Mauerstärke erscheint so eine relativ geringe Öffnung in der Fassade wesentlich erweitert

Swastika Zeichen in Form eines Sonnenrades oder des daraus entwickelten Hakenkreuzes

Tempietto (ital.) Tempelchen

Thermen Römische Badeanlage

toskanisch (siehe Kapitell, Säulenordnung)

Traverse Paß, Gebirgsübergang

Triptychon Dreiteiliges Gemälde; besonders mittelalterlicher Flügelaltar

Trogtal Durch Gletscherbewegung geformtes U-förmiges Tal

Tuffstein Weißer, grauer oder gelblicher poröser Kalkstein; als Werk- oder Baumaterial häufig verwendet

Tympanon 1. Bogenfeld über einem mittelalterlichen Portal, meist mit plastischem Schmuck. 2. Giebelfeld eines antiken Tempels

Vierung   Der Ort der Durchdringung von Längs- und Querschiff einer Kirche
Vierungsturm   Turm über der Vierung
Viztum   Hoher Beamter des Mittelalters; Stellvertreter des Territorialherren einer Region
Volute   Spiral- oder schneckenförmiges Ornament an Kapitellen der ionischen Ordnung, in Renaissance und Barock werden sie auch an Giebeln und Konsolen angebracht
Vorschutz   Der Stirnseite des wallisischen Bauernhauses vorgelagerte hölzerne Schutzvorrichtung gegen Witterungs- und Naturunbilden
Vortragekreuz   Auf einer Stange befestigtes Kreuz, das bei Prozessionen vorangetragen wird
Votivgabe   Gabe, die aufgrund eines Gelübdes oder als Dank für eine Gebetserhörung an Wallfahrtsorten gestiftet wird (siehe auch Exvoto)

Walmdach   Dach, dessen Giebel durch je eine schräge Dachfläche ersetzt sind
Widerlager   Auflager eines Gewölbes oder Bogens
Wurzel Jesse (auch Jessebaum)   Darstellung des Stammbaumes Christi nach Jesaias 11,1: Jesse, der Vater Davids, liegt schlafend am Boden; aus ihm wächst ein Baum, in dessen Ästen die wichtigsten Vorfahren Jesu erscheinen, zuoberst Maria mit dem Kind oder Christus

Zellenschmelz   Emailtechnik bei der auf eine Goldplatte dünne Stege gelötet werden, die den Umrissen der Figuren des Musters entsprechen und die Zellen bilden, in die die Schmelzmasse gefüllt wird
Zeughaus   Gebäude, das als Waffenlager einer Stadt dient
Zwiebelhaube   Turmdach, das unten konvex, oben konkav geschweift ist
Zwillingsfenster   Gekuppeltes Fenster, das durch eine Mittelsäule in zwei Öffnungen gegliedert ist

Raum für Reisenotizen

Praktische Reisehinweise

Wissenswertes vor Reiseantritt

Informationsstellen

Bei der Planung eines Schweiz-Urlaubs empfiehlt es sich, die Schweizerische Verkehrszentrale in Zürich oder eine ihrer Vertretungen anzuschreiben und seine Wünsche mitzuteilen. Sie stellen mehr als 130 Reiseführer, Wanderbücher, Kunst- und Gastronomieführer, Landkarten, detailliertes Informationsmaterial über jeden gewünschten Ferienort, jede Ferienzeit oder über bestimmte Schweizer Landschaften kostenlos zur Verfügung.

Hauptsitz der Schweizerischen Verkehrszentrale (SVZ)
Ballariastr. 38, 8027 Zürich
℡ 01/2 88 11 11

Schweizer Verkehrsbüro (SVB)
in der Bundesrepublik Deutschland
Landesvertretung:
Kaiserstr. 23, 6000 Frankfurt 1
℡ 0 69/25 60 01–24
Amtliche Vertretungen:
Kasernenstr. 13, 4000 Düsseldorf 1
℡ 02 11/8 09 13
Speersort 8, 2000 Hamburg 1
 0 40/32 14 69
Leopoldstr. 33, 8000 München 40
℡ 0 89/33 30 18

Neue Brücke 6, 7000 Stuttgart 1
℡ 07 11/29 65 45

Schweizer Verkehrsbüro (SVB)
in Österreich
Kärtner Str. 20, 1010 Wien
℡ 01/5 12 74 05

Darüber hinaus unterhält die SVZ Agenturen in fast allen europäischen und außereuropäischen Hauptstädten.

Spezielle Auskünfte zu den einzelnen Kantonen sowie bestimmten Gebieten erteilen die Fremdenverkehrsämter der jeweiligen Region oder Ortschaft (siehe auch Seite 340, »Auskünfte im Wallis«).

Botschaften und konsularische Vertretungen in der Schweiz

Botschaft der Bundesrepublik Deutschland
Willadingweg 78–38, 3006 Bern
℡ 031/44 08 31–35
Generalkonsulate
Parkweg 12, 4051 Basel
℡ 061/22 08 22
Ch. du Petit-Saconnex 28C, 1211 Genève
℡ 022/7 33 50 00

337

Kirchgasse 48, 8001 Zürich
℡ 01/2516936
Konsulat
Via Soave 9, 6900 Lugano
℡ 091/227882
Botschaft der DDR
Bronnadernstr. 53, 3000 Bern 15
℡ 031/448346
Botschaft von Österreich
Kirchenfeldstr. 28, 3000 Bern 6
℡ 031/430111

Schweizer Botschaften

in der Bundesrepublik Deutschland:
Gotenstr. 156, 5300 Bonn 2
℡ 0228/810080
in der DDR:
Esplanade 21, 110 Berlin-Pankow
℡ 02/4724002
in Österreich:
Prinz-Eugen-Str. 7 u. 9, 1030 Wien
℡ 01/784521

Einreisebestimmungen

Reisende aus der Bundesrepublik Deutschland, Österreich oder anderen europäischen Ländern benötigen für einen Aufenthalt in der Schweiz einen gültigen Personalausweis oder einen Reisepaß. Für Kinder bis zu 16 Jahren genügt ein Kinderausweis mit Lichtbild oder eine Eintragung im Paß der Eltern.

Bürger der DDR sowie der meisten Ostblockländer müssen bei der Einreise ein Visum vorweisen (Auskunft erteilen die Schweizer Botschaften).

Die Mitnahme von Hunden und Katzen erfordert ein tierärztliches Zeugnis, das die Impfung des Tiers gegen Tollwut bescheinigt. Die Schutzimpfung muß mindestens 30 Tage vor Grenzübertritt erfolgt sein und darf maximal ein Jahr zurückliegen.

Zollbestimmungen

Außer den persönlichen Gegenständen (wie z. B. Kleidung, Toiletten- und Sportartikel, Foto-, Film- und Videoausrüstung, Musikinstrumente, Campingutensilien) dürfen pro Person die nachstehenden Waren zollfrei eingeführt werden:
– Reiseproviant sowie Baby- und Diätnahrung, die dem Tagesbedarf entspricht
– 2 l Spirituosen unter 15 Grad oder 1 l über 15 Grad (von Personen über 17 Jahren)
– 200 Zigaretten oder 50 Zigarren oder 250 g Tabak (von Personen über 17 Jahren)
– Geschenkartikel (keine Fleischwaren und Butter) bis zu einem Wert von sFr 100 bzw. sFr 50 von Personen unter 17 Jahren
– max. 125 g Butter
Für Fleisch- und Wurstwaren gelten besondere Bestimmungen.

Devisen: Für Geld und Devisen besteht keine Ein- und Ausfuhrbeschränkung.

Währung

1 Schweizer Franken (sFr) = 100 Rappen (Rp). Im Umlauf sind Banknoten zu 10, 20, 50, 100, 500, 1000 Franken sowie Münzen zu 5, 10, 20, 50 Rappen und 1, 2, 5 Franken.

Geldwechsel

Ausländische Zahlungsmittel können bei Banken, in Wechselstuben, Reisebüros und Hotels, auf Bahnhöfen und Flughäfen umgetauscht werden. Reise- und Euroschecks werden ebenfalls fast überall akzeptiert. Darüber hinaus ist es oftmals möglich, mit den international anerkannten Kreditkarten zu zahlen.

Mit dem deutschen Postsparbuch können Schweizer Franken in einem Gegenwert bis zu DM 2000 (je Sparbuch) innerhalb von 30 Tagen abgehoben werden.

Autofahren

Auskünfte erteilen die Automobilclubs der Schweiz (ACS und TCS), die Geschäftsstellen in allen größeren Städten unterhalten.
Automobil-Club der Schweiz (ACS)
Wasserwerkgasse 39, 3000 Bern 13
✆ 031/22 47 22
Touring-Club der Schweiz (TCS)
Rue Pierre-Fatio 9, 1211 Genève
✆ 022/7 37 12 12
Alarmzentrale
TCS Genève, ✆ 022/7 35 80 00

Die Verkehrsvorschriften entsprechen im allgemeinen den in Deutschland üblichen.

Die Höchstgeschwindigkeit auf den Autobahnen beträgt 120 km/h, auf Landstraßen 80 km/h und in Ortschaften 50 km/h.

Anschnallpflicht (Gurtenobligation) gilt in der ganzen Schweiz. Kindern bis zum vollendeten 12. Lebensjahr ist das Mitfahren auf Vordersitzen untersagt. Für Motorradfahrer besteht Helmpflicht.

Zu beachten ist, daß die Straßenbahn generell Vorfahrt hat. Auch im Kreisverkehr hat stets der von rechts Kommende Vortritt. Nebelscheinwerfer dürfen nur zusammen mit dem Standlicht eingeschaltet werden. Parken ist nur in Fahrtrichtung erlaubt; auf durchgezogenen gelben Linien am Straßenrand gilt Halteverbot, für unterbrochene Parkverbot. Auf blau gekennzeichneten Zonen vieler Ortschaften darf nur mit Parkscheibe geparkt werden.

Das Fahren mit Spikes-Reifen ist nur vom 1. November bis 31. März, je nach Wetterverhältnissen, zulässig. Für Spikes-Reifen beträgt die Höchstgeschwindigkeit 80 km/h, das Benutzen von Autobahnen und besonders gekennzeichneten Autostraßen ist nicht erlaubt.

Die Benutzung der Schweizer Autobahnen ist gebührenpflichtig. Pro Fahrzeug muß eine sogenannte ›Vignette‹ erworben werden, die jeweils vom 1. Dezember bis zum 31. Januar des übernächsten Jahres gültig ist. Sie wird an den linken Rand der Windschutzscheibe geklebt und ist nicht auf andere Fahrzeuge übertragbar. Man erhält die Vignette an den Grenzübergängen, bei Postämtern, Tankstellen, Automobilwerkstätten, dem Schweizer Verkehrsbüro oder den Automobilclubs.

Telefonieren

Die Vorwahl für die Schweiz lautet in der Bundesrepublik und der DDR 00 41, in Österreich 0 50. Aus der Schweiz muß in die Bundesrepublik 00 49, in die DDR 00 37 und nach Österreich 00 43 vorgewählt werden. Nach der jeweiligen Landesvorwahl folgt die Ortskennzahl ohne die erste 0 und die Nummer des Teilnehmers.

Notrufnummern
117 Polizei
118 Feuerwehr
144 Krankenwagen und Notarzt
140 Pannenhilfe
01/3 83 11 22 11 Rettungsflugwacht Zürich

Telefonansagen und Sonderdienste
188 Ausstellungen
165 Fernsehprogramme
167 Nachrichten (deutsch)
187 Pistenbericht, Lawinenbulletin, Windprognose

120 Schneebericht und Touristikbulletin
164 Sportresultate, Toto- und Lottoergebnisse
163 Straßenzustand
111 Telefonauskunft (national)
191 Telefonauskunft (international)
192 Telefonauskunft (für die BRD)
115 Telefongebühren
110 Telegrammaufgabe
150 Weckdienst
162 Wetterbericht
161 Zeitansage

Das Wallis von A bis Z

Anfahrt

Reisende aus dem Süden haben drei Zufahrtswege: Autotunnel Großer St. Bernhard oder Paßstraße Großer St. Bernhard (letztere nur im Sommer), Simplon-Eisenbahntunnel mit Autoverladung oder ganzjährig offene Straße über den Simplonpaß, Gotthardpaß bzw. Autotunnel und von Göschenen, Andermatt oder Hospental aus – je nach Jahreszeit – nach Realp und über die Furka nach Gletsch bzw. mittels Autoverladung und Furka-Oberalpbahn durch den Furkatunnel nach Oberwald.

Reisende aus dem Westen erreichen das Wallis über die Autobahn Genf – Lausanne oder Basel/Zürich – Bern – Lausanne – Vevey – Aigle – Martigny.

Besucher aus dem Norden können über die Autobahn Karlsruhe – Basel – Bern oder Basel – Luzern anreisen. Von Luzern aus fährt man entweder über den Brünigpaß nach Meiringen und von dort über den

Grimselpaß (nur im Sommer), oder Luzern – Altdorf – Andermatt – Realp und über die Furka bzw. durch den Tunnel mit der Furka-Oberalpbahn nach Oberwald.

Die Autofahrer aus dem süddeutschen Raum zwischen Stuttgart und München fahren über Schaffhausen nach Zürich und Luzern oder über Lindau nach Chur, das Vorderrheintal hinauf und über den Oberalppaß nach Andermatt (nur im Sommer).

Im Winter informiert man sich vor Fahrtantritt über den Straßenzustand ($\emptyset$ 163).

Auskünfte im Wallis

Fast jeder Ort im Kanton hat ein Verkehrsbüro, in dem zahlreiche Prospekte und Broschüren ausliegen. Sie geben Auskunft über die Sehenswürdigkeiten, Unterkünfte, Verpflegung, die angebotene Unterhaltung der näheren und weiteren Umgebung, Sportmöglichkeiten, Fahrzeiten und Preise der

Skilifte und Luftseilbahnen usw. Der Verkehrsverband Wallis erteilt Auskünfte und versendet Informationsmaterial:
Union Valaisanne du Tourisme
Rue de Lausanne 15, 1951 Sion
✆ 027/22 31 61

Autoverladung

Durch den Bau des Lötschberg- und Furkatunnels ist das Wallis auch im Winter auf direktem Weg aus dem Berner Oberland und der Innerschweiz erreichbar. Personenkraftwagen werden für die Fahrt durch die Tunnels auf Eisenbahnwaggons verladen. Autofahrer und Mitreisende bleiben während der Fahrt, die 15 bis 20 Minuten dauert, in ihrem PKW sitzen. Die berühmte Bern-Lötschberg-Simplon-Linie bietet sogar die Möglichkeit, den Wagen in Bern oder Kandersteg zu verladen und in Goppenstein, Brig oder Iselle in Italien zu entladen, so daß gleich zwei Bergketten überwunden werden. Beim Furkatunnel sind die beiden Verladebahnhöfe Realp im Kanton Uri und Oberwald im Kanton Wallis.

Nach schweren Schneefällen kann es am Lötschberg zu Wartezeiten von mehreren Stunden kommen. Der eilige Autofahrer hat dann immer noch die Möglichkeit, mit seinem Fahrzeug das Rhonetal abwärts zu fahren und die Alpen auf diese Weise zu »bezwingen«. Da die Verladebahnhöfe bis 1500 m hoch liegen – wie z. B. Realp – kann es nach Schneefällen erforderlich sein, die PKWs mit Schneeketten zu versehen, um überhaupt die Verladebahnhöfe zu erreichen. Winterreifen, und zwar auf allen vier Rädern, sind in den Bergen aber überhaupt eine absolute Notwendigkeit.

Banken

Man wird im Wallis keine Mühe haben, auch in kleinen Dörfern eine Zweigstelle der Walliser Kantonalbank oder eine Ersparniskasse zu finden. Kleine Dorfsparkassen sind aber recht schnell überfordert, wenn man größere Beträge ohne vorherige Anmeldung wechseln möchte. Die Banken haben von Montag bis Freitag (manchmal auch Samstagvormittag) ab 8.00 Uhr oder 8.30 Uhr bis 12.00 Uhr und von 13.30 oder 14.00 Uhr bis 17 Uhr, mancherorts bis 18.00 Uhr oder noch länger geöffnet. An Samstagen und Sonntagen hat man die Möglichkeit, Geld in den Wechselstuben der größeren Bahnhöfe zu tauschen. Man erkennt sie an einem großen blauen Schild mit stilisierten Banknoten und Münzen.

Bücher, Magazine und Spezialliteratur

Die besten Buchhandlungen des deutschsprachigen Wallis findet man in Brig. Aber selbst im hintersten Binntal und im obersten Goms gibt es ein oder zwei Geschäfte, in denen man lokale Schriften kaufen kann, die man sonst nirgends bekommt. Gut sortierte Buchhandlungen im Oberwallis findet man außerdem in Zermatt, Saas-Fee, Visp, Fiesch und Münster. Gute Hinweise auf lohnende Objekte sind, so banal sich das anhören mag, die Postkarten an Kiosken und in Gasthäusern.

Im französischsprachigen Wallis wird man sich mit Vorteil in Sion umsehen. Gutes Material haben wir auch in Sierre und Martigny gefunden. Diese Unterlagen liegen aber ausschließlich in französischer Sprache vor.

341

Camping

Dem Camper stehen im Wallis mehr als 100 Plätze zur Verfügung, und zwar vom kleinen Dorfcamping im Lötschental bis zum *****-Camp mit allem erdenklichen Komfort am Genfer See und im Rhonetal. Die Plätze liegen zwischen 372 m und 1900 m über Meereshöhe. Manche sind nur für Zelte bestimmt, andere nehmen auch die längsten und schwersten Wohnwagengespanne auf. Grundsätzlich kann man sagen, daß die großen, gut ausgestatteten Zeltplätze im Rhonetal zu finden sind, die kleineren in den verschiedenen Seitentälern. Zahlreiche Straßen können und dürfen mit Wohnanhängern nicht befahren werden und beschränken die Fahrzeugbreite auf 230 oder gar nur 200 cm.

Einige wenige Campingplätze sind ganzjährig geöffnet (genaueres ist beim Verkehrsverein in Sion zu erfragen); die Mehrzahl aber ist von Ostern bis in den September geöffnet und schließt spätestens mit dem Ende der Herbstferien in der 3. oder 4. Oktoberwoche. Jene im Rhonetal zwischen Brig, Siders, Sion und Martigny sind in den Sommermonaten meist überfüllt, nicht selten stickig und heiß, und liegen oft direkt an der Kantonsstraße, die den Campern wenig Ruhe und keine frische Alpenluft beschert. Das Rhonetal liegt zudem bei ungünstigen Wetterlagen häufig tagelang unter einer Dunstglocke der Chemie- und Aluminiumwerke. Campieren in Seitentälern und im Goms ist auf alle Fälle erholsamer und angenehmer. Toiletten und fließendes Wasser gibt es auf allen Plätzen, Strom auf fast allen, heißes Wasser und Duschmöglichkeiten auf einem Großteil und Schwimmbäder fast nur im Rhonetal westlich von Sion.

Nähere Auskünfte gibt das »Schweizer Camping- und Caravanning-Verzeichnis«, gegen Gebühr erhältlich beim:
Schweizerischer Camping- und Caravanning-Verband
Habsburgerstr. 35, 6000 Luzern 4

Essen und Wein

Wenn es auch die ursprüngliche Walliser Küche heute nicht mehr in dem Maße wie früher gibt, so hat sich die einheimische Küche aber einige Spezialitäten bewahrt, und der neugierige Gourmet wird ihnen in guten Restaurants immer wieder begegnen. Es sind durchwegs derbe, aber wohlschmeckende Gerichte von kräftigem Geschmack. Grundnahrungsmittel früherer Zeiten waren Roggenbrot, Kartoffel und Käse. An Sonn- und Feiertagen gab es hin und wieder ein Fleischgericht: Rind, Schaf oder Ziege.

Brot wurde meist nur zwei- bis dreimal jährlich im Dorfbackhaus gebacken. Man formte es zu Fladen oder armdicken Ringen und lagerte es in mäusesicheren Stadeln auf luftigen Gestellen. Solange es noch einigermaßen frisch und weich war, kam es zusammen mit Käse und Butter auf den Tisch. Später, wenn man es mit der Säge oder der Axt zerkleinern mußte, wurde es mit heißer Fleisch- oder Gemüsebrühe übergossen und als Brotsuppe gegessen. Die **Backofensuppe** stammt noch aus jener Zeit und besteht aus mehreren Scheiben altbackenem Brot, zwischen die Zwiebeln und Käse gelegt werden. Das Ganze kommt in einen feuerfesten Topf, wird mit einer Bouillon durchtränkt und gut durchgebacken.

Backofen- und Gemüsesuppen kann man in manchen französischsprachigen Seitentälern noch auf dem Speisezettel der Einheimischen finden. Ähnlich verhält es sich mit der Walliser Kartoffelsuppe und der Käsesuppe, die früher fast täglich gegessen wurden und nicht selten die Hauptmahlzeiten bildeten.

Eine der bekömmlichsten und am weitesten verbreiteten Spezialitäten ist der **Walliser Teller.** Darunter versteht man ein in dünne Scheiben geschnittenes Trockenfleisch, das mit Speck, Schinken und Hauswurst, Alpkäse, Walnüssen, einem Stück Butter und Roggenbrot serviert wird. Heute erhält man im Gasthof zu einem Walliser Teller oft Essiggurken, saure Zwiebelchen oder einen Tomatensalat serviert. Selbstverständlich trinkt man dazu einen leichten Walliser Rot- oder Weißwein – alles andere wäre ein Sakrileg.

Trockenfleisch wird im Wallis seit Jahrhunderten hergestellt und war lange Zeit die einzige Möglichkeit, Fleischvorräte anzulegen. Dazu nahm man mageres Rindfleisch, legte es einige Tage in eine Marinade aus Rotwein, Gemüse, Kräutern und Gewürzen ein und hängte es dann zum Trocknen für einige Monate unter das Dach oder auf die Terrasse.

Fischgerichte sind besonders im unteren Wallis weit verbreitet, wobei man in erster Linie die einheimischen Arten aus Rhone und Genfer See zubereitet: Hecht, Flußbarsch, Felchen und Forelle werden fritiert oder in einer Weißweinsauce serviert.

Im Herbst zählen **Wildmenüs** zu den gastronomischen Höhepunkten. Seit einigen Jahren werden wieder Steinböcke geschossen, da ihre Bestände zu stark angewachsen sind. Steinbocksteaks oder -filets wird man jedoch auf der Speisekarte der Hotels vergeblich suchen: das Fleisch kommt kaum je in den Handel. Gamspfeffer, Rehrücken und Hirschschnitzel hingegen bietet jeder Gasthof, der etwas auf sich hält, im September und Oktober an.

Das Wallis ist in der Schweiz das bedeutendste Anbaugebiet für **Spargel.** Er wird hier, mit Käse überbacken, in einem Kuchen oder einer Torte verwendet, zusammen mit Nudeln und Schinken gegessen oder in einer Auflaufform mit Tomaten, Sahne, Fleischbrühe und etwas Cognac vermischt und überbacken. Als Wein – der im Wallis bei keiner Mahlzeit fehlen darf – wird dazu ein fruchtiger Johannisberg empfohlen.

Mit Käse, vor allem mit dem vollfetten der saftigen Alpweiden, wird in erster Linie **Fondue** gemacht, das man allerdings in den warmen Sommermonaten bei weitem nicht so schätzt wie an kühlen oder gar eisigen Herbst- und Winterabenden. Ein junger Fendant, der verbreitetste Weißwein des Kantons, rundet das sahnige Fondue ab. Wem der Käse etwas schwer auf dem Magen liegen sollte, der greift zu einem einheimischen Williamsbrand, zu einem Apfel- oder Weintrester – »zum Verteilen«, wie die Einheimischen raten.

Im Gegensatz zum Fondue ist die **Raclette** eine ausgesprochene Walliser Erfindung und Spezialität, die hauptsächlich westlich der Sprachgrenze eine begeisterte Anhängerschaft hat. Der Raclettekäse ist ein Produkt der Alpkäsereien, wobei der Käse aus dem Val de Bagnes besonders hohes Ansehen genießt. Aber auch die Käsereien im Oberwallis, im Val d'Anniviers, im Val d'Hérens und im Val d'Hérémence sowie Betriebe in Savièse und Chandonne/Liddes, um nur einige wenige zu nennen, stellen einen exzellenten Raclettekäse her. Mit einem schon fast komischen Stolz weisen die Walliser darauf hin, daß ihr echter Raclettekäse gegenüber den Pseudoraclettes eine ganze Menge Vorzüge aufweise: er enthalte weniger Wasser, mehr Fettanteile, weniger Salz, eine reichere Bakterienflora, eine bessere Säuerung sowie eine weit höhere Enzymaktivität als der mißliebige Konkurrent.

Die durchschnittlich etwa 5 bis 6 kg wiegenden Laibe werden, wenn sie für reif befunden werden, in zwei Hälften geschnitten und mit der Schnittfläche über einer Holzkohlenglut befestigt (heutzutage leider auch über durch Gas oder Elektrizität erhitzte Metallstäbe). Wenn der Käse schmilzt, wird die breiige Masse mit einem Messer oder Spachtel auf einen Teller oder ein Holzbrett abgestrichen und möglichst heiß gegessen. Zur Raclette werden ungeschälte, gereinigte Pellkartoffeln, saure Gurken und Zwiebeln gereicht – und natürlich ein kühler und frischer Fendant. Raclettekäse und Raclettegenuß ist eine Wissenschaft, in der ein außerkantonaler Besucher – zumindest nach Ansicht der Walliser – nie vollkommene Meisterschaft erreichen kann.

Eine wichtige Rolle im Walliser Speisezettel nehmen die **Desserts** ein, wenn sie früher auch nur in wohlhabenden Kreisen auf den Tisch des Hauses kamen und die minderbemittelte Bevölkerung sich solche Köstlichkeiten nie leisten konnte. Sehr beliebt sind im Frühjahr Erdbeeren in Wein, wobei dem Dôle und dem Johannisberg der Vorzug vor allen anderen Sorten gegeben wird. Viele Liebhaber hat auch eine Süßwein-Crème, die mit einem süßen Weißwein, Honig, Zimt, Sahne, Zucker und einigen anderen Zutaten zubereitet wird. Jede Hausfrau, jeder Küchenchef hat da sein eigenes Geheimrezept. Selbst aus steinhartem Roggenbrot läßt sich ein vorzügliches Dessert kreieren, vorausgesetzt, man verwendet dazu Rosinen, Sirup, Sahne und eine Flasche guten Dôle! Im Mittelpunkt einiger typischer Desserts stehen Erzeugnisse der einheimischen Obstwirtschaft: Flambierte Birnen oder Birnen in Rotwein gekocht, Aprikoseneis, -crème und -auflauf sowie Mandelkuchen. Dort, wo das Dessert nicht mit Wein verfeinert wird, gehören zu den wichtigsten Zutaten mit Sicherheit Schnäpse, Trester und Geiste! Eine Mahlzeit oder Nachspeise ohne Wein, Williams- oder Aprikosenschnaps bzw. -likör ist im Wallis kein richtiges Gericht, sondern bestenfalls Nahrung für Kleinkinder.

Es ist nun an der Zeit, mit dem im Ausland weit verbreiteten Vorurteil aufzuräumen, die Schweiz besitze einen unbedeutenden Weinbau, und der im Alpenland produzierte Rebsaft sei bestenfalls als Kochwein zu gebrauchen. Das ist, wie sich jeder Wallisreisende bald überzeugen wird, eine böswillige Verleumdung, der die Schweizer jahrelang nicht entgegengetreten sind. Und zwar aus dem einfachen Grund, weil sie ihre guten und raren Tropfen am liebsten selbst getrunken haben und keinen Wert darauf legten, ihre Weine im Ausland bekannt und beliebt und sicher noch teurer zu machen.

Der ausländische Besucher muß sich an den **Schweizer Wein** erst gewöhnen, denn er ist, im Gegensatz zu den Weinen des nördlichen Nachbarn, nicht oder kaum süß – Spätlesen ausgenommen. Vier Sorten sind es, die 97 % der Produktion ausmachen: *Chasselas, Rhin* oder *Sylvaner* (beide weiß), *Gamay* und *Pinot noir* (beide rot). Die restlichen 3 % werden von einem knappen Dutzend meist alter Sorten aus dem vorletzten Jahrhundert und noch weiter zurückliegenden Zeiten bestritten. Zu diesen Spezialitä-

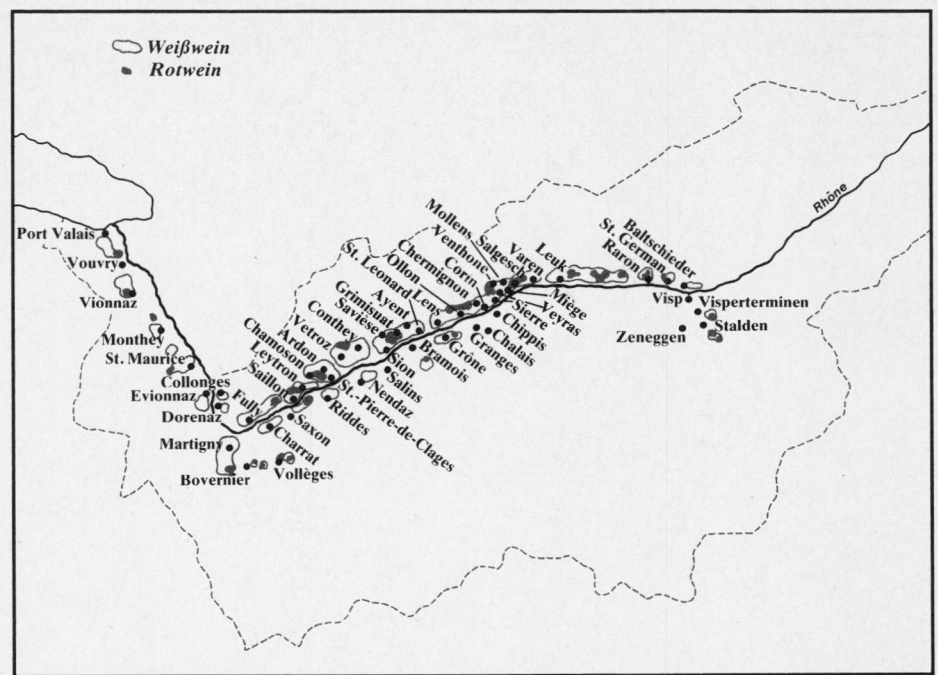

Die Weinlagen des Wallis

ten gehören: *Amigne, Arvigne, Chardonnay, Eremitage, Heida, Humagne, Muscat, Riesling* und *Syrah*. Wir werden einige der daraus gepreßten Weine später erwähnen und kurz charakterisieren.

Schauen wir aber zuerst die **Drei Großen Weine des Wallis** an, den *Fendant,* den *Johannisberg* und den *Dôle.* Zu den Weinbezeichnungen ist zu sagen, daß diese gesetzlich geschützt sind und dem Wallis vorbehalten bleiben. Der *Fendant* ist der Liebling des Wallisers und der Wein, der mit Abstand am meisten produziert und konsumiert wird. Er entsteht aus einer Chasselastraube, die im 18. Jahrhundert ins Wallis eingeführt und später veredelt wurde. Den

Fendant trinkt man jung und frisch, ein- bis zweijährig und zu jeder Gelegenheit. Er paßt zu Fondue und Raclette, Käse und Brot, Poulet, Trockenfleisch und Fisch.

Sein Hauptkonkurrent unter den Weißen ist der *Johannisberg,* ein Wein aus Sylvanertrauben, die im Wallis auch Rhin oder Gros Rhin genannt werden. Er ist gehaltvoll und körperreich, weniger spritzig als der Fendant – ein festlicher Wein, der zu Spargel und Schinken, Austern und Forellen, Weichkäse und hellem Fleisch paßt.

Der beliebteste Rotwein der Schweiz, und sicher auch der bekannteste, ist der *Dôle.* Er setzt sich fast immer aus zwei Traubensorten, dem Gamay und dem Pinot noir,

345

einem Blauburgunder, zusammen. Damit ein Wein als Dôle bezeichnet werden darf, hat er einige Bedingungen zu erfüllen: er muß im Wallis gewachsen sein, zu mehr als der Hälfte aus Pinot-noir-Trauben bestehen und eine festgesetzte Öchslegradzahl erreichen. Pinot noir allein dürfte unter der Bezeichnung Dôle verkauft werden, Gamay allein jedoch nicht. Die Mischung dieser beiden Traubensorten – die man durchaus auch ›pur‹ erhält – gibt einen überaus harmonischen, abgerundeten und bukettreichen Wein. Er paßt zu allen kräftigen Fleischgerichten, vor allem zu Wild, aber auch zu Käseplatten und Teigwaren. Im Gegensatz zum Fendant läßt sich der Dôle gut lagern und gewinnt nach zwei bis drei Jahren merklich an Qualität.

Ab und zu sieht man einen als Goron bezeichneten Rotwein, bei dem es sich um eine »Dôlemischung« handelt, die aber den für Dôle vorgeschriebenen Qualitätsstandard nicht erreicht hat. Selbstverständlich ist der oft ›kleiner Dôle‹ genannte Goron kein schlechter Wein, sondern eher ein etwas leichtergewichtigerer.

Von den sogenannten Spezialitäten, die aus alten Rebsorten gewonnen werden und die – da es sich um weniger robuste, dem charakteristischen Walliser Klima angepaßte Reben handelt – in ihrer Qualität nicht konstant sind, seien ebenfalls einige der bekannteren erwähnt. Sie werden in geringen Mengen hergestellt, haben aber ihre Liebhaber, die regelmäßig nach der Weinlese zu den Rebbauern fahren und die neuen Erzeugnisse kosten.

Das ist einmal der Malvoisie, ein kräftiger, manchmal leicht süßer Weißer, der aus Grauburgundertrauben oder Pinot gris gepreßt wird. Sein Alkoholgehalt ist mit bis zu

14° recht hoch. In anderen Ländern nennt man den Malvoisie Tokayer oder Ruhländer. Bedingt durch sein kräftiges Bukett und seine Restsüße trinkt man ihn als Aperitif oder auch als Dessertwein nach einem exzellenten Mahl.

Ein anderer alter Weißer ist der Ermitage aus der französischen Rebsorte Marsanne blanche. In guten Jahren ist er ein würziggehaltvoller und kraftvoller Wein mit vollmundigem Bukett. Er wird, wie der Malvoisie, weniger als Tischwein denn als Aperitif oder Dessertwein genossen.

Der Muscat stammt, wie sein Name verrät, von einer Muskattraube französischer Herkunft. Sein Muskatgeschmack und -duft bleibt ganz dezent, obwohl der Wein selbst voll und herb mundet. Zu einem kräftigen Fleischgericht, aber auch als Aperitif kann man sich nichts besseres wünschen.

Arvine ist eine uralte, vermutlich italienische Rebsorte mit einem vollen würzigen Körper, der zu Fisch, Käse und Trockenfleisch paßt und als Dessertwein geschätzt ist. Er ist einer jener wenigen Walliser Weißweine, die eine mehrjährige Lagerung unbeschadet überstehen. Qualitätsvoller wird er jedoch dadurch kaum.

Die beiden letzten Weine, die wir hier erwähnen wollen, sind der Amigne, eine ursprünglich italienische Rebsorte, und der Humagne, dessen Herkunft ungewiß ist. Der Amigne ist ein trockener, eleganter Weißwein, den Humagne bekommt man als Roten und Weißen. Letzterer ist leider ganz selten geworden, während sich der Rote behaupten konnte und gerne zu Vorspeisen und Krustentieren genossen wird.

Abschließend einige Bemerkungen zu den Weintemperaturen, bei denen die Rebensäf-

346

te serviert und auch getrunken werden sollen. Die leichteren Weißweine wie Fendant, Johannisberg und Muscat haben ihre ideale Temperatur bei knapp unter $10\,°C$ erreicht, die kräftigeren dürfen $1\text{--}2\,°C$ wärmer sein, damit sie ihr Bukett voll entfalten können. Die Spätlesen hingegen, die eine spürbare Restsüße und einen höheren Alkoholgehalt aufweisen – meist bis zu $15\,\%$ – darf man kalt, mit $6\text{--}7\,°C$ servieren. Diese Weine sind meist mit der Bezeichnung ›flétri‹ bzw. ›mi-flétry‹ versehen.

Die Roten trinkt man etwas wärmer – chambriert – als die Weißen, aber bei weitem nicht mehr so warm, wie das eine Zeitlang üblich war. Dôle und Pinot noir schmecken bei etwa $15\text{--}16\,°C$ am besten, Gamay, Goron und der rote Humagne dürfen $1\text{--}2\,°C$ kühler sein. Die überlieferte Empfehlung, Rotwein müsse ›Zimmertemperatur‹ aufweisen, bezog sich auf die Raumtemperatur unserer Vorfahren und auf die Gemächer in Klöstern. Dort war es, wie wir heute wissen, selten wärmer als $18\,°C$ – im Winter sogar oft darunter.

Flora und Fauna

Das Wallis hat keine einheitliche Flora und Fauna, was angesichts der enormen Höhenunterschiede von fast 4000 m nicht überrascht. Im mittleren und unteren Rhonetal herrscht ein fast mediterranes Gepräge mit subtropischen Pflanzen wie Feigen, Zypressen und immergrünen Sträuchern vor. An den heißen und trockenen Südhängen findet man eine ganze Anzahl Tierarten, die man eher im Tessin und weiter südlich der Alpen vermutet: Gottesanbeterin, Smaragdeidechse, Viper und Nachtigall.

Sobald man aber weiter das Rhonetal hinunter oder in die höheren Lagen der Seitentäler fährt, wandelt sich das Bild grundlegend. Man betritt ein inneralpines Trockengebiet mit den dafür typischen Pflanzengesellschaften der subalpinen und alpinen Regionen. In den unteren, etwas feuchteren Lagen wird man Laubbäume wie Birken, Espen, Vogelbeere und teilweise Buchen sowie Fichten bemerken. Ihnen folgen Bergföhren (Kiefern), Arven und Lärchen und die damit vergesellschafteten Kraut- und Straucharten. Der Wald endet bei 1900 bis 2100 m, die letzten Bäume bei etwa 2300 bis 2400 m. Darüber gibt es nur noch wenige Zwergsträucher sowie alpinen Rasen. Wo dieser endet, kommt man in die höchsten Regionen, die noch Spuren des Lebens zeigen: Pionierpflanzen wie Moose, Flechten und wenige Kräuter, die alle einem ständigen Überlebenskampf ausgesetzt sind. Die höchsten Spuren von lebenden Blütenpflanzen hat man immerhin in über 4000 m Höhe entdeckt!

Die Fauna ihrerseits ist auf das Vorkommen von pflanzlichem Leben angewiesen, und es gibt keine Tierart, die sich ständig in einem botanisch absolut toten Gebiet aufhalten kann. Das höher entwickelte Leben beschränkt sich auf die subalpine und die alpine Stufe und hält sich nur kurzfristig in der nivalen Region auf – etwa um auf Schnee- und Eisfeldern Kühlung zu suchen oder beim Wechseln von einem Einstand in den anderen sowie beim Überfliegen bzw. begleiten von Touristen (Bergdohlen).

Angesichts der harten Lebensbedingungen in Lagen von über 1500 m ist es verständlich, daß die Artenzahl und die Individuendichte im Gebirge recht beschränkt sind und, je höher man hinaufsteigt, immer dünner werden. So gibt es in den alpinen Regionen des Wallis nur etwa 50 bis 60 Brutvogelarten und weitere 40 bis 50, die sich zwar längere und kürzere Zeit hier aufhalten, aber nicht im Alpenraum nisten. Auch fehlen die in tiefen Lagen Zentraleuropas (einst) verbreiteten Säugetiere wie Wildschwein, Mufflon, Damhirsch, Igel, Fischotter und Dachs, während andere leider ausgerottet wurden: Braunbär, Wolf, Luchs, Wildkatze und Bartgeier.

Der aufmerksame Wanderer wird aber mit etwas Glück auch heute noch Tiere zu sehen bekommen – vor allem in den frühen Morgenstunden und abseits viel begangener Touristenwege. Zu den Arten, die nicht selten sind oder teilweise gar in ihren Beständen zunehmen, gehören der Alpensteinbock, die Gemse, der Rothirsch, das Reh, das Murmeltier und der Schneehase. Auch das Mauswiesel, eines der kleinsten Raubtiere der Welt, wird immer wieder gesehen, beschränkt es doch seine Tätigkeit nicht auf die Nachtstunden. Hin und wieder kann man einem Fuchs begegnen; in den Sommermonaten steigt er bis auf etwa 3000 m Höhe auf, um im Herbst, wenn Schnee fällt und die Nahrung knapper wird, in tiefere Lagen auszuweichen.

Die Vogelwelt ist – einige zoologische Kenntnisse vorausgesetzt – leichter und häufiger zu beobachten als die meisten Säuger. In der Bergwaldstufe hat man die Möglichkeit, dem Auer- und Birkhuhn zu begegnen, der Rabenkrähe, der Tannen- und Haubenmeise, dem Goldhähnchen, dem Fichtenkreuzschnabel und mit sehr viel Glück Uhu und Rauhfußkauz.

Über dem Waldgürtel, in der alpinen Stufe, halten sich u. a. folgende Arten auf: Alpenschneehuhn, Bergdohle, Kolkrabe, Steinadler, Alpenbraunelle, Steinschmätzer, Alpenmauerläufer und Schneefink sowie Bluthänfling.

Für Tierbeobachtungen sollte ein gutes Fernglas nicht fehlen: Ferngläser mit 8- bis 10facher Vergrößerung haben sich im Gebirge gut bewährt, während eine 12fache Vergrößerung eine ruhige Hand verlangt, die dem Berggänger nach einem anstrengenden Aufstieg meist fehlt.

Fotografieren und Filmen

Kaum ein anderer Schweizer Kanton bietet dem Fotografen und Filmer so viele und vielfältige Motive wie das Wallis. Das beginnt beim östlichen Ufer des Genfer See und reicht bis hinauf zum Gipfel des Matterhorns, des Doms oder der Dufourspitze. Wem die Kulturschätze, die alten Dörfer und die historischen Stätten mehr zusagen als die Landschaft, leidet ebenfalls keinen Mangel. Von einigen wenigen Militäranlagen abgesehen, gibt es im Wallis keine Motive, die man nicht fotografieren darf – wobei die gute Kinderstube den Fotografen/Filmer selbstverständlich daran hindert, lebendige Objekte – sprich Einheimische und Touristen – gar zu aufdringlich mit der Kamera zu verfolgen.

Technische Schwierigkeiten gibt es hingegen im Wallis für den Fotografen und Filmer praktisch keine, sofern er ein Stativ bei sich hat, das für Aufnahmen in dunklen Kirchen und Kapellen notwendig ist. Mit Ausnahme der Valeriakirche in Sion und des Klosterschatzes in St. Maurice darf man unseres Wissens alles fotografieren, was öffentlich zugänglich ist.

Für jene Hobbyfotografen und -filmer, die in diesem Abschnitt ganz konkrete Hinweise erwarten, sind die nachfolgenden Zeilen gedacht: Das Rhonetal ist im Sommer sehr heiß und trocken. Das führt dazu, daß die Fernsicht meist unbefriedigend ist und die Bilder, vor allem, wenn sie etwa zwischen 10.00 und 15.00 Uhr aufgenommen werden, flach und blau wirken. Es lohnt sich vom fotografischen Standpunkt her, nur die zwei bis drei Stunden nach Sonnenaufgang und vor Sonnenuntergang zu nutzen. In höheren Regionen schwindet zwar der Dunst beträchtlich, aber der Blauanteil des Lichtes steigt noch an; ohne UV-Sperrfilter oder Skylightfilter sollte man über 2000 m keine Aufnahmen mehr machen. Vorsicht ist bei der Belichtung in Eis- und Schneegebieten geboten: die Belichtungsmessung zeigt 1 bis 2 Blendenstufen zuviel an und muß manuell oder mittels Korrekturtaste den Verhältnissen angepaßt werden. Umgekehrt verhält es sich bei düsterem Wetter: in diesem Fall kann man ruhig etwas kürzer als angegeben belichten, damit die Aufnahmen nicht zu hell werden und einen ›Sonnenscheineffekt‹ vortäuschen.

Wird die Kamera – etwa im Winter oder in großen Höhen – tiefen Temperaturen ausgesetzt, können Verschluß und/oder Blendenmechanik versagen. Das gleiche gilt für die Kamerabatterien. Bei Temperaturen unter -5 bis $-10\,°C$ sollten die Kamera und die Objektive z. B. am Körper warm gehalten werden – was nicht immer einfach ist, wenn man, wie wir, mit drei bis vier Kameras und bis zu zehn Objektiven unterwegs ist. Wer mit Vorliebe Landschaften fotografiert, darf nicht ohne 28 mm oder 35 mm Weitwinkel (ersteres ist vorzuziehen) unterwegs sein. Ein mittleres Teleobjektiv von

135 mm oder ein Zoom von etwa 80 bis 200 mm ist für Landschaftsaufnahmen ebenfalls sehr gut zu gebrauchen. Aufnahmen im Nahbereich wiederum verlangen ein Makroobjektiv oder ein Balgengerät mit Objektivkopf 100 bis 135 mm. Architekturfotografen hingegen kann ein sogenanntes Shift- oder PC-Objektiv nicht warm genug empfohlen werden. Wer die Kunst- und Kulturobjekte in Kirchen, Kapellen, Museen und Sammlungen aufnehmen möchte, benötigt eine Kamera, die Langzeitbelichtungen ermöglicht – also eine sogenannte B-Einstellzeit – und natürlich ein Stativ sowie Objektive der Brennweiten 28–35 mm (Gesamtaufnahmen), 50–80 mm (Großaufnahmen, Mitteldistanz) und 135–200 mm (Details und Ausschnitte). Tierfotografen brauchen eine Spezialausrüstung, vor allem lange bis superlange Brennweiten. Abgesehen von Steinböcken, die den Menschen nicht fürchten und praktisch keine Fluchttendenz zeigen – sie ziehen oft erst weg, wenn ein Spaziergänger auf 15 bis 20 m herangekommen ist – und von wenigen Murmeltierkolonien (z. B. Saas-Fee, Zermatt), in denen die Nager ›handzahm‹ sind, hat man kaum Gelegenheit, sich so nah an ein Tier heranzupirschen, daß eine Linse von 200 mm genügen würde. 300-mm-Teleobjektive sind das absolute Minimum (für den Filmer ein sechs- bis achtfaches Zoom). Besser aber ist eine Tele-›Kanone‹ von 400 mm, die jedoch eine ruhige Hand und Verschlußgeschwindigkeiten von unter $1/125$ sec verlangt.

Filmmaterial ist in allen größeren Städten erhältlich und nicht teurer als in Deutschland oder Österreich. Die günstigsten Angebote findet man in Foto- und Radiodiscount-Geschäften sowie in Warenhäusern.

Kleidung und Schuhe

Die wenigsten Touristen beschränken sich bei ihren Besuchen auf das Rhonetal, sondern fahren ins Goms und in die verschiedenen Seitentäler hoch, um den Bergen und Gletschern möglichst nahe zu kommen. Die Temperaturunterschiede und die Wetterbedingungen zwischen dem unteren und mittleren Rhonetal und den Talabschlüssen, etwa im Lötschen- oder Turtmanntal, können ganz gewaltig sein – ganz zu schweigen von den Verhältnissen, die auf den Paßhöhen oder in den Hochgebirgsregionen herrschen. Angesichts dieser Differenzen leuchtet es ein, daß der Besucher seine Kleidung sorgfältig zusammenstellen und sich diesbezüglich an dem Extremfall orientieren muß. Das aber heißt, auch in den Sommermonaten den Pullover, die warme Jacke und den Regenschutz nicht zu Hause zu lassen. In den Alpen kann sich das Wetter innerhalb weniger Stunden grundlegend ändern: ein heftiges Sommergewitter bringt Temperaturstürze von 10, 15 und mehr Grad, heftige Winde und vielleicht sogar in den höheren Regionen Schneefall. Wer zu einer größeren Bergtour aufbricht, darf daher nie ohne entsprechend warme Wäsche im Rucksack und einen Regenschutz losgehen. Ebenso wichtig wie eine wetterfeste und warme Kleidung sind die Schuhe. In den Bergen verunglükken jedes Jahr zahllose Wanderer nur darum, weil sie mit Turnschuhen, Sandalen oder ganz leichten Sommerschuhen in den Felsen herumsteigen oder über steile Schutthalden und grasbewachsene Hänge gehen. Für die mittleren und oberen subalpinen Regionen bis etwa 1800 m sollte man unbedingt sehr feste, dicksohlige Halbschuhe oder Wanderschuhe tragen. Besser sind richtige Bergschuhe mit einer guten Profilsohle und starkem Knöchelschutz. Die seit kurzem erhältlichen Kunststoffschuhe haben den Lederschuhen gegenüber den Vorteil, wasserdicht zu sein. Der beste Schuh, die wärmste Bergkleidung nützen aber nichts, wenn ihr Träger in Fels und Eis unvorsichtig ist. Letzteres ist besonders gefährlich, weil keine noch so gute Sohle ein Ausgleiten verhindern kann; Eis betritt man nur mit Steigeisen und zudem angeseilt. Nasses Gras und nasse Felsen sind ebenfalls eine immer wieder unterschätzte Gefahrenquelle.

Landkarten

Die Schweiz ist stolz darauf, eines der genauesten und besten Kartensysteme der Welt zu haben. Die Eidgenössische Landestopographie in Wabern bei Bern publiziert die »Landeskarte der Schweiz«. Diese Landeskarte gibt es in den unterschiedlichsten Maßstäben bis hin zu 1:25000 auf 264 Blättern. Der Maßstab 1:50000 und vor allem derjenige 1:25000 ist dem Wallisbesucher zu empfehlen, wobei letzterer für den Bergwanderer, der die Wege öfter verläßt, absolut notwendig ist. Mit Hilfe einer 25000er Karte, eines Kompasses und eines Höhenmessers kann sich selbst der Gebietsfremde in jeder Gegend zurechtfinden.

Zahlreiche lokale Verkehrsvereine und -verbände geben ebenfalls Karten heraus, die sich aus mehreren Blättern der offiziellen Landeskarte zusammensetzen, und in die Wanderwege und Sehenswürdigkeiten, Unterkunftsmöglichkeiten und Luftseilbahnen eingezeichnet sind. Der Käufer hat mit diesen Publikationen den Vorteil, nicht mehrere Karten kaufen zu müssen. Zudem sind diese Spezialpublikationen auf der Rückseite häufig mit nützlichen Hinweisen über Wanderrouten, Höhendifferenzen, Unterkünften, Verpflegungsmöglichkeiten und Wanderzeiten bedruckt.

Museen

Der Kunstinteressierte findet im Wallis etwa 20 Museen, die sich überwiegend mit lokaler Geschichte, Brauchtum, Kultur und Kunst befassen. Die meisten sind gut aufgebaut und präsentieren die wichtigen Austellungsgegenstände ausgezeichnet, so daß ein Besuch unbedingt empfohlen werden kann. Einige der bedeutenderen Museen sollen nachfolgend kurz erwähnt werden.

Brig, Stockalperschloß: Geschichte der Stockalper-Familie und Brigs, schöne alte Räumlichkeiten, Volkskunst, Grafiksammlung Oberwallis; Mai–Oktober Führungen 11.00, 14.00, 15.00, 16.00, ab Juni zusätzlich 9.00 und 17.00; ∅ 028/23 25 67

Ernen, Kirchenmuseum: Kirchenschatz (Schiner-Kelch, Kaseln, Monstranzen, Vortragekreuze, Reliquien, Dokumente); Juni–Oktober nach Vereinbarung; ∅ 028/71 11 29 (Pfarramt)

Ernen, Zendenrathaus: Keltisch-römische Grabfunde, Folterkammer, alte Möbel und Bilder, Gemeindearchiv; Juni–Oktober nach Vereinbarung; ∅ 028/71 14 28 (Gemeindeverwaltung)

Großer St. Bernhard, Museum Hospiz: Römerfundstücke, Kirchenschatz (Statuen,

Reliquien und Votivbilder), Münzen, Mineralien und Insekten, einheimische Säuger und Vögel, Zwinger mit Bernhardiner-Hunden; Juni–September 9.30–11.45 und 13.30–16.30; ∅ 026/87 12 36

Kippel, Lötschentaler Museum: Neuestes Museum des Wallis mit außerordentlichem Bestand an Gebrauchs- und Folkloregegenständen aus dem Lötschental, originale Räume aus dem 18. und 19. Jahrhundert, Wechselausstellungen zur Geschichte des Lötschentals; Mai–Oktober 9.00–12.00 und 14.00–17.00 Uhr; ∅ 028/49 18 71

Leuk-Stadt, Heimatmuseum: Im Aufbau begriffenes Museum mit Gebrauchsgegenständen, Gerät, Möbeln etc.; samstags 14.00–16.00 und nach Vereinbarung (nur Gruppen); ∅ 027/63 12 23

Martigny, Gallo-römisches Museum: Um einen 1976 entdeckten gallo-römischen Tempel erbaut, Wechselausstellungen (französische Impressionisten); 10.00–12.00 und 14.00–18.00; ∅ 026/22 39 78

Münster, Kirchenmuseum: Liturgisches Gerät, Pietà 14. Jahrhunderts, Metallkreuz 12. Jahrhunderts, Originalflügel des gotischen Hochaltars der Pfarrkirche; nach Vereinbarung; ∅ 028/73 11 62 (Pfarramt)

St. Maurice, Abteimuseum: Einer der bedeutendsten und wertvollsten Kirchenschätze des christlichen Abendlandes; ganzes Jahr Führungen; ∅ 025/65 11 81

St. Maurice, Militärmuseum: Uniformen und Waffen seit 1815; Dienstag – Sonntag 14.00–17.00; ∅ 025/65 24 58

351

Sierre, Hôtel Château-Bellevue (heute Hôtel de Ville): Kleine Zinnsammlung mit Stücken des 17.–19. Jahrhunderts, im Rilke-zimmer Manuskripte und Andenken an den Dichter; Mittwoch und Freitag 8.00–12.00 und 14.00–17.00; ✆ 027/57 11 71

Sion, Valeriamuseum: Eines der interessantesten und vielseitigsten Museen der Schweiz mit Zeugnissen der kulturellen und historischen Entwicklung des Wallis seit dem 4. nachchristlichen Jahrhundert. Das Museum wird zur Zeit renoviert und bleibt voraussichtlich bis Ende 1992 geschlossen; ✆ 027/21 69 22

Sion, Kantonales Kunstmuseum: Hauptsächlich Gemälde aus dem Wallis oder über das Walliser Leben und seine Landschaft. Schwerpunkte sind die Sammlungen von Raphael Ritz und Raphy Dallèves; Dienstag bis Sonntag 10.00–12.00 und 14.00–18.00 oder 15.00–19.00; ✆ 027/21 69 02

Sion, Archäologisches Museum des Kantons: Vorgeschichte und Römerzeit; Stelensammlung, Kopien der in Octodurus (Martigny) gefundenen Bronzen; Dienstag bis Sonntag 10.00–12.00 und 14.00–18.00 (19.00); ✆ 027/21 69 16

Zermatt, Alpines Museum: Dokumente über die Eroberung der Alpen und die Erschließung des Mattertales, heimatkundliche Kunst- und Kulturgegenstände; Januar–April, Juni–14. Oktober und 16.–31. Dezember 16.00–18.00; ✆ 028/67 41 00

Weitere kleinere Museen gibt es in Isérables, Monthey, Plan-Cerisier, Saas-Fee, Saxon, Villette, Vissoie und Zinal. Während die größeren Museen festgelegte Öffnungszeiten haben, muß man sich bei den kleineren Sammlungen mit dem Konservator absprechen. Die Verkehrbüros können Auskünfte geben, an wen man sich wenden muß. Bei den Pfarrreimuseen wendet man sich am besten gleich an den Pfarrer oder Vikar.

Post (PTT)

Selbst die kleinste Gemeinde hat ein Postbüro, das man leicht an einem großen roten Schild mit der Ortsbezeichnung in weißer Schrift erkennt. Die Öffnungszeiten sind nicht einheitlich: je kleiner das Dorf, desto kürzer ist die Öffnungszeit des Postbüros. Das kann so weit gehen, daß der Schalter morgens und nachmittags nur je zwei Stunden geöffnet ist.

Postbusse stellen den Personenverkehr und oft auch den Güterverkehr bis ins hinterste Bergtal sicher und verkehren nach einem regelmäßigen Fahrplan, der an den Postbüros angeschlagen ist.

Schweizer Alpen-Club (SAC)

Der vor rund hundert Jahren gegründete Alpen-Club hat im Laufe seiner Entwicklung in den Alpen zahlreiche Clubhütten erstellt, die auch jenen Bergsteigern und Hochwanderern zur Verfügung stehen, die nicht Mitglied des SAC oder eines anderen Alpenvereins sind. Die Übernachtungsgebühren in den Clubhütten sind für Clubmitglieder – im allgemeinen auch für Angehörige ausländischer Bergclubs – bedeutend günstiger als für Nichtmitglieder. Denken Sie daran, Ihre Mitgliedskarte mitzunehmen.

Viele SAC-Hütten haben während der Saison Wirte, die dem Wanderer Verpflegung bieten. Von den SAC- und einigen anderen Berghütten aus läßt sich im Notfall der Bergrettungsdienst herbeirufen, was eine recht kostspielige Sache sein kann. Eine entsprechende Versicherung ist für Bergsteiger und Wanderer mit Hochtouren-Ambitionen sicher kein Luxus.

Die SAC-Hütten sind überwiegend an exponierten Stellen gebaut, bieten unvergleichliche Aussichten in die gewaltigsten Bergriesen hinein und werden als »Basislager« für Kletter- und Gletschertouren benützt. Die meisten dieser Hütten kann man nur aus eigener Kraft erreichen.

Ein illustriertes »Clubhütten-Verzeichnis« mit Schweiz-Karte versendet gegen Gebühr der:
Schweizer Alpen-Club SAC
Helvetiaplatz 4, 3005 Bern

Sprachen

Das Wallis ist bekanntlich zweisprachig, und zwar deutsch und französisch. Die Sprachgrenze hat sich im Laufe der Zeit immer wieder verschoben. Mittel- und Unterwallis sind heute französischsprachig, im Oberwallis wird ein aus dem Alemannischen übernommener deutscher Dialekt gesprochen.

Während vor gut 100 Jahren Sierre (Siders) und Sion (Sitten) deutschsprachiges Gebiet waren, verläuft die Sprachgrenze heute zwischen Leuk und Sierre; die große Weinbaugemeinde Salgesch könnte man demzufolge als zweisprachig bezeichnen. Sehr viele Welschschweizer (französischsprachige) verstehen und sprechen mehr oder weniger gut deutsch, aber ein Großteil

von ihnen weigert sich standhaft, mit den Besuchern auch nur ein Wort deutsch zu sprechen. Die Abneigung gegen die deutsche Sprache hängt damit zusammen, daß die deutsche Schweiz wirtschaftlich, politisch und kulturell sehr viel stärker und einflußreicher ist als die französische und die Welschschweizer dieses Übergewicht auch immer wieder und auf gar nicht sehr feinfühlige Art zu spüren bekommen. Wenn der Besucher aber auch nur wenige Brocken Französisch spricht, wird er im Wallis schnell merken, daß er mit den welschen Einwohnern sehr gut auskommen kann. Also bitte keine Angst vor der Sprachbarriere.

Straßen und Straßenzustand

Die Schweiz und damit auch das Wallis hat ein vorzügliches Straßennetz, das kaum noch Wünsche offenläßt. Alle bewohnten Täler sind erschlossen und werden nach Möglichkeit ganzjährig offen gehalten. Naturstraßen, die dem öffentlichen Verkehr dienen, sind völlig verschwunden, und die Beläge weisen gute Teerdecken auf, die allerdings im Frühjahr oft beträchtliche Frost- und Witterungsschäden zeigen. In der schneefreien Zeit hat auch der bergungewohnte Besucher keine Mühe und Probleme, die abgelegensten und verschlungensten Sträßchen zu befahren. Die einzige Schwierigkeit besteht nicht selten in der geringen Breite der Trassen, die das Passieren von zwei Fahrzeugen nicht erlaubt. Ausweichplätze in regelmäßigen Abständen sorgen aber dafür, daß ein relativ reibungsloser Verkehr gewährleistet ist. Man sollte sich im Gebirge angewöhnen, möglichst weit voraus zu schauen, damit ein sich näherndes Fahrzeug früh genug bemerkt wird.

Im Winter sind die Hauptverkehrsstraßen gut, aber nicht schwarz geräumt (Ausnahme: Kantonsstraße im Rhonetal über weite Strecken). Die Nebenstraßen sind zwar auch gepflügt, aber durch den aufgetürmten Schnee noch schmaler als im Sommer. Auf alle Fälle sollte das Fahrzeug technisch in tadellosem Zustand und mit den bestmöglichen Reifen versehen sein. Sommerreifen im winterlichen Gebirge sind unverantwortlicher Leichtsinn und ebensowenig angebracht wie Bremsen, die nicht voll funktionstüchtig sind, oder eine Lenkung mit zuviel Spiel.

Suonen/Bisses

Wer im Ober- und Mittelwallis wandert oder mit dem Auto in Seitentäler hineinfährt, wird zahllose kleine Rinnsale bemerken, die sich wie ein großes Netz über Wiesen, Matten und Weinberge ergießen. Diese oft nur armdicken Kanäle sind durchwegs künstlich angelegte Bewässerungssysteme, die seit 600 und mehr Jahren gebaut und von Wasserwarten unterhalten werden. Im Oberwallis heißen diese Kanäle Suonen, im französischsprachigen Kantonsteil Bisses.

Was der normale Wanderer sieht, sind lediglich die untersten und ungefährlichen Teile der Suonen. Dort aber, wo das Wasser gefaßt wird, hoch oben in den Gletscherregionen und in den wild zerklüfteten Schluchten, ist die Gefahr groß, in fast bodenlose Tiefe abzustürzen und das Leben zu verlieren. Bei den Gletschern und Wildbächen auf 2000 m und höher wurde das Wasser gefaßt und in hölzerne Rinnen geleitet.

Diese von Hand gearbeiteten Kännel (Rinnen, Traufen) wurden mittels genialer Holzkonstruktionen über Felsbänder und durch Schluchten geführt. Haben die Wasser erst einmal die Matten und Weiden erreicht, werden sie nach einem seit Generationen eingespielten Plan mittels Holz-, Stein- oder Metallschiebern auf die verschiedenen Grundstücke geleitet. Diese Schieber, die heute noch genauso aussehen wie im Mittelalter, werden nach einer genau festgelegten Zeit umgesteckt, und die Wasser fließen dann auf andere Grundstücke. Heute werden zahlreiche Suonen zwar wie seit Generationen benützt, aber das Wasser wird nicht mehr mit Holzkänneln talwärts geleitet, sondern in Plastikrohren und mittels leistungsfähiger Pumpen gefaßt und weitergeleitet. Die »Walliser Vereinigung für Wanderwege« und der Walliser Verkehrsverband in Sitten haben eine Broschüre (siehe Literaturverzeichnis) publiziert, die 20 lohnende Suonenwanderungen vorstellt.

Unterkünfte

Die durchschnittliche Bettenbesetzung beträgt, auf das ganze Jahr bezogen, 40–45 %. In den Ferienmonaten Juli/August und Februar sowie über die Weihnachts- und Osterfesttage steigt sie aber oft auf gegen 100 %, und in den bekannten und beliebten Ferienorten sind das hinterste Lager und der letzte Zeltplatz besetzt. Mancherorts muß sich der Besucher 8–10 Monate vor Urlaubsbeginn eine Unterkunft reservieren lassen!

Außerhalb der Saison ist es hingegen kein Problem, Bett und Verpflegung zu bekommen, sieht man davon ab, daß zahlreiche Hotels und Pensionen von April bis Mai und/oder von Ende Oktober bis Mitte Dezember ihre Tore schließen. Gerade in den Winterkurorten ist das oft der Fall.

Im Oberwallis ab Brig sowie in den deutschsprachigen Seitentälern besteht sehr oft die Möglichkeit, ein Zimmer nur für eine Nacht zu mieten, was für Transitreisende angenehm und billiger als eine Hotelunterkunft ist. In den französischsprachigen Gebieten des Kantons fehlt diese Unterkunftsmöglichkeit nahezu vollständig – ja, es ist sogar schwierig, eine Ferienwohnung zu finden. Im Wallis gibt es zudem auf manchen Campingplätzen die Möglichkeit, für kürzere oder längere Zeit einen Wohnwagen oder ein kleines Haus zu mieten. Aber auch hier gilt: lange genug im voraus buchen.

Zu den Unterkunftspreisen ist zu sagen: sie sind keineswegs unangemessen hoch und zudem seit Jahren nur ganz gering gestiegen. Das hängt einerseits mit dem »harten« Schweizerfranken zusammen, andererseits mit der geringen jährlichen Inflation, die im Schnitt der letzten Jahre unter 5 % lag. Die Schweiz als jahrhundertealtes und erfahrenes Touristenland darf ohne falsche Bescheidenheit behaupten, daß es in Europa kaum ein anderes Land gibt, bei dem das Preis-Leistungsverhältnis besser stimmt als bei ihr. Hotellerie und Gastgewerbe genießen weltweit einen exzellenten Ruf, und die Verantwortlichen stellen sich auf den Standpunkt, daß Qualität ihren Preis hat und haben muß.

Veranstaltungen

Der Walliser Verkehrsverband in Sitten gibt jedes Jahr eine Veranstaltungsliste heraus, in der jedoch nur die wichtigsten Anlässe geführt werden und hier wieder vor allem jene, die mehr oder weniger regelmäßig durchgeführt werden und überlokale Bedeutung haben. Für kleinere Veranstaltungen konsultiert man mit Vorteil das örtliche Verkehrsbüro. Nachfolgend einige größere Anlässe im Ablauf des Jahres.

Januar	Anzère: Curling-Meisterschaft – Blatten/Belalp: Hexenabfahrt – Crans-Montana: Schweizer Grand-Prix Open Air im Curling – Zermatt: Nachtlanglauf durch das Dorf.
Februar	Während des ganzen Monats finden Fasnachtsveranstaltungen mit Maskenbällen etc. statt, u. a. in: Brig, Sierre, Sion, Verbier, Zinal. Im Lötschental rumoren die »Tschäggätten«, die riesigen Holzmasken.
März	Crans-Montana: Bridge-Meisterschaften, Schlittenhunderennen – Leukerbad: Internationales Skirennen – Visp: Frühjahrs-Ausstellung.
April	Martigny: Jahrmarkt – Leukerbad: Langlauf-Cup – Sion: Frühlingsmesse – Zermatt: Frühlings-Skihochtouren – Grimentz: Eiersuchen zu Ostern – Kuhkämpfe an verschiedenen, jährlich wechselnden Orten im Wallis.

Mai	Kuhkämpfe an wechselnden Orten – Bovernier: Musikfestival – Frühjahrsmärkte.
Juni	Grimentz: Fronleichnamsprozession – Lötschental: Prozession der Herrgottsgrenadiere – Saas-Fee: Bergführerfest – verschiedene Fronleichnamsumzüge, u.a. in: Brig, Fiesch, Saas-Fee, Sierre und Zermatt. Ende Juni zahlreiche Kuhkämpfe und Alpaufzüge.
Juli	Folkloreabende und Dorffeste, u.a. in: Evolène, Leukerbad, Martigny, Sierre, Val d'Illiez. – Sion: Internationale Orgelfestspiele in der Valeriakirche.
August	1. August: Schweizer Bundesfeier in praktisch allen Dörfern mit Höhenfeuern, Feuerwerk und Lampionumzügen. Überall Mittsommerfeste, Älplerfeste, Schäferfeste – Lötschental: Prozession der Herrgottsgrenadiere, Dankgottesdienst – Grimentz: Musikfest und Blumenwettbewerb.
September	Crans-Montana: Internationales Curling-Sommerturnier – Lötschental: Parade der Herrgottsgrenadiere – verschiedene Erntedankfeste – Martigny: Herbstmesse – Riederalp: Schafscheid (Schafe der verschiedenen Besitzer werden nach dem gemeinsam verbrachten Alpaufenthalt im Herbst voneinander getrennt) mit Folklore (Jodeln, Fahnenschwingen, Trachtenumzüge, Prozessionen) und Volksmusik.
Oktober	Verschiedene Folkloreabende – im Unter- und Mittelwallis Weinlese und Weinfeste – Herbstmärkte mit Viehschauen, Gemüse- und Obstpräsentation.
November	Leukerbad: Curlingturniere – Sierre: St. Katharinamarkt – Visp: St. Martinsmarkt – weitere Martinimärkte an verschiedenen Orten.
Dezember	Verschiedene Nikolausumzüge – Martigny: Speckmarkt – Grächen, Lötschental, St. Nikolaus u.a.: Neujahrssingen.

Wandervorschläge

Zermatt – Riffelalp – Riffelberg – Rotenboden – Gornergrat

Von Zermatt (1606 m) bis Winkelmatten (1672 m) hat der Wanderer die Wahl, rechts oder links der Vispa zu gehen. Der Weg am rechten Vispa-Ufer zweigt in Zermatt beim Murmeltierbrunnen links ab und führt am Friedhof vorbei über die Vispa bis nach Winkelmatten (hübsche Kapelle von 1607, der Hl. Familie geweiht). Der linke Uferweg führt über die erste Brücke hinter dem Dorf. Von Winkelmatten geht der Weg weiter zum Findelnbach und durch einen Wald

356

zur Riffelalp (2211 m). Bei einem Brand 1961 wurde das von Alexander Seiler errichtete Berggasthaus vernichtet. Heute steht auf der Riffelalp ein Restaurant neben der anglikanischen und der katholischen Kapelle und den alten Wirtschaftsgebäuden. Am Hotel Riffelberg (2566 m) vorbei gelangt man auf weniger steilem Weg zum Rotenboden (2815 m). Ganz nah sieht man hier das Riffelhorn, den »Kletterberg« von Zermatt. Einen letzten Kraftakt fordert der Aufstieg zum Gornergrat (3135 m), den man ca. 4½ bis 5 Stunden nach dem Aufbruch in Zermatt erreicht. Oberhalb der Endstation der Gornergratbahn steht ein – gelinde gesagt – etwas auffallendes Hotel und in dessen Nähe die den Hll. Mauritius, Theodul und Bernhard geweihte kleine Kapelle von 1950. Großartig ist hier oben die Aussicht, in erster Linie natürlich auf das Matterhorn und zahlreiche Viertausender. Nach unten blickt man auf das weiße Band des Gornergletschers. Für den Weg zurück ins Tal empfiehlt sich die Bahn oder der Abstieg an den kleinen Seen Obere und Untere Kelle und dem Grünsee vorbei zum Hotel Findelngletscher und zur Riffelalp.

Saas-Grund – Saas-Fee – Gletscheralp – Spielboden – Längfluh

Saas-Grund (1559 m) ist Hauptort der Talschaft Saas. Von dort führt der Kapellenweg in ca. 1½ Std., vorbei an 15 kleinen Kapellen, in denen die Geheimnisse des Rosenkranzes dargestellt sind, nach Saas-Fee. Hinter der Wallfahrtskapelle Zur Hohen Stiege (1687 m) von Anton Ruppen liegt Saas-Fee. Vorbei am Hotel Saaser Hof und

am linken Vispa-Ufer entlang führt der Weg zum Fuß der Gletschermoräne (Alternative ist der Weg über Chalbermatten). Zwischen den Ausläufern des Feengletschers liegt die Gletscheralp. Über Wiesen und durch ein Murmeltierschutzgebiet erreicht man den Spielboden (2452 m), Umsteigestelle der Luftseilbahn mit Restaurant. Weiter aufwärts geht es über von Gletschern polierte Felsen zur Längfluh (2870 m), die man ca. 4 Stunden nach dem Aufbruch in Saas-Fee erreicht. Von der Längfluh aus bietet sich ein herrlicher Blick in die Gletscherwelt und auf einige Viertausender. Rückweg per Seilbahn oder Abstieg auf der gleichen Route.

Der Lötschtaler Höhenweg

Von der Häusergruppe der Fafleralp (1788 m) führt ein leichter Weg hinauf zur Tellialp (1865 m), vorbei am romantischen Schwarzsee. Ca. 2 Stunden nach Aufbruch erreicht man die Weritzalp (2111 m), gegenüber dem Bietschhorn (3934 m). Die folgende Lauchernalp (2105 m) ist die größte Alp im Lötschental. Auf dem weiteren Weg zur Hokkenalp (2051 m) sieht man links unter sich Kippel, den Hauptort des Lötschentales. Es folgen die Kummenalp (2083 m), die Restialp (2092 m) und die Feldumalp (2005 m). Von hier wählt man entweder den angenehmen Abstieg nach Ferden oder die steile Route über Hasellehn nach Goppenstein.

Die Wanderung läßt sich auch in umgekehrter Richtung durchführen. Die Gesamtwanderzeit beträgt 6 bis 8 Stunden. Die Tour läßt sich jederzeit abkürzen, da alle Alpen über gute Wege mit dem Tal verbunden sind.

Evolène – Villa – Col-de-Torrent – Grimentz

Kurz nach dem Dorfausgang von Evolène (1371 m) in Richtung Les Haudères führt der Weg nach links in Serpentinen hinauf bis nach Villa (1742 m). Nordwestwärts geht es weiter über die Maiensässe. Auf der Alp Cotter beachte man vor der Hütte »Mayens-Blancs« die sieben Steine mit eingeritzten Zeichen und Schalen, wie man sie aus Nordfrankreich und Schottland kennt. Nach der Alp Cotter wird der Weg steiler, je näher man dem Paß kommt. Vom Col-de-Torrent (2918 m) hat man diesseits einen wunderbaren Blick auf das obere Val d'Hérens mit den Tälern von Arolla und Ferpècle und die imposante Bergwelt. Jenseits liegt das Val d'Anniviers mit den womöglich noch eindrucksvolleren Gipfeln und Gletschern. Vom Weg ins Tal von Moiry erblickt man den See von Autannes und noch tiefer den von der Gongra gebildeten Lac-de-Moiry, einen Stausee. Der Talgrund ist gekennzeichnet durch riesige, herabgestürzte Stein- und Felsblöcke. Der größte ist der »Märtyrerstein«. Von Grimentz (1572 m) aus kann man mit dem Postbus weiterfahren.

Zinal – Petit-Mountet – SAC-Hütte Mountet

Hinter dem Maiensässweiler Zinal (1675 m) überquert man die Navisence und erreicht die Ebene von Barma, die den unteren Teil der großen Alpe-de-la-Lé bildet. Die Ebene von Barma ist ein riesiger, von der Navisence gebildeter Schuttkegel. Ganz Zinal steht auf Schuttkegeln, die die Wildbäche, die von

den Diablons herunterstürzen, aufgeschüttet haben. Bevor man in der Schlucht von Vichieso den Fluß nochmals überquert, kann man einen Blick auf den schneeweißen Rothorngrat werfen. Etwas oberhalb des Wanderweges finden sich noch Spuren eines früheren Kupferbergwerkes. Nach der Hütte von Vichieso durchquert man einen Wald und erreicht den Rand der großen Moräne, die der Zinalgletscher einst hier ablagerte. Dem Moränenkamm folgend, gelangt man zu dem kleinen Berggasthof (mit Matratzenlager) Petit Mountet (2142 m), ca. 1½ bis 2 Stunden nach Zinal. Bis hierhin war die Wanderung ein Spaziergang, weiter empfiehlt es sich nur für Schwindelfreie auf dem rechts und links z. T. steil abfallenden Moränenkamm entlang. Man überquert den Zinal-Gletscher in südöstlicher Richtung und verläßt ihn wieder genau unterhalb der SAC-Hütte Grand-Mountet (2652 m). Ca. 5 Stunden nach dem Aufbruch in Zinal erreicht man die Hütte über eine von Gletschern abgeschliffene Erhebung. Grand-Mountet ist Ausgangspunkt für zahlreiche Gipfeltouren und Paßwanderungen. Aber auch eine Tour ›nur‹ bis zur Hütte lohnt sich, da die Aussicht in die umliegende Gletscher- und Bergwelt einmalig ist.

Sion – Bramois – Longeborgne – Nax

Ausgangspunkt dieser kleinen Wanderung ist der Bahnhof in Sion (491 m), von dem aus man den Weg nach Bramois nimmt. Bramois (511 m) liegt auf der Spitze eines sanft abfallenden, von der Borgne gebildeten Schuttkegels. In Bramois bleibt man bis kurz nach der Brücke auf der Straße, die ins

Eringertal führt, verläßt diese aber bald wieder und wandert auf einem uralten, z. T. beschwerlichen Weg durch die Weinberge bis zur Einsiedelei von Longeborgne, die versteckt in den Felsen der Borgne-Schlucht liegt. Ein kleiner Pfad führt wieder auf den Weg nach Nax, den man oberhalb der Einsiedelei erreicht. Man wandert durch Fichten- und Birkenwälder und die Wiesen von Villetta, bis man, ca. 3 Stunden nach dem Aufbruch, bei La Crêta den Dorfeingang von Nax erreicht. Nax (1263 m) liegt auf einem Hochplateau aus Gips- und Kalkfelsen in einer Doline, einem weiten Trichter, der vor langer Zeit durch den Zusammenbruch einer unterirdischen Höhle entstanden ist.

Brig – Glis – Brigerbad – Lalden – Visp

Die Wanderung beginnt am Hauptbahnhof in Brig (678 m). Man geht über die Saltinabrücke und weiter die Kantonsstraße entlang in Richtung Glis, das man bereits nach 15 bis 20 Minuten erreicht. Man benutzt die neben der Seilbahnstation Mund gelegene Bahn- und Rhone-Überführung und wandert auf dem rechten Rhoneufer ca. 1 km weiter, bis man auf einem breiten Weg durch die Wiesen nach Brigerbad (654 m) abbiegt. Von Brigerbad besteht die Möglichkeit, zur Lötschberg-Südrampe zu wandern. Wer weiter im Rhonetal bleiben möchte, folgt dem Kanal durch das Weinbau- und Bauerndorf Lalden (649 m). Weiter geht es die Rhone entlang bis nach Visp. Durch eine Unterführung bei den Lonza-Werken gelangt man zum Bahnhof von Visp.

Simplon-Dorf – Furggu – Zwischbergen – Gondo

Von Simplon-Dorf (1472 m) aus führt die Straße in südlicher Richtung abwärts. Bei der großen Schlaufe verläßt man die Straße, überquert den Lagginbach und trifft auf den Weg, der von Gabi herkommt. Ca. 2 Stunden nach Aufbruch erreicht man die Furggu (1872 m) und hat bald einen herrlichen Blick ins Tal von Zwischbergen. Dieses Tal besitzt eine einzigartige Flora mit ausgedehnten Mischwäldern aus Weißtannen, Lärchen und Buchen. Die gesamte Flora der Simplon-Südseite unterscheidet sich, infolge der wesentlich höheren Niederschläge, stark von der Pflanzenwelt des Rhonetales. Nach Süden wandert man den Hang des Zwischbergentales entlang bis zur Gmeinalp (1851 m), die man nach ca. 4 Stunden erreicht. Besonders hier bietet sich eine phantastische Sicht auf Weißmies, Portjengrat und den Zwischbergengletscher. Über Zwischbergen (1359 m), wo man nach ca. 5½ Stunden ankommt, steigt man weiter hinunter nach Gondo (855 m). Der Abstieg am Fluß entlang ist besonders zu empfehlen. Bei Hof erkennt man die Ruinen der alten Goldgräbermine, die zur Zeit Kaspar Stockalpers ausgebeutet wurde. Obwohl Gondo, vor allem im Sommer, eine stark befahrene Durchgangsstation ist, ist die Gemeinde sehr klein: 1981 zählte sie, zusammen mit Zwischbergen, nur 176 Einwohner.

Martigny – Saillon – Saxon

Eine recht gemütliche Wanderung durchs Rhonetal. Vom Hauptplatz in Martigny (467 m) wandert man an der gedeckten

Holzbrücke über die Drance und dem Turm von La Batiâz vorbei zur neuen Drance-Brücke. Auf dem rechten Drance-Ufer sind noch einige Reste der Pappel-Allee zu finden, die einst Martigny und Charrat verband. Unterhalb des Felsens von Follatères mündet die Drance in die Rhone. Der Weg führt auf dem Rhonedamm entlang bis zur Brücke von Branson (461 m) und weiter durch die Weinbaudörfer der Großgemeinde Fully, u. a. Châtaignier und Saxé, (am 18.11.1939 von einem Bergsturz zur Hälfte zerstört), weiter Mazembroz und Bendon. Vorbei an einem 1936 freigelegten römischen Friedhof erreicht man in der Landwirtschaftsdomäne von La Sarva die Gemeinde Saillon. Die hohe Felswand aus Sedimentgestein zieht sich von Saillon bis zur Dent-de-Morcles. Saillon, von den Herzögen von Savoyen im 13. Jh. zur Festung ausgebaut, ist der besterhaltene Ort der Schweiz aus jener Zeit. Weiter führt der Weg durch das Rhonetal bis nach Saxon, das man nach ca. 4½ Std. erreicht.

Wetter und Reisezeit

Durch seine Lage zwischen zwei bis zu 4000 m hohen Bergketten hat das Wallis eine Art Mikroklima, d. h. Wetterbedingungen, die sich von jenen der übrigen Schweiz grundsätzlich abheben. Während das Unterwallis bis Martigny ›normale‹ Klimabedingungen kennt, d. h. das im schweizerischen Mittelland übliche Westwindwetter aufweist, sind das Mittel- und Oberwallis inneralpine Trockengebiete, die zu den heißesten und niederschlagärmsten der Schweiz zählen. Es gibt Landstriche im oberen Wallis, die pro Jahr nur 600 mm Regen

und Schnee messen und damit Werte erreichen, die unter jenen der ›Sonnenstube Tessin‹ liegen. Das Walliser Wetter wird stark von den im Süden herrschenden Lagen bestimmt, und die meteorologischen Berichte des schweizerischen Wetterdienstes fassen die Alpensüdseite, das graubündnerische Engadin und das Wallis meist zu einer Einheit zusammen. Berühmt ist der Kanton dafür, daß er auch in geringen Höhenlagen nur wenige Nebeltage kennt. Vor allem in den Herbstmonaten von Ende Oktober bis Anfang Dezember, wenn sich tage- und wochenlang eine geschlossene Nebeldecke über dem Mittelland staut, ist das Wallis eine unvergleichlich schöne Sonneninsel. Das gilt auch für die Wintermonate: die berühmten Skigebiete wie Haute Nendaz, Thyon 2000, Verbier, Zinal, Crans-Montana, Leukerbad, Grächen, Saas-Fee, Zermatt, Bel-, Rieder- und Bettmeralp und das Goms sowie das Lötschental haben einerseits eine sehr hohe Sonnenscheindauer, andererseits eine fast absolute Schneesicherheit. Klimatisch zählen die Frühlingsmonate zur schönsten Zeit im Wallis. Im Rhonetal blühen dann Aprikosen und Birnen, während die höheren Lagen noch phantastische Schneeverhältnisse bieten und Skiwanderungen überaus lohnend sind, weil die Tage länger und wärmer werden. Im Juli und August kann es im Wallis manchmal fast unerträglich heiß sein, und die grünen Wiesen verfärben sich bereits. Die sommerlichen Ferienmonate sollte man daher nicht unbedingt in den tieferen Lagen verbringen, sondern in Gebieten ab etwa 1000 m über dem Meer. Jede Jahreszeit hat ihre Vor- und Nachteile, aber man darf davon ausgehen, daß es keine gibt, die sich für einen Wallisbesuch nicht eignet.

Abbildungs- und Quellennachweis

Gesellschaft für Schweizerische Kunstgeschichte, Basel: S. 113.

Hoorick, Edmond van, Richterswil: S. 186, 187, 197, 206 f.

Schweizerischer Burgenverein (Hg.): Donnet/Bondel: Burgen und Schlösser im Wallis, Zürich 1963: S. 110, 122, 147, 161, 240, 241, 247.

Schweizerische Verkehrszentrale, Zürich: S. 34, 116, 226, 243, 250, 275, 300.

Alle übrigen Fotos von Willi Dolder oder aus den Archiven der Autoren und des Verlages.

Autoren und Verlag danken folgenden Antiquariaten, Kunsthandlungen und Institutionen, die bei der Beschaffung von historischem Bildmaterial behilflich waren:

Antiquariat O. Buchholz, Köln: S. 47, 167, 302, 324.
Antiquariat J. Höfs, Köln: S. 33.
Kunsthandlung Goyert, Köln: S. 322.
Rheinisches Bildarchiv, Köln: S. 35, 150.
Universitätsbibliothek Köln: S. 224, 246, 274.

Den Abdruck der Sage aus dem Lötschental (S. 282 f.) gestattete freundlicherweise die »Editions des Terreaux«, Lausanne.

Die Darstellungen auf S. 10 und S. 14 sind folgendem Werk entnommen: Peter Bumann, *Der Verkehr am Simplon. Ein Beitrag zur verkehrsgeographischen Entwicklung und Bedeutung der Alpentraversen, gezeigt am Beispiel des Simplons* (Visp 1974). Den Abdruck gestattete freundlicherweise Verlag Neue Buchdruckerei Visp AG.

Die Grafik auf S. 31 stammt aus: *Die Schweiz und ihre Gletscher* (Bern, Kümmerly & Frey 1979). Den Abdruck gestattete freundlicherweise die Schweizerische Verkehrszentrale in Zürich.

Karten: DuMont Buchverlag

Register

Personen

Orte

Autoren und Verlag bemühen sich darum, die Praktischen Reiseinformationen aktuell zu halten, können aber keine Gewähr für die Richtigkeit jeder einzelnen Angabe übernehmen – Anschriften wie Telefonnummern, Öffnungszeiten wie Währungskurse etc. ändern sich oft kurzfristig. Wir bitten um Verständnis und werden Korrekturhinweise gerne aufgreifen (DuMont Buchverlag, Postfach 10 04 68, 5000 Köln 1).

Bitte beachten Sie auch folgende Veröffentlichungen aus unserem Verlag:

Die Schweiz

Zwischen Basel und Bodensee – Französische Schweiz – Das Tessin – Graubünden – Vierwaldstätter See – Berner Land – Die großen Städte
Von Gerhard Eckert. 328 Seiten mit 36 farbigen und 131 einfarbigen Abbildungen, 94 Zeichnungen und Plänen, 28 Seiten praktischen Reisehinweisen, Register
(DuMont Kunst-Reiseführer)
»Auf sechs Routen führt dieser Band den Kunstfreund durch die verschiedenen Regionen der Schweiz, wählt aus der Fülle des Gebotenen die wichtigsten Ortschaften aus und beschreibt deren Kirchen, Profanbauten und Museen, in denen die Eigenart einer jeden Kunstlandschaft besonders deutlich wird.« *Frankfurter Allgemeine Zeitung*

»Richtig reisen«: Die Schweiz und ihre Städte

Von Antje Ziehr. 317 Seiten mit 50 farbigen und 183 einfarbigen Abbildungen, 36 Zeichnungen und Karten, 45 Seiten praktischen Reisehinweisen
»Das Buch enthält für den Besucher der Schweiz neben detaillierten Beschreibungen der wichtigsten Städte noch eine Fülle von Informationen. Da fehlen selbst Hinweise auf Autoverladung durch Alpentunnels, Pannendienst und bargeldlose Ferienorte nicht.« *Die Welt*

»Richtig reisen«: Wallis

Von Antje Ziehr. 376 Seiten mit 55 farbigen und 254 einfarbigen Abbildungen, 16 Zeichnungen, 8 Plänen, 29 Seiten praktischen Reisehinweisen, Register
»Das Buch vermittelt einen gründlichen Einblick in die Geschichte der Gegenwart und – als praktischer Reisebegleiter – sämtliche Informationen.« *Wiesbadener Tagblatt*

»Ein mit viel Liebe und Sachkenntnis zusammengestelltes Buch, das kaum touristische Fragen offen läßt.« *Münchner Merkur*

Tessin

Kunst, Landschaft und Natur zwischen Gotthard und Campagna Andorna
Von Gisela Loose und Rainer Vogt. Etwa 350 Seiten mit etwa 40 farbigen und etwa 120 einfarbigen Abbildungen, etwa 100 Karten und Plänen, praktischen Reisehinweisen, Glossar und Register (DuMont Kunst-Reiseführer) Erscheint April 1986

Der geographisch gegliederte Band möchte die Augen für das ›andere Tessin‹ öffnen und den Besucher auf Wegen abseits des Touristenstroms begleiten.

DuMont Kunst-Reiseführer

Der Jemen Nord- und Südjemen. Antikes und islamisches Südarabien

Jordanien Völker und Kulturen zwischen Jordan und Rotem Meer

Jugoslawien Kunst, Geschichte und Landschaft zwischen Adria und Donau

Karibische Inseln Westindien. Von Cuba bis Aruba

Kenya Kunst, Kultur und Geschichte am Eingangstor zu Innerafrika

Luxemburg Entdeckungsfahrten zu den Burgen, Schlössern, Kirchen und Städten des Großherzogtums

Malaysia und Singapur Dschungelvölker, Moscheen, Hindutempel, chinesische Heiligtümer und moderne Stadtkulturen im Herzen Südostasiens

Malta und Gozo Die goldenen Felseninseln – Urzeittempel und Malteserburgen

Marokko – Berberburgen und Königsstädte des Islam Ein Reisebegleiter zur Kunst Marokkos

Mexiko Ein Reisebegleiter zu den Götterburgen und Kolonialbauten Mexikos

Mexico auf neuen Wegen Ein Reisebegleiter zu präkolumbischen Kultstätten und Kunstschätzen

Namibia und Botswana Kultur und Landschaft im südlichen Afrika

Nepal – Königreich im Himalaya Geschichte, Kunst und Kultur im Kathmandu-Tal

Österreich
Das Burgenland Land der Störche und der Burgen: Kultur, Landschaft und Geschichte zwischen Ostalpen und Pußta
Kärnten und Steiermark Vom Großglockner zum steirischen Weinland
Salzburg, Salzkammergut, Oberösterreich Kunst und Kultur auf einer Alpenreise vom Dachstein bis zum Böhmerwald
Tirol Nordtirol und Osttirol. Kunstlandschaft und Urlaubsland an Inn und Isel
Vorarlberg und Liechtenstein Landschaft, Geschichte und Kultur im ›Ländle‹ und im Fürstentum
Wien und Umgebung Kunst, Kultur und Geschichte der Donaumetropole

Pakistan Drei Hochkulturen am Indus. Harappa – Gandhara – Die Moguln

Papua-Neuguinea Niugini. Steinzeit-Kulturen auf dem Weg ins 20. Jahrhundert

Polen Geschichte, Kunst und Landschaft einer alten europäischen Kulturnation

Portugal Vom Algarve zum Minho
Madeira Kultur und Landschaft auf Portugals ›Blumeninsel‹ im Atlantik

Rumänien Schwarzmeerküste – Donaudelta – Moldau – Walachei – Siebenbürgen: Kultur und Geschichte

Die Sahara Mensch und Natur in der größten Wüste der Erde

Sahel Senegal, Mauretanien, Mali, Niger Islamische und traditionelle schwarzafrikanische Kultur zwischen Atlantik und Tschadsee

Schweiz
Die Schweiz Zwischen Basel und Bodensee · Französische Schweiz · Das Tessin · Graubünden · Vierwaldstätter See · Berner Land · Die großen Städte
Tessin Kunst und Landschaft zwischen Gotthard und Campagna Adorna
Das Wallis Der Südwesten der Schweiz

Skandinavien – Dänemark, Norwegen, Schweden, Finnland Kultur, Geschichte, Landschaft

Sowjetunion
Georgien und Armenien Zwei christliche Kulturlandschaften im Süden der Sowjetunion
Moskau und Leningrad Kunst, Kultur und Geschichte der beiden Metropolen, des ›Goldenen Ringes‹ und Nowgorods
Sowjetischer Orient Kunst und Kultur, Geschichte und Gegenwart der Völker Mittelasiens

Spanien
Die Kanarischen Inseln Inseln des ewigen Frühlings: Teneriffa, Gomera, Hierro, La Palma, Gran Canaria, Fuerteventura, Lanzarote
Katalonien und Andorra Von den Pyrenäen zum Ebro. Costa Brava – Barcelona – Tarragona – Die Königsklöster
Mallorca – Menorca Ein Begleiter zu den kulturellen Stätten und landschaftlichen Schönheiten der großen Balearen-Inseln
Nordwestspanien Landschaft, Geschichte und Kunst auf dem Weg nach Santiago de Compostela
Spaniens Südosten – Die Levante Die Mittelmeerküste von Amposta über Valencia und Alicante bis Cartagena
Südspanien für Pferdefreunde Kulturgeschichte des Pferdes von den Höhlenmalereien bis zur Gegenwart. Geschichte der Stierfechtkunst

Sudan Steinerne Gräber und lebendige Kulturen am Nil

Südamerika: präkolumbische Hochkulturen Kunst der Kolonialzeit. Ein Reisebegleiter zu den Kunststätten in Kolumbien, Ekuador, Peru und Bolivien

Südkorea Kunst und Kultur im Land der ›Hohen Schönheit‹

Syrien Hochkulturen zwischen Mittelmeer und Arabischer Wüste

Thailand und Burma Tempelanlagen und Königsstädte zwischen Mekong und Indischem Ozean

Tschechoslowakei Kunst, Kultur und Geschichte im Herzen Europas

Tunesien Karthager, Römer, Araber

Türkei
Istanbul Bursa und Edirne. Byzanz – Konstantinopel – Stambul. Eine historische Hauptstadt zwischen Abend- und Morgenland
Ost-Türkei Völker und Kulturen zwischen Taurus und Ararat (Juni '90)

Ungarn Kultur und Kunst im Land der Magyaren (Juni '90)

USA – Der Südwesten Indianerkulturen und Naturwunder zwischen Colorado und Rio Grande

Zypern 8000 Jahre Geschichte: Archäologische Schätze – Byzantinische Kirchen – Gotische Kathedralen

38.20

»Richtig reisen«